OMISSÕES INCONSTITUCIONAIS E SEUS INSTRUMENTOS DE CONTROLE

Contribuições para o aprimoramento institucional

Respeite o direito autoral

| Coleção
| Eduardo Espínola

Eric Baracho Dore Fernandes

OMISSÕES INCONSTITUCIONAIS E SEUS INSTRUMENTOS DE CONTROLE

Contribuições para o aprimoramento institucional

2017

www.editorajuspodivm.com.br

www.editorajuspodivm.com.br

Rua Mato Grosso, 175 – Pituba, CEP: 41830-151 – Salvador – Bahia
Tel: (71) 3363-8617 / Fax: (71) 3363-5050
Contato: https://www.editorajuspodivm.com.br/sac

Copyright: Edições *Jus*PODIVM

Conselho Editorial: Eduardo Viana Portela Neves, Dirley da Cunha Jr., Leonardo de Medeiros Garcia, Fredie Didier Jr., José Henrique Mouta, José Marcelo Vigliar, Marcos Ehrhardt Júnior, Nestor Távora, Robério Nunes Filho, Roberval Rocha Ferreira Filho, Rodolfo Pamplona Filho, Rodrigo Reis Mazzei e Rogério Sanches Cunha.

Capa: Ana Caquetti

O54   Omissões inconstitucionais e seus instrumentos de controle / Eric Baracho Dore Fernandes – Salvador: JusPodivm, 2017.
432 p. (Eduardo Espínola / Coordenação Fredie Didier Jr.)

Bibliografia.
ISBN 978-85-442-1518-0.

1. Direito Constitucional. 2. Omissões inconstitucionais. 3. Instrumentos de controle. I. Didier Jr., Fredie. II. Fernandes, Eric Baracho Dore. III. Título.

CDD 341.2

Todos os direitos desta edição reservados à Edições *Jus*PODIVM.

É terminantemente proibida a reprodução total ou parcial desta obra, por qualquer meio ou processo, sem a expressa autorização do autor e da Edições *Jus*PODIVM. A violação dos direitos autorais caracteriza crime descrito na legislação em vigor, sem prejuízo das sanções civis cabíveis.

AGRADECIMENTOS

Dentre todas as pequenas conquistas que obtive desde que iniciei minha caminhada no estudo do Direito, não é possível identificar sequer uma cujo mérito possa ser atribuído somente a esforços próprios. Isto é especialmente verdadeiro quando me refiro aos dois anos de estudos no Programa de Pós-Graduação em Direito Constitucional da Universidade Federal Fluminense, período no qual a oportunidade de crescimento, aprofundamento e amadurecimento no mundo acadêmico e no Direito Constitucional permitiram a elaboração deste trabalho.

Pela oportunidade de estar aqui não há como não agradecer, primeiro, aos meus familiares e, em especial, aos meus pais. Por mais que a paixão e o estado de espírito necessários para enfrentar os moinhos de vento e desafios deste caminho encontrem limites no desânimo e no cansaço, o apoio e amor dos meus maravilhosos pais são uma fonte inesgotável de energia para a jornada. A eles, Cássia e Paulo, mais do que a mim, são devidos os créditos por tudo que foi possível cultivar até agora.

Aos meus professores, a quem devo não só pelo conhecimento acumulado até então, mas também por serem modelos profissionais que inspiraram e ainda inspiram meu processo de amadurecimento e formação. Pelo resultado final do trabalho agradeço, primeiro, aos orientadores, professores Helena Elias Pinto e Gustavo Sampaio Telles Ferreira. Por mais que a paixão por um tema seja capaz de impulsionar um trabalho de pesquisa, fazê-lo sem os conselhos e críticas de pesquisadores mais experientes seria uma tarefa impossível.

Ao professor Gustavo Sampaio, em especial, devo homenagens que não se limitam a esta orientação. Desde os tempos da monitoria na graduação em Direito na Universidade Federal Fluminense até os dias de hoje, agradeço por seu apoio, ajuda e conselhos valiosos. Mesmo quando o tempo, tarefas e circunstâncias não permitiriam, sua dedicação inesgotável permitiu que eu pudesse contar com muito mais do que um professor, mas também um amigo pronto a dividir um pouco das dificuldades do caminho escolhido.

No curso de Pós-Graduação em Direito Constitucional da Universidade Federal Fluminense, o diálogo com alguns professores também influenciou profundamente este trabalho. Professor Marco Antônio Ferreira Macedo, com quem pude amadurecer algumas das ideias presentes no trabalho. Professores Eduardo Val e Célia Abreu, em disciplina que imbuiu em mim, a um só tempo, a consciência da necessidade de uma abordagem metodologicamente adequada do direito comparado e também o interesse pelas instituições da América Latina. Professor Rodrigo Costa, por me apresentar ao debate sobre mandados constitucionais de criminalização. Professor Ronaldo Lobão, a quem desde a graduação devo pelas valiosas lições e conselhos sobre a metodologia de um trabalho científico e um pouco da paixão pela docência.

Ainda que tenha os melhores modelos nos quais se inspirar, um homem nada é sem os melhores amigos com os quais compartilhar as dificuldades e alegrias deste caminho. O pouco espaço que tenho não permite que eu agradeça cada um dos bons amigos que tenho como merecem. Mas posso dizer que o Direito me trouxe grandes parceiros com quem pude dividir um pouco do caminho que me trouxe até aqui.

Na Escola da Magistratura do Estado do Rio de Janeiro, convivi com amigos e colegas que influenciaram profundamente minha visão sobre a vida – muito mais do que sobre o Direito. Por isso agradeço aos colegas Bruna Valle Horácio, Bruna Bevilácqua, Gustavo Nehls, Marcos Roriz, Raquel Duarte e Felipe Dourado. Bruna Valle, em especial, pois mais do que o presente da amizade, também me deu a honra de ser padrinho de seu primeiro filho, marcando para sempre como especial esta instituição.

No Programa de Pós-Graduação em Direito da Universidade Federal Fluminense, vários colegas puderam contribuir com amizade e cumplicidade para enfrentar a tarefa árdua de concluir um Mestrado. Agradeço aos amigos André, Roberta Moura, Fernando, Alex, Gabriel, Pablo, Paulo Roberto, Emerson, Renata Barbosa, Fabrízia Bittencourt. A Renata e Fabrízia o agradecimento especial pelo companheirismo e amizade que marcaram os últimos dois anos e certamente também os anos que se seguirão.

Durante a graduação, muitos dos laços que se formaram permanecem firmes, e em bons amigos descobri também grandes parceiros. Siddharta Legale Ferreira, em especial, tem sido um grande companheiro e amigo dentro e fora da academia, com quem divido trabalho, sucessos e dificuldades. Adriana Azevedo, com quem divido as dificuldades da advocacia e da busca pelos sonhos que almejamos. Marcus Bacellar, por nunca permitir que eu esqueça dos valores que devem iluminar o caminho de um jurista. Laís Monteiro, por nunca permitir que a desmotivação saia vencedora. A todos da Universidade Federal Fluminense que de alguma forma ainda fazem parte da minha vida, círculo de amizades e debates jurídicos: Allãn Sinclair, Guilherme Berriel, Maíra Neurauter, Caio Leal, Irina Santarossa, Bianca Pillar, Thaís Parmera, Ana Cristina, Kelly Felix, Fernando Guilherme, Pedro Bargiona, Raisa, Yanne, Jéssica, Rodolpho Bacchi, Mário Henrique de Araújo, Thiago Guerreiro Bastos e outros.

Finalmente, agradeço ao professor Alexandre Freitas Câmara, pela generosidade com quem sempre dividiu conhecimentos, atenção e o inestimável apoio para a publicação deste livro. Acima de tudo, um modelo para aqueles que duvidam da existência de juristas capazes de unir, de forma coerente, ciência e prática.

A todos, muito obrigado!

APRESENTAÇÃO

Enobrecido com o convite que carinhosamente me foi feito por Eric Baracho Dore Fernandes, cumpriu-me a honrosa tarefa de apresentar ao leitor este primoroso trabalho elaborado em sufrágio de um dos mais instigantes temas jurídicos contemporâneos, o da inconstitucionalidade por omissão e suas ferramentas de controle.

O trabalho de Eric advém da integralização de seu Curso de Mestrado em Direito Constitucional na Universidade Federal Fluminense, casa em que também se bacharelou e onde, desde os primeiros passos dados, tem revelado indiscutível vocação para a vida acadêmica e destacado padrão de inteligência e capacidade investigativa. Em período ainda exordial da existência do programa de pós-graduação stricto sensu na área que elegeu para seguir, o autor, preocupado em ofertar contributo real à resolução de problemas ainda não dirimidos da vida constitucional brasileira, pôs-se a examinar este sensível objeto de trabalho dos estudiosos da matéria e que tanto ocupa as reflexões dos magistrados componentes da cúpula judiciária da nação.

Sem deixar de lado o compromisso didático e organizacional das ideias, e ao suceder as bem lançadas notas introdutórias, o segundo capítulo da obra apresenta um percuciente esquadro dos institutos que compõem a chamada inconstitucionalidade por omissão, seus princípios institutivos, sua trajetória evolutiva na história brasileira e as notas necessárias de direito comparado. Aliás, estas últimas merecem destaque quando verificado o relevo da influência inegavelmente exercida pelos modelos germânico, espanhol e português na conformação do nosso sistema de fiscalização de parametricidade constitucional. Do apelo ao legislador (Appellentscheidung) manejado pelo Bundesverfassungsgericht ao papel da Corte Constitucional da República Portuguesa, os instrumentos de ataque às omissões foram adequadamente expostos e coerentemente correlacionados à dogmática brasileira de 1988 e aos assentos jurisprudenciais firmados pelo Supremo Tribunal Federal.

Em afinidade com a matriz investigativa do Programa de Pós-Graduação stricto sensu em Direito Constitucional da Universidade Federal Fluminense, cujo propósito também reside no estudo da experiência latino-americana, o mestrando não se desassociou do exame comparativo de alguns de nossos vizinhos, pondo-os em equitativo patamar de importância científica diante dos sistemas jurídicos tradicionalmente observados nas pesquisas de legislação comparada. E ultimada esta funcional correlação, os esforços concentraram-se em teorizar o fenômeno da inconstitucionalidade por ausência de pronunciamento normativo e em emoldurar a tipologia científica da matéria, examinando-se suas categorias para então avançar sobre a crítica consistente na insubsistência dos instrumentos processuais trazidos pela Assembleia Nacional Constituinte da redemocratização.

Com efeito, nestes tempos de judicialização da vida e da política não são tenras as críticas que se assomam ao papel contramajoritário desempenhado pela função jurisdicional, sobretudo aquele exercido pela mais alta Casa Judiciária do País. Da senda do controle difuso ao método concentrado fiscalizatório da constitucionalidade das leis e dos atos normativos do poder político, o reconhecimento do espaço judicial como átrio da razão pública o torna visível à crítica dos atores sociais e questionado quando ao seu paradigma de legitimação democrática. Nesse preciso sentido, máxime na ação de inconstitucionalidade por omissão e no mandado de injunção, a insuficiência dos instrumentos de controle dispostos na Carta de 88 insta o Poder Judiciário à tomada de posturas nem sempre bem compreendidas, embora apoiadas na legitimidade conferida pelo discurso científico e pela bem dosada ponderação de valores e exegese dos princípios. Aqui um dos elementos fundamentais da dissertação de Eric Baracho: a busca pelo aprimoramento do direito posto e a indispensável efetividade das ferramentas de combate ao flagelo das omissões antitéticas ao sistema jurídico maior.

Com a chegada do terceiro capítulo da obra, o Autor traz à baila sua análise crítica, séria e respeitosa acerca dos principais problemas enfrentados pelo mandado de injunção e pela ação de inconstitucioanlidade por omissão. Entre o desejo manifestado pelo

Constituinte Originário e o enfrentamento da realidade árdua na prática do controle firmado na jurisprudência do Supremo Tribunal Federal, a dissertação assume corajosamente seu caráter propositivo e adiciona considerações sobre aquilo que precisa ser transformado, posta a crítica no equilíbrio obrigatório entre o princípio da separação de poderes, a independência do legislador a a necessidade de se compelir as instâncias majoritárias à produção normativa que lhes cumpre executar. Na inércia de movimento provocada pelo ânimo da mudança, a dissertação carrega consigo a análise da omissão como crime de responsabilidade, critérios de responsabilização civil estatal e estudo da sentença aditiva. Em síntese, aí estão todos os elementos imprescindíveis à análise crítica deste relevante desafio da jurisdição constitucional brasileira.

Para além do conteúdo teórico, científico e crítico da obra em si, o texto é de ótima leitura e traz consigo a marca da excelência na ordenação das ideias. Felicito-me por apresentar este trabalho ao público. Tendo acompanhado a vida acadêmica de Eric Baracho desde o bacharelado, tenho a convicção de que a academia constitucional brasileira está recebendo este jurista jovem e de futuro brilhante. O Autor reúne as qualidades fundamentais do bom pesquisador e do docente por vocação. É sério, convicto, respeitoso, sereno e acentuadamente ético. Quanto a mim, fica o registro da honra de ter sido seu professor nos cursos de graduação e de mestrado.

Com o advento desta obra, enriquece-se o Direito Constitucional Brasileiro, assoma-se impulso à efetividade da norma régia e se concede ao leitor uma erudita e inovadora fonte de estudo. Ao Autor e ao Público, minhas congratulações!

Niterói, Estado do Rio de Janeiro, junho de 2015.

Gustavo Sampaio Telles Ferreira
Professor Adjunto do Departamento de Direito Público
da Universidade Federal Fluminense

PREFÁCIO

Foi com muita alegria que recebi do Professor Eric Baracho Dore Fernandes o convite para prefaciar seu primeiro livro, *Omissões Inconstitucionais e seus Instrumentos de Controle*, versão comercial de sua dissertação de mestrado, apresentada à Faculdade de Direito da Universidade Federal Fluminense. Eric foi meu aluno na Escola da Magistratura do Estado do Rio de Janeiro, onde tenho lecionado direito processual civil nos últimos vinte anos, e ali foi um dos mais destacados discentes que conheci. Fiquei ainda mais impressionado quando descobri que cursava, simultaneamente, a EMERJ e o mestrado, já que ambos exigem dos alunos dedicação sobre-humana. Não tinha, ainda, conhecido quem se aventurasse a estudar na EMERJ e fazer mestrado ao mesmo tempo.

Depois – e ainda durante o período em que cursava a EMERJ e o mestrado – Eric se tornou meu estagiário, atuando em meu gabinete no Tribunal de Justiça do Rio de Janeiro. Durante um ano, atuou estudando processos e elaborando minutas de decisões e votos, o que fez com extrema proficiência. Nessa época, pude acompanhar de perto a parte final da elaboração de seu trabalho e a defesa da dissertação, tudo sob a orientação do meu caríssimo amigo Prof. Dr. Gustavo Sampaio Telles Ferreira.

Eric elaborou um trabalho destinado a estudar tema dos mais importantes, a inconstitucionalidade por omissão. Para isso, estabeleceu alguns marcos teóricos, entre os quais se destaca a ideia de força normativa da Constituição. Descreveu experiências de ordenamentos jurídicos estrangeiros, especialmente da Alemanha, Portugal e Espanha, cujos sistemas constitucionais são de extrema relevância para a compreensão do Direito Constitucional brasileiro. Enfrentou, então, o difícil tema da inconstitucionalidade por omissão, identificando seus pressupostos ou elementos caracterizadores.

Destaca-se, no trabalho de Eric Fernandes, a análise de casos importantes de inconstitucionalidade por omissão identificados no direito brasileiro, indo muito além do clássico exemplo do direito de greve dos servidores públicos e examinando casos como o da omissão quanto à disciplina normativa de limitações constitucionais ao poder de tributar.

Vem, depois, a parte mais relevante do livro: o estudo dos remédios destinados a enfrentar e resolver os problemas decorrentes da inconstitucionalidade por omissão, examinando com profundidade e proficiência o mandado de injunção e a ação direta de inconstitucionalidade por omissão. Destaco, aqui, a afirmação feita pelo autor de que o mandado de injunção deve ser compreendido como um "instrumento do direito processual constitucional", o que mostra sua preocupação com a compreensão do fenômeno não só à luz do Direito Constitucional, mas também a partir de uma análise realizada com base no Direito Processual. Por conta disso, Eric enfrenta temas que são tipicamente de Direito Processual, como é o caso da legitimidade ativa para ajuizar mandado de injunção, o que o levou a enfrentar o árduo ponto referente ao cabimento do mandado de injunção coletivo. Trata, também, de assuntos como competência e procedimento do mandado de injunção, tipicamente processuais, e o faz com proficiência.

Quando Eric defendeu sua dissertação de mestrado, fiz questão de obter uma cópia do trabalho, que li com prazer e encantamento por ver mais um belo trabalho daquele meu destacado aluno. E insisti muito para que transformasse aquele texto acadêmico em um livro, de modo a permitir o acesso de um número maior de pessoas a um estudo de excelência. Vejo, agora, que minha insistência deu certo. A Editora JusPodivm, uma das mais respeitadas casas editoriais especializadas em obras jurídicas do Brasil, rapidamente se pôs à disposição de Eric e, graças ao incansável editor Ricardo Didier, agora o livro se torna uma realidade.

Cumprido meu papel como professor e orientador de estágio do Professor Eric Fernandes, posso agora dizer que alcançamos outra fase: agora, somos colegas de magistério, e vejo em Eric Baracho Dore Fernandes (que, vale o registro, tem sobrenome de constitucionalista, sendo inevitável lembrar do grande jurista José Alfredo de Oliveira

Baracho, um dos responsáveis pelo desenvolvimento dos estudos do Direito Processual Constitucional no Brasil) um jovem doutrinador, que tem tudo para se tornar um dos grandes constitucionalistas brasileiros.

Que esta obra de estreia seja a primeira de muitas. Nós, seus leitores, já esperamos ávidos pelo próximo livro.

Rio de Janeiro, inverno de 2015.

Alexandre Freitas Câmara
Desembargador no TJRJ. Professor emérito da
Escola da Magistratura do Estado do Rio de Janeiro

SUMÁRIO

LISTA DE ABREVIATURAS 23

CAPÍTULO 1
INTRODUÇÃO 25

CAPÍTULO 2
**O FENÔMENO DA INCONSTITUCIONALIDADE
POR OMISSÃO** 45

2.1. Marcos teóricos 46

    2.1.1. A ideia de força normativa da Constituição 49

    2.1.2. Constitucionalismo dirigente 53

    2.1.3. Neoconstitucionalismo e doutrina da efetividade: algumas releituras 60

    2.1.4. A ascensão da jurisdição constitucional no Brasil ... 76

    2.1.5. Diálogos constitucionais e "a última palavra" sobre o sentido da Constituição 85

    2.1.6. Conclusões parciais quanto aos marcos teóricos propostos 97

2.2. Experiências no direito comparado 100

    2.2.1. Matrizes tradicionais do modelo europeu continental 103

        2.2.1.1. Alemanha 104

        2.2.1.2. Portugal 109

        2.2.1.3. Espanha 113

    2.2.2. Notas sobre o controle das omissões inconstitucionais na América Latina 116

    2.2.3. Controle de "convencionalidade" por omissão? 132

2.2.4. Experiências com o controle de constitucionalidade por omissão em países do Common Law: Inglaterra, Estados Unidos e Índia 138

2.2.5. Outras experiências 148

2.3. Marcos normativos e atual desenho institucional no direito brasileiro 150

2.4. Pressupostos ou elementos caracterizadores da inconstitucionalidade por omissão 153

    2.4.1. Dever constitucional de agir, explícito ou implícito 166

        2.4.1.1. O dever constitucional de agir à luz da teoria dos princípios 175

    2.4.2. Norma constitucional de eficácia plena ou limitada 181

    2.4.3. Ausência de meios concretos para realização dos fins constitucionalmente previstos 187

    2.4.4. Decurso de tempo razoável 190

2.5. Classificações 192

    2.5.1. Quanto ao órgão, poder ou função omissa 192

        2.5.1.1. Função legislativa 195

        2.5.1.2. Função administrativa 197

        2.5.1.3. Função jurisdicional 198

    2.5.2. Quanto à extensão da omissão 202

        2.5.2.1. Inconstitucionalidade por omissão total 202

        2.5.2.2. Inconstitucionalidade por omissão parcial (relativa e propriamente dita) 207

    2.5.3. Quanto ao parâmetro de controle 209

        2.5.3.1. Constituição Federal 210

            2.5.3.1.1. Emendas à Constituição Federal e normas extravagantes 212

        2.5.3.2. Constituições Estaduais 213

        2.5.3.3. Tratados Internacionais de Direitos Humanos 214

2.5.4. Inconstitucionalidade por omissão (legislativa) e
perspectivas externa e interna 215

2.5.5. "Estado de coisas inconstitucional" 217

2.6. Casos relevantes de omissão pós-88 219

2.6.1. Omissões inconstitucionais no direito constitucional
financeiro e tributário 219

2.6.1.1. Omissões quanto à disciplina normativa de
limitações constitucionais ao poder de tributar... 221

2.6.1.2. Omissões normativas quanto ao exercício da
competência tributária na instituição de tributos 225

2.6.1.3. Omissões parciais e o princípio da isonomia na
concessão de benefícios fiscais............................... 228

2.6.2. Omissões inconstitucionais no direito penal e os
mandados constitucionais de criminalização...................... 231

2.6.3. Direitos de servidores públicos 249

2.6.3.1. Direito de greve 251

2.6.3.2. Aposentadoria especial.. 255

2.6.3.3. Revisão geral anual dos vencimentos 259

2.6.4. Omissões inconstitucionais e princípio federativo............ 262

2.6.4.1. Procedimento de fusão, incorporação e
desmembramento de Municípios............................ 262

2.6.4.2. Fundo de participação dos Estados 265

2.6.4.3. Tribunal de Contas: Criação de Cargos no
Modelo Federal.. 267

2.6.5. Instituição da Defensoria Pública... 269

2.6.6. Direitos trabalhistas 273

2.6.6.1. Salário mínimo 273

2.6.6.2. Participação nos lucros... 274

2.6.6.3. Aviso prévio proporcional.. 275

2.6.7. Direitos sociais de natureza prestacional............................ 276

2.6.8. O "estado de coisas inconstitucional" e o sistema
carcerário brasileiro 284

CAPÍTULO 3
INSUFICIÊNCIAS DOS INSTRUMENTOS JURISDICIONAIS DE CONTROLE E PROPOSTAS DE APRIMORAMENTO INSTITUCIONAL.. 289

3.1. Controle difuso, concreto e incidental da inconstitucionalidade por omissão 291

3.2. O Mandado de Injunção e a Lei nº 13.300/2016 298

    3.2.1. Aspectos gerais do Mandado de Injunção 299

        3.2.1.1. Legitimidade 303

        3.2.1.2. Competência 313

        3.2.1.3. Procedimento... 322

        3.2.1.4. Efeitos da decisão 326

    3.2.2. Modelos estaduais e experiências locais 340

    3.2.3. Projetos de lei e tentativas anteriores de regulamentação ... 353

    3.2.4. Críticas à Lei nº 13.300/2016 e sugestões de aprimoramento... 358

        3.2.4.1. Quanto à legitimidade 358

        3.2.4.2. Quanto ao procedimento 360

        3.2.4.3. Quanto à competência para julgamento 361

        3.2.4.4. Quanto aos efeitos da decisão..................... 361

3.3. Ação Direta de Inconstitucionalidade por omissão e o desafio de conciliar democracia e normatividade constitucional 362

    3.3.1. Modelos estaduais e experiências locais 363

    3.3.2. Parâmetros e propostas doutrinárias sobre os efeitos da decisão na ADO 364

        3.3.2.1. Aplicação analógica do trancamento de pauta..... 364

        3.3.2.2. Omissão no dever de legislar como crime de responsabilidade....................................... 365

3.3.2.3. Responsabilidade civil do Estado por omissão legislativa 368

3.3.2.4. Parâmetros para decisões de caráter aditivo 372

3.3.2.5. O caminho participativo: instrumentos políticos, democracia direta e federalismo de cooperação .. 375

3.3.3. Conclusões parciais 380

3.4. Arguição de descumprimento de preceito fundamental: uma panaceia para o mal da inefetividade? 382

CAPÍTULO 4
CONCLUSÕES 391

REFERÊNCIAS 399

ANEXO I
PROPOSTA DE EMENDA À CONSTITUIÇÃO 429

LISTA DE ABREVIATURAS

ADCT – Ato das Disposições Constitucionais Transitórias
ADI – Ação Direta de Inconstitucionalidade
ADI MC – Medida Cautelar em Ação Direta de Inconstitucionalidade
ADO* – Ação Direta de Inconstitucionalidade por Omissão
ADO MC – Medida Cautelar em Ação Direta de Inconstitucionalidade por Omissão
ADPF – Arguição de Descumprimento de Preceito Fundamental
AI – Agravo de Instrumento
CPC – Código de Processo Civil
CPC/2015 – Código de Processo Civil de 2015
CPC/73 – Código de Processo Civil de 1973
EC – Emenda Constitucional
MI – Mandado de Injunção
MS – Mandado de Segurança
PEC – Proposta de Emenda à Constituição
PL – Projeto de Lei
PLS – Projeto de Lei do Senado
RE – Recurso Extraordinário
RISTF – Regimento Interno do Supremo Tribunal Federal
ROC – Recurso Ordinário Constitucional
STF – Supremo Tribunal Federal
STJ – Superior Tribunal de Justiça
TJ – Tribunal de Justiça
TRF – Tribunal Regional Federal
TRT – Tribunal Regional do Trabalho

Capítulo 1

INTRODUÇÃO

Vive-se um momento particularmente tenso na relação entre os poderes da República no âmbito da jurisdição constitucional brasileira[1]. Ao mesmo tempo em que o Supremo Tribunal Federal parece caminhar rumo a um período de autocontenção em relação a paradigmas até então consolidados em sua jurisprudência[2], o jurista atento à realidade social subjacente à Constituição percebe de forma bastante clara um momento de valorização do espaço político, por meio de movimentos sociais de *reapropriação* da democracia representativa pela soberania popular[3]. Em um momento no qual se acentua de forma considerável o ônus argumentativo da função contramajoritária do Poder Judiciário, justifica-se o esforço acadêmico de revisitar um dos temas em que tais elementos colidem de forma particularmente tensa no modelo

---

1. Durante o ano de 2013, questões sensíveis no âmbito do Supremo Tribunal Federal e do Congresso Nacional tornaram bastante tensas as relações institucionais entre tais poderes. Um exemplo diz respeito aos debates sobre a PEC 33, que diz respeito a possibilidade de controle político de determinadas decisões do Supremo no âmbito do controle concentrado de constitucionalidade.
2. Dentre outras, destaca-se a decisão do Supremo Tribunal Federal que, em revisão de entendimento tradicional de sua jurisprudência, ressaltou que o controle de constitucionalidade de projetos de lei por meio de Mandado de Segurança deve ser medida excepcionalíssima. BRASIL. STF. **Mandado de Segurança nº 32.033**. Rel. Min. Gilmar Mendes. J. 20/06/2013.
3. Como se sabe, o ano de 2013 foi marcado por diversas manifestações populares no Brasil, que chegaram a levar cerca de 1.4 milhões de pessoas às ruas, conforme noticiado em diversos veículos de comunicação (segundo reportagem Revista Época núm.787 de 24 de junho de 2013, páginas 36 e 37). Tendo como estopim inicial o descontentamento popular com o valor das tarifas de transportes públicos, aquilo que veio a ser apelidado nacional e internacionalmente de "Revolta do Vinagre" tornou-se um movimento com pautas das mais diversas, incluindo o combate à corrupção e reforma política. Como resultado, membros dos Poderes Legislativo e Executivo têm mobilizado vontade política de forma bastante visível para atender aos anseios das massas, demonstrando de forma bastante clara um momento de reapropriação do espaço público pela soberania popular.

brasileiro de controle de constitucionalidade: a *inconstitucionalidade por omissão*.

Uma das principais inovações do constitucionalismo contemporâneo reside na ideia de que a máxima realização da *força normativa* da Constituição não depende apenas do reconhecimento de sua posição formal e hierarquicamente superior no sistema e, consequentemente, de que a validade das demais normas está condicionada à compatibilidade vertical com a Lei Maior. De fato, não se nega a importância de, através da atividade contramajoritária exercida pelo Poder Judiciário, resguardar os consensos mínimos essenciais ao Estado Democrático de Direito em face das maiorias políticas ocasionais tendentes a violá-los. Contudo, a falta de determinação política em dar cumprimento à realização desse projeto constitucional também constitui uma das mais graves disfunções do direito constitucional contemporâneo: a *síndrome da inefetividade das normas constitucionais*[4]. Tão grave quanto à violação da Constituição por *ação*, é ver-se diante de um direito constitucionalmente reconhecido, porém incapaz de ser exercido devido à *omissão* do poder público em cumprir o comando constitucional de regulamentá-lo e torná-lo aplicável em sua máxima extensão.

Justamente por isso, a Constituição Federal de 1988 inovou ao instituir dois instrumentos capazes de lhe garantir efetividade e plena aplicabilidade: a Ação Direta de Inconstitucionalidade por Omissão e o Mandado de Injunção. Todavia, estas inovações ainda não foram acompanhadas por estudos e reflexões suficientes quanto a sua natureza e forma de aplicação, de modo que o desenvolvimento relativamente recente do que vem sendo chamado pelo professor Gilmar Mendes de uma *teoria da omissão constitucional*[5] ainda se depara com diversos questionamentos. Como e a partir do decurso de quanto tempo se caracterizaria a inconstitucionalidade por omissão? Qual seria a eficácia da decisão que a declara? Quais

---

4. Cuida-se de termo cunhado no Brasil pela obra de Luís Roberto Barroso. BARROSO, Luís Roberto. **O Direito Constitucional e a Efetividade de suas Normas. Limites e Possibilidades da Constituição Brasileira**. 9ª edição, revista e atualizada. Rio de Janeiro: Renovar, 2009.

5. MENDES, Gilmar Ferreira; BRANCO, Paulo Gustavo Gonet. **Curso de direito constitucional**. 8ª edição. São Paulo: Saraiva, 2013, p. 1152.

as possibilidades e os limites dos instrumentos judiciais de controle de tais omissões? Como identificar a tênue linha entre a máxima efetivação da Constituição pelo Judiciário e o princípio da separação entre os poderes constituídos?

Não é preciso ir muito longe para perceber que as omissões inconstitucionais há muito constituem um dos grandes temas em pauta no direito constitucional brasileiro. Cite-se como exemplo a virada jurisprudencial já não tão recente na história da jurisdição constitucional brasileira, ocorrida no julgamento conjunto dos Mandados de Injunção nº 670, 708 e 712, momento a partir do qual o Supremo Tribunal Federal consagrou, ainda que em caráter de excepcionalidade, uma posição *concretista geral*[6] quanto aos efeitos da decisão, suprindo a lacuna com efeitos *erga omnes* para garantir o direito de greve dos funcionários públicos até que sobrevenha lei que regulamente o artigo 37, VII da Constituição Federal. Lei que, diga-se de passagem, ainda não possui qualquer previsão de ser criada, razão pela qual a mudança de entendimento do STF deverá, por hora, suprir a lacuna normativa deixada pela omissão inconstitucional em questão. Seja como for, a despeito da notoriedade das decisões proferidas nos Mandados de Injunção mencionados, é bom que se note que a superação da tradicional posição *não-concretista* em prol de uma decisão de normatividade supletiva com efeitos individuais ocorreu, em verdade, no julgamento do Mandado de Injunção nº 721, em que se deferiu a aplicação analógica do art. 57 da Lei 8.213/91 na hipótese de inconstitucionalidade por omissão quanto ao disposto no art. 40, § 4º da Constituição[7].

Se por um lado a posição do STF quanto aos efeitos do Mandado de Injunção parece ter evoluído sensivelmente, um exemplo dos últimos anos demonstra a total inefetividade dos efeitos da decisão no âmbito das ações diretas de inconstitucionalidade por omissão. Trata-se do julgamento da Ação Direta de Inconstitucionalidade nº 3.682, na qual o Supremo Tribunal Federal fixou prazo para que o Congresso Nacional saísse da inércia e elaborasse a lei complementar

---

6. Essa classificação foi proposta por Alexandre de Moraes, com base em classificação feita pelo Ministro Néri da Silveira. Cf. MORAES, Alexandre de. **Direito constitucional**. 27ª edição. São Paulo: Atlas, 2011, p. 186-192.
7. BRASIL. STF. **Mandado de Injunção nº 721**. Rel. Min. Marco Aurélio. J. 30/08/2007.

federal a que se refere o art. 18, § 4º da Constituição, necessária para a regulamentação dos procedimentos de criação, incorporação e fusão de municípios. O que se observou, contudo, foi além da omissão do legislador em regulamentar o dispositivo em questão, a edição de uma Emenda que acrescentou o artigo 96 ao ADCT, convalidando o vício de inconstitucionalidade dos municípios já criados[8]. Ao contrário do que possa parecer, a questão é longe de ser incomum ou uma controvérsia pontual na jurisprudência do Supremo Tribunal Federal. No ano de 2013, por exemplo, a possibilidade de fixação de prazo para a atuação legislativa surgiu na Medida Cautelar na Ação Direta de Inconstitucionalidade por Omissão nº 24, tendo como objeto a mora legislativa na elaboração da lei de defesa dos usuários de serviços públicos[9]; bem como em decisão monocrática do Ministro Celso de Mello determinando prazo para instalação da Defensoria Pública no Estado do Paraná[10].

A ineficiência dos instrumentos de controle das omissões inconstitucionais em sua concepção tradicional, somada ao descaso com que as maiorias parlamentares ocasionais por vezes tratam o dever constitucional de suprir tais lacunas, levou alguns doutrinadores a afirmarem que a Constituição de 1988 teria previsto dois remédios para dar ciência ao órgão omisso do Poder Púbico, mas nenhum para suprir a lacuna normativa[11], propondo até mesmo a sua

---

8. Conforme se discutirá no momento apropriado, há quem questione a possibilidade de convalidação de um vício originário de constitucionalidade, sendo possível citar como autor que critica a EC 57/2008 sob esse prisma o professor Pedro Lenza. Acrescentando possíveis formas de se compreender a questão, há argumento apresentado pelo Ministro Ricardo Lewandowski em aula ministrada no 25/05/2012 para os alunos da Universidade Gama Filho, no sentido de que se poderia conceber a questão sob o prisma da omissão parcial, eis que a decisão em questão também determinou que o Congresso disciplinasse a questão dos Municípios criados de forma inconstitucional.
9. BRASIL. STF. ADO 24/MC DF. Rel. Min. Dias Toffoli. Vide a notícia: disponível em: <http://www.stf.jus.br/portal/cms/verNoticiaDetalhe.asp?idConteudo=242679>. Acesso em: 03/07/2013.
10. Decisão monocrática proferida pelo ministro Celso de Mello deu provimento a agravo de instrumento (AI 598212) e reformou decisão do TJ/PR, determinando a instalação, no prazo de seis meses, da Defensoria Pública no estado do Paraná. BRASIL. STF. Rel. Min. Celso de Mello. J. 20/06/2013.
11. BARROSO, Luís Roberto. **O Direito Constitucional e a Efetividade de suas Normas. Limites e possibilidades da Constituição Brasileira**, 9ª edição. Rio de Janeiro: Renovar, 2009, p. 269

extinção e substituição por alternativas mais viáveis[12]. Mesmo após a virada jurisprudencial relativa aos efeitos das decisões do Mandado de Injunção, a irresignação da doutrina com a inércia proposital do Congresso Nacional em face das decisões proferidas nas Ações Diretas de Inconstitucionalidade por Omissão levou alguns autores a proporem medidas drásticas, como uma possível aplicação analógica do trancamento de pauta caso o Legislativo não saísse de seu estado de inércia no prazo estabelecido pelo Judiciário[13]. Outros defendem uma postura mais ativista do Judiciário, com base em propostas teóricas justificadoras da existência de um "direito fundamental a efetivação da Constituição[14]".

Diante de um contexto de absoluta ausência de efetividade da ADO, já se cogitou até mesmo a utilização do caráter subsidiário da Arguição de Descumprimento de Preceito Fundamental de modo a obter uma efetiva integração (em abstrato) das lacunas inconstitucionais. Trata-se da ADPF nº 4, na qual se pretendia impugnar a inconstitucionalidade por omissão parcial da Medida Provisória nº 2.190-1, que teria fixado o valor do salário mínimo em um patamar insuficiente ao que exigiria o art. 7º, IV da Constituição. O STF se dividiu quanto à admissibilidade da ADPF. Cinco Ministros votaram pela admissibilidade (Sepúlveda Pertence, Celso de Mello, Marco Aurélio, Ilmar Galvão e Carlos Velloso) e cinco consideraram-na inadmissível (Octavio Gallotti, Nelson Jobim, Maurício Corrêa,

---

12. BARROSO, Luís Roberto. Mandado de Injunção: o que foi sem nunca ter sido. Uma proposta de reformulação. In: BARROSO, Luís Roberto (org.). **Temas de Direito Constitucional.** **Vol. I.** Rio de Janeiro: Renovar, 2006, p. 189-198.
13. A proposta parece ter surgido pela primeira vez, em doutrina, em comentários do professor Pedro Lenza. Cf. LENZA, Pedro. **Direito Constitucional Esquematizado.** 15ª edição. São Paulo: Saraiva, 2011, p. 342-343. Mais recentemente, professores como Carlos Blanco de Morais e Luís Roberto Barroso propõem um parâmetro similar: MORAIS, Carlos Blanco de. Direitos sociais e controlo de inconstitucionalidade por omissão no ordenamento brasileiro: activismo judicial momentâneo ou um novo paradigma? **Revista Brasileira de Estudos Constitucionais – RBEC.** Ano 5, n. 20 – outubro/dezembro de 2011, p. 211-244, p. 236. BARROSO, Luís Roberto. O **Novo Direito Constitucional Brasileiro. Contribuições para a construção teórica e prática da jurisdição constitucional no Brasil.** Belo Horizonte: Fórum, 2013, p. 95.
14. É a proposta do professor Dirley da Cunha Júnior. Cf. CUNHA JÚNIOR, Dirley da. **Controle judicial das omissões do poder público: em busca de uma dogmática constitucional transformadora à luz do direito fundamental à efetivação da constituição.** São Paulo: Saraiva, 2008.

Sydney Sanches e Moreira Alves). O voto de desempate coube ao Ministro Néri da Silveira, que entendeu ser cabível a ADPF para se obter o fim desejado em relação a aquele ato normativo. Embora a edição de outra MP sobre o mesmo tema tenha resultado na perda de objeto da ADPF, os debates que resultaram no precedente têm levado a doutrina a questionar se, de fato, poder-se-ia admitir a utilização desse instrumento como alternativa mais eficaz que a ADO para o preenchimento de lacunas em abstrato pelo Judiciário. E, por mais que se possa questionar o acerto ou não de tal decisão, é o entendimento externado pelo único precedente do Supremo a respeito do tema.

Como se vê, muitas das questões atinentes ao tema da inconstitucionalidade por omissão continuam em aberto ou ainda carecem de respostas adequadas aos problemas enfrentados. Todo esse panorama de imprecisões e incertezas representa um grande desafio para o desenvolvimento daquilo que o professor Gilmar Ferreira Mendes chamou de uma "*teoria brasileira da omissão inconstitucional*[15]". De fato, como também assinala o professor Luís Roberto Barroso, toda a construção da jurisprudência do controle de constitucionalidade, desde o seu advento até pelo menos o final do século passado, bem como os dois grandes modelos de controle de constitucionalidade (austríaco e norte-americano), foram concebidos para lidar com o fenômeno da inconstitucionalidade por *ação*[16].

Além das limitações descritas acima, tanto o controle de constitucionalidade por ação quanto o controle por omissão foram concebidos para lidar com hipóteses nas quais se têm como parâmetro de validade um texto constitucional, dotado de rigidez e supremacia sobre as demais normas integrantes do sistema. Todavia, cada vez mais se evidencia a emergência de um constitucionalismo de níveis múltiplos, onde um mesmo problema jurídico passa a transcender a esfera nacional, englobando, simultaneamente, o internacional, o transnacional, o supranacional e o local, fenômeno teorizado como um

---

15. MENDES, Gilmar Ferreira; BRANCO, Paulo Gustavo Gonet. **Curso de direito constitucional**. 8ª edição. São Paulo: Saraiva, 2013, p. 1152 e ss.
16. BARROSO, Luís Roberto. **O controle de constitucionalidade no direito brasileiro**. 5ª edição. Rio de Janeiro: Saraiva, 2011, p. 53-54.

transconstitucionalismo[17]. Mais especificamente, no caso brasileiro, tal mudança de paradigmas torna-se bastante clara na discussão a respeito do status normativo dos tratados internacionais sobre direitos humanos, antes e depois da Emenda Constitucional 45/2004. Pergunta-se: seria possível ter um tratado de direitos humanos como parâmetro de validade para o controle de constitucionalidade por omissão? Em caso positivo, em que hipóteses? Seria possível fazê-lo na hipótese de supralegalidade ou tão somente no caso de incorporação na forma do art. 5º, § 3º da Constituição? São perguntas que ainda não parecem ter sido levantadas entre os autores de maior renome no tema[18].

O tema da inconstitucionalidade por omissão adquire maior complexidade quando se considera que a menção ao tema normalmente surge atrelada aos instrumentos típicos de controle, conforme já mencionado: Mandado de Injunção, Ação Direta de Inconstitucionalidade por Omissão e Arguição de Descumprimento de Preceito Fundamental. Contudo, a despeito de qualquer tipo de comportamento *omissivo* do Estado contrário a comandos constitucionais ser caracterizável como uma omissão inconstitucional, não parece muito preciso afirmar peremptoriamente que os três instrumentos típicos de controle sejam adequados para lidar com toda e qualquer forma de omissão inconstitucional, sendo especialmente adequados para a omissão de natureza *normativa*, caracterizada pela ausência de lei ou regulamento administrativo que discipline determinada matéria com

---

17. NEVES, Marcelo. **Tranconstitucionalismo**. 1ª edição. 2ª Tiragem. São Paulo: Martins Fontes, 2012.
18. Dentre os quais parece pertinente mencionar ao menos três autores com maior destaque. O professor Valério de Oliveira Mazzuoli é autor que tem se debruçado de forma aprofundada sobre o que se convencionou chamar de "controle de convencionalidade das leis". MAZZUOLI, Valério de Oliveira. **O controle jurisdicional de convencionalidade das leis**. 3ª edição revista, atualizada e ampliada. São Paulo: Revista dos Tribunais, 2013. O professor e magistrado Gilmar Ferreira Mendes, por sua vez, foi um dos principais idealizador da tese hoje predominante no Supremo Tribunal Federal a respeito da natureza formal dos tratados internacionais sobre direitos humanos antes e após a Emenda Constitucional 45/2004. Por fim, a professora Flávia Piovesan, autora que não apenas é reconhecida como referência no debate em questão, mas também trabalhou de forma específica a inconstitucionalidade por omissão em dissertação de mestrado. PIOVESAN, Flávia. **Proteção judicial contra omissões legislativas. Ação direta de inconstitucionalidade por omissão e mandado de injunção**. 2ª edição revista, atualizada e ampliada. São Paulo: Editora Revista dos Tribunais, 2003; PIOVESAN, Flávia. PIOVESAN, Flávia. **Direitos Humanos e o Direito Constitucional Internacional**. 13ª edição, revista e atualizada. São Paulo: Saraiva, 2012, p. 107-145.

generalidade e abstração. Há casos em que o debate sobre a inconstitucionalidade por omissão pode surgir no bojo de um processo subjetivo, de procedimento ordinário. Cite-se como exemplos a eventual *responsabilidade civil do Estado por omissão legislativa*[19] e as diversas demandas de procedimento ordinário nas quais o demandante busca a obtenção de prestações sociais de cunho positivo, hipóteses nas quais a inconstitucionalidade por omissão do ente federativo em questão nada mais é do que *causa de pedir* de uma demanda que se desenvolve por meio de procedimento distinto dos três mencionados acima.

A despeito de questões como o controle judicial de políticas públicas relativas a direitos sociais já serem objeto de diversas obras específicas, parece que do ponto de vista do controle de constitucionalidade ainda há que se debater de que forma tais hipóteses caracterizam um controle em concreto e difuso de constitucionalidade por omissão. Mais ainda. Faz-se necessário, como já dito, delimitar de forma precisa tipologias como inconstitucionalidade por omissão, omissão legislativa, omissão normativa e outras possíveis classificações das possíveis violações de cunho negativo do texto constitucional de modo a delimitar se a questão é passível de enfrentamento como objeto dos instrumentos típicos de controle de constitucionalidade por omissão e se a questão pode ou deve ser enfrentada por técnicas de controle de constitucionalidade difuso, enquanto questão prejudicial ao mérito. E, sendo esta a hipótese, uma última indagação deve ser feita: se partirmos da premissa de que a condenação de um ente federativo à entrega de uma prestação social pressupõe a inconstitucionalidade por omissão daquele ente, faz-se necessário respeitar o disposto no art. 97 da Constituição quanto a *reserva de plenário*? A *Súmula Vinculante* poderia ser utilizada para conceder efeitos *erga omnes* a tais decisões?

Um caso concreto já referido nesta introdução demonstra de forma bastante clara a convivência incongruente entre um controle

---

19. Embora existam poucos precedentes a respeito, que serão trabalhados no momento oportuno deste trabalho, há pelo menos uma obra específica sobre o tema, originada de dissertação de mestrado. JUNIOR, André Puccinelli. **A Omissão Legislativa Inconstitucional e a Responsabilidade do Estado Legislador**. São Paulo: Saraiva, 2007, p. 211-258. Dentro de um debate mais amplo sobre responsabilidade civil por omissão, vide PINTO, Helena Elias. **Responsabilidade Civil do Estado por Omissão na Jurisprudência do Supremo Tribunal Federal**. Rio de Janeiro: Lumen Juris, 2008, p. 186-197.

concentrado e um controle difuso da inconstitucionalidade por omissão no Brasil. Trata-se da decisão do Ministro Celso de Mello no Agravo de Instrumento 598.212 que determinou prazo para instalação da Defensoria Pública no Paraná. A questão foi veiculada, originalmente, por meio de Ação Civil Pública, movida pelo Ministério Público em face do Estado do Paraná. Note-se, um processo de índole subjetiva, ainda que se esteja falando de legitimidade extraordinária do Ministério Público. Caso a mesma questão fosse debatida em um processo de natureza objetiva, com um rol muito mais restrito de legitimados, aptos a discutir a questão constitucional em abstrato, a decisão teria o condão de somente notificar o ente federativo omisso? Significa dizer que decisão proferida em um processo subjetivo qualquer, *da competência de qualquer magistrado em qualquer grau de jurisdição*, poderia alcançar efeitos que a jurisprudência do Supremo sequer entende ser possível no âmbito de uma Ação Direta de Inconstitucionalidade por Omissão?

Com o objetivo de enfrentar um tema recorrente em uma abordagem que se pretenda original e capaz de contribuir para o aprofundamento do debate, identifica-se, em síntese, um problema teórico geral, mais amplo, e problemas específicos, relativos aos instrumentos de controle em espécie.

O problema geral é que ainda não há no Brasil um desenvolvimento teórico inteiramente adequado às peculiaridades do controle das omissões inconstitucionais, em contraposição ao já bastante desenvolvido estudo dos instrumentos de controle de constitucionalidade por *ação*. Mesmo recorrendo ao direito comparado, nos modelos de controle das omissões inconstitucionais de países como Portugal, Alemanha e Itália, não são identificadas respostas satisfatórias para os problemas do modelo brasileiro, devido a peculiaridades que não são conciliáveis com tal realidade. Identificar e delimitar elementos próprios desse tipo de controle e em que este se distingue do controle de constitucionalidade por ação ainda é um desafio hermenêutico a ser superado para uma aplicação efetiva desses institutos no Brasil. Da mesma forma, fenômenos como surgimento de um "constitucionalismo internacionalizado[20]" e

---

20. Sobre a expressão, vide LEGALE FERREIRA, Siddharta. A Constituição reinventada pelas crises: Do Neoconstitucionalismo ao constitucionalismo internacionalizado. **Direito Público** (Porto Alegre), n. 32, p. 158-174, 2010.

a ampliação do conceito de fundamentalidade material a partir da EC 45/2004 justificam que se debata o fenômeno da inconstitucionalidade por omissão a partir de novos parâmetros de controle.

A necessidade de contribuir para o aprofundamento do tema parece ainda mais clara diante de algumas hipóteses bastante particulares de inconstitucionalidade por omissão que parecem gerar perplexidades, especialmente no campo do direito penal e tributário. Como se sabe, a Constituição impõe ao legislador *mandados constitucionais de criminalização*[21], a exemplos do art. 5º, incisos XLII[22] e XLIII[23] e 7º, X[24]. Quais os efeitos jurídicos dessa imposição constitucional? Eventual inconstitucionalidade por omissão seria sindicável pelo Judiciário? Se a resposta for positiva, em que hipóteses? Da mesma forma, o direito constitucional financeiro e tributário traz hipóteses de complexidade variável, desde questões já respondidas pelo Supremo Tribunal Federal, como a possibilidade de utilização de Mandado de Injunção diante de omissões envolvendo as limitações constitucionais ao poder de tributar[25], até questões que demandam maior reflexão,

---

21. Poucas são as pesquisas acadêmicas profundas sobre o tema, sendo possível destacar na experiência comparada a obra da professora Maria Conceição Ferreira da Cunha (CUNHA, Maria Conceição Ferreira da. **Constituição e Crime: uma perspectiva da criminalização e da descriminalização.** Imprenta: Porto, Universidade Católica Portuguesa, 1995) e, no âmbito do Programa de Pós-Graduação em Direito Constitucional da Universidade Federal Fluminense, a pesquisa de Renata Athayde Barbosa a respeito dos mandados constitucionais de criminalização, com especial atenção ao caso do terrorismo (art. 5º, XLIII).

22. Eis a redação: "XLII - *a prática do racismo constitui crime inafiançável e imprescritível, sujeito à pena de reclusão, nos termos da lei*". XLIII - *a lei considerará crimes inafiançáveis e insuscetíveis de graça ou anistia a prática da tortura, o tráfico ilícito de entorpecentes e drogas afins, o terrorismo e os definidos como crimes hediondos, por eles respondendo os mandantes, os executores e os que, podendo evitá-los, se omitirem.*"

23. "Art. 5º (...) XLIII - *a lei considerará crimes inafiançáveis e insuscetíveis de graça ou anistia a prática da tortura, o tráfico ilícito de entorpecentes e drogas afins, o terrorismo e os definidos como crimes hediondos, por eles respondendo os mandantes, os executores e os que, podendo evitá-los, se omitirem.*"

24. "Art. 7º (...) X - *proteção do salário na forma da lei, constituindo crime sua retenção dolosa.*"

25. BRASIL. STF. **Mandado de Injunção nº 232**. Rel. Min. Moreira Alves. DJ 27/03/1992. O caso concreto em questão, será trabalhado com maiores considerações no momento oportuno deste trabalho, dizia respeito à possibilidade de impetração de Mandado de Injunção diante de inconstitucionalidade por omissão em relação ao art. 195, § 7º da Constituição Federal. Ao decidir o mérito, o Supremo declarou que após determinado prazo sem que a lei fosse editada, o contribuinte seria considerado imune, salvo diante da superveniência de lei tratando sobre o assunto. Em interpretação digna de reflexões, o Ministro Dias Toffoli consignou em aula ministrada na Universidade Gama Filho que o caso mencionado

como omissões relativas ao exercício da competência tributária para instituição de tributos[26] e a inconstitucionalidade por omissão relativa nas discriminações dadas na concessão de isenções[27].

Como reflexo dos problemas teóricos mais amplos, temos problemas específicos inerentes aos instrumentos jurisdicionais de controle das omissões inconstitucionais: o Mandado de Injunção, a Ação Direta de Inconstitucionalidade por Omissão e a Arguição De Descumprimento de Preceito Fundamental.

Quanto ao *Mandado de Injunção*, por mais contraditório que possa parecer, o remédio destinado a corrigir omissões inconstitucionais careceu de lei regulamentadora dos seus aspectos processuais. A despeito da intensa reconstrução jurisprudencial do remédio em relação aos seus efeitos, observa-se que, mesmo após 20 anos de vigência da Constituição de 1988, diversos aspectos do Mandado de Injunção encontravam-se sem regulamentação apropriada à sua natureza, sendo aplicadas as normas relativas ao mandado de segurança pela vaga disposição do art. 24, parágrafo único da Lei 8.038/90. Mais recentemente, a Lei nº 13.300 de 23 de junho de 2016 veio suprir a referida lacuna, novidade que ainda vem sendo estudada e debatida pela comunidade jurídica.

Já no caso da *Ação Direta de Inconstitucionalidade por Omissão*, há um instrumento deflagrador do controle abstrato de constitucionalidade que se depara com a dificuldade em conciliar a tensão entre dois elementos: a harmonia e separação entre os poderes e a efetividade da Constituição. Se por um lado o modelo atual é extremamente ineficaz, limitando-se a cientificar o Legislativo ou Executivo da omissão

---

foi bastante particular, tendo o Supremo entendido que uma norma de eficácia *limitada* tornar-se-ia de eficácia *contida* por meio da decisão.

26. Cuida-se aqui não apenas do caso paradigmático do Imposto sobre Grandes Fortunas, previsto no art. 153, VII da Constituição, mas também de casos bastante comuns em municípios de pequeno e médio porte que não exercem a competência tributária plena em relação a impostos de difícil fiscalização, como o ISS.

27. A questão das omissões parciais relativas por violação ao princípio da isonomia foi debatida, por exemplo, no julgamento da ADI nº 526, proposta contra a MP nº 296/91, que concedeu aumento de remuneração somente aos servidores públicos militares, quando o benefício deveria se estender também aos servidores públicos civis, por força da antiga redação do art. 37, X, antes da EC 19/1998. BRASIL. STF. ADI nº 526. Rel. Min. Sepúlveda Pertence. J. 12/02/1991. DJ 05/03/1993.

inconstitucional, por outro a jurisprudência ainda não foi capaz de identificar soluções capazes de suprir a omissão sem que o Judiciário se invista da função de legislador positivo ou desrespeite a liberdade de conformação do legislador.

Por fim, a *Arguição de Descumprimento de Preceito Fundamental*. Diante da impossibilidade de se valer da ADO para o preenchimento das lacunas inconstitucionais pelo Judiciário, alguns autores têm se valido do precedente firmado na ADPF nº 4 para justificar a possibilidade de fazê-lo por meio deste instrumento. Porém, é certo que a existência de somente um único precedente no Supremo e a tênue linha entre ativismo judicial e separação de poderes nos levam a questionar se, de fato, a ADPF representaria uma alternativa milagrosa aos demais instrumentos de controle das omissões inconstitucionais.

A proposta com a qual se busca trabalhar para uma abordagem original do tema compreende dois eixos. O primeiro é mais amplo e de natureza predominantemente teórica, por meio do qual se propõe identificar se já existem fundamentos teóricos e doutrinários suficientes para justificar a existência de uma teoria própria de controle das omissões inconstitucionais típica do Brasil, e, em caso positivo, quais seriam esses elementos. O segundo eixo se relaciona aos instrumentos de controle em espécie e as insuficiências teóricas, legislativas e jurisprudenciais para sua efetiva aplicação, bem como as possibilidades existentes para o enfrentamento de tais obstáculos.

Em relação ao primeiro eixo temático, a hipótese é a de que há uma autonomia entre a teoria tradicional do controle de constitucionalidade por ação e o controle por omissão, o que justifica um esforço hermenêutico no sentido de melhor delimitar quais seriam os elementos teóricos próprios do que tem sido chamado pela doutrina de uma "teoria das omissões inconstitucionais[28]". Com esse intuito, pretende-se revisitar obras e conceitos clássicos do direito constitucional que pressupõem a compreensão do tema, notadamente a ideia de força normativa da Constituição, constitucionalismo dirigente e o aparente conflito entre democracia e o papel contramajoritário de guardião da

---

28. MENDES, Gilmar Ferreira; BRANCO, Paulo Gustavo Gonet. **Curso de direito constitucional**. Op. Cit, p. 1152 e ss.

Constituição exercido pelo Judiciário. A partir da compreensão de tais matrizes básicas é que se pretende contrapor o desenvolvimento das duas teorias e os elementos que as distinguem entre si.

Quanto ao segundo eixo de debates, parece que possíveis reflexões para o aprimoramento do controle das omissões inconstitucionais no Brasil podem ser obtidas através do estudo de algumas fontes nem sempre aprofundadas por aqueles que estudam o tema. A primeira delas diz respeito aos sistemas inaugurados pelas Constituições Estaduais. No caso da ADO estadual, por exemplo, várias Constituições adotaram técnicas próprias de controle, algumas inclusive estabelecendo sanções distintas das previstas pela Constituição Federal. A Constituição do Piauí, por exemplo, prevê que o não cumprimento da solicitação para suprir a lacuna normativa dentro do prazo assinalado pelo Tribunal de Justiça resulta na perda do cargo[29] e, além disso, configura crime de responsabilidade da autoridade competente para editar a norma[30-31]. Já no caso do MI, percebe-se que há, também, diversas peculiaridades dos modelos locais em relação a aspectos nos quais a Constituição Federal é omissa, a exemplo da competência para julgamento. Considerando a recente entrada em vigor da Lei nº 13.300/2016, é necessário também entender os modelos estaduais de competência e, na mesma medida, valorizar o federalismo brasileiro em suas possibilidades de experimentalismo institucional[32].

---

29. Art. 5º (...) § 1º Incorre na penalidade de destituição de mandato administrativo, de cargo ou função de direção, em órgão da Administração direta ou indireta, o agente público que, dentro de noventa dias do requerimento do interessado, deixar, injustificadamente, de sanar omissão inviabilizadora do exercício de direito constitucional.
30. Art. 124. (...) § 3º Declarada a inconstitucionalidade por omissão de medida para tornar efetiva norma desta Constituição, a decisão será comunicada ao poder competente para a adoção das providências necessárias à prática do ato ou início do processo legislativo e, em se tratando de órgão administrativo, para fazê-lo em trinta dias, sob pena de crime de responsabilidade, em qualquer dos casos.
31. Não se desconhece o teor da Súmula nº 722 do Supremo (hoje convertida na Súmula Vinculante nº 46), que veicula entendimento no sentido de que "*são da competência legislativa da união a definição dos crimes de responsabilidade e o estabelecimento das respectivas normas de processo e julgamento*". Entretanto, a despeito da provável inconstitucionalidade formal do dispositivo, acreditamos que a análise da proposta da Constituição do Piauí ainda pode ser discutida em relação à sua aplicação em âmbito federal.
32. Como uma proposta original de valorização do poder local na experiência federativa original brasileira, vide FERREIRA, Gustavo Sampaio Telles. **Federalismo Constitucional e Reforma Federativa. Poder Local e Cidade-Estado**. Rio de Janeiro: Lúmen Juris, 2012.

Também se faz necessário compreender o longo debate político no âmbito do Poder Legislativo que resultou na Lei 13.300/2016. Durante mais de duas décadas, tramitaram diversos projetos de lei a respeito do tema, embora seja questionável se tais projetos atenderiam aos anseios de uma Constituição verdadeiramente efetiva e democrática. Se por um lado algumas das propostas legislativas iriam à contramão da jurisprudência do Supremo e limitariam ao extremo as possibilidades do writ, outras pecaram pelo excesso iam de encontro ao princípio da separação de poderes, com ideias tão teratológicas quanto à possibilidade de nomeação de um interventor judicial nos demais poderes constituídos até que a omissão seja suprida.

A recente consolidação normativa de um modelo legitimador de decisões de natureza concretista ou concretista geral, com o batismo do devido processo legislativo, pode representar um elemento essencial de legitimação democrática para as decisões judiciais. Contudo, até pouco tempo atrás, pouco vinha sido pesquisado ou comentado sobre os projetos de lei até então existente,[33-34] o que reafirma a necessidade de uma compreensão crítica sobre a novidade trazida pela Lei nº 13.300/2016.

---

33. Até pouco tempo, não eram muitos os estudos sobre o tema, normalmente capitaneados pelo professor Gilmar Ferreira Mendes, como se observa em MENDES, Gilmar Ferreira. O Mandado de Injunção e a necessidade de sua regulamentação efetiva. **Observatório da Jurisdição Constitucional**. Brasília: IDP, Ano 2, 2008/2009 e MENDES, Gilmar Ferreira; MEIRELLES, Hely Lopes; WALD, Arnoldo. **Mandado de Segurança e Ações Constitucionais**. 34ª edição. São Paulo: Malheiros, 2012, p. 343-345. O autor da presente dissertação, nos últimos anos, também teve a oportunidade de apresentar reflexões próprias sobre os Projetos de Lei existentes, bem como sobre os modelos estaduais de controle de constitucionalidade por omissão. Vide FERNANDES, Eric Baracho Dore. O Mandado de Injunção no Direito Constitucional brasileiro: análise dos projetos de lei em tramitação e modelos de competência nas Constituições Estaduais. **Revista da Seção Judiciária do Rio de Janeiro**. V. 19. N. 35. Dez. 2012, p. 117-145; FERNANDES, Eric Baracho Dore. Aspectos processuais do Mandado de Injunção e a ausência de sua regulamentação. In: **III Seminário do LAFEP - Laboratório Fluminense de Estudos Processuais**, 2011, Niterói. Anais do III Seminário do LAFEP, 2011. FERNANDES, Eric Baracho Dore. Aspectos processuais do Mandado de Injunção e a sua ausência de regulamentação: análise crítica dos projetos de lei existentes 2012. **REDAP – Revista do Curso de Especialização em Direito da Administração Pública**, V. I, nº 1, Agosto – Dezembro de 2012. p. 34-49. Mais recentemente, dando continuidade a estudos originados no periódico Observatório de Jurisdição Constitucional em 2012, o professor Gilmar Mendes organizou coletânea com diversos autores de renome, aprofundando consideravelmente o debate legislativo em questão. Vide MENDES, Gilmar Ferreira, VALE, André Rufino do, QUINTAS, Fábio Lima (Orgs.). **Mandado de Injunção. Estudos sobre sua regulamentação**. São Paulo: Saraiva, 2013.

Fonte que também aparenta ser de fundamental importância para o debate que se pretende desenvolver diz respeito à *interpretação histórica* enquanto *método* ou *elemento clássico* da interpretação jurídica. Longe de pretender exaurir todo o processo histórico de construção e origens dos institutos em debate, o trabalho tem como preocupação analisar os principais debates ocorridos durante a Assembleia Nacional Constituinte, de modo a identificar as possíveis concepções dos constituintes ao tempo da elaboração do texto constitucional, identificando se a interpretação do Poder Judiciário em tais temas se aproxima ou se distancia da intenção original daqueles que elaboraram a norma. Percebe-se que os anais da constituinte são ricos em discussões sobre questões sensíveis na jurisprudência a respeito do tema, como os efeitos da decisão do Mandado de Injunção e a possibilidade de se fixar prazo para a atuação do Legislativo na Ação Direta de Inconstitucionalidade por Omissão. Ainda que alguns autores critiquem de forma bastante contundente a utilização do método ou elemento histórico da interpretação jurídica em sua pretensão originalista de "aprisionar o futuro[35]", o exame dos debates ocorridos na constituinte e em escritos de autores que acompanharam ou influenciaram tal processo histórico, como José Afonso da Silva[36] e Ana Cândida da Cunha Ferraz[37], parece ser capaz de contribuir para o aprofundamento das controvérsias que ainda envolvem o tema.

---

34. No ano de 2013 foi criada a Associação Brasileira de Direito Processual Constitucional (ABDPC), tendo como membros fundadores três Ministros do Supremo que têm se comprometido em participar ativamente da proposta: Gilmar Ferreira Mendes, Ricardo Lewandowski e Luís Roberto Barroso. Notícia disponível em: <http://www.conjur.com.br/2013-jun-29/juristas-criam-associacao-brasileira-direito-processual-constitucional>. Acesso em: 29/06/2013.
35. Sintetizando críticas de juristas como Celso de Mello, Geraldo Ataliba e a crítica ao originalismo norte-americano, Luís Roberto Barroso aponta que há limites a serem impostos à interpretação histórica. Nem mesmo o constituinte originário poderia ter a pretensão de aprisionar o futuro, sendo incompatível com a ideia de democracia a ideia de subordinação de todas as gerações futuras à vontade que aprovou a Constituição. Vide BARROSO, Luís Roberto. **Interpretação e Aplicação da Constituição**. 7ª edição. São Paulo: Saraiva, 2009, p. 136-140.
36. Tendo atuado como assessor nos trabalhos da Assembleia Nacional Constituinte, José Afonso da Silva traz considerações importantes sobre os debates que culminaram nos institutos objetos da dissertação. Vide SILVA, José Afonso da. **Comentário Contextual à Constituição**. 7ª edição. São Paulo: Malheiros, 2011.
37. FERRAZ, Ana Cândida da Cunha. Inconstitucionalidade por omissão: uma proposta para a constituinte. **Revista de Informação Legislativa**, a. 23, n. 89. Brasília, Senado Federal, jan./mar. 1986, p. 49-62.

Por fim, parece que uma abordagem distinta do método comparativo quanto às suas fontes também pode fornecer reflexões interessantes sobre os problemas da realidade brasileira. Não há como negar que autores de renome têm empreendido esforços nesse sentido, especialmente em relação a países como Alemanha[38], Espanha[39] e Portugal[40]. Todavia, acreditamos que as comparações até então feitas não tem se debruçado de forma mais detida sobre a realidade latino-americana, esforço que se justificaria diante do gradual (mas constante) movimento de aproximação regional que tem sido chamado de "*um novo constitucionalismo latino-americano*". A emergência do fenômeno parece justificar se há de fato uma comparabilidade entre tais ordenamentos que seja capaz de justificar um diálogo constitucional apto a solucionar os desafios da jurisdição constitucional brasileira, sem prejuízo de revisitar as matrizes tradicionalmente apontadas como inspirações do modelo brasileiro de controle de constitucionalidade por omissão. Afinal, ainda que, por um lado, exista inegável inspiração do direito europeu para a construção de institutos de direito processual constitucional, por outro não se pode deixar de destacar que a mera existência de institutos aparentemente homônimos no direito comparado não deve impedir que o intérprete questione se realmente está diante mesmo instituto, como no caso da *injunction* do direito norte-americano[41].

---

38. Para um estudo comparativo exauriente entre a jurisdição constitucional de ambos os países, ver MENDES, Gilmar Ferreira. **Jurisdição Constitucional. O Controle Abstrato de Normas no Brasil e na Alemanha**. São Paulo: Saraiva, 2009, p. 267-287.
39. Para a análise comparada mais profunda entre Brasil e Espanha de que se tem notícia no tema das omissões inconstitucionais, vide ROSA, André Vicente Pires. *Las Omisiones Legislativas & su Control Constitucional*. Rio de Janeiro: Renovar, 2006, p. 225-275.
40. No direito português, a Constituição de 1976 introduziu o controle de constitucionalidade por omissão, sendo até hoje uma das poucas que o consagraram expressamente, no art. 283º. A importância atribuída à fiscalização abstrata das omissões inconstitucionais pelo direito português é considerável, uma vez que foi incluída de forma expressa dentre os limites materiais ao poder de revisão constitucional, no art. 288º. De fato, em uma Constituição dirigente como a portuguesa de 1976, é de se compreender que o constituinte tenha se valido de instrumentos jurídicos para garantir "as medidas necessárias para a concretização da lei fundamental". Cf. CANOTILHO, José Joaquim Gomes. **Direito Constitucional e Teoria da Constituição**. 7ª edição. Coimbra: Almedina, 2003, p. 918-919.
41. Apesar de ser a afirmação de juristas de peso, a exemplo de José Afonso da Silva, Flávia Piovesan e Ricardo Lobo Torres, as referências feitas por tais autores ao *injunction* norte-americano como inspiração ao Mandado de Injunção brasileiro deve ser recebida com parcimônia, conforme se debaterá no ponto apropriado desta dissertação. Vide SILVA, José

De fato, não se trata de uma temática totalmente inovadora, já tendo sido objeto de estudo por obras de qualidade e que contribuíram de forma significativa para o desenvolvimento do tema. Contudo, o atual estágio de estudos do controle jurisdicional das omissões inconstitucionais ainda é, no Brasil, insuficiente para responder aos desafios que hoje se descortinam diante dos operadores do direito. Não apenas do ponto de vista *teórico* e na delimitação de elementos próprios desse tipo de controle, mas o que se verifica é que, na prática, nosso modelo ainda carece de soluções práticas adequadas, seja em relação aos limites e efeitos das decisões proferidas, seja em relação à própria regulamentação legislativa dos institutos, cuja omissão acaba transferindo para o Judiciário o ônus de, casuisticamente, delimitar o modo de aplicação dos instrumentos de controle. Trata-se de um tema clássico, recorrente, e ainda sem resposta inteiramente satisfatória para o constitucionalismo brasileiro. Ainda que não se cultive a ilusão de se estar tratando de temática totalmente inovadora, nos parece que empreender estudos direcionados à construção de uma democracia onde a efetivação do texto constitucional e a garantia dos direitos fundamentais sejam não apenas elementos de *tensão*, mas também de *cooperação* entre os poderes constituídos seja, ainda, um bom projeto para o futuro.

Nesse sentido, este trabalho será norteado por um objetivo geral e quatro objetivos específicos. O objetivo geral é investigar quais seriam os elementos teóricos próprios do controle de constitucionalidade por omissão em nosso ordenamento e de que forma o estudo autônomo dessa modalidade de controle pode contribuir para o seu aprimoramento institucional e para melhor equacionar as tensões entre os poderes constituídos.

Os objetivos específicos são:

(i) no caso da ADO, investigar se existem soluções práticas capazes de conciliar a inefetividade desse instrumento com a harmonia e

---

Afonso da. **Curso de Direito Constitucional Positivo**. 32ª Edição. São Paulo: Malheiros, 2009, p. 448, nota de rodapé 62; PIOVESAN, Flávia. **Proteção judicial contra omissões legislativas**. 2ª edição, revista, atualizada e ampliada. São Paulo: Editora Revista dos Tribunais, 2003, p. 176-178; TORRES, Ricardo Lobo. O Mandado de Injunção e a Legalidade Financeira. **Revista de Direito Administrativo**, n. 187. Rio de Janeiro: Renovar, jan./mar. 1992, p. 94-110;

independência entre os poderes ou, em outras palavras, maneiras mais eficazes de se dar cumprimento ao comando constitucional sem que o Judiciário se arrogue da função de legislador positivo;

(ii) no caso do MI, diante da recente inovação introduzida pela Lei nº 13.300/2016, investigar de que forma o referido marco legislativo e projetos de lei anteriores disciplinaram o tema, bem como os modelos estaduais de competência e posicionamentos adotados pela jurisprudência do Supremo Tribunal Federal enquanto a regulamentação do instituto encontrava-se pendente;

(iii) quanto a ADPF, questionar até que ponto o caráter de subsidiariedade do instrumento em questão o reveste, de fato, da possibilidade de ser utilizado como alternativa efetiva para o preenchimento das lacunas normativas pelo Judiciário e, por fim,

(iv) se é possível compreender a inconstitucionalidade por omissão como um fenômeno a ser enfrentado também pelo controle difuso de constitucionalidade e de que forma institutos típicos de tal forma de controle influenciariam a análise do tema.

Tais questionamentos serão respondidos através de um roteiro dividido em dois grandes capítulos. No primeiro, pretende-se analisar os aspectos teóricos gerais do controle de constitucionalidade por omissão no direito brasileiro. O capítulo seguinte, por sua vez, terá como objetivo identificar e analisar de forma profunda os problemas inerentes aos instrumentos de controle das omissões inconstitucionais e propostas existentes para o enfrentamento dos mesmos. Neste capítulo não serão descritos de forma aprofundada os aspectos processuais da Ação Direta de Inconstitucionalidade por Omissão e Arguição de Descumprimento de Preceito Fundamental, abordando-se de forma mais objetiva as questões propostas. No caso do Mandado de Injunção, contudo, fez-se indispensável uma abordagem mais aprofundada dos aspectos processuais hoje aplicáveis, eis que durante muitos anos a ausência de lei específica demandou um maior protagonismo do Judiciário para sua compreensão. Assim, não seria possível um debate propositivo a respeito sem que se apresente, critique e debata a práxis da jurisdição constitucional quanto ao Mandado de Injunção, entendendo de que maneira tais premissas interagem com a recente Lei 13.300/2016.

As conclusões obtidas serão sintetizadas na forma de proposições objetivas que, espera-se, não somente ilustrem de forma clara o atual panorama do controle de constitucionalidade por omissão no Brasil, mas também seja capaz de demonstrar perspectivas futuras e inspirar o debate sobre o aprimoramento institucional dos instrumentos processuais objeto do estudo. Ao final do trabalho, há proposta de Emenda à Constituição de modo a condensar alguns dos parâmetros propostos neste trabalho.

Capítulo 2

O FENÔMENO DA INCONSTITUCIONALIDADE POR OMISSÃO

Como ponto de partida do debate que se pretende empreender, a delimitação conceitual do que seja a inconstitucionalidade por omissão envolve alguns cuidados de natureza metodológica. Pretender exaurir todo e qualquer tema relativo à jurisdição constitucional que deva servir de pressuposto à compreensão da ideia de inconstitucionalidade é uma tentação que deve ser evitada não somente pelo risco de absoluta ilimitação do objeto do trabalho, mas também pelo fato de que outros autores já o fizeram de forma satisfatória. Por outro lado, faz-se inevitável delimitar pontos capazes de nortear as premissas necessárias para, enfim, responder ao seguinte questionamento: o que é a inconstitucionalidade por omissão?

O caminho escolhido para uma possível resposta partirá de uma análise prévia de aspectos normativos e teóricos cuja compreensão seja fundamental para o debate proposto. Pretende-se trabalhar, enquanto marcos teóricos, tipologias clássicas, como constitucionalismo dirigente e força normativa da Constituição, na exata medida em que se faça necessário para debater o objeto desta dissertação. Da mesma forma, a contraposição entre marcos normativos no direito brasileiro pós-88 e as experiências existentes no direito comparado podem auxiliar o intérprete a identificar de forma mais precisa soluções para nossa realidade, com os cuidados metodológicos que se fazem necessários para uma análise comparada que se pretenda útil e adequada para a realidade jurídica em discussão.

Superadas tais questões, a etapa seguinte dirá respeito a uma compreensão mais aprofundada do tema quanto a seus aspectos técnico-jurídicos no direito brasileiro. Primeiramente, serão delimitados quais os pressupostos para que se identifique, em concreto ou em abstrato, eventual inconstitucionalidade por omissão. A seguir, serão trabalhadas as classificações até então convencionadas em doutrina e jurisprudência a respeito dos diferentes tipos de inconstitucionalidade por omissão, sem que se furte de uma análise crítica quando esta se fizer necessária. Após essa etapa, os principais casos de omissões inconstitucionais sob a vigência da Constituição de 1988 serão agrupados e sistematizados em categorias que possibilitem identificar e debater as particularidades de cada uma das hipóteses à luz das premissas até então fixadas.

Ao final deste capítulo espera-se, então, ter enfrentado todos os pontos fundamentais e controvérsias que permitam arriscar uma conceituação satisfatória do fenômeno jurídico da inconstitucionalidade por omissão, partindo-se, em seguida, ao estudo de seus instrumentos de controle e dos problemas a eles inerentes.

2.1. MARCOS TEÓRICOS

Apropriar-se de marcos teóricos específicos e dizer, peremptoriamente, que eles sejam capazes de explicar de forma exauriente determinado fenômeno ou instituto jurídico parece, na melhor das hipóteses, reducionista. Todavia, a escolha de cada uma das questões propostas a seguir, ainda que pautada por alguma medida de discricionariedade, parece capaz de aprimorar de alguma forma a compreensão do tema principal desta dissertação e das ideias fundamentais nela defendidas.

Feitas as ressalvas necessárias, cinco foram os marcos teóricos escolhidos como pertinentes para a análise proposta: (i) a ideia tradicional de *força normativa da Constituição*; (ii) o *constitucionalismo dirigente* ou *Constituição dirigente* enquanto tipologia apta ou não a descrever a realidade brasileira; (iii) as releituras impostas por concepções doutrinárias contemporâneas, como o *neoconstitucionalismo* e a *doutrina da efetividade*; (iv) a influência do processo de ascensão institucional do Poder Judiciário sobre o controle de constitucionalidade por omissão; e, por fim, (v) uma perspectiva de *diálogos constitucionais* enquanto postura de enfrentamento dos problemas teóricos e práticos no âmbito da jurisdição constitucional.

A ideia de *força normativa da Constituição*, como ponto de partida, parece indissociável do estudo do tema, conforme alertado pelo professor Gilmar Ferreira Mendes[1]. A aptidão de uma Constituição para produzir efeitos jurídicos e conformar a realidade jurídico-política a ela subjacente há muito constitui um dos debates centrais na teoria constitucional e na aplicação do direito constitucional positivo. De fato, parece razoável afirmar que a ideia de constitucionalização, em qualquer de suas concepções, é insuficiente para a solução dos problemas a que se propõe se dissociada do estudo da *normatividade constitucional*. Sejam as garantias de estabilidade e limitação do poder trazidas pelo constitucionalismo *liberal*, ou até mesmo as promessas de igualdade substancial trazidas pelo constitucionalismo em seu paradigma *social*, é certo que a realização de qualquer tarefa atribuída ao Estado por meio de um projeto político contido em um texto constitucional somente será possível a partir da compreensão das possibilidades, limites e exigibilidade de suas normas.

A ideia de *constitucionalismo dirigente* ou *Constituição dirigente*, por sua vez, mostra-se essencial para estruturar uma compreensão adequada das tarefas atribuídas aos poderes constituídos e as consequências do inadimplemento de tais obrigações, debatendo em que medida a concepção hoje predominante na prática da jurisdição constitucional brasileira se aproxima ou se afasta das teorizações clássicas a respeito do tema, mormente na obra do professor José Joaquim Gomes Canotilho. A despeito de ser incontroversa em doutrina a inserção da Constituição de 1988 sob a tipologia em questão, a importação de uma visão normativa da teoria e a concretização dos programas constitucionais por meio da jurisdição constitucional parece não corresponder ao que foi proposto por seu principal idealizador, que chegou a afirmar que "a Constituição dirigente estaria morta", se assim concebida. No entanto, parece pertinente discutir se a visão clássica de dirigismo constitucional português realmente parece

---

1. "Assinale-se, outrossim, que o estudo da omissão inconstitucional é indissociável do estudo sobre a força normativa da Constituição." MENDES, Gilmar Ferreira. BRANCO, Paulo Gustavo Gonet. Curso de Direito Constitucional. 8ª edição. São Paulo: Saraiva, 2013, p. 1152. Vide também BAZAN, Víctor. ***Control de las Omisiones Inconstitucionalies e Inconvencionales. Recorrido por el derecho y la jurisprudencia americanos y europeos***. Bogotá: Fundação Konrad Adenauer, 2014, p. 53 e seguintes.

capaz de descrever a realidade brasileira e contribuir para a solução de seus problemas constitucionais no caso da inconstitucionalidade por omissão.

Da mesma forma, parece relevante debater e questionar a influência de teorias contemporâneas no tema objeto do trabalho, notadamente o que se convencionou chamar de *neoconstitucionalismo* e *doutrina da efetividade das normas constitucionais*, tendo como ponto de partida o conjunto de ideias desenvolvidas pelo professor Luís Roberto Barroso nas últimas décadas[2]. Pretende-se questionar a inserção da ideia de força normativa da Constituição enquanto marco exclusivo do neoconstitucionalismo, fenômeno que não encontra consenso doutrinário quanto aos elementos que efetivamente o compõem. Por outro lado, a ideia de efetividade das normas constitucionais enquanto uma dimensão social de realização das normas constitucionais em sua correspondência com a realidade parece estar em consonância com preocupações que surgem como centrais para o estudo da inconstitucionalidade por omissões.

Superadas tais questões, torna-se inevitável compreender de que forma a *ascensão político-institucional do Poder Judiciário e do Supremo Tribunal Federal* influenciaram o desenvolvimento do tema no Brasil. Com o intuito de evitar uma digressão temporal demasiadamente extensa, optou-se por uma abordagem da questão em recortes temporais específicos na história recente do Supremo Tribunal Federal. Três períodos paradigmáticos têm sido identificados em pesquisas sido desenvolvidas no âmbito da Universidade Federal Fluminense, estudando a evolução do controle de constitucionalidade no Brasil através de ministros que incorporam características fundamentais

---

2. Apesar de tal conjunto de ideias normalmente designar os trabalhos desenvolvidos pelo professor Luís Roberto Barroso a partir da obra "Direito Constitucional e a Efetividade de suas Normas", a expressão "doutrina da efetividade" parece ter sido cunhada a partir de escritos do professor Cláudio Pereira de Souza Neto. Vide por exemplo SOUZA NETO, Cláudio Pereira de. **Teoria Constitucional e Democracia Deliberativa**. Rio de Janeiro: Renovar, 2006, p. 268 e ss., SOUZA NETO, Cláudio Pereira de. Fundamentação e Normatividade dos Direitos Fundamentais: uma Reconstrução Teórica à Luz do princípio Democrático. In: SOUZA NETO, Cláudio Pereira de (org.). **Constitucionalismo Democrático e Governo das Razões**. Rio de Janeiro: Lúmen Juris, 2011, p. 195-203; SOUZA NETO, Cláudio Pereira de. SARMENTO, Daniel. **Direito Constitucional – Teoria, História e Métodos de Trabalho**. Belo Horizonte: Fórum, 2012, p. 198-200.

da jurisdição constitucional do seu tempo: as "cortes" "Victor Nunes Leal", "Moreira Alves" e "Gilmar Mendes".

Por fim, de fundamental importância para uma perspectiva propositiva e de aprimoramento do atual desenho institucional, pretende-se debater os problemas relativos ao controle de constitucionalidade por omissão sob uma perspectiva de *diálogos constitucionais* entres os poderes constituídos, partindo-se das perspectivas recentemente compartilhadas na obra do professor Rodrigo Brandão em tese de doutorado[3], influência principal a partir da qual o debate passou a ser incorporado também em obras de autores como Cláudio Pereira de Souza Neto e Daniel Sarmento[4]. Conforme já dito na introdução desta dissertação, vive-se um momento de valorização da soberania popular e reflexões sobre o papel contramajoritário do Poder Judiciário e os limites de sua interferência legítima no espaço decisório tipicamente político. Dessa forma, não é possível se debruçar sobre os problemas jurídicos envolvendo um tema tão sensível sob a ótica da separação de poderes sem que sejam estabelecidas premissas básicas capazes de resolver as tensões da jurisdição constitucional sob uma perspectiva de cooperação entre as esferas políticas e sociais envolvidas.

Ao final da análise teórica proposta, serão sintetizadas conclusões preliminares extraídas da reflexão conjunta sobre os cinco temas descritos acima, firmando as premissas básicas e concepções prévias a partir das quais se pretende enfrentar o objeto proposto para a dissertação.

2.1.1 A ideia de força normativa da Constituição.

Falar em *força normativa da Constituição* normalmente conduz a dois planos possíveis de debate. Talvez da maneira mais intuitiva possível para o jurista, a palavra "norma" traduza uma concepção da Constituição em sentido jurídico, sendo relevantes conceitos

---

3. BRANDÃO, Rodrigo. **Supremacia Judicial versus Diálogos Constitucionais. A quem cabe a última palavra sobre o sentido da Constituição?** Rio de Janeiro: Lúmen Juris, 2012.
4. SOUZA NETO, Cláudio Pereira de; SARMENTO, Daniel. Notas sobre Jurisdição Constitucional e Democracia: A Questão da "Última Palavra" e Alguns Parâmetros de Autocontenção Judicial. In: NOVELINO, Marcelo (Org.). **Constitucionalismo e Democracia.** Salvador: JusPodvm, 2013, p. 125-160.

como vigência, validade, eficácia, aplicabilidade, revogação e outros institutos formais típicos da interpretação jurídica tradicional. Outro plano possível de análise reside na efetiva capacidade de a Constituição atuar como elemento conformador, controlador e condutor da realidade política, jurídica e social a ela subjacentes, discutindo-se a relação entre a normatividade jurídica e a realidade fática e os eventuais conflitos entre as mesmas. São planos distintos, mas indissociáveis para uma compreensão mais ampla da ideia de força normativa da Constituição.

Uma das reflexões mais lembradas sobre a natureza da Constituição diz respeito ao discurso proferido por Ferdinand Lassalle em 16 de abril de 1862, em Berlim, "*a essência da Constituição*"[5]. Segundo o autor, questões constitucionais seriam predominantemente questões *políticas*, não propriamente *jurídicas*. A Constituição não seria capaz de controlar as forças e poderes dominantes, mas, ao contrário, expressa as relações de poder existentes na sociedade. A soma dessas relações – ou *fatores reais de poder* – é o que verdadeiramente representaria a Constituição *real* de determinada sociedade. Caso a Constituição formalmente em vigor não corresponda a tais fatores reais de poder, será tão somente uma mera "folha de papel", incapaz de subordinar a realidade social. Percebe-se em Lassalle uma concepção predominantemente sociológica da Constituição, em detrimento de uma visão jurídica do fenômeno constitucional.

Uma visão unicamente sociológica da norma constitucional, tal qual apregoado por Lassalle, torna-se o ponto de partida das preocupações de Konrad Hesse, décadas mais tarde. Em "A Força Normativa da Constituição", Hesse considera que uma concepção tal qual a defendida por Lassalle representaria a própria negação do fenômeno constitucional em sentido jurídico, na medida em que a Constituição jurídica sucumbiria cotidianamente em face dos fatores reais de poder que representariam a Constituição real. Tal contradição não parecia aceitável para o autor diante da concepção de Direito Constitucional enquanto ramo da ciência jurídica, que se distingue autonomamente

---

5. É importante notar que o título em questão vem sendo traduzido para o português tanto como "a essência da Constituição" quanto como "o que é uma Constituição?". Cf. LASSALLE, Ferdinand Johann Gottlieb. **O que é uma constituição? (trad. Ricardo Rodrigues Gama)**. Campinas: Russel Editores, 2009.

das demais ciências sociais não somente pelo objeto e método próprios, mas também, em especial, pela natureza *normativa* do próprio Direito. Esta inquietação existente na negação de qualquer papel jurídico do Direito Constitucional seria o ponto de partida para as reflexões do autor sobre o problema da *força normativa da Constituição*[6].

Tais reflexões, contudo, não representam uma ruptura ou posição de antagonismo direto às ideias de Ferdinand Lassalle, eis que ao enfrentar o problema e tentar identificar os elementos fundamentais sobre os quais deve residir a normatividade constitucional, Hesse não ignora a realidade político-social e, em alguma medida, considera seu condicionamento mútuo com a Constituição jurídica. Ao contrário, uma tentativa de resposta deveria ter como ponto de partida (i) o *condicionamento recíproco* entre a Constituição jurídica e a realidade político-social; (ii) os *limites e possibilidades* de atuação da Constituição jurídica; (iii) os *pressupostos de eficácia* da Constituição[7].

Quanto ao *condicionamento recíproco*, Hesse entende que não se pode almejar uma resposta satisfatória ao problema da normatividade considerando somente o plano social, o "ser", ou somente o plano normativo "dever ser". Quaisquer visões extremas inevitavelmente resultariam em "norma despida de qualquer elemento da realidade ou uma realidade esvaziada de qualquer elemento normativo". Mas, a despeito de ser importante considerar a situação real sobre a qual a norma deverá incidir, a pretensão de eficácia de uma norma constitucional não se confunde com as condições de sua realização. A Constituição é mais que simples reflexo das condições fáticas, não podendo ser ignorada em seu aspecto normativo A despeito de não ignorar a matriz sociológica como inerente à análise do fenômeno constitucional, Hesse atribui maior preponderância à dimensão normativa da Constituição[8]. De fato, tal concepção prévia é essencial para que se possa conceber que uma Constituição possa impor de forma legítima quaisquer tarefas de cunho positivo aos poderes constituídos.

---

6. HESSE, Konrad. **A Força Normativa da Constituição** (trad. Gilmar Ferreira Mendes). In: ALMEIDA, Carlos dos Santos; MENDES, Gilmar Ferreira; COELHO, Inocêncio Mártires. **Temas Fundamentais do Direito Constitucional**. São Paulo: Saraiva, 2009, p. 123-146.
7. HESSE, Konrad., *Op. Cit.*, p. 126-127.
8. *Idem*, p. 127-129.

Da mesma forma, acerca das *possibilidades e limites* da Constituição em sua pretensão normativa em face da realidade, a norma constitucional deve de fato considerar as condicionantes históricas e sociais para que possa alcançar os projetos por ela almejados. Todavia, mais uma vez parece adquirir preponderância a dimensão normativa, uma vez que Hesse afirma que mais do que simplesmente se adaptar ao presente, a Constituição pode, ela própria, converter-se em força ativa e impor tarefas futuras. Nesse sentido, essa força normativa de imposição de tarefas e condicionamento do meio social dependeria de determinados *pressupostos de eficácia*, que seriam, em síntese: a) quanto mais o conteúdo de uma Constituição corresponder à natureza singular do presente, mais seguro será o desenvolvimento de sua força normativa; b) o ótimo desenvolvimento da força normativa da Constituição depende não apenas do conteúdo, mas da práxis de todos os participantes da vida constitucional[9].

Dessa forma, parece pertinente reconhecer que qualquer tentativa de instituir um controle de constitucionalidade por omissão que se pretenda efetivo deve considerar os limites da realidade fática sobre a qual deverá incidir as determinações constitucionais de cunho positivo que servirão de parâmetro desse tipo de controle. Assim, é certo que uma Constituição repleta de normas programáticas que digam respeito a matérias em relação às quais seja difícil mobilizar a vontade política dos poderes constituídos resultará em tensões mais frequentes a serem resolvidas pela jurisdição constitucional.

O que se pode sintetizar de mais relevante do pensamento de Hesse nessa obra, é que não se trata, em absoluto, de uma contraposição ou superação das ideias de Lassalle em "a essência da Constituição". Ao contrário, Hesse não ignora a relação entre o social e o jurídico na compreensão da ideia de força normativa da Constituição. Ainda que aparentemente atribua peso maior para a Constituição em um sentido jurídico, não sociológico, Hesse não ignora que a máxima realização dessa força normativa depende do concurso de fatores que se encontram fora do espectro do Direito, mas sim do social e político. Não se pode dizer também que só a partir do pensamento de Konrad Hesse é que se passou a considerar a Constituição como

---

9. *Ibidem*, p. 127-136.

norma jurídica, mas sim que Hesse contribuiu com uma nova visão de como tais aspectos normativos se relacionaram à realidade que ela deverá regular.

É certo que o debate não se encerra com os dois autores mencionados acima. Para uma compreensão exauriente do tema, seria preciso trabalhar autores como Hans Kelsen, Rudolf Smend, Carl Schmitt e Herman Heller, com suas respectivas formas de compreender o fenômeno constitucional em seu aspecto normativo. Todavia, tais esforços tornariam o escopo do trabalho demasiadamente amplo. O que se pretende, a seguir, é debater de que forma essas ideias de normatividade foram incorporadas pela ideia de "Constituição dirigente" e de que forma tal teoria contribuiu para uma forma distinta de compreender a força normativa da Constituição. Teriam essas ideias sido importadas de forma precisa pelo direito constitucional brasileiro? É o que se pretende debater adiante.

2.1.2 Constitucionalismo dirigente.

Ao se falar em "Constituição dirigente", o adjetivo "dirigente" refere-se a um tipo específico de Constituição ou, segundo alguns, *um tipo específico de normatividade*[10]. Uma Constituição que estabelece programas, metas e diretrizes que vinculariam a atuação estatal (e, em alguma medida, a própria conduta dos cidadãos) rumo à realização de um projeto político específico, normalmente identificado através de normas constitucionais ditas *programáticas*[11]. A definição

---

10. OLIVEIRA, Fábio Corrêa Souza de. **Morte e Vida da Constituição Dirigente**. Rio de Janeiro: Lúmen Juris, 2010, p. 12.

11. É necessário certo cuidado na contextualização do termo "norma programática", eis que ora o mesmo é empregado como designando uma espécie de norma materialmente constitucional, ora designando uma espécie de norma constitucional de eficácia limitada, na acepção tradicional de José Afonso da Silva. Na primeira acepção, Luís Roberto Barroso destaca que as normas materialmente constitucionais, ou seja, que possuam conteúdo típico de normas constitucionais, podem ser (i) de organização (estruturam e disciplinam o exercício do poder político); (ii) definidoras de direito (geram direitos subjetivos para os jurisdicionados); (iii) programáticas (atribuem fins a serem alcançados pelo Estado). Cf. BARROSO, Luís Roberto. **Curso de Direito Constitucional Contemporâneo**. Rio de Janeiro: Saraiva, 2009, p. 202. Na segunda hipótese, cuida-se de classificar as normas constitucionais quanto a sua aptidão para produzir efeitos jurídicos, sendo possível classifica-las, na visão de José Afonso, em normas de eficácia plena (possuem aptidão imediata para produção de todos os seus efeitos), contida (da mesma forma que as de eficácia plena, possuem aptidão imediata

dada pelos autores à ideia de Constituição dirigente normalmente é apresentada em contraposição a chamada "*Constituição garantia*[12]", ou ao modelo "*utilitarista, negativo, neutro*[13]". A ideia de Constituição dirigente normalmente surge associada ao intervencionismo estatal na ordem econômica típico do Estado Social de Direito que surge após as Constituições do México (1917) e Weimar (1919), impondo a participação ativa do Estado na concretização de direitos fundamentais de natureza prestacional.

Que a Constituição brasileira de 1988 é dirigente na acepção acima descrita parece não haver controvérsia acadêmica significativa entre os autores contemporâneos. Até mesmo o grande idealizador da tipologia em análise, o professor português José Joaquim Gomes Canotilho, admite que o texto constitucional brasileiro atual seja de natureza dirigente[14]. De fato, não somente o art. 3º da Constituição enumera como *princípios fundamentais* uma série de objetivos sociais da República Federativa do Brasil[15], como também diversos outros dispositivos constitucionais revelam a imposição de diretrizes e projetos voltados ao legislador para concretizar direitos fundamentais[16].

---

para produzir todos os seus efeitos, mas admitem restrição ao seu conteúdo por norma infraconstitucional) e limitada (para a produção de todos os seus efeitos, dependem de ato normativo infraconstitucional). As normas de eficácia limitada, por sua vez, podem ser de princípio instituto ou organizador ou programáticas, estabelecendo metas a serem perseguidas por meio do ato normativo integrador. Vide SILVA, José Afonso da. **Aplicabilidade das normas constitucionais**. 7ª edição. 3ª tiragem. São Paulo: Malheiros, 2003, p. 164.

12. Dentre outros: MENDES, Gilmar Ferreira; BRANCO, Paulo Gustavo Gonet. **Curso de Direito Constitucional**. 6ª edição. São Paulo: Saraiva, 2011, p; 73; SOUZA NETO, Cláudio Pereira de. SARMENTO, Daniel. **Direito Constitucional – Teoria, História e Métodos de Trabalho**. Belo Horizonte: Fórum, 2012, p. 57-59.

13. LOEWENSTEIN, Karl. *Teoria de la Constitución*. Apud OLIVEIRA, Fábio Correa Souza de. **Morte e Vida da Constituição Dirigente**, *Op. Cit*, p. 13.

14. CANOTILHO, José Joaquim Gomes. **Constituição Dirigente e Vinculação do Legislador. Contributo para a compreensão das normas constitucionais programáticas**. 2ª edição. Coimbra: Coimbra editora, 2001, p. VIII (prefácio).

15. "Art. 3º. Constituem objetivos fundamentais da República Federativa do Brasil: I – construir uma sociedade livre, justa e solidária; II – garantir o desenvolvimento nacional; III – erradicar a pobreza e a marginalização e reduzir as desigualdades regionais; IV – promover o bem de todos, sem preconceitos de origem, raça, sexo, cor, idade e quaisquer outras formas de discriminação."

16. Alguns exemplos podem ser identificados no dever constitucional de proteção legal ao consumidor (art. 5º, XXXII e art. 170, V da Constituição, bem como art. 48 do ADCT); no dever constitucional de legislar para garantir o direito de greve dos servidores públicos

A grande dúvida já não é se temos uma Constituição dirigente e que pretenda condicionar a realidade política, social e econômica aos programas por ela estabelecidos. O que se questiona hoje é se a despeito de da adoção de uma Constituição dirigente, teria o direito brasileiro adotado a matriz teórica tradicional a respeito do tema ou se o dirigismo constitucional brasileiro teria assumido feições próprias que o tornem uma categoria distinta daquela originalmente identificada pelo professor Canotilho.

Uma resposta preliminar talvez possa ser delineada a partir dos debates que começaram a surgir na década passada, no Brasil, a partir de afirmação feita pelo próprio autor de que "a Constituição dirigente estaria morta[17]". A frase, contida no prefácio da 2ª edição de "A Constituição Dirigente e a Vinculação do Legislador", foi recebida com grande preocupação pelos constitucionalistas no Brasil, gerando interpretações e reações das mais diversas entre os autores[18]. Tanto é que no período imediatamente posterior se observou mobilização acadêmica considerável no sentido de permitir um diálogo direto com o autor em busca de esclarecimentos, o que ocorreu por meio de seminário cuja organização foi capitaneada pelo professor Jacinto Nelson de Miranda Coutinho, da Universidade Federal do Paraná[19]. O que se deve entender, então, como "morte da Constituição dirigente"?

Uma leitura da afirmação em seu contexto original pode ser esclarecedora. Confira-se:

(art. 37, VII da Constituição Federal); a previsão de lei que garanta benefícios fiscais para entidades de assistência social (art. 195, § 7º da Constituição); a previsão de lei que crie critérios diferenciados de aposentadoria para servidores públicos deficientes ou que exerçam atividades de risco (art. 40, § 4º da Constituição Federal), dentre outros.

17. "CANOTILHO, **A Constituição Dirigente**... *Op. Cit.*, p. XXIX.
18. A despeito disso, é interessante notar que desde a década anterior Canotilho já vinha revendo, gradualmente, algumas de suas ideias, conforme destaca Fábio Corrêa Souza de Oliveira em tese de doutorado. Artigos como "O Direito Constitucional entre o moderno e o pós--moderno" (1989, publicado no Brasil em 1990); e "Revisar o romper con la Constitución Dirigente" (1995, publicado no Brasil em 1996) já demonstravam uma nova reflexão do autor sobre a obra original. Vide OLIVEIRA, Fábio Corrêa de Souza. **Morte e Vida da Constituição Dirigente**. *Op. Cit.*, p. 237-253.
19. Os debates ocorridos no seminário, incluindo a participação do próprio Canotilho, foram transcritos e publicados na seguinte obra coletiva: COUTINHO, Jacinto Nelson de Miranda (org.). **Canotilho e a Constituição Dirigente**. Rio de Janeiro: Renovar, 2005.

"Em jeito de conclusão, dir-se-ia que a Constituição dirigente está morta se o dirigismo constitucional for entendido como normativismo constitucional revolucionário capaz de, por si só, operar transformações emancipatórias. (...) Alguma coisa ficou, porém, da programaticidade constitucional. Contra os que ergueram as normas programáticas a "linha a caminho de ferro" neutralizadora dos caminhos plurais da implantação da cidadania, acreditamos que os textos constitucionais devem estabelecer as premissas materiais fundantes das políticas públicas num Estado e numa sociedade que se pretendem continuar a chamar de direito, democráticas e sociais." (grifo nosso) [20]

De fato, parece pertinente o alerta do professor Cláudio Pereira de Souza Neto, no sentido de que o direito constitucional brasileiro parece ter importado desde cedo a teoria do dirigismo constitucional sob um viés "normativo" da Constituição dirigente[21]. Significa dizer, que no Brasil a ideia de Constituição dirigente tem sido associada a programas e metas constitucionais exigíveis diretamente do Estado pelos cidadãos, inclusive judicialmente. Não é novidade alguma afirmar que hoje o Brasil tem assistido a um evidente processo de judicialização das políticas públicas relativas a direitos sociais, no qual o Poder Judiciário tem dado a última palavra a respeito da exigibilidade destes direitos, em especial o direito à saúde. A despeito das críticas tradicionalmente tecidas a respeito do fenômeno[22], bem como do esforço doutrinário

---

20. CANOTILHO, José Joaquim. **A Constituição Dirigente**... *Op. Cit.*, p. XXIX-XXX.
21. SOUZA NETO, Cláudio Pereira de. **Teoria Constitucional e Democracia Deliberativa**. Rio de Janeiro: Renovar, 2006, p. 259.
22. Os autores que trabalham o tema defendem ou mencionam críticas severas acerca da judicialização das políticas públicas relativas a direitos sociais (em especial relativas ao direito à saúde), de natureza teórica (afirmando o caráter programático das diversas normas constitucionais relativas a direitos sociais, como o caso do art. 196 da Constituição), democrática (questionando a legitimidade do Judiciário para proferir decisões do gênero, uma vez que a escolha dos juízes se baseia em critérios eminentemente técnicos e não políticos), econômica (de que o Judiciário não possui meios para avaliar o impacto macro de suas decisões), isonômica (a concessão de prestações sociais como medicamentos para uns significaria a impossibilidade de atendimento a outros em igual situação, mas que não tiveram acesso ao Judiciário) ou técnica (de que o Judiciário não dominaria o conhecimento necessário para compreender e intervir no complexo desenho institucional das políticas públicas). Vide SOUZA NETO, Cláudio Pereira de. A Justiciabilidade dos Direitos Sociais: Críticas e Parâmetros. In: SARMENTO, Daniel; SOUZA NETO, Cláudio Pereira de (orgs). **Direitos Sociais**. Fundamentos, Judicialização e Direitos Sociais em Espécie. Rio de Janeiro: Lumen Juris, 2010. Vide também FERNANDES, Eric Baracho Dore. O Estado Social de Direito no Brasil: o desafio de equacionar Democracia e Judicialização

para a criação de parâmetros de racionalização desse tipo de tutela jurisdicional[23], é certo que a concepção tradicional de separação de poderes vem sendo relativizada diante do papel contramajoritário do Judiciário na proteção de direitos fundamentais e das concepções contemporâneas que disputam a definição da ideia de democracia[24].

O que se pretende, aqui, não é um juízo de mérito acerca da concepção que predomina hoje no Brasil a respeito da concretização das normas programáticas, tampouco a legitimidade do controle jurisdicional de políticas públicas. O que se quer esclarecer é que a matriz teórica invocada para tanto não é adequada para amparar o modelo brasileiro de dirigismo constitucional. Tanto é que desde a primeira versão da obra em análise, Canotilho já defendia não ser papel do Judiciário a concretização dos grandes programas constitucionais, tarefa atribuída primordialmente ao Legislador. Em verdade, mesmo o controle juris-

---

das Políticas Públicas. **Revista Direito Público (Porto Alegre)**, v. 8, n. 42, Porto Alegre: IOB editora, 2012, p. 84-102.

23. O Professor Cláudio Pereira de Souza Neto, por exemplo, os divide em parâmetros materiais e processuais. Dentre os materiais enumera que a atuação judicial deve se circunscrever à esfera da fundamentalidade material (concretizando não as condições *mínimas* para uma vida digna, mas as *necessárias* para tanto), que a atuação judicial se restrinja aos hipossuficientes (não abarcando aqueles com recursos para arcar com os custos da prestação social), possibilidade de universalização da medida (que a atuação judicial privilegie as medidas que possam ser estendidas aos demais hipossuficientes), consideração do sistema de direitos sociais em sua unidade (considerando todo o conjunto de direitos necessários a uma vida digna, não apenas cada direito social em espécie), prioridade para a opção técnica da Administração, prioridade para a solução mais econômica e variação da intensidade do controle jurisdicional de acordo com o investimento em políticas sociais (quanto maior o investimento da Administração, menos intenso deve ser o controle). Em relação aos parâmetros processuais, deve-se privilegiar ações coletivas, legitimidade individual restrita (a casos de possível dano irreversível ou não observância pela Administração de programas já instituídos), atribuição do ônus da prova a Administração no caso de hipossuficientes e ampliação do diálogo institucional entre o Judiciário e a Administração. SOUZA NETO, Cláudio Pereira de. A Justiciabilidade dos Direitos Sociais: Críticas e Parâmetros. *Op. Cit*, p. 534-551. Para uma perspectiva mais crítica, confira-se BARROSO, Luís Roberto. Da Falta de Efetividade à Judicialização Excessiva: Direito à Saúde, Fornecimento Gratuito de Medicamentos e Parâmetros para a Atuação Judicial. In: SARMENTO, Daniel; SOUZA NETO, Cláudio Pereira de (orgs). **Direitos Sociais. Fundamentos, Judicialização e Direitos Sociais em Espécie**. Rio de Janeiro: Lumen Juris, 2010.

24. Certamente não é possível falar em um único sentido possível para a palavra democracia. Dividem o debate tipologias como "democracia formal", "democracia substantiva ou material" e "democracia deliberativa". Vide, por exemplo, sobre as visões formal e substancial, BOBBIO, Norberto. **Estado Governo e Sociedade**. 6ª edição. São Paulo: Paz e Terra, 1997, p. 157-158; e, sob o prisma deliberativo, SOUZA NETO, Cláudio Pereira de. **Teoria Constitucional e Democracia Deliberativa**. Rio de Janeiro: Renovar, 2006.

dicional da inconstitucionalidade por omissão legislativa em Portugal, que serviu de inspiração para a Ação Direta de Inconstitucionalidade por Omissão brasileira, é visto por autores portugueses como algo pouco eficiente e incapaz de alcançar efeitos práticos mais relevantes, no sentido de suprir a lacuna normativa inconstitucional. É certo, então, que qualquer tentativa de aperfeiçoamento do atual sistema de controle da omissão legislativa inconstitucional no Brasil deve partir de premissas distintas da realidade para qual foi pensado o modelo português ou para a qual foi pensada a concepção tradicional de Constituição dirigente.

Nesse sentido, admitindo que a práxis da jurisdição constitucional brasileira na matéria tem servido para diferenciar consideravelmente os modelos em questão, eis a lição do professor Carlos Blanco de Morais, da Universidade de Lisboa:

> "A ausência de sanção no sistema de controle das omissões absolutas tem retirado no Brasil, tal como sucede em Portugal, interesse prático ao instituto, sendo escassas as decisões de inconstitucionalidade proferidas pelo STF. Contudo, como se irá observar, não foi esta componente de importação portuguesa, aquela que marcou o perfil inovatório do ordenamento brasileiro sobre a matéria do controlo e reparação de omissões absolutas inconstitucionais."[25]

A própria ideia de judicialização de direitos sociais é defendida por muitos com base na ideia de Constituição dirigente, muitas vezes com referência direta ao pensamento de Canotilho. Conforme já apontado, Canotilho não pensou a concretização das normas programáticas como papel do Judiciário. E, de forma mais específica quanto ao Judiciário brasileiro, o autor já teve a oportunidade de tecer críticas bastante incisivas em palestras[26] e obras publicadas no Brasil[27].

---

25. MORAIS, Carlos Blanco de. Direitos sociais e controlo de inconstitucionalidade por omissão no ordenamento brasileiro: activismo judicial momentâneo ou um novo paradigma? **Revista Brasileira de Estudos Constitucionais – RBEC**. Ano 5, n. 20 – outubro/dezembro de 2011, p. 211-244, p. 213.
26. Vide, por exemplo, palestra ministrada pelo professor Canotilho em 22/05/2012 na Escola da Magistratura do Estado do Rio de Janeiro, cujo tema foi "Constituição e Saúde", debate no qual o professor não se omitiu em expor sua visão mais conservadora a respeito da separação de poderes.
27. Um exemplo relativamente recente foi coletânea sobre direitos sociais organizada pelo professor Canotilho em 2010, publicada pela editora Saraiva. CANOTILHO, José Joaquim

Para manter a força normativa de uma Constituição social, Canotilho defende que deve haver uma análise dinâmica com a realidade o que envolve a verificação das: (i) provisões financeiras garantidas por sistema fiscal eficiente; (ii) estrutura da despesa pública orientada para o financiamento dos direitos e investimentos produtivos que os assegurem; (iii) orçamento público equilibrado; e (iv) taxa de crescimento do rendimento nacional de valor médio ou elevado[28]. Nesse ponto, percebe-se de forma bastante clara como a visão de Canotilho sobre a força normativa Constituição acaba se aproximando em alguma medida da concepção sociológica de Lassalle e dos *pressupostos de eficácia* mencionados por Hesse[29].

A Constituição de 1988 é, definitivamente, dirigente, constituindo um repositório de finalidades constitucionais contidas em seu extenso catálogo de normas programáticas. Todavia, avançar na linha atual de debate acerca do papel contemporâneo do Judiciário na concretização de tal projeto político pressupõe a releitura de certos paradigmas e sua adequada contextualização à realidade brasileira. Nesse sentido, talvez a Constituição dirigente de Canotilho não esteja de fato morta, mas nunca tenha nascido no Brasil da forma como foi pensada para o modelo constitucional de 1976 em Portugal. Talvez por isso, admitir que o constitucionalismo brasileiro recente desenvolveu-se à luz de um dirigismo constitucional próprio e premissas distintas parece um caminho mais produtivo para a solução dos dilemas institucionais e desafios próprios da realidade brasileira.

Em reflexão inspirada a esse respeito, confira-se trecho da tese de doutoramento de Fábio Correa Souza de Oliveira:

> "Conforme já restou claro, não existe somente um dirigismo constitucional. Existem dirigismos constitucionais. Há Constituições Dirigentes. A construção de uma teorética moldada,

---

Gomes; CORREIA, Marcus Orione Gonçalves; CORREIA, Érica Paula Barcha (orgs.). **Direitos Fundamentais Sociais**. São Paulo: Saraiva, 2010.

28. CANOTILHO, José Joaquim Gomes. O direito constitucional como ciência de direcção – o núcleo essencial das prestações sociais ou a localização incerta da socialidade (contributo para a realização da força normativa da "constituição social"). In: CANOTILHO, José Joaquim Gomes; CORREIA, Marcus Orione Gonçalves; CORREIA, Érica Paula Barcha. **Direitos Fundamentais Sociais**. *Op. Cit*, p. 11-32.
29. HESSE, Konrad. **A força normativa**... *Op. Cit.*, p. 127-136.

ajustada, demanda, como antes afirmado, que se tenha em conta, em integração, a normatividade e a facticidade. (...) Na esteira de uma doutrina constitucional moldada a uma Carta Magna, a uma sociedade, é preciso erguer uma teoria da Constituição Dirigente constitucionalmente adequada ao Brasil. (...)"[30]

Seja como for, para que seja possível firmar os alicerces necessários a uma reflexão como essa, é preciso entender o cenário teórico que ilustra a incorporação da ideia de normatividade constitucional ao Direito Constitucional brasileiro. Há quem diga que o reconhecimento de que a Constituição é norma jurídica coincidiria com o neoconstitucionalismo, conjunto de marcos de natureza histórica, filosófica e teórica apto a descrever o atual estágio do constitucionalismo. É o que se pretende debater adiante.

2.1.3. Neoconstitucionalismo e doutrina da efetividade: algumas releituras.

Ainda que não seja possível delimitar de forma peremptória ou absoluta um marco temporal ou teórico que identifique de forma precisa o paradigma que se convencionou chamar *neoconstitucionalismo*, o professor Luís Roberto Barroso costuma ser lembrado como um autor que apresenta uma contribuição própria para melhor identificar o fenômeno[31]. Segundo as ideias desenvolvidas por ele, o neoconstitucionalismo pode ser identificado através de marcos específicos de três naturezas: (i) *histórico*; referindo-se ao constitucionalismo do pós-guerra e aos processos de redemocratização na América Latina; (ii) *filosófico*, apontando o pós-positivismo e a normatividade dos princípios como um fator relevante na rígida superação entre direito e moral supostamente engendrada pelo positivismo como legitimadora das barbáries perpetradas pelos regimes totalitários durante a 2ª Guerra Mundial; e, por fim, (iii) *teórico*, no qual podem ser destacados o

---

30. OLIVEIRA, Fábio Corrêa de Souza. **Morte e Vida da Constituição Dirigente**. *Op. Cit.*, p. 441-448.
31. BARROSO, Luís Roberto. Neoconstitucionalismo e Constitucionalização do Direito (o triunfo tardio do direito constitucional contemporâneo no Brasil). In: SOUZA NETO, Cláudio Pereira de; SARMENTO, Daniel (orgs.). **A Constitucionalização do Direito. Fundamentos Teóricos e Aplicações Específicas**. Rio de Janeiro: Lúmen Juris, 2007, p. 203-249.

papel da jurisdição constitucional, o desenvolvimento de uma teoria de interpretação própria das normas constitucionais e, para o que nos interessa, a força normativa da Constituição.

Conforme já alertado no parágrafo antecedente (e também como uma autocrítica nas considerações feitas no tópico 2.1.1 deste trabalho), é necessário um olhar parcimonioso e crítico diante da formulação de teorias ou classificações que se pretendam exaurientes acerca de determinado paradigma teórico, sobretudo um tão abrangente e vago quanto o neoconstitucionalismo. O marco histórico, por exemplo, é objeto de intensas controvérsias entre os próprios estudiosos do neoconstitucionalismo[32]. O que se tem apontado como marco filosófico, por outro lado, induz a imprecisões quanto às ideias defendidas pelos positivistas mais tradicionais a respeito da relação entre direito e moral como sendo de rígida separação. Não é demais mencionar que no prefácio da 1ª edição de sua *teoria pura*, as preocupações expostas por Kelsen são de natureza eminentemente científica e metodológica, com o intuito de delimitar de forma mais precisa um objeto próprio do Direito e atribuir-lhe cientificidade. Responder, em suma, ao questionamento "*o que vê quem olha o direito do ponto de vista jurídico*" – o que significará, portanto, retirar da ciência jurídica temas cuja análise pertence mais propriamente a outras ciências. Não se trata de uma conceber uma *teoria do direito puro*, mas uma *teoria pura do direito*, no sentido de que a "pureza" pretendida diz respeito à ciência, não ao objeto de análise[33]. Curiosamente, no prefácio da 2ª

---

32. Ao menos três correntes de pensamento disputam o tema. Há aqueles que, como Luís Roberto Barroso, defendem um marco histórico no pós-guerra, com as Constituições da Alemanha (1949) e Itália (1948). Outros, como Ricardo Lobo Torres, delimitam temporalmente o neoconstitucionalismo como posterior ao "Estado Social", que no pensamento do autor, teria tido seu termo final com a queda do muro de Berlim (1989) e com o fim da União Soviética (1991). Há também aqueles que, como Miguel Carbonell, ainda associam o termo neoconstitucionalismo ao intervencionismo típico do Estado Social. Cf. TORRES, Ricardo Lobo. A Constitucionalização do Direito Financeiro. In: SOUZA NETO, Cláudio Pereira de; SARMENTO, Daniel (orgs.). **A Constitucionalização do Direito. Fundamentos Teóricos e Aplicações Específicas**. Rio de Janeiro: Lumen Juris, p. 961-989, p. 964 (e notas de rodapé 15 e 16).

33. Um exemplo mais concreto capaz de ilustrar a diferença pode ser encontrado no cap. VIII, onde o autor discute a interpretação do direito. Em determinado trecho, admite que o problema de delimitar qual das interpretações possíveis dentro da moldura de possibilidades da norma é mais propriamente um problema alheio ao direito, como questões de moral, justiça, etc., sendo jurídico tão somente o problema relativo aos limites dessa interpretação. Admite,

edição, Kelsen descreve seus esforços de atualização da Teoria Pura diante dos debates que surgem justamente no pós-guerra e após a superação dos regimes totalitários na Alemanha e Itália, notadamente a respeito de prescrições valorativas ou conteúdos axiológicos específicos a condicionarem a produção da normativa[34]. Percebe-se que o debate é antigo e refutado muito anteriormente ao que se tem chamado de "neoconstitucionalismo". A despeito disso, muitos autores brasileiros de peso continuam a tecer críticas ao positivismo jurídico e a separação promovida pelo mesmo entre o conteúdo direito e moral, ignorando que tal separação surge de uma preocupação da ciência jurídica e não da aplicação das normas jurídicas. Diante das críticas recorrentes de autores como Ricardo Lobo Torres[35] ou o já mencionado Luís Roberto Barroso[36], o professor Daniel Sarmento descreve tal tendência da doutrina brasileira como "demonização do positivismo" no Brasil, preocupando-se em relativizar e contextualizar de forma mais precisa as críticas normalmente feitas ao positivismo jurídico[37].

Seja como for, o que se pretende não é tecer uma crítica densa e exauriente ao neoconstitucionalismo ou ao pós-positivismo, mas de forma mais específica analisar a inclusão da ideia de força nor-

portanto, questões morais presentes na aplicação da norma. KELSEN, Hans. **Teoria pura do direito (tradução João Baptista Machado)**. 6ª edição. São Paulo: Martins Fontes, 1998. p. 248 e ss.

34. Não é demais lembrar que o próprio Kelsen não foi um autor dissociado dos problemas políticos de seu tempo, inclusive com a proteção das minorias como um elemento fundante da ideia de democracia. Em obras como "Teoria Geral do Direito e do Estado" e "A Democracia", tal concepção do autor pode ser percebida de forma bastante clara. Confira-se KELSEN, Hans. **Teoria Geral do Direito e do Estado**. 2ª edição. São Paulo: Martins Fontes, 1990.

35. TORRES, Rircardo Lobo. **Tratado de Direito Constitucional Financeiro e Tributário – Volume II. Valores e Princípios Constitucionais Tributários**. Rio de Janeiro: Renovar, 2006, p. 41-89.

36. BARROSO, Luís Roberto. Neoconstitucionalismo e Constitucionalização do Direito (o triunfo tardio do direito constitucional contemporâneo no Brasil). *Op. Cit.*, p. 207-208.

37. Confira-se a nota de rodapé número 92, em SARMENTO, Daniel. Ubiqüidade Constitucional: Os Dois Lados da Moeda. In: SOUZA NETO, Cláudio Pereira de.; SARMENTO, Daniel. **A Constitucionalização do Direito**... *Op. Cit.*, p. 142-143. *"Aqui, por honestidade intelectual, um breve disclaimer se faz necessário. Os positivistas tornaram-se "o saco de pancadas" do momento e algumas afirmações frequentemente brandidas contra o positivismo devem ser contextualizadas. Uma delas é a de que o positivismo não trabalha com princípios e valores, mas apenas com regras. Contudo, parece procedente a crítica de Alfonso Garcia Figueroa, de que os não positivistas tendem a satanizar a visão positivista do Direito (...)".*

mativa da Constituição como um marco teórico típico e inovador do neoconstitucionalismo. Nesse sentido, confira-se o que defende o professor Barroso:

> "Uma das grandes mudanças de paradigma ocorridas ao longo do século XX foi a atribuição à norma constitucional do status de norma jurídica. Superou-se assim o modelo que vigorou na Europa até meados do século passado, no qual a Constituição era vista como um documento essencialmente político, um convite à atuação dos Poderes Públicos. (...) Ao Judiciário não se reconhecia qualquer papel relevante na realização do conteúdo da Constituição. (...) Atualmente, passou a ser premissa do estudo da Constituição o reconhecimento de sua força normativa do caráter vinculativo e obrigatório de suas disposições. Vale dizer: as normas constitucionais são dotadas de imperatividade, que é atributo de todas as normas jurídicas, e sua inobservância há de deflagrar os mecanismos próprios de coação, de cumprimento forçado."[38]

Não parece preciso afirmar peremptoriamente que a Constituição anterior ao pós-guerra e redemocratização (períodos defendidos pelo autor como marcos históricos do neoconstitucionalismo) não era dotada de qualquer força normativa. Em verdade, a ideia de normatividade da Constituição já pode ser identificada com surgimento daquela que é apontada como a primeira Constituição escrita da modernidade, que é a norte-americana, de 1787[39]. Tanto é que já em 1803, menos de duas décadas depois, o precedente *Marbury v. Madison* assentaria que é inerente a toda e qualquer Constituição escrita o princípio segundo o qual uma lei contrária a uma Constitui-

---

38. BARROSO, Luís Roberto. Neoconstitucionalismo e Constitucionalização do Direito (...) *Op. Cit.*, p. 209.

39. A despeito de as Constituições que surgem com as revoluções liberais do Século XVIII normalmente serem apontadas como as primeiras Constituições escritas, não se pode ignorar que a ideia de *constitucionalismo* não é inovação típica do Século XVIII, sendo possível identificar, muito antes disso, tradições já consolidadas de limitação do poder e proteção de valores materialmente fundamentais. Um exemplo é o constitucionalismo inglês, com a Magna Carta de 1215, a *Petition of Rights* de 1628 e a *Bill of Rights* de 1689. É claro que uma análise exauriente importaria em uma digressão muito distante e fora do objeto do trabalho, motivo pelo qual nos limitamos a apontar a Constituição dos Estados Unidos como marco formal do constitucionalismo escrito, sem prejuízo do possível reconhecimento de experiências constitucionais anteriores.

ção é nula, e caberia ao Judiciário declarar tal nulidade[40]. Ainda que a Suprema Corte dos Estados Unidos só tenha voltado a se debruçar sobre a temática do controle de constitucionalidade novamente nos casos *Martin Hunter v. Lessee* (1816) e *Cohens v. Virgínia* (1821), tais precedentes firmaram raízes profundas o suficiente na tradição constitucional norte-americana para que a doutrina da *Judicial Review* se firmasse como contribuição paradigmática para o desenvolvimento do direito constitucional no ocidente[41-42].

Poder-se-ia sustentar que a ideia de força normativa da Constituição como uma inovação surgida no neoconstitucionalismo da segunda metade do século XX seria aplicável não ao direito constitucional norte-americano, mas talvez ao direito constitucional europeu ou ao latino-americano. Não parece ser a posição mais adequada, sendo possível identificar de forma bastante clara que tanto na Europa quanto na América Latina e, em especial, no Brasil, a Constituição sempre foi mais do que mero "convite à atuação dos poderes públicos", sendo dotada de normatividade e de alguma medida de aplicabilidade direta, a despeito das conjunturas específicas de captura de poder em cada contexto político comprometer a realização dos projetos constitucionais almejados e corroer de forma significativa o ideal constitucionalista de limitação do arbítrio e proteção a direitos. Analisemos, então, como a ideia de força normativa da Constituição é anterior ao século XX na Europa, América-Latina e Brasil.

Ao se debruçar sobre as origens do *Judicial Review* norte-americano, Edward Corwin destaca que tal doutrina tem raízes muito mais antigas que o precedente firmado em Marbury v. Madison. Segundo o autor, a própria experiência inglesa na *common law* já admitia a ideia de princípios fundamentais e incorporadores de uma "lei superior" que o próprio Parlamento não podia alterar, sendo possível identificar

---

40. BICKEL, Alexander. **The least dangerous branch. The Supreme Court at the bar of politics**. Second edition. Yale University Press, p. 1-13.
41. *Idem*, p. 14-15.
42. A despeito de acompanharem o pensamento de Luís Roberto Barroso acerca da ideia de força normativa da Constituição como um fenômeno exclusivo (ou típico) da segunda metade do Século XX, os professores Cláudio Pereira de Souza Neto e Daniel Sarmento ressalvam a Constituição dos EUA de 1787 como uma evidente exceção à regra geral. SOUZA NETO, Cláudio Pereira de. SARMENTO, Daniel. **Direito Constitucional – Teoria, História e Métodos de Trabalho**. *Op. Cit*, p. 22.

como exemplo o precedente firmado no caso *Bonham*, 1610 em que o *Chief-Justice* Coke afirmara que "*quando um ato do Parlamento é contrário ao direito e à razão comuns, a common law o controlará e o julgará nulo*". Antes mesmo da Constituição dos EUA, o contexto pré-revolucionário nas 13 colônias demonstra o quão arraigada já estava a ideia de normas materialmente fundamentais e fora do alcance do Estado, na medida em que o principal argumento contra a Lei do Selo, em 1765, seria a violação da Magna Carta e direitos naturais dos ingleses. Da mesma forma, na véspera da Declaração de Independência, o juiz William Cushing teria instruído um júri em Massachusetts para ignorar certas leis do Parlamento por serem nulas[43].

A ideia de normatividade constitucional também pode ser vista como definitivamente presente no pensamento jurídico da primeira metade do Século XX no grande debate entre Hans Kelsen e Carl Schmitt sobre quem deveria ser o guardião da Constituição. Schmitt, de modo coerente ao seu decisionismo jurídico, defendia que o Presidente do *Reich*, com fundamento no art. 48 da Constituição de Weimar, deveria ser o guardião da Constituição, apto a defender a ordem jurídica vigente em situações de exceção[44]. Já Kelsen, por outro lado, defendia que uma Corte Constitucional deveria ser responsável pela guarda da Constituição, engendrando as raízes do sistema que daria origem a um dos dois grandes modelos ocidentais de controle de constitucionalidade[45]. Em seu cerne, o debate dizia respeito à própria natureza do controle de constitucionalidade: se de natureza jurídico-constitucional, segundo Kelsen, ou de natureza política, para Schmitt[46]. A despeito das particularidades e detalhes do debate acadêmico em questão, o certo é que constatar a própria existência

---

43. CORWIN, Edward. **A Constituição Norte-Americana e seu significado atual.** Prefácio, tradução e notas de Lêda Boechat Rodrigues. Rio de Janeiro: Zahar Editores, 1986, p. 172-173.
44. SCHMITT, Carl. **Quem deve ser o guardião da Constituição?** Belo Horizonte: Del Rey, 2009.
45. KELSEN, Hans. **Jurisdição Constitucional.** Introdução e revisão técnica de Sérgio Sérvulo da Cunha. São Paulo: Martins Fontes, 2003.
46. VELLOSO, Carlos Mário da Silva. Da jurisdição constitucional ou do controle de constitucionalidade. In: MARTINS, Ives Gandra; MENDES, Gilmar Ferreira; NASCIMENTO, Carlos Valder. **Tratado de Direito Constitucional.** Vol. I. 2ª edição. São Paulo: Saraiva, 2012, p. 437-455, p. 437-438.

do debate e da preocupação em atribuir a alguém a competência para proteger a higidez da Constituição demonstra, sem sombra de dúvidas, que a mesma já era dotada de *algum grau* de normatividade.

Já na América Latina, é importante notar a existência de experiências com o controle concentrado de constitucionalidade muito antes até mesmo da teorização do modelo de Hans Kelsen ou do modelo austríaco de jurisdição constitucional. O art. 241 da Constituição colombiana de 1991 prevê a ação pública de inconstitucionalidade (*acción pública de inconstitucionalidad*)[47]. Todavia, tal instrumento processual é muito anterior à Constituição de 1991, sendo remédio tradicional do constitucionalismo colombiano, com mais de 100 anos. Desde o Ato legislativo nº 3 de 1910, existe a autorização para então Suprema Corte de Justiça atuar como "legislador negativo" no plano abstrato. Atribui-se a legitimidade para propositura da ação a qualquer cidadão para impugnar pela via da ação direta qualquer lei cuja constitucionalidade seja questionável[48]. Parece evidente que se pretende conceber a Constituição como norma jurídica nesse contexto.

A experiência brasileira, por sua vez, revela ter abraçado a doutrina da *Judicial Review* norte-americana já em 1891, sob a pena de Ruy Barbosa, então Ministro da Fazenda e autor intelectual da Constituição republicana[49]. O controle de constitucionalidade nos moldes do modelo dos Estados Unidos fora instituído pelo Decreto nº 848 do Governo Provisório, passando a ter assento constitucional no art. 59,

---

47. ARTICULO 241. (...) "1. Decidir sobre las demandas de inconstitucionalidad que promuevan los ciudadanos contra los actos reformatorios de la Constitución, cualquiera que sea su origen, sólo por vicios de procedimiento en su formación. (...) 4. Decidir sobre las demandas de inconstitucionalidad que presenten los ciudadanos contra las leyes, tanto por su contenido material como por vicios de procedimiento en su formación."
48. Confira-se GONZÁLEZ, David Mendieta. La acción pública de inconstitucionalidad: a propósito de los 100 años de su vigencia en Colombia. Vniversitas, Bogotá, n. 120, Jan. 2010. Disponível em: <http://www.scielo.org.co/scielo.php?pid=S0041-90602010000100003&script=sci_arttext> Acesso em: 13/07/2012. Sobre o controle de constitucionalidade na experiência latino-americana, vide FERNANDES, Eric Baracho Dore; LEGALE FERREIRA, Siddharta. O Controle Jurisdicional das Omissões Legislativas no Novo Constitucionalismo Latino-americano. Um estudo comparado entre Brasil e Colômbia. In: FERREIRA, Gustavo Sampaio Telles; XIMENES, Júlia Maurmann. (Orgs.). Instituições Políticas, Administração Pública e Jurisdição Constitucional. 1ª ed. Florianópolis: FUNJAB, 2013, v. 1, p. 182-212.
49. SILVA, José Afonso da. **O Constitucionalismo Brasileiro**. São Paulo: Malheiros, 2011, p. 51-62.

§ 1º da Constituição de 1891⁵⁰. Todos os juízes e tribunais exerceriam o controle de constitucionalidade, podendo deixar de aplicar leis e outros atos normativos ao caso concreto quando a norma contrariasse a Constituição, sendo cabível recurso para o Supremo Tribunal Federal nos casos em que fossem discutidas questões constitucionais[51].

Mesmo em tempos de hipertrofia do Poder Executivo é possível perceber a atuação, em maior ou menor medida, da jurisdição constitucional. Tanto é que na década de 60 já se buscavam meios de racionalizar a função do Supremo Tribunal Federal e filtrar os recursos a ele submetidos de modo a permitir que os Ministros se debruçassem sobre questões constitucionais de maior relevância, eis que a Corte também julgava um número considerável de recursos que versavam sobre matéria infraconstitucional. Um desses instrumentos foi a Súmula da Jurisprudência Dominante, criada pelo Ministro Victor Nunes Leal de modo a sintetizar os entendimentos mais relevantes do Supremo sobre determinada matéria. O mesmo Ministro Victor Nunes Leal atuou de forma bastante ativa em julgamentos nos quais se discutia a possibilidade de controle de constitucionalidade de Atos Institucionais e Decretos-Lei emanados do Executivo[52]. Todavia, a independência do STF e do Judiciário como um todo foi comprometida severamente quando em 16 de janeiro de 1969 foram aposentados compulsoriamente os Ministros Victor Nunes Leal, Carlos Lafayette de Andrada, Antônio Gonçalves de Oliveira, Hermes Lima e Evandro Lins e Silva.

De fato, não há como negar que no plano político, períodos de maior instabilidade institucional ou concentração de poderes comprometem a independência e o prestígio da função jurisdicional e da guarda das normas constitucionais. Pode-se dizer até mesmo que, nesses momentos, diversas situações demonstram a subversão do papel da

---

50. Art. 59 – "Ao Supremo Tribunal Federal compete: (...) § 1º - Das sentenças das Justiças dos Estados, em última instância, haverá recurso para o Supremo Tribunal Federal: a) quando se questionar sobre a validade, ou a aplicação de tratados e leis federais, e a decisão do Tribunal do Estado for contra ela; b) quando se contestar a validade de leis ou de atos dos Governos dos Estados em face da Constituição, ou das leis federais, e a decisão do Tribunal do Estado considerar válidos esses atos, ou essas leis impugnadas."
51. SOUZA NETO, Cláudio Pereira de. SARMENTO, Daniel. **Direito Constitucional – Teoria, História e Métodos de Trabalho**. *Op. Cit.*, p. 110.
52. Vide o Mandado de Segurança nº 17.957.

Constituição em um verdadeiro "disfarce" para as ideologias políticas dominantes, caracterizando aquilo que Loewenstein chamou de *Constituição semântica*[53]. É compreensível que, nesse contexto, discuta-se de forma crítica o papel das normas constitucionais e a submissão das mesmas aos ditames do regime autocrático em questão, comprometendo o papel da Constituição como elemento transformador da realidade social e capaz de conduzir projetos políticos duradouros. Fala-se, então, em *crise de efetividade* do constitucionalismo brasileiro, ou *"síndrome de inefetividade das normas constitucionais"*, o que parece bastante preciso para descrever tais períodos[54]. E a crítica possível não é somente aos períodos de centralização e hipertrofia do Executivo, mas também aos períodos de descentralização e hegemonia das elites oligárquicas, ilustrando a forma de organização política conhecida entre nós como coronelismo[55].

Muito diferente, contudo, é dizer que *a Constituição não era vista como norma jurídica*. Ao contrário, estudos sérios sobre normatividade constitucional existiram no Brasil mesmo quando a matéria não gozava do mesmo prestígio acadêmico de hoje. Não há quem não conheça a

---

53. A esse respeito, Karl Loewenstein classificou as Constituições em um critério ontológico, de correspondência com a realidade, admitindo a existência de cartas de três espécies: (i) normativas (aquelas em que de fato há correspondência entre o texto e a realidade); (ii) nominativa (onde há certa correspondência com a realidade, porém, ainda sem efetiva concretização) e (iii) semânticas (onde as disposições constitucionais são de fato um disfarce para as ideologias políticas verdadeiramente dominantes). LOEWENSTEIN, Karl. **Teoría de La Constitución**. Barcelona: Arial, 1986, p. 61, *apud* SOUZA NETO, Cláudio Pereira de; SARMENTO, Daniel. **Direito Constitucional**... Op. Cit., p. 61.

54. O termo tem sido reproduzido no Brasil com referências a obra importante do professor Luís Roberto Barroso. Vide BARROSO, Luís Roberto. **O Direito Constitucional e a Efetividade de suas Normas. Limites e possibilidades da Constituição Brasileira**. 9ª Ed. Rio de Janeiro: Renovar, 2009.

55. "*A superposição do regime representativo, em base ampla, a essa inadequada estrutura econômica e social, havendo incorporado à cidadania ativa um volumoso contingente de eleitores incapacitados para o consciente desempenho de sua missão política, vinculou os detentores do poder público, em larga medida, aos condutores daquele rebanho eleitoral. Eis aí a debilidade particular do poder constituído, que o levou a compro-se com o remanescente poder privado dos donos de terras no peculiar compromisso do "coronelismo". Despejando seus votos nos candidatos governistas nas eleições estaduais e federais, os dirigentes políticos do interior fazem-se credores de especial recompensa, que consiste em ficarem com as mãos livres para consolidarem sua dominação no município.*" LEAL, Victor Nunes. **Coronelismo, enxada e voto: O município e o regime representativo**. Rio de Janeiro: Edição Revista Forense, 1948, p. 253.

obra paradigmática publicada pelo professor José Afonso da Silva na década de 60, "Aplicabilidade das Normas Constitucionais", que já em sua primeira página distinguiu de forma bastante precisa os planos da normatividade (aplicabilidade) e efetividade:

> "Esta monografia se propõe a estudar a aplicabilidade das normas constitucionais. Aplicabilidade significa qualidade do que é aplicável. No sentido jurídico, diz-se da norma que tem possibilidade de ser aplicada, isto é, da norma que tem capacidade de produzir efeitos jurídicos. Não se cogita de saber se ela produz efetivamente esses efeitos. Isso já seria uma perspectiva sociológica e diz respeito à sua eficácia social, enquanto nosso tema se situa no campo da ciência jurídica, não da sociologia jurídica." [56]

Por tudo em torno do qual se discorreu, não parece ser possível outra conclusão senão a de que a ideia de força normativa da Constituição não é um marco típico ou original do neoconstitucionalismo ou da 2ª metade do Século XX, seja nos Estados Unidos, Europa, América Latina ou Brasil. É possível, certamente, discutir o problema sob o prisma da efetividade, o que não se confunde com a ideia desde sempre presente de que a Constituição é norma jurídica. Mesmo academicamente, não há como dizer que foi somente a partir de Konrad Hesse que se passou a considerar a Constituição em seu aspecto normativo. Tanto é que a concepção jurídica de Kelsen de Constituição em sentido jurídico é anterior ao próprio Hesse. Em verdade, Konrad Hesse aprofundou a visão sociológica que se propagou décadas antes a partir da obra de Ferdinand Lassalle, defendendo que a Constituição é norma jurídica e não pode ser condicionada de forma absoluta em sua normatividade à realidade social a ela subjacente. Não deixa de reconhecer, contudo, que o grau de realização dessa forma normativa depende, evidentemente, do grau de correspondência entre texto e realidade, entre Constituição e vontade dos agentes políticos e sociais na realização dos objetivos constitucionais.

Nesse ponto, parece que o debate sobre efetividade das normas constitucionais ainda é um paradigma extremamente útil para uma discussão mais aprofundada sobre o problema da inconstitucionalidade

---

56. SILVA, José Afonso da. **Aplicabilidade das normas constitucionais.** *Op. Cit*, p. 13.

por omissão. Como assegurar a efetividade das normas constitucionais ou, em outras palavras, o maior grau possível de correspondência entre norma e realidade? Na reflexão mais recente trazida pelo professor Luís Roberto Barroso sobre o tema, duas são as respostas apresentadas possíveis: o *caminho participativo*, ligado à atuação fiscalizadora da sociedade civil por seus diferentes organismos; e o *caminho jurídico*, consistente na utilização dos instrumentos disponíveis para tutelar jurisdicionalmente os direitos previstos na Constituição[57].

Na primeira concepção, o autor destaca que os setores institucionalmente organizados se fortaleceram e se multiplicaram no âmbito da sociedade civil. A atuação de organismos como a OAB, sindicatos, associações de moradores e movimentos representativos de minorias ilustraria um momento inédito na sociedade brasileira, cuja representação sempre teria gravitado ao redor do *oficialismo*. Aponta o autor, com razão, que tanto no Império quanto na República Velha e no Estado Novo, a proximidade com o aparelho estatal é que seria o fator determinante ao êxito de determinada demanda pública, seja no campo político, econômico ou social. A formação de um espaço público de discussão alheio ao Estado seria, portanto, um componente importante da via participativa para a efetividade da Constituição[58].

Ainda que seja possível compartilhar da visão do professor Barroso acerca do fortalecimento das entidades de representação setorial como um dos elementos mais importantes no caminho participativo para a efetividade da Constituição, as manifestações populares ocorridas em junho de 2013 por todo o Brasil impõem uma reflexão um pouco mais ampla sobre a configuração desse espaço público, que já não se limita ao institucional. No fim do primeiro semestre do ano de 2013, o Brasil assistiu ao surgimento inesperado de um movimento mais intenso de participação direta na formação da vontade política que, além de situado fora da burocracia estatal, também surge de forma independente dos organismos tradicionais de organização da sociedade civil. Nos cartazes levantados nas ruas e nos compartilhamentos em redes sociais, viam-se mensagens de intolerância à corrupção,

---

57. BARROSO, Luís Roberto. **O Novo Direito Constitucional Brasileiro. Contribuições para a construção teórica e prática da jurisdição constitucional no Brasil**. Belo Horizonte: Fórum, 2013, p. 77-78.
58. *Idem*, p. 78-79.

clamores por transparência e eficiências na gestão da coisa pública, manifestações de revolta com a péssima qualidade e altas tarifas dos serviços públicos de transporte.

Observou-se um momento de reapropriação da democracia representativa pela soberania popular. No Congresso Nacional, trabalhos parlamentares que se estenderam até às três da manhã, discutindo matérias cuja deliberação era exigida pelo clamor público. Destinação de royalties do petróleo para a saúde e educação, rejeição de Proposta de Emenda à Constituição que restringiria os poderes de investigação do Ministério Público e a inclusão do crime de corrupção no rol de crimes hediondos foram decisões políticas que, a despeito do juízo de valor que se possa fazer sobre seus acertos e desacertos, surgiram em consonância com a vontade dos cidadãos que tomaram as ruas[59].

Ainda que os impactos reais e em longo prazo de um movimento como o descrito acima sejam matéria demasiadamente ampla e além do escopo desta dissertação, percebe-se que o Estado brasileiro demonstrou total despreparo para lidar com esse tipo de manifestação

---

59. Notícia do Jornal O Estadão de 04 de Julho de 2013: "Levantamento produzido pela Secretaria Geral da Mesa da Câmara dos Deputados mostra que, desde o início das manifestações em todo o País, a Casa deliberou sobre seis temas de apelo popular e tem pautado para a próxima semana mais dois projetos para votação em plenário. O esforço faz parte da "agenda positiva" do Congresso para atender ao "clamor das ruas". Uma das pautas de reivindicação das manifestações foi a primeira a cair: a Proposta de Emenda à Constituição (PEC) que limitava o poder de investigação do Ministério Público, conhecida como PEC 37. Antes dos protestos, o projeto caminhava para ampla aprovação na Casa, mas, no dia 25 de junho, foi colocado em votação e derrubado por 430 votos. No mesmo dia, os deputados estenderam a noite de votação e aprovaram as novas regras de rateio do Fundo de Participação dos Estados (FPE) e o projeto que prevê o uso dos royalties do petróleo para a Educação. Neste último, foi incluído no texto um percentual para a Saúde, outra bandeira imposta pelas ruas. Pronto para votação e encalhado na pauta durante semanas, o projeto que reduz as alíquotas de PIS/Pasep sobre o transporte coletivo municipal também foi aprovado a toque de caixa, no dia 26 de junho, graças ao apelo dos manifestantes por redução nas tarifas. O projeto seguiu para apreciação do Senado. Ainda na área de transporte público, nesta quarta, 3, foi a vez dos deputados aprovarem o projeto que dá transparência na divulgação das planilhas que definem o valor das tarifas. Na sessão de quarta, a Casa também extinguiu a multa adicional de 10% do Fundo de Garantia por Tempo de Serviço (FGTS) para demissões sem justa causa, projeto este defendido pelos empresários. Para a próxima semana, os parlamentares devem apreciar a proposta sobre proteção e defesa dos usuários de serviços públicos e o projeto que tipifica como crime hediondo os crimes praticados contra a administração pública." Disponível em: <http://www.estadao.com.br/noticias/nacional,camara-aprovou-seis-projetos-em-duas-semanas,1050237,0.htm>. Acesso em: 04/07/2013.

popular. Críticas nacionais e estrangeiras sobre a violência policial, discussões sobre os limites do direito constitucional de reunião, o papel dos veículos de comunicação e outros debates relevantes hão de ser travados pelos juristas e cientistas sociais nos próximos anos, de modo a contribuir para o aprimoramento das instituições democráticas. Conclui-se, portanto, que a via participativa para a efetividade da Constituição compõe-se não somente da valorização das esferas de organização setorial da sociedade civil, mas também pelas formas de manifestação popular que se situam fora do escopo de tais instituições.

Ainda dentro do debate sobre um possível caminho participativo para a efetividade da Constituição, é de se destacar a ineficiência dos mecanismos formais de participação direta no sistema político brasileiro: plebiscito, referendo e iniciativa popular (art. 14, I, II e III da Constituição). Competindo ao Congresso Nacional convocar plebiscito ou autorizar referendo, a democracia direta necessariamente se submete ao crivo da representativa para que se manifeste. E mais. A exigência do art. 61, § 2º de "*um por cento do eleitorado nacional, distribuído pelo menos por cinco Estados, com não menos de três décimos por cento dos eleitores de cada um deles*" para deflagrar o processo legislativo pela via da iniciativa popular é demasiadamente difícil de ser satisfeita. Não é por outro motivo que, até hoje, somente a Lei Complementar nº 135/2010, conhecida popularmente como "Ficha Limpa", logrou êxito em ser submetida ao Congresso por tal via. Vive-se em um sistema onde parece muito mais fácil propor uma Ação Direta de Constitucionalidade para fazer triunfar determinada interpretação da Constituição. Afinal, parece muito mais fácil mobilizar a criação de uma entidade de classe em nove Estados e satisfazer ao requisito do art. 103, IX, do que alcançar a representação exigida pelo art. 61, § 2º. Isso indica que, se há um protagonismo do Judiciário na tomada de decisões de natureza política em determinadas questões, é certo que boa parte disso se deve a disfunções do próprio sistema representativo.

Além do caminho *participativo*, o professor Luís Roberto Barroso também menciona o caminho *jurídico* para a concretização do ideal de efetividade da Constituição. Cuidar-se-ia da correta compreensão das normas constitucionais capazes de gerar direitos subjetivos exigíveis por meio do Poder Judiciário, ainda que diante da omissão de outros órgãos do Poder Público. O debate diz respeito, por um lado, à aplicação direta e imediata das normas constitucionais e, de outro, ao controle da inconstitucionalidade por omissão.

No que tange a aplicabilidade imediata, o autor destaca que a ausência de lei integradora, quando não inviabiliza integralmente a aplicação de norma constitucional, não deve ser empecilho à sua concretização pelo magistrado na solução de demandas, eis que o direito positivo vigente traz como diretriz interpretativa que "*quando a lei for omissa, o juiz decidirá o caso de acordo com a analogia, os costumes e os princípios gerais do direito*", conforme o art. 4º da Lei de Introdução às Normas do Direito Brasileiro. Partindo dessa premissa, o professor Barroso analisa a aplicabilidade imediata ou não nas três categoriais tradicionais de normas materialmente constitucionais: normas de *organização*, *definidoras de direito* e *programáticas*.

Filiando-se a entendimento do professor José Afonso da Silva, Luís Roberto Barroso sustenta que as normas de organização seriam, primordialmente, de aplicabilidade imediata, apontando como exemplos a organização bicameral do Congresso Nacional (art. 44), a chefia do Poder Executivo em âmbito federal (art. 76), a separação de poderes (art. 2º) e a fórmula federativa de repartição de competências legislativas[60]. As normas definidoras de direitos, por sua vez, gerariam posições de vantagem que as tornariam imediatamente exigíveis e aplicáveis pelo juiz ao caso concreto. A despeito de as Constituições tipicamente preverem direitos individuais (cuja proteção se daria por abstenção do poder público) e sociais (a exigir prestações de natureza positiva), o professor entende que ambas as categorias configuram normas de aplicabilidade imediata. Por fim, as normas de natureza programática, no pensamento do professor Barroso, não gerariam direitos subjetivos imediatamente exigíveis pelo cidadão, embora produzam efeitos como (i) vincular o legislador à sua realização; (ii) revogar leis anteriores com elas incompatíveis; (iii) condicionar

---

60. SILVA, José Afonso da. Aplicabilidade das Normas Constitucionais, 1968, p. 94, apud BARROSO, Luís Roberto. **O Novo Direito Constitucional Brasileiro. Contribuições para a construção teórica e prática da jurisdição constitucional no Brasil**. Belo Horizonte: Fórum, 2013, p. 84.

a atuação da Administração Pública; (iv) informar a interpretação e aplicação da lei pelo Poder Judiciário.

No que diz respeito à *inconstitucionalidade por omiss*ão, Barroso destaca ser relevante distinguir três hipóteses distintas: a) a omissão do órgão legislativo em editar lei integradora da Constituição; b) omissão dos poderes constituídos na prática de atos constitucionalmente impostos; c) omissão administrativa pela não expedição de regulamentos de execução de leis. Os dois últimos casos seriam mais facilmente solucionáveis. A omissão legislativa, contudo, ainda seria um desafio sem resposta apropriada ao problema. O autor critica, por um lado, a função de uma ação direta cuja única função seria cientificar o poder omisso e, de outro, a utilidade do Mandado de Injunção diante da imposição constitucional de aplicação imediata das normas definidoras de direitos e garantias fundamentais.

Parece que a crítica é pertinente, coincidindo com concepção a ser defendida em momento posterior deste trabalho sobre um *controle de constitucionalidade por omissão de natureza difusa*, e que a todo o momento é feito em casos concretos sem que a solução, necessariamente, envolva a utilização do Mandado de Injunção ou Ação Direta de Inconstitucionalidade por Omissão. Nos casos em que um magistrado determina que um ente federativo qualquer forneça um medicamento, nada mais se está fazendo do que reconhecer uma inconstitucionalidade por omissão em relação a direitos fundamentais de natureza prestacional, questão *prejudicial* ao mérito. No âmbito do próprio Supremo Tribunal Federal é possível colher um exemplo recente, em que se disse de forma expressa estar diante de uma omissão contrária ao texto constitucional e o instrumento processual utilizado foi uma Ação Civil Pública. No caso concreto, o Ministério Público do Paraná moveu Ação Civil Pública em face do respectivo ente da federação, de modo a obter tutela jurisdicional que condenasse o Estado a instituir e instalar a Defensoria Pública local. A decisão do Tribunal de Justiça do Paraná foi assim ementada:

> "AÇÃO CIVIL PÚBLICA. DEFENSORIA PÚBLICA. IMPLANTAÇÃO POR DECISÃO JUDICIAL. AFRONTA AO PRINCÍPIO DA AUTONOMIA E INDEPENDÊNCIA DOS PODERES. O preceito constitucional que prevê a criação da Defensoria Pública,

Capítulo 2 • O FENÔMENO DA INCONSTITUCIONALIDADE POR OMISSÃO

como meio de assegurar o amplo acesso à justiça, é norma de eficácia contida e depende de lei que o regulamente. Exigir que o Estado elabore uma lei e crie a defensoria na Comarca, através de decisão judicial afronta ao princípio da divisão e autonomia dos Poderes. RECURSO PROVIDO. REEXAME NECESSÁRIO PREJUDICADO." [61] (Grifo nosso)

Interposto Recurso Extraordinário, a questão chegou ao Supremo Tribunal Federal por meio do Agravo de Instrumento 598.212. Confira-se a ementa do julgado:

EMENTA: Defensoria Pública. Implantação. Omissão estatal que compromete e frustra direitos fundamentais de pessoas necessitadas. Situação constitucionalmente intolerável. O reconhecimento, em favor de populações carentes e desassistidas, postas à margem do sistema jurídico, do "direito a ter direitos" como pressuposto de acesso aos demais direitos, liberdades e garantias. Intervenção jurisdicional concretizadora de programa constitucional destinado a viabilizar o acesso dos necessitados à orientação jurídica integral e à assistência judiciária gratuitas (CF, art. 5º, inciso LXXIV, e art. 134). Legitimidade dessa atuação dos Juízes e Tribunais. O papel do Poder Judiciário na implementação de políticas públicas instituídas pela Constituição e não efetivadas pelo Poder Público. A fórmula da reserva do possível na perspectiva da teoria dos custos dos direitos: impossibilidade de sua invocação para legitimar o injusto inadimplemento de deveres estatais de prestação constitucionalmente impostos ao Estado. A teoria da "restrição das restrições" (ou da "limitação das limitações"). Controle jurisdicional de legitimidade sobre a omissão do Estado: atividade de fiscalização judicial que se justifica pela necessidade de observância de certos parâmetros constitucionais (proibição de retrocesso social, proteção ao mínimo existencial, vedação da proteção insuficiente e proibição de excesso). Doutrina. Precedentes. A função constitucional da Defensoria Pública e a essencialidade dessa instituição da República. Recurso extraordinário conhecido e provido.[62] (grifos nossos)

---

61. PARANÁ. TJPR. **Processo nº 180957-0**. Rel. Nilson Mizuta. 9ª Câmara Cível. J. 22/04/2003; DJ 6370 de 16/05/2003.
62. BRASIL. STF. **AI 598.212**. Rel. Min. Celso de Mello. J. 20/06/2013.

Nesse sentido, não há como deixar de reconhecer que a análise da questão constitucional acima descrita envolveu um juízo de inconstitucionalidade por omissão e que resultou em uma prestação jurisdicional muito mais efetiva do que seria possível por meio de Mandado de Injunção ou Ação Direta de Inconstitucionalidade por Omissão. Aliás, é bom que se frise, no caso da ADO, estar-se-ia diante de processo tipicamente objetivo, com um rol extremamente restrito de legitimados aptos a discutirem a questão constitucional em abstrato, *em decisão cujos efeitos seriam, afinal, muito menos efetivos do que se fez por meio de processo de natureza subjetiva, capaz de ser apreciado por qualquer juízo e em qualquer grau de jurisdição.* Parece que mais não precisa ser dito para demonstrar a convivência incongruente entre os modelos de controle difuso e concentrado da inconstitucionalidade por omissão.

Todavia, ainda que se possa concordar com a maioria das críticas (e aprofundá-las no momento oportuno), a compreensão adequada das transformações sofridas pelos institutos típicos de controle da inconstitucionalidade por omissão em diferentes períodos da jurisdição constitucional parece fundamental em uma matéria de construção eminentemente jurisprudencial. Se hoje há um espaço promissor de debates sobre possíveis soluções para o problema da omissão legislativa, tais possibilidades se devem ao concurso de circunstâncias não somente jurídicas, mas políticas e institucionais. Compreender essas circunstâncias é a proposta do tópico a seguir.

2.1.4 A ascensão da jurisdição constitucional no Brasil.

De forma cada vez mais clara, tem se evidenciado, no Brasil, uma notável expansão do papel do Poder Judiciário, em especial no que diz respeito à jurisdição constitucional. Percebe-se que, cada vez mais, os grandes debates políticos têm sido travados nos tribunais superiores, dando ensejo, por exemplo, à convocação de audiências públicas e a participação de *amici curiae* oriundos de setores diversos da sociedade de modo a atribuir algum grau de legitimação democrática a esse novo espaço de decisão. Não é surpresa, considerando a aproximação dos mecanismos de jurisdição constitucional brasileiros a um modelo onde os precedentes judiciais passam a adquirir eficácia vinculante, de modo similar ao *common law*[63]. Seja através dos efeitos *erga omnes* das ações do controle concentrado de constitucionalidade, seja através da edição de súmulas com efeitos vinculantes ou até mesmo por meio da feição objetiva que vem sendo atribuída ao recurso extraordinário por meio de institutos como a repercussão geral[64], o fato é que sob a égide da Constituição de 1988, o Poder Judiciário passou de coadjuvante a protagonista no cenário político brasileiro.

Compreender a inserção da ideia de inconstitucionalidade por omissão e dos respectivos instrumentos de controle nesse processo de ascensão institucional do Supremo Tribunal Federal parece uma tarefa mais fácil a partir da identificação de períodos paradigmáticos da história da corte. No âmbito do Programa de Pós-graduação em Direito Constitucional da Universidade Federal Fluminense, estudos vem sendo desenvolvidos a partir de uma metodologia que não é comum na tradição jurídica brasileira, estudando a história recente do Supremo Tribunal Federal a partir de três momentos denomináveis de "Cortes" com os nomes de certos ministros do STF, que podem ser considerados metonímias do perfil da jurisdição constitucional de sua época[65].

---

63. CAMPOS MELLO, Patrícia Perrone. **Precedentes. O Desenvolvimento Judicial do Direito no Constitucionalismo Contemporâneo**. Rio de Janeiro: Renovar, 2009.
64. BRANCO, Paulo Gustavo Gonet; COELHO, Inocêncio Mártires; MENDES, Gilmar Ferreira. **Curso de Direito Constitucional**. São Paulo: Saraiva, 2009, p. 1126.
65. A proposta original de estudar a história recente do Supremo a partir desses três marcos é de autoria de Siddharta Legale Ferreira, que tem pesquisado o tema em trabalhos em coautoria com o professor Marco Antônio Ferreira Macedo, professor Fernando Gama de Miranda Neto, professor Eduardo Manuel Val, Thiago Guerreiro Bastos e Eric Baracho Dore Fernandes, autor da presente dissertação. Dentre os trabalhos recentes que seguem essa proposta, Cf. LEGALE FERREIRA, Siddharta; MIRANDA NETTO, Fernando Gama de; BASTOS, Thiago Guerreiro . *Actuación del Supremo Tribunal Federal brasileño bajo la Presidencia del Ministro Gilmar Ferreira Mendes* (2008-2010). In: **Eduardo Andrés Velandia Canosa. (Org.). *Derecho Procesal constitucional*. V.III**. Bogotá, Colômbia: VC Editora Ltda, 2012; LEGALE FERREIRA, Siddharta; MACEDO, Marco Antônio Ferreira. **A Corte Moreira Alves (1975-2003): a judicatura de um civilista e o controle de constitucionalidade. In: Seminário Internacional de História e Direito**, 2012. LEGALE FERREIRA, Siddharta; BASTOS, Thiago Guerreiro . A Corte Gilmar Mendes: Breve história da jurisprudência do Supremo Tribunal Federal. In: **III SEMINÁRIO DE DIREITO PROCESSUAL DO LABORATÓRIO FLUMINENSE DE ESTUDOS PROCESSUAIS (LAFEP), 2011. 3º Seminário do Laboratório Fluminense de Estudos Processuais**, 2011. LEGALE FERREIRA, SIDDHARTA. MACEDO, Marco Antônio Ferreira; VAL, Eduardo Manuel. *La Corte Moreira Alves (1975-2003): la judicatura de un civilista en el Supremo Tribunal Federal y el control de*

O primeiro dos três momentos propostos, a "Corte Victor Nunes Leal", ilustra um período conturbado para a jurisdição constitucional durante a ditadura militar, em que o exercício da jurisdição constitucional no Brasil enfrenta obstáculos de natureza política e observa tentativas embrionárias de otimização da função típica do Supremo por meio da criação da súmula da jurisprudência dominante. O segundo período, a "Corte Moreira Alves" volta-se para o perfil da jurisdição constitucional logo após a Constituição de 1988, com o desenvolvimento da lógica de um processo objetivo no Brasil e o aprimoramento técnico dos instrumentos de controle, apesar de estes serem interpretados de forma mais parcimoniosa quanto ao seu sentido e alcance, em um período de maior autocontenção judicial. Superadas as dificuldades políticas e técnicas, o terceiro período, a "Corte Gilmar Mendes", identifica um período de maior ativismo judicial, o que se reflete de forma bastante clara em relação aos instrumentos típicos de controle de constitucionalidade por omissão.

No primeiro dos recortes históricos mencionados, a "Corte Victor Nunes Leal", cuida-se de período conturbado para a jurisdição constitucional a partir da segunda metade da década de 60, tendo sido batizado com o nome de um magistrado que, a despeito de não ter presidido o Supremo Tribunal Federal, manteve-se convicto na defesa do texto constitucional em tempos de exceção. Um exemplo bastante significativo do papel exercido pelo Ministro pode ser extraído do Mandado de Segurança nº 17.957. O writ em questão fora impetrado pela Companhia de Docas da Bahia contra o Decreto-Lei 128/67, que havia criado anteriormente à Constituição de 1967, restrições ao exercício de certos direitos sobre terrenos de marinha e seus acrescidos. Poderia o artigo 173 da Constituição em vigor excluir da apreciação do Poder Judiciário todos os Decretos-Lei expedidos

---

constitucionalidad. **Derecho sin Fronteiras**. Julio-Diciembre 2012, p. 5-16. FERNANDES, Eric Baracho Dore. **O Legado de Victor Nunes Leal: Defesa e Construção de uma Corte Suprema Democrática**. Monografia vencedora do I Prêmio Victor Nunes Leal. Brasília: 2010. Disponível em: <http://www.ivnl.com.br/download/monografia_eric_baracho.pdf>. Acesso em: 10/01/2013. FERNANDES, Eric Baracho Dore. A Contribuição do Ministro Victor Nunes Leal na Construção de uma Corte Suprema Democrática. In: **Vladmir Passos de Freitas. (Org.). Juízes e Judiciário: Histórias, Casos, Vidas**. 1ª ed. Curitiba: Edição por Demanda, 2012, v. 1, p. 221-229. LEGALE FERREIRA, Siddharta; FERNANDES, Eric Baracho Dore. **O STF NAS CORTES VICTOR NUNES LEAL, MOREIRA ALVES E GILMAR MENDES**. Mimeo. Aceito para publicação na Revista Direito GV, 2013.

entre a data do AI-4 e da entrada em vigor da Constituição de 1967? Tendo sido vencido no tema, o Ministro consignou de forma expressa a impossibilidade de se extrair qualquer interpretação da Constituição no sentido de que seria possível afastar da apreciação judicial um ato manifestamente contrário ao texto constitucional. Não seria possível para aquilo que ele chamou de "Poder Revolucionário" imunizar o conteúdo de qualquer legislação pré-constitucional, ainda que contrariasse a Constituição, sob pena de se reconhecer a existência de dois regimes constitucionais distintos. Não poderia haver, em suas palavras, "outro sistema de normas que o Supremo Tribunal tenha de aplicar contra a letra e o espírito da Constituição".

A defesa de posições como a descrita acima, porém, foi prejudicada pela extrema fragilidade e ausência de independência do Supremo Tribunal Federal perante o Executivo da época. Tanto é que em 16 de janeiro de 1969, Victor Nunes foi aposentado compulsoriamente do Supremo Tribunal Federal por decreto baseado no Ato Institucional nº 5, de 13 de dezembro de 1968. A vaga por ele deixada não foi preenchida devido à superveniência do Ato Institucional nº 6 de 1º de fevereiro de 1969, que reduziu de 16 para 11 o número de Ministros do STF, aposentando compulsoriamente também os ministros Antônio Carlos Lafayette de Andrada e Antônio Gonçalves de Oliveira, que haviam se manifestado contra a cassação de outros ministros do tribunal: além de Victor Nunes Leal, Hermes Lima e Evandro Lins e Silva.

O Ministro Victor Nunes Leal também é lembrado como autor de um instrumento importante de racionalização da função jurisdicional: a súmula da jurisprudência dominante do Tribunal. Todavia, em período de extrema dificuldade política para o exercício da função típica de guarda da Constituição pelo Judiciário, parece que uma construção teórica nos moldes do controle de constitucionalidade por omissão (ou qualquer outra forma da qual se revestisse o controle de constitucionalidade) seria impossível, ainda que porventura tivesse sido prevista de forma expressa pela Constituição de 1967/1969. A análise de um período histórico como esse é importante para que seja possível perceber que o exercício de competências jurisdicionais que demandem maior ou menor grau de controle sobre as atividades típicas de outro Poder pressupõe não somente a previsão formal de institutos jurídicos que assim também permitam, mas também condições políticas favoráveis. Nesse sentido, discorre o professor Rodrigo Brandão a respeito de uma impossibilidade de se falar em uma supremacia judicial na interpretação da Constituição antes de 1988:

> "Em síntese, pode-se afirmar que, embora a partir da proclamação da República as Constituições brasileiras tenham, formalmente, se fundado na soberania popular, e o Judiciário seja considerado um poder autônomo e competente para o exercício do controle de constitucionalidade de leis, não se pode falar no Brasil em supremacia judicial antes de 1988. Com efeito, nos períodos autoritários (1930 a 1945 e 1964 a 1988) a hipertrofia do Executivo gerava um arranjo institucional hierarquizado em cujo ápice se encontrava o Presidente da República, não havendo nível significativo de fracionamento do poder que viabilizasse que o Judiciário exercesse, com independência, o controle da constitucionalidade dos atos do governo. Tentativas de resistência judicial à "camisa de força" que lhe era imposta causaram as reações políticas mais diversas: desde o frontal descumprimento da decisão judicial até duros ataques institucionais à Corte, tornando-lhe subserviente ao regime. Nestes períodos, sequer a supremacia da Constituição, o Estado de Direito e o controle de constitucionalidade se mostravam, efetivamente, presentes, na medida em que os governos exerciam poderes praticamente ilimitados pela Constituição."[66]

Nesse ponto, parecem ressoar novamente as ideias trabalhadas quando da análise dos paradigmas teóricos antecedentes. Ainda que se tivesse a previsão de um controle de constitucionalidade por omissão nesse período, as possibilidades de conformação da realidade social pela Constituição encontravam-se limitadas pelo déficit de efetividade constante da contradição entre texto e realidade. Talvez por isso é que a redemocratização tenha sido um marco após o qual foi possível desenvolver de forma mais profunda diversos dos instrumentos e técnicas de decisão típicas do controle concentrado de constitucionalidade e, em especial, do controle de constitucionalidade por omissão.

O segundo período, denominado de "Corte Moreira Alves", ilustra uma época após a redemocratização promovida pela Constituição de 1988, de modo que as condições políticas para o exercício efetivo da

---

66. BRANDÃO, Rodrigo. **Supremacia Judicial versus Diálogos Constitucionais. A quem cabe a última palavra sobre o sentido da Constituição?** Rio de Janeiro: Lúmen Juris, 2012, p. 115-116.

jurisdição constitucional já eram mais favoráveis. O adequado desenvolvimento dos institutos típicos controle de constitucionalidade, contudo, surge como uma dificuldade técnica inicial para que o Supremo Tribunal Federal exercesse a função de guardião da Constituição de forma efetiva. Basta lembrar que as principais normas sobre o tema surgiram após mais de uma década da promulgação da Constituição, a exemplo das leis 9.868/99, 9.882/99 e 12.063/2009.

Apesar de o Ministro cujo nome foi escolhido para ilustrar o período designado ser reconhecido academicamente como um grande privatista[67], percebe-se que José Carlos Moreira Alves contribuiu de forma significativa para o desenvolvimento de diversos temas centrais do controle de constitucionalidade e, em especial, no desenvolvimento da lógica de um processo objetivo no Brasil. Não é por outra razão que o seu período na Corte deu ensejo à elaboração de obra acadêmica específica pelo Ministro Gilmar Ferreira Mendes, intitulada "Moreira Alves e o Controle de Constitucionalidade no Brasil[68]". Dentre suas contribuições podem ser destacadas o aprimoramento de técnicas de decisão como interpretação conforme[69] e princípio da proporcionalidade[70]; efeitos das decisões no controle concentrado de constitucionalidade[71]; e, para o que nos interessa, o controle de constitucionalidade por omissão.

---

67. Apenas como um exemplo, a obra de Direito Romano de Moreira Alves, cuja 1ª edição data de 1965, ainda é uma das principais referências no trato de tal ramo especialíssimo do direito privado. MOREIRA ALVES, José Carlos. **Curso de Direito Romano**. 14ª edição, revista, corrigida e aumentada. Rio de Janeiro: GEN – Forense, 2008.
68. MENDES, Gilmar Ferreira. **Moreira Alves e o Controle de Constitucionalidade**. São Paulo: Saraiva, 2004.
69. Como um exemplo, na Representação n. 948, o Ministro Moreira Alves conferiu ao artigo da Constituição estadual do Sergipe interpretação que se coadunasse com a Constituição Federal, ainda que não se considerasse que, na época, a interpretação conforme fosse uma técnica específica de controle. MENDES, Gilmar Ferreira. **Moreira Alves e o Controle de Constitucionalidade**. *Op. Cit*, p. 341-347.
70. Na Representação n. 1.077/RJ, por sua vez, Moreira Alves em seu voto condutor destacou que a taxa judiciária deve guardar uma equivalência razoável entre a alíquota e o serviço prestado pelo Poder Judiciário. Ainda que esse limite seja variável e relativo, deveria haver alguma proporção com a contraprestação. MENDES, Gilmar Ferreira. **Moreira Alves e o Controle de Constitucionalidade**. *Op. Cit*, p. 878-922.
71. No Processo Administrativo n. 4.477-72, a decisão foi em consonância com parecer de 11 de novembro de 1975, da lavra do Ministro Moreira Alves enquanto Procurador Geral da República, consignando-se que quando a declaração de inconstitucionalidade em tese decorrer

"Um guardião pessimista da Constituição", nas palavras do professor Marco Antônio Ferreira Macedo, referindo-se ao tom mais autocontido e parcimonioso do Ministro em questões sensíveis do ponto de vista da separação de poderes[72]. O controle de constitucionalidade por omissão foi justamente uma dessas hipóteses, conforme o julgamento dos Mandados de Injunção nº 107[73] e 232[74], cujas descrições em maior riqueza de detalhes serão reservadas ao momento próprio no desenvolvimento da dissertação. No Mandado de Injunção nº 107, discutindo-se omissão quanto ao art. 42, § 9º da Constituição[75], o voto condutor do Ministro foi no sentido da aplicabilidade imediata do Mandado de Injunção, a despeito da ausência de lei processual dispondo a respeito, aplicando-se a lei do Mandado de Segurança por analogia. Quanto aos efeitos da decisão, contudo, entendeu-se que sua natureza era mandamental, sendo o efeito produzido o simples reconhecimento judicial da mora e a possibilidade de suspender processos judiciais e administrativos que possam causar danos ao impetrante. No Mandado de Injunção nº 232, cujo debate dizia respeito à autoaplicabilidade da imunidade tributária prevista art. 195, § 7º da Constituição[76], o Ministro Moreira Alves ficou vencido em questão preliminar na qual reconhecia a ilegitimidade ativa do impetrante. No mérito, contudo, entendeu que vencido o prazo de seis meses do art. 59 do

---

de ação direta, não há falar em comunicação ao Senado, justamente porque, nessa hipótese, transitando em julgado o acórdão do Supremo Tribunal Federal, ele já possui efeitos erga omnes. MENDES, Gilmar Ferreira. **Moreira Alves e o Controle de Constitucionalidade**. Op. Cit, p. 178-183.

72. LEGALE FERREIRA, Siddharta; MACEDO, Marco Antônio Ferreira. **A Corte Moreira Alves (1975-2003): a judicatura de um civilista e o controle de constitucionalidade. In: Seminário Internacional de História e Direito, 2012**. LEGALE FERREIRA, SIDDHARTA. MACEDO, Marco Antônio Ferreira; VAL, Eduardo Manuel. *La Corte Moreira Alves (1975-2003): la judicatura de un civilista en el Supremo Tribunal Federal y el control de constitucionalidad*. **Derecho sin Fronteras**. Julio-Diciembre 2012, p. 5-16.
73. BRASIL. STF. **Mandado de Injunção nº 107 QO**. Rel. Min. Moreira Alves. J 23/11/1989. DJ 21/09/1990.
74. BRASIL. STF. **Mandado de Injunção nº 232**. Rel. Min. Moreira Alves. DJ 27/03/1992.
75. Antiga redação, antes da EC 18/98: Art. 42 (...) § 9º - A lei disporá sobre os limites de idade, a estabilidade e outras condições de transferência do servidor militar para a inatividade.
76. Art. 195 (...) § 7º - São isentas de contribuição para a seguridade social as entidades beneficentes de assistência social que atendam às exigências estabelecidas em lei.

ADCT[77], o impetrante passaria a gozar da imunidade requerida se lei posterior silenciasse a respeito.

Conforme já dito, a intenção não foi adiantar de forma aprofundada a discussão dos casos, tendo a menção aos precedentes acima servido para ilustrar o caráter autocontido do Supremo Tribunal Federal nesse período, tendo a influência do Ministro Moreira Alves colaborado para com o conjunto de circunstâncias que resultaram naquele modelo de Suprema Corte. É certo, contudo, que diante da concorrência de fatores como o um momento político apropriado para o desenvolvimento da atividade jurisdicional no país, o desenvolvimento aprofundado dos institutos de controle de constitucionalidade e a constitucionalização do direito, surge um ambiente favorável para uma atuação mais intensa do Poder Judiciário na solução de problemas antes relegado à esfera da discricionariedade política. Trata-se do que se delimitou descrever como "Corte Gilmar Mendes".

A escolha do Ministro Gilmar Mendes como apto a representar características relevantes da jurisdição constitucional do seu tempo não é casuística. Do ponto de vista acadêmico, o Ministro é uma das maiores referências nas discussões sobre o controle de constitucionalidade, tendo contribuindo também para o aprofundamento do debate teórico no Brasil ao traduzir obras de juristas alemães relevantes no pós-guerra, como Peter Häberle e Konrad Hesse. Sua proximidade com a teoria constitucional alemã também influenciou profundamente sua produção acadêmica e jurisprudencial, bem como sua participação na elaboração dos principais diplomas legislativos sobre controle de constitucionalidade, como as Leis nº 9.868/99, nº 9.882/99 e 12.063/2009. Ainda que seja discutível se a teoria constitucional alemã é um paradigma comparativo adequado às particularidades da realidade brasileira, não há como negar que um dos juristas mais atuantes nesse processo de aproximação foi o Ministro Gilmar Mendes.

Entre 23 de abril de 2008 e 22 de abril de 2010, o Ministro Gilmar Mendes presidiu o Supremo Tribunal Federal, sendo possível identificar

---

77. Art. 59. Os projetos de lei relativos à organização da seguridade social e aos planos de custeio e de benefício serão apresentados no prazo máximo de seis meses da promulgação da Constituição ao Congresso Nacional, que terá seis meses para apreciá-los. Parágrafo único. Aprovados pelo Congresso Nacional, os planos serão implantados progressivamente nos dezoito meses seguintes.

nessa década diversas decisões em relação às quais o Tribunal deu a última palavra em diversas questões extremamente sensíveis, seja do ponto de vista da separação formal entre os poderes constituídos, seja em matérias em relação às quais sempre houve considerável desacordo moral na sociedade brasileira. É possível citar como exemplos a ADI nº 3.510, na qual se discutiu a constitucionalidade da pesquisa com células-tronco embrionárias, prevista no art. 5º da Lei 11.105/2005[78]; e a ADC nº 12, em que se declarou a constitucionalidade da Resolução nº 07/2005 do CNJ, que vedava o nepotismo no âmbito do Poder Judiciário[79]. Para o que interessa o escopo desse estudo, também, nesse momento, é que podemos observar uma mudança mais ousada na orientação jurisprudencial do Supremo em relação a alguns institutos e hipóteses específicas relacionadas ao controle de constitucionalidade por omissão.

Quanto ao Mandado de Injunção, entendeu-se pela primeira vez, no julgamento do MI nº 721, que o Judiciário poderia suprir temporariamente a lacuna normativa em favor do impetrante prejudicado pela omissão inconstitucional. No caso concreto, deferiu-se a aplicação analógica do art. 57 da Lei 8.213/91 em hipótese de inconstitucionalidade por omissão quanto ao disposto no art. 40, § 4º da Constituição, que trata de hipóteses de aposentadoria especial de servidores públicos[80]. Muito mais noticiado, contudo, foi o entendimento externado pelo Supremo no julgamento conjunto dos Mandados de Injunção nº 670, 708 e 712[81], momento a partir do qual o STF consagrou, ainda que em caráter de excepcionalidade, uma posição *concretista geral* quanto aos efeitos da decisão, suprindo a lacuna com efeitos *erga omnes* para garantir o direito de greve dos funcionários públicos até que sobrevenha lei que regulamente o artigo 37, VII da Constituição[82]. No que diz respeito à Ação Direta de

---

78. BRASIL. STF. **ADI nº 3.510**. Rel. Min. Carlos Ayres Britto. DJ 23/04/2007.
79. BRASIL. STF. **ADC nº 12**. Rel. Min. Carlos Ayres Britto. DJE 18/12/2009.
80. BRASIL. STF. **Mandado de Injunção nº 721**. Rel. Min. Marco Aurélio. J. 30/08/2007.
81. BRASIL. STF. **Mandado de Injunção nº 670**. Rel. Min. Gilmar Mendes. J. 25/10/2007. BRASIL. STF. **Mandado de Injunção nº 708**. Rel. Min. Gilmar Mendes. J. 25/10/2007. BRASIL. STF. **Mandado de Injunção nº 712**. Rel. Min. Eros Grau. J. 25/10/2007. Cf. Informativo nº 485 do STF.
82. Art. 37 (...) VII - o direito de greve será exercido nos termos e nos limites definidos em lei específica (...).

Inconstitucionalidade por Omissão, a jurisprudência ainda tende a demonstrar maior deferência à conformação do legislador. A questão mais problemática diz respeito à possibilidade de se fixar *prazo* para a atuação do órgão responsável pela elaboração do ato normativo omisso, o que foi discutido com maior profundidade em relação à inconstitucionalidade por omissão em regulamentar o disposto no art. 18, § 4º da Constituição, a respeito dos procedimentos de fusão, incorporação e desmembramento de Municípios[83].

É importante destacar que nesse período, aprofundam-se os debates nacionais a respeito da legitimidade do Judiciário e do espaço de interferência legítima em funções que não lhes são típicas. Enquanto os membros do Executivo e Legislativo são agentes públicos investidos em seus cargos pelo batismo da vontade popular, o mesmo não ocorre com o Poder Judiciário, cuja investidura se dá através de critérios predominantemente técnicos. Daí se questiona a legitimidade de um poder formado por indivíduos não representativos da vontade popular ser capaz de invalidar atos de poderes representativos. É a chamada *dificuldade contramajoritária*, que surge de forma muito mais acentuada na hipótese em que se discute a possibilidade de suprimento judicial das lacunas inconstitucionais, a envolver atividade tipicamente normativa. Em razão da tensão natural entre constitucionalismo e democracia, entre contramajoritariedade e soberania popular, é que não se pode deixar de enfrentar uma última questão para definir as premissas teóricas fundamentais a partir das quais se pretende abordar o objeto central da dissertação: a quem cabe a última palavra sobre o sentido e alcance da Constituição?

2.1.5 Diálogos constitucionais e "a última palavra" sobre o sentido da Constituição.

No julgamento do MI nº 943, no qual se discutia a omissão do Legislativo em disciplinar o direito ao aviso prévio proporcional previsto no art. 7º, XXI da Constituição, o STF havia decidido e deferido o *writ*, suspendendo o julgamento em 22 de junho de 2011 para que se discutissem possíveis parâmetros para uma decisão de normatividade supletiva com efeitos *erga omnes*, tal qual feito em

---

83. BRASIL. STF. **ADI nº 3.682**. Rel. Min. Gilmar Mendes. DJ. 06/09/2007.

relação ao direito de greve. Percebendo que perderia a chance de exercer uma competência que lhe era própria, o Congresso rapidamente aprovou a Lei 12.506/2011, fixando critérios para o aviso prévio. Após o julgamento da ADI nº 3.682, tendo sido fixado prazo de 18 meses para que o Congresso elaborasse a lei referente ao procedimento de fusão, incorporação e desmembramento de Municípios, a resposta institucional veio na forma da EC 57/2008, que teria convalidado a criação inconstitucional dos entes federativos municipais. Em 2010, no julgamento conjunto das Ações Diretas de Inconstitucionalidade nº 875, 1987, 3243 e 2727, o STF considerou inconstitucionais os critérios de repartição de receitas tributárias entre os entes federativos previstos na Lei Complementar nº 62/89, tendo o Congresso sido parcialmente omisso ao não rever tais critérios para adequá-los ao desenvolvimento equilibrado da federação e suas desigualdades regionais. Tendo o Supremo Tribunal Federal atribuído prazo para que tais critérios fossem revistos, o Congresso Nacional não o fez, tendo novo prazo sido atribuído por decisão monocrática em 2013, prazo este em relação ao qual o Legislativo foi deferente.

Todos os casos mencionados acima ilustram hipóteses sensíveis da questão que se pretende tratar nesse tópico. Situações nas quais a solução da controvérsia a respeito da inconstitucionalidade por omissão discutida passou por graus variáveis de *tensão, cooperação* ou *deferência* entre o Judiciário e o Legislativo. A quem cabe a última palavra sobre o sentido da Constituição? Quais os limites e possibilidades legítimas de interferência recíproca entre os Poderes constituídos nas funções que lhe são típicas? São questões cuja complexidade não autoriza presumir a existência de uma única resposta ou respostas fáceis para o problema, mas ainda assim demandam reflexões aprofundadas de qualquer jurista que queira se debruçar sobre o estudo da jurisdição constitucional. Todavia, deve-se evitar a tentação de uma análise que se pretenda exaustiva ou prolixa sobre o fenômeno da "judicialização da política" ou "ativismo judicial", parecendo mais produtivo identificar pontos centrais do atual estágio do debate acadêmico sobre o tema para, em seguida, compreender de forma mais precisa como tais questões tangenciam o objeto desta dissertação.

Conforme destacam Cláudio Pereira de Souza Neto e Daniel Sarmento[84], a visão tradicional sobre a interpretação da Constituição é no sentido de que caberia ao Supremo Tribunal Federal dar a "última palavra" sobre o significado da Carta Magna, tendo os autores em questão destacado trecho de voto do Ministro Celso de Mello como representativo de tal concepção:

> "O exercício da jurisdição constitucional, que tem por objetivo preservar a supremacia da Constituição, põe em evidência a dimensão essencialmente política em que se projeta a atividade institucional do Supremo Tribunal Federal, pois no processo de indagação constitucional, assenta-se a magna prerrogativa de decidir, em última análise, sobre a própria substância do poder. (...) A interpretação constitucional derivada das decisões proferidas pelo Supremo Tribunal Federal – a quem se atribuiu a função eminente de "Guarda da Constituição" (CF, art. 102, caput) – assume papel de fundamental importância na organização institucional do Estado brasileiro, a justificar o reconhecimento de que o modelo político-jurídico vigente em nosso país conferiu, à Suprema Corte, a singular prerrogativa de dispor do monopólio da última palavra em tema de exegese das normas inscritas no texto da Lei Fundamental[85]".

A justificativa de argumentos institucionais como os utilizados no voto do Ministro Celso de Mello, acima transcrito, esbarra, necessariamente, na noção de dificuldade contramajoritária (*countermajoritarian difficulty*), ideia que, entre nós, foi bastante influenciada pela obra do autor norte-americano Alexander Bickel. Enquanto o Legislativo e Executivo seriam formados por agentes políticos escolhidos com o batismo da soberania popular, o Judiciário seria escolhido por critérios distintos, sejam eles técnicos (concursos públicos) ou políticos (nomeação pelo Chefe do Executivo). Dian-

---

84. SOUZA NETO, Cláudio Pereira de; SARMENTO, Daniel. **Direito Constitucional – Teoria, História e Métodos de Trabalho.** Belo Horizonte: Fórum, 2012, p. 401, SOUZA NETO, Cláudio Pereira de; SARMENTO, Daniel. Notas sobre Jurisdição Constitucional e Democracia: A Questão da "Última Palavra" e Alguns Parâmetros de Autocontenção Judicial. In: NOVELINO, Marcelo (Org.). **Constitucionalismo e Democracia.** Salvador: JusPodvm, 2013, p. 125-160.
85. BRASIL. STF. MS nº 26.603/DF. Rel. Min. Celso de Mello. J. 04/10/2007.

te disso, coloca-se em cheque a legitimidade dos membros de um poder que não foi eleito diretamente pelo povo invalidar atos dos representantes que o foram.

Segundo Alexander Bickel, apesar de a dificuldade central da *Judicial Review* ser seu caráter contramajoritário, há quem entenda ser possível argumentar de forma a tentar superar essa realidade. Marshall, por exemplo, o teria feito ao apontar que o controle de constitucionalidade seria feito "em prol do povo", nos interesses de um governo de poder limitado. Hamilton, no 78º Federalista, também teria defendido que o controle de constitucionalidade não implicaria em superioridade do Judiciário sobre o Legislativo, negando, em outras palavras, que o controle de constitucionalidade fosse uma forma de controle por minoria não representativa sobre uma maioria eleita. Hamilton defendia que, em verdade, o poder do povo seria superior tanto ao Judiciário quanto ao Legislativo, mas a própria jurisdição constitucional exercida pelo Judiciário seria governada pela Constituição, afastando-se tais argumentos[86].

Apesar de não ser possível compreender de tais afirmações como capazes de demonstrar a inexistência da dificuldade contramajoritária na práxis da jurisdição constitucional, existem argumentos de justificação capazes de atenuar a aparente tensão entre constitucionalismo e soberania popular. O próprio Alexander Bickel aponta como um desses argumentos o fato de que o Congresso, o Presidente, Estados e cidadãos, em cada geração, concordaram e consentiram com o *Judicial Review* pela Suprema Corte, eis que só foram promulgadas Emendas para reverter decisões da Corte duas ou três vezes, e jamais para diminuir os poderes do Tribunal. Todavia, Bickel parece estar com a razão ao alertar que nenhum argumento de justificação é capaz de afastar, em absoluto, o risco de enfraquecimento da democracia e do processo democrático com o tempo, por representar uma forma de desconfiança sobre o Legislativo[87].

No Brasil, o professor Luís Roberto Barroso é apontado como um dos autores mais influentes na tentativa de identificar uma "jus-

---

86. BICKEL, Alexander. **The least dangerous branch. The Supreme Court at the bar of politics**. Second edition. Yale University Press, p. 16-22.
87. *Idem*, p. 20-22.

tificação" da jurisdição constitucional à luz de sua função contramajoritária. Para o autor, duas seriam as justificativas mais relevantes de tal função: uma de natureza normativa e outra de natureza filosófica. A justificativa normativa decorreria do fato de que a Constituição brasileira teria atribuído expressamente esse poder ao Judiciário e ao Supremo Tribunal Federal. Contudo, Barroso destaca que não se pode imaginar que a atividade predominantemente técnica da aplicação judicial da Constituição deixe de incluir também um processo de coparticipação dos juízes na construção do Direito, especialmente diante de cláusulas abertas como dignidade da pessoa humana, direito de privacidade e boa-fé objetiva. Do ponto de vista filosófico, a jurisdição constitucional justificar-se-ia a partir do fato de que o Estado constitucional democrático, como o próprio nome sugere, é fruto da junção de suas ideias: constitucionalismo (limitação do poder e garantia de direitos) e democracia (no sentido de soberania popular e governo das maiorias). Ainda que o respeito pela vontade das maiorias seja um elemento relevante dessa equação, a garantia de direitos fundamentais das minorias surge como elemento capaz de justificar uma decisão judicial invalidando normas fruto da vontade dos demais Poderes[88].

Sem prejuízo de se considerar justificável a função contramajoritária do controle de constitucionalidade no arranjo organizacional da Constituição de 88, é certo que o debate contemporâneo tem identificado uma série de críticas importantes a este processo de expansão da jurisdição constitucional no Brasil. Nesse sentido, o conjunto de ideias recentemente apresentadas pelo professor Rodrigo Brandão em tese de doutoramento pela Universidade do Estado do Rio de Janeiro parece ser capaz de contribuir para um direcionamento mais preciso do que se pretende discutir. Em "Supremacia Judicial *versus* Diálogos Constitucionais", o autor se debruça sobre a ascensão do Poder Judiciário e as principais críticas a este processo para em seguida, empregar uma perspectiva de *diálogos constitucionais* como teoria capaz de responder de forma satisfatória aos problemas inerentes ao que chama de "supremacia judicial". O autor sistematiza as críticas existentes à supremacia

---

88. BARROSO, Luís Roberto. **O Controle de Constitucionalidade no Direito Brasileiro**. 5ª edição. Rio de Janeiro: Saraiva, 2011, p. 371.

judicial em duas grandes categorias: (i) as críticas institucionais; e (ii) as críticas democráticas[89].

Nas críticas de caráter institucional, o autor parte das premissas assentadas por Cass Sunstein e Adrian Vermule[90], no sentido de que as teorias tradicionais de hermenêutica jurídica sempre tentam adotar posturas interpretativas através de grandes conceitos abstratos para responder sempre a um mesmo questionamento: "*como eu decidiria tal questão se fosse juiz?*" Tais perspectivas ignoram duas questões fundamentais. A primeira diz respeito às *capacidades institucionais* dos agentes envolvidos no processo decisório. "*Como instituições determinadas, com distintas habilidades e limitações, devem interpretar certos dispositivos legais*"? A segunda questão diz respeito aos efeitos sistêmicos imprevisíveis de determinada linha interpretativa, especialmente em decisões maximalistas e dotadas de efeitos *erga omnes*.

Não se pode ignorar que cada uma das instituições que interpretam a Constituição possuem virtudes e vicissitudes bastante particulares. Ainda que se possa argumentar que o Legislativo ou Executivo partam de premissas políticas na interpretação e aplicação da Constituição, é certo que argumentos jurídicos são insuficientes para que o Judiciário decida da melhor forma diante de matérias que envolvam questões técnicas e espaços de discricionariedade política. Ainda que o Judiciário seja capaz de justificar jurídica e constitucionalmente o controle jurisdicional de políticas públicas, o delicado equilíbrio financeiro das finanças públicas que custeiam tais prestações sociais é estranho à perspectiva de microjustiça típica de decisões judiciais sobre direitos como saúde, educação e moradia.

Da mesma forma, questões bastante específicas no âmbito das funções típicas da Administração Pública demandam uma expertise técnica da qual carece o Judiciário na análise de casos concretos a ele submetidos. Deve o magistrado conceder o medicamento pleiteado na inicial ou a opção mais barata fornecida pela Administração para o mesmo problema? Deve o juiz deferir a condenação do ente federa-

---

89. BRANDÃO, Rodrigo. **Supremacia Judicial versus Diálogos Constitucionais. A quem cabe a última palavra sobre o sentido da Constituição?** Rio de Janeiro: Lúmen Juris, 2012.
90. SUNSTEIN, Cass; VERMULE, Adrian. Interpretation and Institutions. In: Michigan Law Review, v. 101, n. 4, p. 885/951, 2003, apud BRANDÃO, Rodrigo. **Supremacia Judicial versus Diálogos Constitucionais**, Op. Cit., p. 183 e ss.

tivo ao custeio de tratamento experimental em outro país, ainda que os efeitos da terapia não tenham eficiência garantida? São questões com as quais o Judiciário se depara com frequência, e que não são facilmente solucionáveis por suas capacidades institucionais.

Não se pode negar que, em relação a questões específicas relacionadas ao direito à saúde, o Judiciário parece já ter percebido que uma perspectiva de cooperação com os demais poderes constituídos pode ser capaz de suprir, ao menos parcialmente, o déficit de capacidade institucional em relação a tais questões técnicas. No âmbito do Tribunal de Justiça do Rio de Janeiro, por exemplo, há um Núcleo de Assessoria Técnica (NAT) especializado em questões do gênero. Ao decidir, o magistrado é amparado por pareceres da própria Administração Pública capazes de auxilia-lo na difícil tarefa de mensurar os aspectos técnicos e impactos sistêmicos da prestação jurisdicional na matéria. Pesquisa empírica de autoria de Siddharta Legale Ferreira e Aline Matias da Costa, junto à juíza da 4ª Vara de Fazenda Pública da Capital, Maria Paula Galhardo, também partiu da ideia de diálogos entre as instituições como teoria apta a solucionar as tensões existentes entre os poderes, tendo concluído que a despeito de possíveis críticas quanto à composição do NAT e a influência direta da Administração no processo decisório, é possível identificar de forma bastante clara uma melhoria qualitativa na prestação jurisdicional[91].

No âmbito do controle em abstrato da inconstitucionalidade por omissão, tal questão também surge com bastante frequência. Um caso digno de nota diz respeito ao *aviso prévio proporcional por tempo de serviço*, previsto no art. 7º, XXI da Constituição, sem regulamentação legislativa até o ano de 2011. No julgamento do Mandado de Injunção nº 943, o Supremo Tribunal Federal havia decidido e deferido o pedido, suspendendo o julgamento em 22 de junho de 2011 para que se discutissem parâmetros para que se proferisse até mesmo uma decisão de normatividade supletiva com efeitos *erga omnes*, tal qual feito em relação ao direito de greve. Ainda que se estivesse diante de questão jurídica, foi possível perceber que o Supremo Tribunal Federal não

---

91. COSTA, Aline Matias; LEGALE FERREIRA, Siddharta. Núcleos de Assessoria Técnica e Judicialização da Saúde: Constitucionais ou Inconstitucionais? Revista da Seção Judiciária do Rio de Janeiro, Vol. 20, n. 36, p. 219-240, abril de 2013. Disponível em: <http://www4.jfrj.jus.br/seer/index.php/revista_sjrj/article/view/371>. Acesso em: 20/06/2013.

tinha parâmetros capazes de suprir a lacuna com precisão, sequer por meio de analogia. Preocupação que, por sua vez, o Legislativo não teria, podendo fixar critérios que, dentro de uma margem ampla de discricionariedade, poderiam disciplinar o instituto da forma que lhe fosse conveniente. E assim o fez, agindo antes que o Supremo pudesse dar a última palavra sobre o instituto. Percebendo que perderia a chance de disciplinar o aviso prévio, o Congresso rapidamente aprovou a Lei 12.506/2011, fixando critérios para o aviso prévio.

A análise desse caso concreto conduz a considerações importantes. O tema da inconstitucionalidade por omissão é uma forma de violação do texto constitucional cuja solução mais adequada e eficiente se encontra fora do âmbito de abrangência total das capacidades institucionais dos três poderes. Se por um lado o Judiciário encontra dificuldades de diversas ordens em decisões nas quais se busque suprir a lacuna normativa ainda que temporariamente, é certo que a ineficiência do Congresso em legislar sobre temas que envolvem desacordos políticos relevantes é precisamente a razão pela qual dispositivos constitucionais permanecem sem regulamentação por mais de vinte anos. As melhores soluções talvez se encontrem em um âmbito de interseção entre as referidas capacidades institucionais, eis que o Legislativo dificilmente sairia da inércia sem a possibilidade de decisão judicial sobre o tema e, da mesma forma, o Judiciário teria dificuldades em delinear parâmetros adequados para o exercício do direito constitucionalmente previsto.

Nesse sentido, a determinação de um *prazo* para a atuação do Legislativo parece ser uma forma interessante de cooperação entre os poderes constituídos. E não se quer sugerir a ideia de prazo associada a ideias como preclusão para a atuação legislativa ou sanção caso não se delibere dentro de determinado prazo, *mas tão somente para que o Judiciário se valha do prazo como um parâmetro de autocontenção, evitando proferir decisões de natureza concretista antes de seu termo final*. Trata-se de uma perspectiva dita "concretista intermediária" quanto às posturas possíveis do Judiciário, conforme se terá a oportunidade de discutir em momento próprio do trabalho.

O contra-argumento possível ao que se defendeu acima é a afirmação – que desde já podemos reputar como correta – de que a Constituinte teve por bem não fixar prazo para a atuação do

Legislativo em sede de Ação Direta de Inconstitucionalidade por Omissão, referindo-se tão somente a prazo para a Administração. Confiram-se trechos de debates extraídos dos anais da Assembleia Nacional Constituinte:

> "O SR. CONSTITUINTE RICARDO FIÚZA: – Sr. Presidente, para tranqüilidade de V. Ex.ª e dos demais companheiros, esta é a última. Art. 103, § 2º, página 247. Esta me pareceu uma emenda muito importante porque modifica a redação. Diz: "Declarada a inconstitucionalidade por omissão relativa ao cumprimento de norma constitucional, será cientificado o Poder competente para, em trinta dias, adotar as providências pertinentes."
>
> O que pretende o autor? Pretende estabelecer um prazo uniforme para as providências, para o cumprimento da norma constitucional. A norma protege a eficácia da decisão sobre inconstitucionalidade, estabelecendo que o poder público competente a cumpra dentro de trinta dias a partir do dia em que for cientificado. É desnecessária a expressão "em se tratando de órgão administrativo" e, segundo o autor, pode atrapalhar o cumprimento do julgado. A redação proposta elimina a possibilidade deste obstáculo, que poderá esterilizar a decisão.
>
> O SR. CONSTITUINTE NELSON JOBIM: – Sr. Presidente, peço a palavra pela ordem.
>
> O SR. PRESIDENTE (Ulysses Guimarães): – Concedo a palavra a V. Ex.ª.
>
> O SR. CONSTITUINTE NELSON JOBIM: – Sr. Presidente, esta matéria foi amplamente discutida. Havia um texto, inclusive, que marcava prazo para o poder competente, e houve um entendimento no plenário, onde foi derrotada uma corrente, no sentido de se estabelecer uma distinção. O Supremo somente comunica o fato da omissão, e o poder competente que tome as suas providências. Agora, quando se tratar de esfera administrativa, compete marcar prazo. Ao Poder Legislativo não compete, nem tampouco ao Poder Judiciário.
>
> O SR. PRESIDENTE (Ulysses Guimarães): – Correto. Estão de acordo em manter o texto? (Pausa) Aprovado."[92]

---

92. BRASIL. Senado Federal. **Anais da Constituinte de 1988. Comissão de redação.** Disponível em: <http://www.senado.gov.br/publicacoes/anais/constituinte/redacao.pdf>. Acesso em: 10/06/2013, p. 217.

Apesar de o Constituinte não ter desejado estabelecer prazo para a omissão inconstitucional de natureza legislativa, parece que a noção de prazo estava associada, necessariamente, a algum tipo de preclusão ou sanção sobre o Legislativo. Considerando ser possível que o Judiciário profira decisões em abstrato suprindo a lacuna normativa (ao menos por meio de Mandado de Injunção), o prazo afigurar-se-ia como uma postura de *deferência* ao Legislativo e não de *subordinação* do mesmo ao Judiciário.

Um exemplo criticável de como o prazo pode surgir como elemento de tensão entre os poderes é identificável na Ação Direta de Inconstitucionalidade nº 3.682, na qual o Supremo Tribunal Federal fixou prazo para que o Congresso Nacional saísse da inércia e elaborasse a lei complementar federal a que se refere o art. 18, § 4º da Constituição, necessária para a regulamentação dos procedimentos de criação, incorporação e fusão de municípios. O que se observou, contudo, foi além da omissão do legislador em regulamentar o dispositivo em questão, a edição de uma Emenda que acrescentou o artigo 96 ao ADCT, convalidando o vício de inconstitucionalidade dos municípios já criados. A tensão foi visível nos ofícios trocados entre o Presidente da Câmara dos Deputados e do Supremo Tribunal Federal. O (à época) Presidente da Câmara, Michel Temer, afirmou não ter tomado conhecimento de decisão que obrigasse o parlamento a elaborar a Lei Complementar[93]. Em resposta, foi proferido o seguinte despacho pelo Ministro Gilmar Mendes:

> "DESPACHO: Tendo em vista o Ofício nº. 1073/2008/SGM/P (fl. 200), de 2 de setembro de 2008, oficie-se ao Presidente da Câmara dos Deputados, encaminhando o inteiro teor do acórdão de fls. 132-187 e esclarecendo "não se trata de impor um prazo para a atuação legislativa do Congresso Nacional, mas apenas da fixação de um parâmetro temporal razoável, tendo em vista o prazo de 24 meses determinado pelo Tribunal nas ADI nºs. 2.240, 3.316, 3.489 e 3.689 para que as leis estaduais que criam municípios ou alterem seus limites territoriais continuem vigendo, até que a lei complementar federal seja promulgada contemplando as realidades

---

93. Ofício nº. 1073/2008/SGM/P da Câmara dos Deputados.

desses municípios." (fl. 187). Cumpra-se. Publique-se. Brasília, 10 de setembro de 2008."[94]

As *críticas democráticas* à expansão do papel do Judiciário também surgem como relevantes para o debate sobre a inconstitucionalidade por omissão. Segundo o professor Rodrigo Brandão, questiona-se, em primeiro lugar, a legitimidade do Judiciário para decidir questões em relação às quais exista profundo desacordo moral. Se o Judiciário não é exceção ao fato de que todos os processos de escolhas sociais estariam sujeitos a resultados injustos, dever-se-ia escolher o mais democrático, pois garante a autodeterminação dos cidadãos e que estes sejam submetidos a decisões fruto de seus próprios erros[95]. Críticas também surgiriam de concepções vinculadas ao chamado "constitucionalismo popular", que pressupõe a retirada do monopólio da aplicação e interpretação da Constituição das Cortes e a respectiva "devolução" ao povo ao Parlamento[96].

Seja como for, é certo que tais críticas têm elevado o ônus argumentativo para o exercício da função contramajoritária da jurisdição constitucional, especialmente no âmbito do Supremo Tribunal Federal. Uma das correntes de pensamento mobilizadas pela doutrina e jurisprudência nacionais para enfrentar tal desafio diz respeito à ideia de uma *sociedade aberta e pluralista de intérpretes da Constituição*, tal qual concebida na obra do jurista alemão Peter Haberle. Como consequência dessa forma de conceber a interpretação da Lei Fundamental, impõe-se uma conformação específica ao direito processual constitucional. Os instrumentos de informação dos juízes devem ser ampliados e aperfeiçoados, especialmente através de instrumentos de participação e intervenções dos diversos atores sociais nos espaços públicos de debate, possibilitando que a interpretação constitucional reflita a composição pluralista de determinada sociedade[97].

---

94. Despacho de 10.09.2008 (DJE n° 175, divulgado em 16/09/2008).
95. WALDRON, Jeremy. **Law and disagreement**, p. 250-251 apud BRANDÃO, Rodrigo. **Supremacia Judicial**... Op. Cit., p. 187-189.
96. TUSHNET, Mark. **Taking the Constitution away from the courts**. New Jersey: Princenton Univeristy Press, 1999, apud BRANDÃO, Rodrigo. **Supremacia Judicial**... Op. Cit., p. 190-191.
97. HABERLE, Peter. **Hermenêutica Constitucional. A Sociedade Aberta dos Intérpretes da Constituição: Contribuição para a Interpretação Pluralista e "Procedimental" da**

Tais ideias tem se incorporado à experiência constitucional brasileira não apenas do ponto de vista teórico, mas também normativo, especialmente a partir da introdução de figuras como o *amicus curiaee* e audiências públicas no âmbito do Supremo Tribunal Federal. Por outro lado, deve-se tomar cuidado para que o entusiasmo por tais instrumentos de participação no processo de interpretação da Constituição não se convertam em instrumentos retóricos de legitimação da jurisdição constitucional. Por qual motivo admitir a participação de *amicus curiaee* e, ao mesmo tempo, restringir seu direito de manifestar-se, como entende o Superior Tribunal de Justiça[98]? Por que razões justifica-se a convocação de audiências públicas se as opiniões dos especialistas, ainda que não vinculantes, não surgem como um ônus argumentativo a ser necessariamente superado ou acolhido pelos julgadores?

A última palavra sobre o sentido e alcance da Constituição é, portanto, tema que ainda desafia a experiência constitucional brasileira a soluções capazes de melhor equacionar os elementos em conflito. Desafio que, no mundo acadêmico, tem fomentado debates importantes. O professor Rodrigo Brandão destaca ser relevante uma análise realista das capacidades institucionais do Judiciário e do Legislativo para atuarem na interpretação constitucional. Por um lado, não se pode enxergar o Judiciário como portador da vontade constituinte e o Legislativo como representante de uma "idiossincrática maioria transitória". Por outro, não se pode partir da premissa de que, necessariamente, a lei representa a vontade majoritária e, por isso, decisões

---

Constituição (Trad. **Gilmar Ferreira Mendes**). Porto Alegre: Sérgio Antônio Fabris, 1997, p. 47-49.

98. Trata-se de decisão bastante criticável do Superior Tribunal de Justiça, que entendeu não existir qualquer direito do *amicus curiaee* oferecer sustentação oral no julgamento, sendo tal possibilidade analisada de acordo com critérios de "conveniência e oportunidade" do órgão julgador. Nos termos do noticiado no informativo nº 481 do Tribunal: *"Em questão de ordem, a Corte Especial, por maioria, firmou a orientação de não reconhecer o direito do amicus curiaee de exigir a sua sustentação oral no julgamento de recursos repetitivos, a qual deverá prevalecer em todas as Seções. Segundo o voto vencedor, o tratamento que se deve dar ao amicus curiaee em relação à sustentação oral é o mesmo dos demais atos do processo: o STJ tem a faculdade de convocá-lo ou não. Se este Superior Tribunal entender que deve ouvir a sustentação oral, poderá convocar um ou alguns dos amici curiaee, pois não há por parte deles o direito de exigir sustentação oral."* QO no REsp 1.205.946-SP, Rel. Min. Benedito Gonçalves, em 17/8/2011.

judiciais que declaram a inconstitucionalidade sejam sempre contramajoritárias. A hipótese da teoria dos *diálogos constitucionais* é a de que o sentido futuro da Constituição seria, em verdade, resultado de uma complexa interação entre os Poderes constituídos e entre estes e a sociedade civil. Tal resposta reconheceria a falibilidade de todas as instituições políticas, ao invés de partir da premissa de que qualquer dos Poderes deveria ter preponderância na definição do significado da Constituição[99].

Não é a pretensão deste trabalho esgotar ou descrever de forma aprofundada um tema tão amplo. A apresentação de algumas das ideias e debates mais atuais no âmbito da jurisdição constitucional, todavia, parece indicar que a inconstitucionalidade por omissão seja um problema fora da capacidade institucional plena de qualquer dos três poderes. Portanto, a identificação de alternativas capazes de tornar a realização da Constituição um elemento não somente de *tensão*, mas também de *cooperação* entre os Poderes envolvidos no processo de interpretação da Constituição surge como uma preocupação central na construção de propostas efetivas de aprimoramento do atual modelo de controle das omissões inconstitucionais.

2.1.6. Conclusões parciais quanto aos marcos teóricos propostos.

Conforme já mencionado, a tentativa de delimitar marcos teóricos específicos como premissas básicas sobre o tema não é acompanhada da pretensão de engessamento ou esgotamento dos debates sobre as possíveis correntes doutrinárias que inspiraram a construção da ideia de inconstitucionalidade por omissão no Brasil. Longe de pretender que os temas apresentados acima representem peremptoriamente todos os elementos teóricos que possam envolver o objeto desta dissertação, espera-se que a análise conjunta do que foi exposto seja capaz de direcionar as reflexões que se espera desenvolver a seguir.

Nesse sentido, a ideia de força normativa permite concluir que a Constituição não deve se limitar a descrever a realidade, convertendo-se em força realizadora dos projetos políticos nela contidos. Todavia, a máxima realização dessa força normativa pressupõe condições ideais

---

99. BRANDÃO, Rodrigo. Supremacia... Op. Cit., p. 202-211.

ou pressupostos de eficácia que tornem factíveis as tarefas impostas pelo poder constituinte. Significa dizer que a mera previsão de um sistema eficiente de controle de constitucionalidade por omissão será incapaz de, por si só, garantir a concretização da programaticidade constitucional tal qual abstratamente prevista pela Constituição.

Por isso mesmo, o principal teorizador da ideia de Constituição dirigente, José Joaquim Gomes Canotilho, possui uma visão comumente identificada como cética ou conservadora a respeito da tipologia em questão, não atribuindo ao Judiciário a função de concretizar tarefas obstadas pela inércia dos demais poderes. A despeito disso, a tradição jurídica brasileira pós-1988 parece ter se apropriado de uma visão normativa da teorização portuguesa de dirigismo constitucional, atribuindo um papel mais significativo para a jurisdição constitucional nesse processo. Não se deve condenar a experiência constitucional brasileira pela construção de uma visão própria da ideia de Constituição dirigente, sendo inviável que as instituições políticas e jurídicas nacionais permaneçam presas, em absoluto, a concepções doutrinárias pensadas para uma realidade distinta. Todavia, não se deve ignorar o alerta do professor Canotilho no sentido de que uma Constituição vista como capaz de milagrosamente realizar as tarefas por ela impostas nada mais é do que letra morta.

O debate sobre força normativa da Constituição tem sido travado no Brasil como parte de um debate maior, sobretudo nos escritos do professor Luís Roberto Barroso a respeito do *neoconstitucionalismo* enquanto conjunto de marcos históricos, teóricos e filosóficos aptos a descrever a experiência constitucional brasileira contemporânea. Ainda que se possa discordar sobre a escolha dos marcos propostos e a precisão dos mesmos para ilustrar de forma absolutamente exauriente o atual estágio do constitucionalismo brasileiro e mundial, o estudo da ideia de força normativa da Constituição sob o prisma da *efetividade* das normas constitucionais parece contribuir para aprofundar o debate acerca dos limites e possibilidades reais das instituições político--jurídicas na realização dos projetos constitucionais, incluindo-se aí o controle de constitucionalidade por omissão.

A ascensão da jurisdição constitucional no Brasil surge como um fenômeno relevante para que seja possível compreender as condições político-institucionais do Judiciário na concretização da Constituição por meio do controle de constitucionalidade por omissão. Três recortes temporais foram utilizados para melhor ilustrar tal processo. No primeiro momento, a "Corte Victor Nunes Leal", observa-se período anterior a 1988, durante o qual a função de guarda da Constituição pelo Supremo Tribunal Federal encontrava-se obstada pela hipertrofia do Executivo em um momento de crise das instituições democráticas. Na "Corte Moreira Alves", superados os obstáculos políticos, começa a se delinear de forma definitiva a lógica de um processo objetivo e o desenvolvimento técnico dos instrumentos de controle de constitucionalidade por omissão. Nesse período, a interpretação do STF quanto aos efeitos do Mandado de Injunção e ADI por Omissão foi extremamente parcimoniosa e autocontida em postura de deferência aos demais poderes constituídos. No terceiro momento, a "Corte Gilmar Mendes", superados os obstáculos políticos e técnicos na construção de um controle de constitucionalidade por omissão, percebe-se maior ativismo e protagonismo do Poder Judiciário, especialmente no que diz respeito ao Mandado de Injunção. A partir desse momento também se acentuam as críticas e se aprofundam os debates a respeito da legitimidade democrática do Supremo e os limites de sua função contramajoritária.

Em razão disso, qualquer debate que se pretenda realizar de modo a contribuir para o aprimoramento do controle de constitucionalidade por omissão não pode se omitir em analisar as críticas ao processo de expansão da jurisdição constitucional e os limites da interferência legítima do Judiciário nas funções típicas de outros poderes, refletindo-se sobre eventuais posturas de cooperação que permitam soluções capazes de concretizar os programas constitucionais da forma menos tensa possível para as esferas políticas envolvidas. Ainda que não seja possível uma resposta peremptória a respeito de quem deve dar a última palavra sobre a interpretação da Constituição, parece razoável afirmar que desenhos institucionais que possibilitem a convergência de esforços entre os Poderes sejam capazes de contribuir de forma mais efetiva para uma realização otimizada da força normativa da Constituição, reduzindo-se, assim, o abismo entre *norma* e *realidade*. Tudo isso é ainda mais verdadeiro diante de um problema como a inconstitucionalidade por omissão, cuja solução se encontra além do alcance das capacidades institucionais individuais dos poderes da República.

2.2. EXPERIÊNCIAS NO DIREITO COMPARADO

Ainda que se possa dizer que o modelo brasileiro de controle de constitucionalidade por omissão seja único em suas especificidades, é certo que a ideia de que a jurisdição constitucional deva zelar pelo cumprimento dos programas e diretrizes constitucionais não é uma exclusividade da tradição constitucional brasileira. Justamente por isso, o recurso ao direito comparado pode ajudar ao intérprete a identificar não só as matrizes que porventura tenham influenciado ou sido influenciadas pelo modelo brasileiro, mas também soluções que de alguma forma possam servir de inspiração para o aprimoramento institucional.

Ao falar em *direito comparado*, diversos cuidados metodológicos são impostos de modo a não incidir nos equívocos mais comuns ao uso desse método[100]. Conforme nos alerta José Afonso da Silva, dois cuidados são essenciais. O primeiro pressuposto para uma comparação é a *comparabilidade*. Vale dizer, algum grau de homogeneidade entre os objetos que se pretenda comparar em determinada análise jurídica. É preciso um cuidado tanto na escolha das instituições a se comparar quanto com o ramo do direito no qual tais institutos se inserem em cada ordenamento. O segundo cuidado diria respeito ao erro comum a diversos autores, quando consideram como direito comparado a prática de meramente listar ou enunciar de forma exaustiva a incidência da legislação e jurisprudência estrangeiras ao objeto do trabalho, indicando artigos correspondentes em códigos e Constituições de outros países sem, contudo, fazer qualquer tipo de *comparação*[101].

Ao discorrer sobre o mesmo problema descrito por José Afonso da Silva, Marcelo Neves destaca que na tradição jurídica da América

---

100. Neste trabalho optamos pela menção ao direito comparado como "método", a despeito da antiga controvérsia a respeito da natureza da comparação constitucional, se método, ciência ou disciplina jurídica autônoma. É que não nos parece possível considerar ciência ou disciplina aquilo que não possui um objeto ou conteúdo próprios e distintos das demais ciências ou disciplinas. No mesmo sentido e comentando a controvérsia existente sobre o tema, SILVA, José Afonso da. **Um pouco de Direito Constitucional Comparado**. São Paulo: Malheiros, 2009, p. 30-35.
101. SILVA, José Afonso da. **Um pouco de Direito Constitucional Comparado**. *Op. Cit*, p. 21-23.

Latina, subsiste a velha tradição de referências acríticas a dispositivos, jurisprudências e doutrinas constitucionais estrangeiras. Embora a influência do constitucionalismo de países como Estados Unidos e Alemanha seja realmente sensível nas instituições jurídicas latino--americanas, as referências ao direito comparado têm sido expressão do que o professor Marcelo Neves chamou "bacharelismo", surgindo nas produções acadêmicas e decisões dos magistrados como prova de erudição, sem nenhuma preocupação dos juristas em demonstrar o vínculo de relevância argumentativa com o instituto em debate[102].

O problema apontado pelos autores mencionados não se restringe à doutrina e jurisprudência, sendo recorrente na experiência legislativa e constitucional Brasileira. Não é preciso ir muito longe para identificar exemplos de problemas ocasionados pela importação acrítica de institutos de direito estrangeiro a uma realidade totalmente distinta daquela para a qual foram pensados. Um exemplo recorrente é o modelo constitucional norte-americano, importado pela Constituição de 1891 e absolutamente carente de vinculação com a realidade social do país para o qual foi feita[103]. No âmbito federal, a fórmula importada do direito norte-americano ignorou o passado unitário e centralizador do país, recorrendo-se ao mesmo critério de repartição de competência entre os entes federais adotados nos EUA quando, em verdade, o surgimento da federação brasileira ocorreu em um contexto histórico e político totalmente distinto[104]. Já em relação aos direitos políticos, a ampliação do sufrágio mostrou-se uma solução incompleta para o problema da representatividade, não tendo sido precedida de costumes democráticos pré-constituídos capazes de preparar as camadas mais baixas da sociedade brasileira para o exercício da soberania popular em um modelo de democracia representativa[105]. Assim, o modelo

---

102. NEVES, Marcelo. **Transconstitucionalismo**. São Paulo: Martins Fontes, 2009, p. 178-179.
103. SILVA, José Afonso da. **O Constitucionalismo Brasileiro (evolução institucional)**. São Paulo: Malheiros, 2011, p. 56.
104. BARROSO, Luís Roberto. **O Direito Constitucional e a Efetividade...** Op. cit., p. 15.
105. "*Em suma, nos grandes domínios da Colônia e do Império, debalde procurarmos qualquer instituição pública – qualquer sistema econômico, ou religioso, ou administrativo, ou jurídico, ou político – que importasse na iniciação ou preparação do povo-massa para a vida democrática, isto é, para sua direta intervenção nas gestões da coisa pública local, menos ainda – da coisa pública provincial; muito menos ainda – da coisa pública nacional. De qualquer uma delas o nosso povo-massa esteve sempre – seja legalmente, seja praticamente – ausente durante todo o*

descentralizador de 1891, com um governo central enfraquecido, somado a um despreparo generalizado para a participação na vida pública consagrou um modelo apoiado no poder dos governadores e autoridades locais, concentrado poderes nas mãos de elites hegemônicas naquilo que entre nós ficou conhecido como "*coronelismo*[106]".

Os problemas da importação de institutos heterogêneos do direito estrangeiro não se limitam ao plano constitucional. O Direito Processual Civil, por exemplo, encontra uma série de problemas inerentes à importação de institutos do direito italiano, alemão e português. Apenas como um rápido exemplo, o art. 485, VIII do Código de Processo Civil de 1973 prevê dentre as causas de cabimento da ação rescisória quando houver fundamento para invalidar desistência do autor. Mas no direito processual civil brasileiro a desistência resulta em sentença que extingue o processo sem resolução de mérito, com fundamento no art. 267, VIII, que não pode ser rescindida, já que a rescisória não é admitida para sentenças terminativas. Trata-se de erro do legislador ao extrair o dispositivo do CPC português de 1939, que ao mencionar "desistência" referia-se no português de Portugal ao que no Brasil corresponderia à renúncia do art. 269, V[107-108].

À luz do que se afirmou, parece uma tarefa árdua valer-se de critérios de outras ordens jurídicas para resolver problemas da jurisdição constitucional brasileira. Como, então, justificar ou defender um suposto recurso ao direito comparado para o aprimoramento institucional do sistema atual? Quais critérios e cuidados metodológicos seriam necessários para identificar contribuições adequadas

---

curso da nossa história política e administrativa; isto é, durante cerca de 400 anos." VIANNA, Francisco José de Oliveira. **Instituições Políticas Brasileiras**. Brasília: Senado Federal, 1999, p. 305

106. LESSA, Renato. **A Invenção Republicana: Campos Salles, as Bases e a Decadência da Primeira República Brasileira**, p. 67 apud SILVA, José Afonso da. **O Constitucionalismo Brasileiro (evolução institucional)**. *Op. Cit*, p. 58. Entre nós, a obra de Victor Nunes Leal foi pioneira no estudo do fenômeno político do coronelismo. Cf. LEAL, Victor Nunes. **Coronelismo, enxada e voto: O município e o regime representativo**. Rio de Janeiro: Edição Revista Forense, 1948.

107. CÂMARA, Alexandre Freitas. **Lições de Direito Processual Civil**. Vol. II. 19ª edição. Rio de Janeiro: Lúmen Juris, 2011, p. 20.

108. No Código de Processo Civil de 2015, a redação do art. 966 (que disciplina as hipóteses de cabimento da rescisória no novo Código) suprimiu a hipótese de cabimento antes prevista no art. 485, VIII, do CPC/73.

aos problemas de nossa realidade? Com vistas a tentar recorrer ao direito comparado de uma forma útil para o estudo do objeto da dissertação, tentou-se dividir os ordenamentos a comparar em categorias capazes de auxiliar nessa tarefa, demonstrando-se, em cada uma, o vínculo de pertinência para o que se quer debater. Trata-se de uma *microcomparação* entre os ordenamentos mencionados e o Brasil, na medida em que se deseja contrapor as especificidades do controle de constitucionalidade por omissão[109].

Em primeiro lugar, as matrizes tradicionais do modelo europeu continental, que além de serem pioneiras no tratamento do tema certamente inspiraram aspectos relevantes do controle de constitucionalidade abstrato no Brasil, sendo certo que a literatura jurídica brasileira possui profundos estudos de direito comparado em relação a tais modelos. Da mesma forma, procurou-se trabalhar experiências de países da América Latina, diante da emergência do que vem sendo chamado por alguns de um "novo constitucionalismo latino-americano", identificando se há comparabilidade entre o Brasil e países integrantes de tal modelo. A emergência de um constitucionalismo transnacional em níveis múltiplos, nos dizeres do professor Marcelo Neves, também impõe que se questione se o direito internacional dos direitos humanos enquanto sistema de proteção em uma esfera distinta do nacional também possui reflexões relevantes para o estudo do tema. Ao final, foram agrupados ordenamentos cuja análise comparada não parece conduzir a debates mais profundos, mas certamente não poderiam ficar de fora tendo em vista dizerem respeito a ordenamentos frequentemente mencionados em doutrina como consagradores do controle de constitucionalidade por omissão.

2.2.1 Matrizes tradicionais do modelo europeu continental

Ainda que se possa debater se os ordenamentos agrupados sob essa categoria guardam ou não similaridade jurídica, política ou social com o modelo brasileiro apta a justificar uma análise comparativa, é certo que não é possível ignorar suas influências na construção de nossas instituições jurídicas, sendo possível iden-

---

109. SILVA, José Afonso da. **Um pouco de Direito Constitucional Comparado**. Op. Cit, p. 37-39.

tificar referências expressas a tais experiências, seja nos anais da constituinte, debates parlamentares ou mesmo na jurisprudência do Supremo Tribunal Federal. Incluem-se nessa categoria o modelo alemão, a experiência portuguesa e o controle de constitucionalidade por omissão na Espanha.

Uma fonte bastante rica de pesquisas em relação ao controle de constitucionalidade por omissão nos países da Europa diz respeito aos anais do XIV Encontro de Supremas Cortes, ocorrido em 2008, na Lituânia[110]. Para discutir sobre a problemática da omissão legislativa na jurisdição constitucional, membros de Cortes Supremas de 39 países[111] responderam a questionários sobre o atual estágio do tema em seus respectivos ordenamentos, tendo o Brasil sido representado pelo Ministro Gilmar Mendes, como observador[112].

2.2.1.1 Alemanha

Segundo Gilmar Ferreira Mendes[113], autor de estudo comparado bastante referenciado entre Brasil e Alemanha[114], o tema da inconstitucionalidade por omissão tal qual se concebe hoje foi, durante muito tempo, monopólio da teoria constitucional alemã. Antes, durante a vigência da Constituição de *Weimar*, o senso comum era pela impossibilidade de se formular qualquer pretensão em face do legislador. Contudo, a partir do advento da *Lei Fundamental de Bonn*, essa concepção teria uma mudança sig-

---

110. Confira-se: **Conference of European Constitutional Courts**. Disponível em: <www.confcoconsteu.org>. Acesso em: 20/12/2013.
111. Alemanha, Áustria, Itália, Suíça, Espanha, Portugal, França, Turquia, Bélgica, Polônia, Hungria, Croácia, Chipre, Romênia, Eslovênia, Andorra, Rússia, Bulgária, Liechtenstein, Lituânia, República de Malta, República Checa, Eslováquia, Macedônia, Albânia, Armênia, Azerbaijão, Bósnia Herzegovina, Geórgia, Letônia, Moldávia, Ucrânia, Luxemburgo, Estônia, Irlanda, Noruega, Dinamarca, Montenegro e Sérvia.
112. BRASIL. STF. **President of the Supreme Court participates in meeting for constitutional courts in Lithuania**. Disponível em: <http://www2.stf.jus.br/portalStfInternacional/cms/verConteudo.php?sigla=portalStfCooperacao_en_us&idConteudo=198855&modo=cms>. Acesso em: 20/12/2013.
113. MENDES, Gilmar Ferreira; BRANCO, Paulo Gustavo Gonet. **Curso de Direito Constitucional**. 8ª edição. São Paulo: Saraiva, 2013, p. 1152-1153.
114. MENDES, Gilmar Ferreira. **Jurisdição Constitucional. O Controle Abstrato de Normas no Brasil e na Alemanha**. 5ª edição. 4ª tiragem. São Paulo: Saraiva, 2009.

nificativa, em especial devido à expressa previsão constitucional de vinculação do legislador aos direitos fundamentais e à efetivação da Constituição como um todo (art. 1º, parágrafo 3º e art. 20, III da Lei Fundamental de 1949).

Em um primeiro momento, em 1951, a jurisprudência da Corte Constitucional alemã negou a admissibilidade de recurso constitucional contra a omissão do legislador que havia fixado a pensão previdenciária em valor insuficiente para a satisfação das necessidades básicas da família[115]. Contudo, a jurisprudência da Corte Constitucional teria modificado sensivelmente seu entendimento em decisões proferidas em 20/02/1957[116] e 11/06/1958[117]. No primeiro caso, admitiu expressamente o cabimento de controle de omissão do legislador, reconhecendo que, ao excluir do âmbito de incidência da norma determinado grupo que deveria ser abrangido por ela, estaria configurada uma omissão inconstitucional por violação ao princípio da isonomia. No segundo caso, entendeu ser possível declarar a inconstitucionalidade por omissão de lei que fixa os subsídios de funcionários públicos em valor inferior aos parâmetros mínimos constitucionais. Em ambos os casos, a jurisprudência da Corte Constitucional alemã identificou que a omissão inconstitucional pode se verificar não somente pelo inadimplemento absoluto no dever de legislar, uma *omissão total*, mas também um inadimplemento parcial ou incompleto do dever de legislar, uma *omissão parcial*[118].

Nas duas hipóteses, a Corte identificou que declarar a nulidade do ato normativo agravaria muito mais o estado de inconstitucionalidade em questão. Nesse caso, desenvolveu-se a técnica de *decisão da declaração de inconstitucionalidade sem pronúncia de nulidade*. Segundo Gilmar Ferreira Mendes, em análise exaustiva da jurisprudência do Tribunal, a técnica é frequentemente utilizada pela Corte em casos de exclusão de benefício incompatível com o princípio da isonomia e de omissão legislativa, com fundamento na liberdade de conformação do legislador e na possibilidade do agravamento da

---

115. *BVerfGE*, 1, 97 (100) apud MENDES, Gilmar Ferreira, BRANCO, Paulo Gustavo Gonet. **Curso de Direito Constitucional**. *Op. Cit.*, p. 1153.
116. *BVerfGE 6, 257.*
117. *BVerfGE 8, 1 (28).*
118. Vide o capítulo 2.5.2.2 desta dissertação.

situação inconstitucional, ampliando a lacuna e se afastando ainda mais da vontade constitucional[119].

Ao lado da declaração de inconstitucionalidade sem pronúncia de nulidade, a Corte desenvolveu a técnica do *apelo ao legislador*, decisão por meio da qual se afirma que a situação jurídica deduzida em juízo ainda é constitucional, devendo o legislador sair da inércia e empreender as medidas requeridas para evitar que a inconstitucionalidade se concretize[120]. Gilmar Mendes destaca que essa técnica de decisão adquiriu importância nos casos da legislação pré-constitucional incompatível com a Lei Fundamental de Bonn. A cassação dessas leis levaria a uma situação de extremo caos e insegurança, motivo pelo qual a Corte reconheceu que o legislador deveria dispor de um prazo razoável para adaptar o direito infraconstitucional ao novo fundamento de validade[121].

Ambas as técnicas parecem ter sido importadas para o modelo brasileiro pela práxis da jurisdição constitucional pátria. Serão apresentados a seguir alguns casos concretos que demonstram o diálogo entre os modelos brasileiro e alem**ão e a influência clara daquele por ideias deste.**

No julgamento do Recurso Extraordinário nº 204193/RS[122], da relatoria do Ministro Carlos Velloso, o Supremo Tribunal Federal analisou caso concreto em que se discutia a possibilidade ou não de extensão automática de pensão por morte ao viúvo em razão do falecimento da esposa-segurada. O marido, ora recorrido, fundamentava sua pretensão no princípio da igualdade entre homem e mulher, previsto no art. 5º, I da Constituição Federal. Todavia, entendeu o Supremo pela impossibilidade de extensão automática do benefício, afirmando que em uma sociedade na qual o homem ainda se encontrava em posição privilegiada em relação a mulher no mercado de trabalho, normas

---

119. MENDES, Gilmar Ferreira. **Jurisdição Constitucional. O Controle Abstrato de Normas no Brasil e na Alemanha**. 5ª edição. 4ª tiragem. São Paulo: Saraiva, 2009, p. 267-287.
120. MENDES, Gilmar Ferreira. O apelo ao legislador – *appellellentscheidung* – na práxis da Corte Constitucional Federal Alemã. In: **Revista de Direito Público n 99**, p. 32-53.
121. MENDES, Gilmar Ferreira; BRANCO, Paulo Gustavo Gonet; COELHO, Inocêncio Mártires. **Curso de Direito Constitucional**. Op. Cit., p. 1232.
122. BRASIL. STF. **RE 204193**/RS. Relator Min. CARLOS VELLOSO. Julgamento em 30/05/2001. Órgão Julgador: Segunda Turma. DJ 31-10-2002.

voltadas somente para a proteção das mulheres seriam, por hora, constitucionais. Contudo, conforme tais premissas fáticas caminhassem rumo a um ponto de equilíbrio, tal distinção seria inconstitucional. O relator referiu-se, ainda, à experiência alemã com o apelo ao legislador, ressaltando que este é quem deveria, gradualmente, adaptar a realidade jurídica às circunstâncias de fato que se modificavam na sociedade. Confira-se a referência expressa, extraída do inteiro teor do voto:

> "É que é necessário reconhecer, em termos sociológicos, que o marido sempre foi considerado o provedor da família. (...) De regra, portanto, o homem não depende, economicamente, da mulher; o contrário é o que ocorre, de regra. É claro que essa situação, modernamente, vem se alterando. Mas ela não se alterou, ainda, no sentido de tornar-se a regra. Isto ocorre, aliás, praticamente no mundo inteiro. Na Alemanha, revela-nos Gilmar Ferreira Mendes, o Tribunal Constitucional costuma aplicar, no controle de constitucionalidade, a técnica do apelo ao legislador (...) Aplicando essa técnica, o Tribunal Constitucional examinou a questão da pensão previdenciária por morte da esposa, caso configurador do processo de "inconstitucionalização em virtude de mudança das relações fáticas e jurídicas" (...). Na segunda decisão, de 17 de dezembro de 1974, considerou o Bundesverfassungsgericht que as normas (...) "ainda não eram inconstitucionais". No entanto, o legislador estava obrigado a promulgar uma nova lei, porque as disposições em apreço estavam submetidas a notório "processo de inconstitucionalização"."

Do ponto de vista da *declaração de inconstitucionalidade sem pronúncia de nulidade*, percebe-se também de forma bastante clara a influência de precedentes da experiência constitucional alemã, sobretudo por meio da influência exercida pela doutrina na primeira década de vigência da Constituição de 1988. Na ADI 1.458-MC[123], discutia-se a constitucionalidade de Medida Provisória que havia fixado o salário mínimo em valor insuficiente para atender ao que impõe o art. 7º, IV da Constituição Federal. Trata-se de uma omissão parcial, na qual o Executivo realizou o comando constitucional em extensão menor do que o pretendido pela Constituição. A grande dificuldade

---

123. BRASIL. STF. **ADI 1458 MC**. Rel. Min. Celso de Mello. J. 23/05/1996. DJ 20/09/1996.

para enfrentar essa hipótese particular de inconstitucionalidade por omissão parcial é a de que eventual declaração de inconstitucionalidade da norma resultaria em situação muito mais distante do que o pretendido pela Constituição, eis que o efeito repristinatório da decisão restauraria o valor do salário mínimo anteriormente em vigor, que era ainda menor. Confira-se trecho do longo e erudito voto do relator, Ministro Celso de Mello:

> "Tratando-se de ação direta de inconstitucionalidade por omissão parcial, como no caso, torna-se inviável a concessão de provimento liminar, eis que o eventual deferimento da medida cautelar importaria em revivescência da legislação revogada (RTJ 101/499 – RTJ 120/64 –RJ 146/461/462), o que, na hipótese ora em exame – implicaria imediata redução do valor (insuficiente) de R$ 112,00 para o valor (inaceitável) de R$ 100,00 por mês a título de salário mínimo, o que agravaria ainda mais o estado deplorável em que se acham extensos segmentos da formação social brasileira."

É importante notar que o voto do relator também mencionou de forma expressa o apelo ao legislador, citando contribuição doutrinária de Gilmar Mendes a respeito do instituto tal qual concebido na doutrina alemã:

> "Em tal caso – e com expressa referência ao problema do salário mínimo -, observa GILMAR FERREIRA MENDES que a superação do estado de inconstitucionalidade por omissão parcial reclamará, durante determinado período de transição, como medida indispensável, a conservação da norma jurídica imperfeita, até que, mediante formal apelo ao legislador, sobrevenha a promulgação do ato estatal que dê efetiva concreção ao texto da Constituição."

No XIV Encontro de Supremas Cortes, ocorrido em 2008, os membros do Tribunal Constitucional Alemão tiveram a oportunidade de apresentar o atual estágio de desenvolvimento do tema, apresentando precedentes e entendimentos importantes da jurisprudência daquela corte[124]. Em relação a eventuais omissões inconstitucionais

---

124. Alemanha. Tribunal Constitucional Alemão. **Problems of Legislative Omission in the Federal Constitutional Court's Case-Law**. Conference of European Constitutional Courts. Disponível em: <www.confcoconsteu.org>. Acesso em: 20/12/2013.

por violação ao princípio da isonomia, os membros enumeraram os seguintes precedentes (tradução livre do inglês):

> "A violação do princípio da igualdade de tratamento por meio de omissões foi objeto de decisões do Tribunal Constitucional Federal Alemão, como no campo do direito tributário (vide BVerfGE 66, 214 – caso que diz respeito a dedução de despesas de subsistência; 105, 73 – caso envolvendo tributação diferente da pensão dos trabalhadores civis e estatutários; 107, 27 – caso envolvendo a limitação da dedução de despesas relativas a manutenção de dois lares). (...) Em outra decisão envolvendo servidores civis, a respeito de aposentadoria antecipada para professores, o Tribunal Constitucional Federal Alemão não identificou violações ao princípio da igualdade, mas entendeu que um pedido para criação de uma solução transitória derivaria do princípio da proteção da confiança pública (BVerfGE 71, 255 (272 et seq.))."

O que se pode concluir da análise comparada em relação ao modelo alemão é que não há uma forma verdadeiramente efetiva de solucionar o problema da inconstitucionalidade por omissão parcial ou total na experiência do Tribunal Constitucional Federal Alemão, como também não há no Brasil. A despeito disso, aquela corte serviu de inspiração para as classificações tradicionais empregadas na tradi**ção brasileira quanto à** extensão da omissão (parcial ou total) e quanto a algumas técnicas de decisão específicas empregáveis pela jurisdição constitucional quando diante de tais situações, como a *declaração de inconstitucionalidade sem pronúncia de nulidade* e o *apelo ao legislador*.

2.2.1.2 Portugal.

No direito português, a Constituição de 1976 introduziu o controle de constitucionalidade por omissão, sendo até hoje uma das poucas que o consagraram expressamente, no art. 283º[125]. A importância

---

125. Artigo 283.º Inconstitucionalidade por omissão 1. A requerimento do Presidente da República, do Provedor de Justiça ou, com fundamento em violação de direitos das regiões autónomas, dos presidentes das Assembleias Legislativas das regiões autónomas, o Tribunal Constitucional aprecia e verifica o não cumprimento da Constituição por omissão das medidas legislativas necessárias para tornar exequíveis as normas constitucionais. 2. Quando

atribuída à fiscalização abstrata das omissões inconstitucionais pelo direito português é considerável, uma vez que foi incluída de forma expressa dentre os limites materiais ao poder de revisão constitucional[126]. De fato, em uma Constituição dirigente como a portuguesa de 1976, é de se compreender que o constituinte tenha se valido de instrumentos jurídicos para garantir "*as medidas necessárias para a concretização da lei fundamental*[127]". Todavia, conforme destacado pelo professor Carlos Blanco de Morais, da Universidade de Lisboa, a ausência de sanção no sistema de controle das omissões inconstitucionais tem retirado o interesse prático do instituto na práxis da jurisdição constitucional portuguesa[128].

No XIV Encontro de Supremas Cortes, ocorrido em 2008, na Lituânia, os membros do Tribunal Constitucional de Portugal corroboram com o que foi afirmado, em resposta a questionário sobre o sistema de controle da omissão legislativa no país:

> "A Corte Constitucional não estabeleceu uma teoria sobre as consequências de descobrir uma situação na qual a Constituição não está sendo cumprida em razão de uma omissão de medidas legislativas necessárias para tornar normas constitucionais exequíveis. Ao invés disso, no número limitado de casos envolvendo inconstitucionalidade por omissão, a Corte se limitou a notificar o Legislativo, conforme o art. 283(2) da Constituição."[129]

---

o Tribunal Constitucional verificar a existência de inconstitucionalidade por omissão, dará disso conhecimento ao órgão legislativo competente. Portugal. Constituição de 1976. Disponível em: <http://www.parlamento.pt/Legislacao/Paginas/ConstituicaoRepublica-Portuguesa.aspx>. Acesso em: 20/12/2013.

126. Artigo 288.º Limites materiais da revisão. As leis de revisão constitucional terão de respeitar: (...) l) A fiscalização da constitucionalidade por acção ou por omissão de normas jurídicas; (...)Portugal. **Constituição de 1976**. *Op. Cit.*

127. CANOTILHO, José Joaquim Gomes. **Direito Constitucional e Teoria da Constituição**. 7ª edição. Coimbra: Almedina, 2003, p. 918-919.

128. MORAIS, Carlos Blanco de. Direitos sociais e controle de inconstitucionalidade por omissão no ordenamento brasileiro: activismo judicial momentâneo ou um novo paradigma? **Revista Brasileira de Estudos Constitucionais – RBEC**. Ano 5, n. 20 – outubro/dezembro de 2011, p. 211-244, p. 213.

129. Portugal. **Problems of Legislative Omission in Constitutional Jurisprudence. Portuguese Report for the IVth Congress of the Conference of European Constitutional Courts**. Disponível em: <www.confcoconsteu.org>. Acesso em: 20/12/2013.

Seja como for, parece muito comum a afirmação, em doutrina, de que o art. 103, § 2º da Constituição de 1988 teria buscado inspiração no modelo português. A despeito de tal afirmação normalmente ser feita sem referências concretas que indiquem tal proximidade, tal consenso teórico está, de fato, correto. Não só nos trabalhos dos poucos autores que debatiam o tema antes de 1988, como os professores José Afonso da Silva[130] e Ana Cândida da Cunha Ferraz[131], mas também nos debates da Assembleia Nacional Constituinte a respeito da inconstitucionalidade por omissão, percebe-se que o modelo português serviu como paradigma inspirador do instituto. Contudo, é claramente perceptível que já naquele momento os constituintes enxergavam os problemas que poderiam surgir da importação de um modelo incapaz de concretizar de forma efetiva os comandos constitucionais. Na 6ª reunião ordinária da subcomissão do Poder Judiciário e Ministério Público, em 27/04/1987, José Lamartine Correa de Oliveira, professor da Universidade Federal do Paraná, assim consignou:

> "Um desses problemas é o da sanção concreta, no caso do reconhecimento da inconstitucionalidade por omissão. Imaginemos que o Tribunal Constitucional diga que o Ministério da Previdência Social, ou que o Congresso Nacional, por o exemplo, se omitiu na elaboração da lei "x" necessária ao exato cumprimento da Constituição, e ele declare a inconstitucionalidade por omissão de conduta do Congresso Nacional, ou que ele declare que o Ministério "y", por omissão, está deixando de dar cumprimento a uma determinada norma constitucional. O que fazer com que esse acórdão do Tribunal Constitucional que o declara? As soluções contidas nas várias propostas a esse respeito poderão servir, inclusive, de rico manancial de discussão para os Srs. Constituintes. O sistema português faz com que, pura e simplesmente, o Tribunal Constitucional declare a omissão e a comunique ao órgão competente. O projeto de Constituição do Prof. Fábio Konder o Comparado vai além. Cria uma possibilidade de que, em determinadas circunstâncias concretas, o acórdão do Tribunal Constitucional valha como e já

---

130. SILVA, José Afonso da. **Comentário Contextual à Constituição**. 7ª edição. São Paulo: Malheiros, 2011, p. 570.
131. FERRAZ, Ana Cândida da Cunha. Inconstitucionalidade por omissão: uma proposta para a constituinte. **Revista de Informação Legislativa**, a. 23, n. 89. Brasília, Senado Federal, jan./mar. 1986, p. 49-62.

sendo lei, suprindo a omissão, por exemplo, do Legislativo, quando este Poder não a cumprir. Na minha proposta, estabeleci, propositalmente, de uma norma vaga – e vou explicar a V. Ex.ª por quê. Propus que, quando julgada procedente uma queixa de inconstitucionalidade por omissão e a autoridade não sanar a omissão ou retardamento no prazo fixado pelo Tribunal, este declarará tal fato, a requerimento do queixoso, ou *ex officio*, para os fins de aplicação de sanção político-constitucional correspondente."[132]

Na mesma ocasião, dada a palavra ao professor Luiz Pinto Ferreira, professor de Direito Constitucional da Universidade de Pernambuco, comentários foram tecidos quanto a inspirações no sistema da Constituição portuguesa de 1976:

"É á também interessante salientar que na articulação de uma sistemática da chamada Suprema Corte Constitucional se deve, de início, admitir a chamada constitucionalidade por ação ou por omissão. Isso normalmente acontece, e algumas constituições o admitem, como é o caso da Constituição da República portuguesa de 1976. A constitucionalidade por ação ocorre quando o poder público viola direitos existentes escritos na Constituição e norma constitucional. Inconstitucionalidade por omissão ocorre quando o poder público deixa de tomar medidas efetivas que permitem o cumprimento do texto constitucional, como o chamado direito social e econômico no Brasil. Então, a inconstitucionalidade por omissão é, no fundo, uma inércia do Poder Executivo. Deste non facere, não fazer, é que resulta a chamada constitucionalidade por omissão e inconstitucionalidade por omissão."[133]

O professor José Afonso da Silva, com a autoridade acadêmica de jurista que assessorou e influenciou profundamente debates importantes na Assembleia Nacional Constituinte, também se posiciona no mesmo sentido:

"O instituto já existe em outros países. Foi, porém, no art. 283º da Constituição Portuguesa que nosso legislador constituinte foi

---

132. BRASIL. Congresso Nacional. **Anais da Assembleia Nacional Constituinte. Subcomissão do Poder Judiciário e do Ministério Público**, p. 104.
133. *Idem*, p. 106.

busca-lo. Mas perdeu uma boa oportunidade de ir além. (...) Foi tímida também a Constituição nas consequências da decretação da inconstitucionalidade por omissão. Não avançou muito mais do que a Constituição Portuguesa. A mera ciência ao Poder Legislativo pode ser ineficaz, já que ele não está obrigado a legislar. Nos termos estabelecidos, o princípio da discricionariedade do legislador continua intacto, e está bem que assim seja. Mas isso não impediria que a sentença que reconhecesse a omissão inconstitucional já pudesse dispor normativamente sobre a matéria até que a omissão legislativa fosse suprida. Com isso conciliar-se-iam o princípio político da autonomia do legislador e a exigência do efetivo cumprimento das normas constitucionais."[134]

Não se pode negar, portanto, que a Constituição de Portugal de 1976 serviu como um modelo inspirador do modelo brasileiro de controle de constitucionalidade por omissão, ao menos no que diz respeito ao controle concentrado e abstrato de constitucionalidade exercido por meio da Ação Direta de Inconstitucionalidade por Omissão. Todavia, é certo que as limitações inerentes ao sistema português não o tornam um modelo promissor para coletar experiências normativas capazes de aprimorar o atual desenho institucional do tema no Brasil.

2.2.1.3 Espanha

A análise comparada entre o modelo espanhol e o brasileiro é justificável por razões completamente distintas das que motivaram a análise do modelo português. Desde já é possível adiantar que, ao contrário da Constituição de Portugal de 1976, a Constituição espanhola de 1978 silencia a respeito da inconstitucionalidade por omissão. Por isso mesmo não se consegue identificar nos anais da Assembleia Nacional Constituinte debates que remetam ao modelo espanhol como inspiração expressa para o controle de constitucionalidade por omissão brasileiro. De que forma, então, se poderia justificar uma análise comparada entre Brasil e Espanha que se pretenda útil? É que a despeito da ausência de previsão normativa expressa, a jurisdição constitucional espanhola tem construído os elementos

---

134. SILVA, José Afonso da. **Comentário Contextual à Constituição**. 7ª edição. São Paulo: Malheiros, 2011, p. 570.

teóricos e práticos necessários ao controle de constitucionalidade por omissão a partir de sua jurisprudência, traço que parece aproximar tal experiência constitucional, em alguma medida, ao protagonismo do Judiciário brasileiro em relação ao tema.

Dentre os trabalhos publicados no Brasil, a maior e mais profunda pesquisa de que se tem notícia comparando o controle de constitucionalidade no Brasil e Espanha é fruto da tese de doutorado de André Vicente Pires Rosa, magistrado e professor da Universidade Federal de Pernambuco[135]. É a partir deste trabalho que os elementos fundamentais da análise comparada proposta entre os dois ordenamentos serão apresentados.

Conforme já dito, na Espanha não há previsão expressa da possibilidade de se reconhecer e controlar a inconstitucionalidade por omissão. Tanto a Constituição quanto as Lei Orgânica do Tribunal Constitucional silenciam a esse respeito. Contudo, a doutrina e a jurisprudência vêm admitindo, em certos casos, a importação de institutos comparados de controle das omissões inconstitucionais, nos casos em que se reconheça que a eficácia plena das normas constitucionais dependa de integração legislativa. Também aqui, como no direito alemão, se reconhece a existência de omissões *parciais* e *totais*[136].

Cite-se como exemplo de reconhecimento de omissão total, o caso em que o Tribunal Constitucional decidiu recurso de amparo em que um cidadão havia pedido que fosse reconhecido seu direito a dispensa do serviço militar obrigatório, conforme lhe garante a Constituição. Contudo, a lei que regulava o serviço militar era anterior à Constituição, e só previa a possibilidade de recusa ao serviço militar por motivos religiosos. Na sentença 15/1982, o Tribunal Constitucional reconheceu que havia uma omissão inconstitucional do legislador em garantir o direito à recusa ao serviço militar obrigatório também por razões de ordem ético-pessoal[137].

---

135. ROSA, André Vicente Pires. ***Las Omisiones Legislativas & su Control Constitucional***. Rio de Janeiro: Renovar, 2006.
136. ROSA, André Vicente Pires, *Op. Cit.*, p. 225-275.
137. *"Objetor de conciencia "por motivos personales y éticos" solicita aplazamiento en la incorporación, lo que se niega por no tratarse de motivos religiosos, único motivo de la única norma reguladora en aquel momento vigente. El TC asienta los términos en los que debe entenderse la objeción de conciencia y, por lo que hace referencia al caso, entiende insuficiente la nor-*

Nos casos de controle das omissões parciais, o Tribunal também atua de forma ativista, em especial quando se trata de estender o âmbito de incidência de determinada norma jurídica com fundamento no princípio da isonomia. Como exemplo de omissão parcial, há a sentença 103/1983, de 22 de novembro, na qual o Tribunal decidiu que um cidadão viúvo, do sexo masculino, teria direito aos mesmos benefícios criados por lei para as viúvas, do sexo feminino[138]. Percebe-se que, nesse ponto, a solução dada caminha em sentido oposto ao do que foi decidido pelo Supremo Tribunal Federal e pelo Tribunal Constitucional Federal Alemão a respeito do tema, conforme já se teve a oportunidade de debater.

Uma questão curiosa pode ser apontada como antítese ao modelo brasileiro. Enquanto no Brasil a possibilidade de se suprir judicialmente eventual lacuna inconstitucional é vista como um elemento de tensão e disputa entre os poderes, na Espanha há uma preocupação do Poder Judiciário em evitar que o suprimento judicial de lacunas desestimule a atuação do Legislativo. Confira-se a resposta da Suprema Corte daquele país a questionário no XIV Encontro de Supremas Cortes, ocorrido em 2008, na Lituânia:

> "The verification by the Constitutional Court of a redundant legislative gap in an infringement of the Constitution does not on its own imply the imposing on Parliament of a duty to legislate, but rather the formal admonition to comply with an obligation that is pending. Beyond the censure going hand in hand with that formality, the Court does not have the instruments for forcing legislative activity, though it can encourage it to a greater or lesser

---

mativa entonces en vigor, concluyendo que no sólo los motivos religiosos pueden ser causa de la declaración de objetor, sin que para ello sea obstáculo que no se hubiese dado la regulación pertinente. De este modo reconoce el derecho del demandante a ser declarado objetor." Espanha. Tribunal Constitucional. **Sentença 15/1982**, de 23 de abril. Cf. ROSA, André Vicente Pires, *Op. Cit.*

138. "*el derecho discutido se funda en la situación de necesidad, ésta debe existir para todos los eventuales titulares de este derecho y que si el derecho puede carecer de este fundamento debe ocurrir así para todos sus titulares*" '"... *para restablecer la igualdad se hace preciso declarar inconstitucional el apartado 2.º del artículo 160, y el inciso del apartado 1.º donde dice en femenino «la viuda», pues sólo de este modo se consigue que los viudos de las trabajadoras afiliadas a la Seguridad Social tengan el derecho a la pensión en las mismas condiciones que los titulares del sexo femenino...*»*". Espanha. Tribunal Consitucional. **Sentença 103/1983**, de 22 de novembro. Cf. ROSA, André Vicente Pires, *Op. Cit.*

degree depending on the solutions within its range or transitory ones stated in the Judgment in order to make up for the gap that has been noticed. If the gap can be filled in with a judicial intervention by means of analogy then the legislator is not likely to feel a peremptory need to fill the gap with a specific law. In other words, if the legislative omission has not been verified in terrain marked out by a reserve of law, and as a consequence the unconstitutional regulatory situation caused by the gap can be redressed with the cooperation of the Judicial Power, then there has to be a minimal interest from the legislator with regard to complying with his duty. The situation of the cited Constitutional Court Judgments 245/1991, of 16 December 1991, and 184/2003, of 23 October 2003, fits this pattern perfectly".[139]

2.2.2 Notas sobre o controle das omissões inconstitucionais na América Latina[140]

Nos subtítulos antecedentes, procurou-se trabalhar com experiências comparadas de ordenamentos tradicionalmente vistos como paradigmáticos no tema que se delimitou como objeto da presente dissertação. Todavia, parece que tais esforços não vêm sendo empregados pela academia com o mesmo entusiasmo no que diz respeito aos países da América Latina[141], o que se justificaria diante da recente identificação do fenômeno que se tem convencionado chamar de um "novo constitucionalismo latino-americano". Nesse sentido, profes-

---

139. ESPANHA. **The problems of legislative omission in constitutional jurisprudence. Paper from the Constitutional Court of Spain.** Conference of European Constitutional Courts. Disponível em: <www.confcoconsteu.org>. Acesso em: 20/12/2013, p. 41.
140. As reflexões deste tópico correspondem a versão condensada de pesquisa em coautoria com Siddharta Legale Ferreira, originalmente apresentada em congresso nacional do CONPEDI. V. FERNANDES, Eric Baracho Dore. LEGALE FERREIRA, Siddharta. O Controle Jurisdicional das Omissões Legislativas no Novo Constitucionalismo Latino-americano. Um estudo comparado entre Brasil e Colômbia. In: FERREIRA, Gustavo Sampaio Telles; XIMENES, Júlia Maurmann. (Orgs.). **Instituições Políticas, Administração Pública e Jurisdição Constitucional.** 1ª ed. Florianópolis: FUNJAB, 2013, v. 1, p. 182-212.
141. Uma ressalva digna de nota pode ser feita, por exemplo, em relação ao trabalho da professora Vanice Regina Lírio do Valle, que menciona as experiências de controle de constitucionalidade por omissão na Colômbia e na Venezuela. VALLE, Vanice Regina Lírio do. **Sindicar a Omissão Legislativa. Real desafio à harmonia entre os poderes.** Belo Horizonte: Fórum, 2007, p. 294-298.

sores do Programa de Pós-Graduação em Direito Constitucional da Universidade Federal Fluminense têm coordenado pesquisas que se propõem a identificar as características centrais desse fenômeno. Tais pesquisas tem sido capitaneadas, ainda que em viés distintos, pelos professores Eduardo Manuel Val[142], Célia Barbosa Abreu[143] e Enzo Belo[144]. Da mesma forma, dissertações de mestrado aprofundando aspectos relevantes desse constitucionalismo regional tem surgido, como as apresentadas por Adriano Corrêa de Souza[145] e Ilana Aló[146], hoje mestres em Direito Constitucional.

Pode-se dizer que a ideia de um constitucionalismo latino--americano ainda não existe enquanto um conjunto absolutamente coeso e delimitado de ideias no Brasil. O que se tem chamado de "*novo constitucionalismo latino-americano*" ainda corresponde a um esforço de compreender as transformações trazidas por experiências constitucionais recentes, não sendo possível falar ainda em formulações teóricas abrangentes do ponto de vista acadêmico, como se observa quanto ao neoconstitucionalismo. Uma das características mais marcantes dos modelos que se enquadrariam neste novo paradigma diz respeito à uma perspectiva conciliatória entre constitucionalismo e soberania popular.

---

142. VAL, Eduardo Manuel; VERONESE, Alexandre Krigier. A Reforma do Judiciário na América Latina: O Conselho de Justiça Brasileiro na Perspectiva Comparada com a Argentina. In: GUEDES, Marco Aurelio; BALERDI, Juan Carlos. (Org.). **Teoría do Estado e do Direito: Novo Diálogo Brasil - Argentina**. 1ed.São Paulo: ALL PRINT, 2012, v. 1, p. 33-53; BELLO, Enzo ; VERONESE, Alexandre; VAL, Eduardo Manuel. Notas Introdutórias sobre as Recentes Reformas no Controle de Constitucionalidade no Chile, Argentina e no Brasil. In: Felipe Dutra Asensi; Daniel Gioti. (Org.). **Tratado de Direito Constitucional**. 1ª Ed. Rio de Janeiro: Editora FGV, 2012.

143. Os professores Eduardo Val e Célia Abreu ministram a disciplina de Direito Constitucional Comparado na América Latina, no âmbito do Programa de Pós-Graduação Stricto Sensu em Direito Constitucional da UFF. Também coordenam o grupo de pesquisas LEICLA – Laboratório de Estudos Interdisciplinares sobre o Constitucionalismo Latino-Americano.

144. BELLO, Enzo. **A cidadania no constitucionalismo latino-americano**. Caxias do Sul: EDUCS, 2012.

145. SOUZA, Adriano Corrêa de. "**O novo constitucionalismo latino-americano: um estudo comparado entre o bem viver e a dignidade da pessoa humana nas culturas jurídico--constitucionais da Bolívia e do Brasil**". Dissertação de Mestrado. Programa de Pós--Graduação em Direito Constitucional da Universidade Federal Fluminense, 2013.

146. RIBEIRO, Ilana Aló Cardoso. "**O Novo Constitucionalismo Latino-Americano. Democracia: Da promessa teórica e dogmática à experiência do poder no Equador**". Dissertação de Mestrado. Programa de Pós-Graduação em Direito Constitucional da Universidade Federal Fluminense, 2013.

Em outras palavras, há uma preocupação maior de legitimação das escolhas públicas, por meios de instrumentos de democracia direta como plebiscito, referendo e iniciativa popular. Tais características parecem justificar um esforço um pouco mais profundo de modo a identificar eventuais experiências com o controle de constitucionalidade por omissão na América Latina, tema que tradicionalmente evidencia uma coexistência tensa entre democracia e jurisdição constitucional.

Historicamente, os modelos que têm associados a um "novo constitucionalismo" na América Latina vem surgindo a partir de mudanças constitucionais profundas nas décadas de 80 e 90[147]. Citados por todos, Antônio Carlos Wolkmer propõe três ciclos socais para compreender esse novo constitucionalismo emergente[148]. São eles: (i) Um primeiro ciclo social de caráter "descentralizador", previsto nas Constituições do Brasil (1988 – embora exista intensa controvérsia sobre a inserção do Brasil nesse novo modelo[149]) e Colômbia (1991); (ii) Um segundo ciclo social de caráter participativo e pluralista, exemplificado pela Constituição da Venezuela (1999)[150]; e (iii) um terceiro ciclo social, observado no Equador (1998 e 2008) e na Bolívia (2009), que expressariam um "constitucionalismo plurinacional comunitário". Dentre as características desse "novo constitucionalismo latino-americano", podem ser apontadas (i) a valorização de mecanismos democracia direta, como referendos, plebiscitos ou iniciativa popular

---

147. UPRIMNY, Rodrigo. **Las transformaciones recientes em America Latina: tendências e desafios**. Trabalho apresentado no Congresso Mundial de Direito constitucional, 2010. Disponível em: <http://www.juridicas.unam.mx/wccl/ponencias/13/242.pdf>. Acesso em: 10/07/2012.

148. WOLLKMER, Antonio Carlos e FAGUNDES, Lucas Machado. Tendências contemporâneas do constitucionalismo latino-americano: Estado plurinacional e pluralismo jurídico. **Pensar – Revista de Ciências jurídicas** v. 16, n. 2 de jul./dez., 2011.

149. Ainda demanda estudos mais aprofundados saber em que medida é ou não possível inserir o Brasil e a Colômbia no bojo do novo constitucionalismo latino-americano ou no curso do neoconstitucionalismo. O professor Antônio Carlos Wollkmer, autor da ideia de "ciclos" do constitucionalismo latino-americano, insere o Brasil nesse movimento. Em sentido contrário, Cf. OLIVEIRA, Fabio Correa Souza de; GOMES, Camila Beatriz Sardo. O novo constitucionalismo latino-americano. In: CARVALHO, Flávia Martins de; VIEIRA, José Ribas (Orgs.). **Desafios da Constituição: Democracia e Estado no século XXI**. Rio de Janeiro: UFRJ-FAPERJ, 2011, p.334 e seguintes.

150. DALMAU, Rubens Martinez; PASTOR, Roberto Viciano. ¿Ganar o perder? **La propuesta de reforma constitucional em Venezuela y el referendo de 2007**. 2008. <http://www.ceps.es/webantigua/investigacion/informes/ptalsxxi/1-julio2008.pdf> Acesso em: 11/07/2012.

em Constituições como a da Bolívia[151], Equador[152] e Venezuela[153]; (ii) a instituição de um Estado pluralista e pluriétnico, com uma maior preocupação com a integração de grupos minoritários e vulneráveis do ponto de vista social, com especial destaque para os indígenas; (iii) a constitucionalização de tradições culturais indígenas, como "o bem viver" ou a *"Pachamama"*, acompanhada do reconhecimento da natureza como sujeito de direitos[154]; (iv) coexistência da jurisdição indígena ou campesina, em nível de equivalência hierárquica ao Judiciário estatal[155].

---

151. **Constituição da Bolívia**. *"Artículo 11. I. La República de Bolivia adopta para su gobierno la forma democrática participativa, representativa y comunitaria, con equivalencia de condiciones entre hombres y mujeres. II. La democracia se ejerce de las siguientes formas, que serán desarrolladas por la ley: 1 Directa y participativa, por medio del referendo, la iniciativa legislativa ciudadana, la revocatoria de mandato, la asamblea, el cabildo y la consulta previa. Las asambleas y cabildos tendrán carácter deliberativo conforme a Ley. 2. Representativa, por medio de la elección de representantes por voto universal, directo y secreto, conforme a Ley. 3. Comunitaria, por medio de la elección, designación o nominación de autoridades y representantes por normas y procedimientos propios de las naciones y pueblos indígena originario campesinos, entre otros, conforme a Ley."*

152. **Constituição do Equador:** *"Art. 103.- La iniciativa popular normativa se ejercerá para proponer la creación, reforma o derogatoria de normas jurídicas ante la Función Legislativa o cualquier otro órgano con competencia normativa. Deberá contar con el respaldo de un número no inferior al cero punto veinte y cinco por ciento de las personas inscritas en el registro electoral de la jurisdicción correspondiente."*

153. **Constituição da Venezuela:** *"Artículo 70. ° Son medios de participación y protagonismo del pueblo en ejercicio de su soberanía, en lo político: la elección de cargos públicos, el referendo, la consulta popular, la revocación del mandato, las iniciativas legislativa, constitucional y constituyente, el cabildo abierto y la asamblea de ciudadanos y ciudadanas cuyas decisiones serán de carácter vinculante, entre otros; y en lo social y económico: las instancias de atención ciudadana, la autogestión, la cogestión, las cooperativas en todas sus formas incluyendo las de carácter financiero, las cajas de ahorro, la empresa comunitaria y demás formas asociativas guiadas por los valores de la mutua cooperación y la solidaridad.La ley establecerá las condiciones para el efectivo funcionamiento de losmedios de participación previstos en este artículo."*

154. ZAFFARONI, Eugenio Raúl. **La pachamama y el humano**. Buenos Aires: Ediciones Madres de Plaza de Mayo, 2012. Ver: **Constituição do Equador**: *"Art. 71.- La naturaleza o Pacha Mama, donde se reproduce y realiza la vida, tiene derecho a que se respete integralmente su existencia y el mantenimiento y regeneración de sus ciclos vitales, estructura, funciones y procesos evolutivos. Toda persona, comunidad, pueblo o nacionalidad podrá exigir a la autoridad pública el cumplimiento de los derechos de la naturaleza. Para aplicar e interpretar estos derechos se observaran los principios establecidos en la Constitución, en lo que proceda. El Estado incentivará a las personas naturales y jurídicas, y a los colectivos, para que protejan la naturaleza, y promoverá el respeto a todos los elementos que forman un ecosistema."*

155. Exemplificativamente, podemos citar os seguintes dispositivos da **Constituição Equador**: *"Art. 1. - El Ecuador es un Estado constitucional de derechos y justicia, social, democrático, soberano, independiente, unitario, intercultural, plurinacional y laico. (...)"* **Constituição da**

Ainda que seja discutível se o Brasil possui características que possibilitem sua inclusão no rol de países que integram esse constitucionalismo regional, o diálogo constitucional comparado parece ser justificável em um momento no qual as discussões sobre a reforma política no país tendem a privilegiar os mecanismos de participação direta da população na formação da vontade política, elementos centrais desse constitucionalismo latino-americano. Outra justificativa reside no fato de que o controle de constitucionalidade nesses ordenamentos também tem adquirido feições de maior ativismo para a concretização da Constituição, de forma similar ao que ocorre no Brasil. O controle da inconstitucionalidade por omissão, em especial, também é um tema que encontra amparo em tais modelos, existindo ações próprias para sindicar tal em vários deles, conforme enumera Eduardo Andrés Velandia Canosa[156]. Vejamos alguns exemplos pontuais na Venezuela, Equador, Costa Rica e Colômbia.

A Constituição da Venezuela prevê expressamente o controle da inconstitucionalidade por omissão no art. 336, 7, de competência de órgão específico do Supremo Tribunal de Justiça[157]. Diferentemente do Brasil, concentra-se na Corte Constitucional do país a competência para declarar a inconstitucionalidade de omissões estaduais e municipais, o que certamente se deve à extensão territorial da Venezuela, que se distingue do modelo federativo brasileiro. A parte final do dispositivo é interessante, distinguindo-se do modelo brasileiro na medida em

---

Bolívia: "*Art. 1º Bolivia se constituye en un Estado Unitario Social de Derecho Plurinacional Comunitario, libre, independiente, soberano, democrático, intercultural, descentralizado y con autonomías. Bolivia se funda en la pluralidad y el pluralismo político, económico, jurídico, cultural y lingüístico, dentro del proceso integrador del país*." UPRIMNY, Rodrigo. **Las transformaciones recientes em America Latina: tendências e desafios**. Trabalho apresentado no Congresso Mundial de Direito constitucional, 2010. Disponível em: <http://www.juridicas.unam.mx/wccl/ponencias/13/242.pdf > Acesso em: 10/07/2012.

156. CANOSA, Eduardo Andrés Velandia. **El principio de Supremacía y la inconstitucionalidad por omisión legislativa: ¿nueva tendencia del constitucionalismo latinoamericano o es una garantía del derecho procesal constitucional?** Trabalho apresentado no Congresso Mundial de Direito constitucional, 2010. Disponível em: < http://www.juridicas.unam.mx/wccl/ponencias/13/359.pdf>. Acesso em: 07/07/2012, p. 12-19.

157. *Artículo 336. Son atribuciones de la Sala Constitucional del Tribunal Supremo de Justicia: (...) 7. Declarar la inconstitucionalidad de las omisiones del legislador o la legisladora nacional, estadal o municipal, cuando haya dejado de dictar las normas o medidas indispensables para garantizar el cumplimiento de la Constitución, o las haya dictado en forma incompleta, y establecer el plazo y, de ser necesario, los lineamientos de su corrección.*

que determina que caso se faça necessário, a decisão pode especificar de forma mais detalhada as formas para afastar a omissão. Trata-se de um interessante meio termo entre as propostas tradicionais, uma vez que se respeita a conformação do legislador quanto ao conteúdo da norma, mas também podem ser impostas as diretrizes necessárias para afastar a omissão. No Brasil não há previsão constitucional para tanto, embora de forma casuística o Supremo acabe por traçar algumas diretrizes ou parâmetros para a norma a ser produzida, como no caso da ADI nº 3.682, cujo julgamento consignou a necessidade de diversas providências, como, por exemplo, a necessidade de disciplinar o regime dos Municípios criados sem a lei complementar exigida (o que foi atendido ao menos em parte, com a EC 57/2008, que acrescentou o art. 96 ao ADCT).

No Equador, a previsão é do art. 436, inciso 10 da Constituição de 2008[158], que dispõe ser de competência originária da Corte Constitucional o controle da inconstitucionalidade por omissão, seja parcial ou total, de qualquer autoridade pública estatal. A redação é um pouco mais precisa do que a da Constituição do Brasil ao prever expressamente a existência de omissões *parciais* e *totais*, diferença em relação a qual a brasileira silencia (a despeito da diferenciação ser bastante clara na jurisprudência do Supremo Tribunal Federal e na reforma infraconstitucional trazida pela Lei nº 12.063/2009). Em relação aos *efeitos da decisão*, ao contrário da ADO no Brasil, a Corte Constitucional do Equador pode suprir a lacuna em abstrato ou garantir a execução do ato, até que sobrevenha a lei ou ato normativo em questão disciplinando a matéria. A Constituição equatoriana parece ter depositado maior confiança no Judiciário quanto ao controle das omissões inconstitucionais, embora o mesmo só deva proferir decisões de normatividade abstrata após o decurso do prazo previsto na Constituição para a elaboração da norma ou após prazo que a Corte considere razoável para que a autoridade omissa saia da inércia. Nesse

---

158. Art. 436. - La Corte Constitucional ejercerá, además de las que le confiera la ley, las siguientes atribuciones: (...) 10. Declarar la inconstitucionalidad en que incurran las instituciones del Estado o autoridades públicas que por omisión inobserven, en forma total o parcial, los mandatos contenidos en normas constitucionales, dentro del plazo establecido en la Constitución o en el plazo considerado razonable por la Corte Constitucional. Si transcurrido el plazo la omisión persiste, la Corte, de manera provisional, expedirá la norma o ejecutará el acto omitido, de acuerdo con la ley.

último caso, se a omissão persistir, deverá o Judiciário suprir a lacuna temporariamente. A despeito de a experiência brasileira atribuir efeitos bastante distintos em relação à decisão de mérito, a observância do prazo expressamente previsto para a elaboração das normas em questão não parece levantar maiores questionamentos. O problema está justamente na possibilidade ou não do Judiciário determinar prazo para a atuação legislativa onde a Constituição silencia, conforme será analisado em momento oportuno desta dissertação.

A Costa Rica também possui mecanismos de controle da inconstitucionalidade por omissão. Segundo Nestor Pedro Sagues[159], apesar de a Constituição silenciar, a previsão é da Lei de Jurisdição Constitucional, Lei nº 7.135 de 11 de outubro de 1989. A ação de constitucionalidade prevista no art. 73 da referida lei também pode ser utilizada para impugnar "*inércias, omissões e abstenções do Poder Público*", conforme previsão na alínea "f" do artigo em questão[160]. É daí que se torna possível extrair, implicitamente, o controle de constitucionalidade por omissão em razão da mora do Poder Legislativo. Somente atos do Judiciário é que estão excluídos da apreciação por meio de tal modelo de ação direta por omissão, conforme previsão do art. 74[161].

---

159. SAGÜES, Néstor Pedro. La Jurisdicción Constitucional en Costa Rica. **Revista de Estudios Políticos (Nueva Época)**, Núm. 74. Madrid: Nueva Época, Octubre-Diciembre 1991, p. 471-495.

160. "*Artículo 73.- Cabrá la acción de inconstitucionalidad: a) Contra las leyes y otras disposiciones generales, incluso las originadas en actos de sujetos privados, que infrinjan, por acción u omisión, alguna norma o principio constitucional. b) Contra los actos subjetivos de las autoridades públicas, cuando infrinjan, por acción u omisión, alguna norma o principio constitucional, si no fueren susceptibles de los recursos de hábeas corpus o de amparo. c) Cuando en la formación de las leyes o acuerdos legislativos se viole algún requisito o trámite sustancial previsto en la Constitución o, en su caso, establecido en el Reglamento de Orden, Dirección y Disciplina Interior de la Asamblea Legislativa. ch) Cuando se apruebe una reforma constitucional con violación de normas constitucionales de procedimiento. d) Cuando alguna ley o disposición general infrinja el artículo 7º, párrafo primero, de la Constitución, por oponerse a un tratado público o convenio internacional. e) Cuando en la suscripción, aprobación o ratificación de los convenios o tratados internacionales, o en su contenido o efectos se haya infringido una norma o principio constitucional o, en su caso, del Reglamento de Orden, Dirección y Disciplina Interior de la Asamblea Legislativa. En este evento, la declaratoria se hará solamente para los efectos de que se interpreten y apliquen en armonía con la Constitución o, si su contradicción con ella resultare insalvable, se ordene su desaplicación con efectos generales y se proceda a su denuncia. f) Contra la inercia, las omisiones y las abstenciones de las autoridades públicas.*"

161. "*Artículo 74. - No cabrá la acción de inconstitucionalidad contra los actos jurisdiccionales del Poder Judicial, ni contra los actos o disposiciones del Tribunal Supremo de Elecciones relativos al ejercicio de la función electoral.*"

Por fim, algumas considerações quanto ao modelo colombiano. O Tribunal Constitucional é eleito pelo Senado a partir de listas elaboradas pelo Presidente para mandatos de 8 anos sem reeleição (art.239)[162]. Veja-se que o simples fato de se prever esse modelo de uma democracia participativa para uma emenda à Constituição necessitando de um referendo (art.377) já tem um impacto na jurisdição constitucional: impelir a uma maior autocontenção do Judiciário, diante desse maior índice de aprovação popular decorrente de um diálogo entre o Parlamento e o povo[163]. No próprio texto da Constituição colombiana, porém, a tendência é de fato circunscrever a atuação da Corte Constituição a vícios formais ou no procedimental. De qualquer forma, é interessante notar que, apesar do que poderia se fazer crer pelo senso comum, esse modelo de democracia participativa não atribui um papel menor nesse arranjo institucional: é a própria Corte Constitucional que verifica a lisura procedimental da convocação de mecanismos de participação popular, como um referendo ou plebiscito (art.241[164]). Se esse parece o movimento natural de que o Judiciário

---

162. *"Artículo 239. La Corte Constitucional tendrá el numero impar de miembros que determine la ley. En su integración se atenderá el criterio de designación de magistrados pertenecientes a diversas especialidades del Derecho. Los Magistrados de la Corte Constitucional serán elegidos por el Senado de la República para períodos individuales de ocho años, de sendas ternas que le presenten el Presidente de la República, la Corte Suprema de Justicia y el Consejo de Estado. Los Magistrados de la Corte Constitucional no podrán ser reelegidos".*
163. OLIVEIRA, Fábio Corrêa de; GOMES, Camila Beatriz Sardo. O novo constitucionalismo latino-americano. In: CARVALHO, Flávia Martins de; VIEIRA, José Ribas (Orgs.). **Desafios da Constituição: Democracia e Estado no século XXI**. Rio de Janeiro: UFRJ-FAPERJ, 2011, p.350..
164. *"Artículo 241. A la Corte Constitucional se le confía la guarda de la integridad y supremacía de la Constitución, en los estrictos y precisos términos de este artículo. Con tal fin, cumplirá las siguientes funciones: 1. Decidir sobre las demandas de inconstitucionalidad que promuevan los ciudadanos contra los actos reformatorios de la Constitución, cualquiera que sea su origen, sólo por vicios de procedimiento en su formación. 2. Decidir, con anterioridad al pronunciamiento popular, sobre la constitucionalidad de la convocatoria a un referendo o a una Asamblea Constituyente para reformar la Constitución, sólo por vicios de procedimiento en su formación. 3. Decidir sobre la constitucionalidad de los referendos sobre leyes y de las consultas populares y plebiscitos del orden nacional. Estos últimos sólo por vicios de procedimiento en su convocatoria y realización. 4. Decidir sobre las demandas de inconstitucionalidad que presenten los ciudadanos contra las leyes, tanto por su contenido material como por vicios de procedimiento en su formación."* É verdade que aparentemente ficou vedado o controle da constitucionalidade material de atos decorrentes desses mecanismos de participação direta, enquanto o art. 241, 5 autoriza tal controle de atos do Poder Executivo: "art. 241 (...) *5. Decidir sobre las demandas de inconstitucionalidad que presenten los ciudadanos contra los decretos con fuerza*

evite ter como inconstitucionais materialmente atos deliberados publicamente de forma intensa, a dúvida permanece em relação às omissões inconstitucionais e como o Judiciário lidará com elas nesse contexto: instando a participação popular ou resolvendo a omissão?

Eduardo Andrés Velandia Canosa destaca que a Colômbia enfrenta diversos casos típicos de omissão legislativa inconstitucional, como em relação ao artigo 53 (que prevê a criação de um Estatuto do Trabalho, norteado por uma série de princípios enumerados no artigo)[165] e ao art. 88 (no que diz respeito previsão legal de responsabilidade objetiva para ofensa a direitos metaindividuais) da Constituição. No entanto, percebe-se não haver remédios voltados especificamente para lidar com a omissão legislativa inconstitucional total ou absoluta[166].

Não é que não existam remédios para enfrentar de alguma forma a inconstitucionalidade em geral e a omissão em particular. Existem e são basicamente as seguintes: (i) "ação de tutela" (*acción de tutela*); (ii) "Ação de Cumprimento" (*Acción de Cumplimiento*; (iii) "ação de nulidade por inconstitucionalidade" (*acción de nulidad por inconstitucionalidad*); e (iv) ação pública de inconstitucionalidade (*acción pública de inconstitucionalidad*)[167]. A ação de tutela será abordada em primeiro lugar e em mais detalhes por permitir uma comparação específica no que diz respeito ao controle das omissões. As demais serão mencionadas com uma visão superficial para se compreender melhor o sistema de controle colombiano.

---

de ley dictados por el Gobierno con fundamento en los artículos 150 numeral 10 y 341 de la Constitución, por su contenido material o por vicios de procedimiento en su formación."

165. No mesmo sentido, defendo a possibilidade de se reconhecer a omissão total da Constituição (embora explique que a jurisprudência só possibilita o controle da omissão parcial), fundamentando tanto no Estado social e democrático de direito quanto nos direitos sociais, econômicos e culturais, previstos na Constituição da Colômbia. Confira-se: CLEVES, Gonzalo Ramírez. El control de constitucionalidad sobre las omisiones legislativas en Colombia. p.26. Disponível em: <http://icr.uexternado.edu.co/Documentos/ponencia1.pdf> Acesso em: 14.07.2012.

166. CANOSA, Eduardo Andrés Velandia. **El principio de Supremacía y la inconstitucionalidad por omisión legislativa: ¿nueva tendencia del constitucionalismo latinoamericano o es una garantía del derecho procesal constitucional?** *Op. Cit*, p. 23.

167. REGUERA, Emilia Girón. **El control de constitucionalidad en Colombia**. Trabalho Apresentado no VIII Congresso Iberoamericano de 2003. Disponível em: <http://congreso.us.es/cidc/Ponencias/justicia/EmiliaGiron.pdf>. Acesso em: 14/07/2012.

O art. 86 da Constituição[168] prevê uma "Ação de Tutela" regulamentada pelo Decreto 2591/1991, inspirada no recurso de amparo mexicano espanhol e alemão. Qualquer pessoa pode propor essa ação para garantir a proteção de direitos fundamentais ameaçados por ações ou omissões do Poder Público no caso concreto[169]. Mais precisamente, o seu objeto se volta contra ações ou omissões prejudiciais do poder público ou dos particulares à prestação de um serviço público diretamente associado ao interesse coletivo e a efetivação dos direitos fundamentais[170]. Essas ações podem ser remetidas para revisão da Corte Constitucional, o que gera efeitos naquele caso concreto apenas, conforme dispõe o art. 36 do mencionado decreto (efeitos *inter partes*), ainda assim se diz que essa função constitucional é importante para a unidade interpretativa da Constituição. Por meio desse instrumento processual, o Tribunal Constitucional tem atuado de forma ativista de modo a garantir a efetividade de direitos fundamentais sociais[171-172], a exemplo do que vem ocorrendo no Bra-

---

168. "*ARTICULO 86. Toda persona tendrá acción de tutela para reclamar ante los jueces, en todo momento y lugar, mediante un procedimiento preferente y sumario, por sí misma o por quien actúe a su nombre, la protección inmediata de sus derechos constitucionales fundamentales, cuando quiera que éstos resulten vulnerados o amenazados por la acción o la omisión de cualquier autoridad pública. La protección consistirá en una orden para que aquel respecto de quien se solicita la tutela, actúe o se abstenga de hacerlo. El fallo, que será de inmediato cumplimiento, podrá impugnarse ante el juez competente y, en todo caso, éste lo remitirá a la Corte Constitucional para su eventual revisión. Esta acción solo procederá cuando el afectado no disponga de otro medio de defensa judicial, salvo que aquella se utilice como mecanismo transitorio para evitar un perjuicio irremediable. En ningún caso podrán transcurrir más de diez días entre la solicitud de tutela y su resolución. La ley establecerá los casos en los que la acción de tutela procede contra particulares encargados de la prestación de un servicio público o cuya conducta afecte grave y directamente el interés colectivo, o respecto de quienes el solicitante se halle en estado de subordinación o indefensión.*"
169. CASADO, Iván Vila. **Fundamentos del derecho constitucional contemporáneo**. Bogotá: legis información e soluciones, 2012, p. 512.
170. ESCOBAR, Jacobo Pérez. **Derecho constitucional colombiano**. Bogotá: Colombia, 2010, p. 314.
171. Exemplo: *Sentencia* C-018/93: "*La jurisprudencia de la Corte debe ser universal, coherente y consistente, con el ánimo de realizar el principio de igualdad material, en virtud del cual se debe conferir igual tratamiento a situaciones similares, así como propiciar un mínimo de certeza en el tráfico jurídico. Tales atributos de la jurisprudencia constitucional requieren de la existencia de un mecanismo de unificación. La revisión de sentencias de tutela por parte de la Corporación es eventual, esto es, no se revisan todas las sentencias sino tan sólo aquellas que sean seleccionadas por tener un carácter paradigmático. Tal carácter tiene dos implicaciones: es obligatorio y es didáctico. Mal haría la Corte en contribuir a la didáctica constitucional mediante sentencias contradictorias, que antes que*

sil por meio da judicialização de direitos como saúde e educação[173] através de ações ordinárias e de Mandados de Segurança[174]. Tanto no modelo brasileiro quanto no colombiano[175], trata-se da tutela de um direito fundamental em concreto, não havendo uma omissão inconstitucional abstrata (ausência de regulamentação). É preciso avançar nos estudos, porém, até que ponto essa ação parece com um instrumento de controle da inconstitucionalidade por omissão como a ADO ou o MI brasileiros.

educar desorientan y crean confusión. Para ello entonces se creó el mecanismo unificador regulado en la norma acusada."

172. ARANGO, Rodolfo. O Direito à Saúde na Jurisprudência Constitucional Colombiana. In: SOUZA NETO, Cláudio Pereira de (Org.); SARMENTO, Daniel (Org.). **Direitos Sociais. Fundamentos, Judicialização e Direitos Sociais em Espécie**. 2ª Tiragem. Rio de Janeiro: Lumen Juris, 2010, p. 721-754.

173. A despeito das promessas por uma sociedade menos desigual, percebe-se que as Constituições programáticas e dirigentes, ao menos no Brasil, ainda não foram capazes de efetivamente conformar a realidade social ou subordinar a vontade política dos governantes para tanto. Por essa razão, o direito contemporâneo tem assistido a um claro processo de judicialização das políticas públicas, no qual o Judiciário tem dado a última palavra a respeito da exigibilidade de tais direitos. O fenômeno de centralização das discussões sobre políticas públicas no Poder Judiciário é objeto de diversas críticas, como, por exemplo, o déficit de legitimidade democrática dos magistrados, o caráter programático de diversas normas constitucionais relativas a direitos sociais e a ausência de expertise técnica do Judiciário para a elaboração de políticas públicas. Por tais motivos, doutrina e jurisprudência vêm trabalhando com a ideia de parâmetros de atuação e audiências públicas para enfrentar o problema. FERNANDES, Eric Baracho Dore. Estado Social de Direito no Brasil: o desafio de equacionar democracia e judicialização das políticas públicas. **Direito Público (Porto Alegre)**, v. 8, n. 42, p. 84-102, 2011.

174. A despeito de a jurisprudência brasileira admitir a possibilidade de impetração de Mandado de Segurança para garantir direitos fundamentais sociais, filiamo-nos ao entendimento de que tal remédio não deveria ser cabível para a tutela desses direitos, em especial do direito à saúde. Sendo um remédio destinado a tutelar direito líquido e certo, o procedimento não comporta dilação probatória, o que acaba sendo essencial nos casos em que a Administração Pública deseja produzir prova pericial para comprovar suspeitas de laudos médicos falsos ou fraudes similares. Todavia, nada impede que, presentes os requisitos, o magistrado receba a inicial do Mandado de Segurança como se de procedimento ordinário fosse, considerando que este é igualmente capaz de tutelar o direito material em questão, com a possibilidade de antecipação dos efeitos da tutela (art. 273 do CPC de 1973, equivalente à tutela de urgência do CPC/2015) e julgamento antecipado (art. 330 do CPC de 1973 e art. 335 do CPC/2015).

175. Um exemplo recente foi a decisão da Corte Constitucional da Colômbia para proteger direitos sociais de cidadã hipossuficiente que participava de programas sociais implantados pelo governo. Determinou-se que o Banco Agrário cumprisse sua função social de forma adequada, eis que o mesmo recusava-se a pagar o benefício social para a requerente em razão de perda de documento de identidade. Vide a *Sentencia* T-069/12.

O art. 87 da Constituição da Colômbia[176], por sua vez, prevê a possibilidade de provocação da tutela jurisdicional para assegurar a execução de lei (em sentido material) ou atos administrativos. A regulamentação infraconstitucional da chamada "Ação de Cumprimento" (*Acción de Cumplimiento*) está contida na Lei nº 393/1997. Todavia, trata-se de um remédio destinado a assegurar a execução de um ato normativo (lei em sentido formal ou material) já existente, não sendo apto a impugnar omissões normativas em abstrato. Ainda é preciso refletir mais sobre as possíveis semelhanças e diferenças, mas essa ação parece aproximar-se mais do Mandado de Segurança brasileiro. Embora diversos autores colombianos enfatizem a importância da ação para efetivar o Estado social e democrático de direito, promovendo o cumprimento da legislação[177], a previsão do art. 87 parece insuficiente para a tutela da inconstitucionalidade por omissão em abstrato quando inexiste lei.

O art. 237, 2 da Constituição da Colômbia prevê a competência do Conselho de Estado para conhecer da "ação de nulidade por inconstitucionalidade" (*acción de nulidad por inconstitucionalidad*) contra decretos ditados pelo governo nacional, desde que não sejam no âmbito da Competência da Corte Constitucional [178].

O art. 241 da Constituição colombiana de 1991 prevê a ação pública de inconstitucionalidade (*acción pública de inconstitucionalidad*)[179]. É importante destacar, porém, que se trata de uma ação tradicional no constitucionalismo colombiano, com mais de 100 anos. Desde o Ato

---

176. *ARTICULO 87. Toda persona podrá acudir ante la autoridad judicial para hacer efectivo el cumplimiento de una ley o un acto administrativo. En caso de prosperar la acción, la sentencia ordenará a la autoridad renuente el cumplimiento del deber omitido.*
177. CANOSA, Eduardo Andrés Velandia. **El principio de Supremacía y la inconstitucionalidad por omisión legislativa: ¿nueva tendencia del constitucionalismo latinoamericano o es una garantía del derecho procesal constitucional?** *Op. Cit.*
178. *"ARTICULO 237. Son atribuciones del Consejo de Estado: 1. Desempeñar las funciones de tribunal supremo de lo contencioso administrativo, conforme a las reglas que señale la ley. 2. Conocer de las acciones de nulidad por inconstitucionalidad de los decretos dictados por el Gobierno Nacional, cuya competencia no corresponda a la Corte Constitucional."*
179. *ARTICULO 241. (...) 1. Decidir sobre las demandas de inconstitucionalidad que promuevan los ciudadanos contra los actos reformatorios de la Constitución, cualquiera que sea su origen, sólo por vicios de procedimiento en su formación. (...) 4. Decidir sobre las demandas de inconstitucionalidad que presenten los ciudadanos contra las leyes, tanto por su contenido material como por vicios de procedimiento en su formación.*

legislativo 3 de 1910, existe a autorização para então Suprema Corte de Justiça atuar como "legislador negativo" no plano abstrato. Note-se, portanto, que isso ocorreu muito antes do Tribunal austríaco e muito antes de Kelsen engendrar suas teorias. A legitimidade para propor tal ação é de todo o cidadão, sem necessidade de demonstração de um interesse concreto ou particular, para impugnar uma lei ou decreto que repute inconstitucional. Trata-se de uma ação pública e informal que consubstancia um direito de participação política do Cidadão em fiscalizar e controlar o legislador, o que se insere na lógica da democracia participativa que a Constituição colombiana encampa nos arts. 1º e 40 já referidos. Diga-se de passagem que, mesmo com um rol amplo de legitimados do art. 103, da Constituição brasileira, o cidadão não é legitimado para propor a ADI, ADC, ADO ou ADPF[180]. Por fim, é importante ressaltar que a sentença da Corte Constitucional faz coisa julgada operando efeitos obrigatórios/vinculantes, gerais (*erga omnes*) e não retroativos ou a partir do momento da decisão (*ex nunc*).

Até mesmo em razão da pluralidade de ações e desse modelo participativo de democracia, constata-se que a Colômbia e o Brasil têm vivenciado um maior ativismo judicial[181]. Não obstante a inexistência de instrumentos típicos para enfrentar a omissão legislativa inconstitucional absoluta é uma realidade possível na Colômbia diante de normas constitucionais que impõem um dever expresso de legislar. De fato, até o momento a jurisprudência só tem enfrentado de alguma forma as omissões ditas *relativas*, que violariam o princípio da igualdade[182].

Um exemplo interessante pode ser extraído da *Sentencia* C-470/97, proferida pela Corte Constitucional da Colômbia. Um cidadão colombiano, Luis Antonio Vargas Alvarez, ajuizou ação de inconstitucionalidade em face de dispositivo da legislação trabalhista daquele

---

180. Chegou-se a cogitar da possibilidade do cidadão ser legitimado para propor a ADPF, porém, o veto presidencial ao dispositivo da Lei 9882/99 suprimiu tal possibilidade.
181. FLOREZ MUNOZ, Daniel Eduardo. La acción pública de inconstitucionalidad como garantía del Estado constitucional en Colombia. **Opin. jurid.**, Medellín, v. 9, n. 18, July 2010. Disponível em: .<http://www.scielo.org.co/scielo.php?pid=S1692--25302010000200006&script=sci_arttext> Acesso em: 13/07/2012.
182. Vide por exemplo a definição dada pela Corte na *Sentencia* C-038/06, na qual se define a inconstitucionalidade por omissão relativa e os métodos de interpretação utilizados para enfrentá-la, como a interpretação conforme a Constituição.

país que dispõe sobre o direito de mulheres grávidas à estabilidade no emprego. O dispositivo impugnado prevê que a trabalhadora demitida sem autorização teria direito a indenização equivalente a 60 dias de trabalho, sem prejuízo das demais verbas trabalhistas e descanso remunerado. O autor sustentou que a norma violaria os artigos 1º, 13, 16, 25, 29, 42, 43 e 229 da Constituição da Colômbia, pois (i) facultaria ao empregador demitir uma mulher grávida sem autorização da autoridade competente (Ministério do Trabalho); (ii) violaria o devido processo legal nas relações de trabalho, pois a trabalhadora não teria oportunidade de defesa diante do ato unilateral do empregador, substituindo o procedimento perante o Ministério do Trabalho; (iii) violação ao princípio da isonomia, pois os demais trabalhadores não podem ser demitidos nestas condições, especialmente quando possuam direito à imunidade sindical.

Há, então, uma inconstitucionalidade por omissão relativa, por violação ao princípio da isonomia. A Corte concluiu que simplesmente considerar inconstitucional a previsão específica de proteção da trabalhadora grávida resultaria em uma situação de desamparo ainda maior para a categoria que se quer proteger por meio da norma. Com fundamento nas imposições constitucionais sobre igualdade e maternidade em âmbito laboral (artigos 13, 43 e 53), entendeu-se que a solução mais adequada diante da omissão legislativa em questão seria estender às trabalhadoras grávidas a regra geral de que há necessidade de autorização da demissão pelo funcionário público competente. Percebe-se também a cautela da Corte diante da possível tensão com o Legislativo, apontando que em regra deve-se primar pela deferência à liberdade de conformação do legislador. Na situação em questão, contudo, a Corte não entendeu estar proferindo decisão equivalente à uma lei geral em abstrata, mas tão somente preenchendo uma indesejada pela Constituição em legislação já existente. Em outras palavras, reafirmou que a jurisdição constitucional na Colômbia integra somente as lacunas geradas pela *omissão parcial*. Confira-se:

> SENTENCIA INTEGRADORA/DESPIDO DE MUJER EMBARAZADA SIN AUTORIZACION PREVIA-Ineficacia/ OMISION LEGISLATIVA
>
> La única decisión admisible en este caso es integrar en el ordenamiento legal los mandatos constitucionales sobre la igualdad

(CP art 13) y la protección a la maternidad en el ámbito laboral (CP arts 43 y 53), de suerte que debe entenderse que carece de todo efecto el despido de una trabajadora durante el embarazo, o en los tres meses posteriores al parto, sin la correspondiente autorización previa del funcionario competente. Esto significa que para que el despido sea eficaz, el patrono debe obtener la previa autorización del funcionario del trabajo, para entonces poder entregar la correspondiente carta de terminación del contrato. Y en caso de que no lo haga, no sólo debe pagar la correspondiente indemnización sino que, además, el despido es ineficaz.Esto significa que existe una suerte de omisión relativa del Legislador, puesto que el ordinal acusado no consagró una protección suficiente a la maternidad.

LIBERTAD DE CONFIGURACION LEGISLATIVA-Respeto/ SENTENCIA INTEGRADORA-Finalidad

La Corte es respetuosa de la libertad de configuración del Legislador, pues simplemente, en función de la fuerza normativa de la propia Constitución, incorpora en el orden legal los propios mandatos constitucionales, con lo cual llena los aparentes vacíos legales. El juez en este caso en manera alguna está legislando pues lo único que hace es dar aplicación al principio según el cual la Constitución, como norma de normas que es, tiene una suprema fuerza normativa (CP art. 4), por lo cual es perfectamente legítimo integrar los contenidos constitucionales dentro de la regulación legal. Así, en el presente caso, lo único que hace la Corte es completar, con base en los principios constitucionales, la propia legislación expedida por el Congreso, señalando que carece de toda eficacia jurídica un despido de una mujer embarazada, si el patrono no cumple los requisitos establecidos por el Legislador.[183]

Contudo, no caso das omissões totais ou absolutas, ainda persiste a ausência de mecanismos capazes de lidar com a omissão. Eduardo Andrés Velandia Canosa propõe uma reforma do art. 87, ampliando o cabimento da "Ação de Cumprimento" para as hipóteses de omissão legislativa parcial ou total. A sentença de procedência estabeleceria prazo para que a lacuna inconstitucional fosse suprida, após o qual

---

183. Colômbia. Sentencia C-470/97. Disponível em:<http://www.cortesuprema.gov.co/>. Acesso em: 20/03/2014.

seria proferida pela via jurisdicional a regulamentação temporária para o direito[184]. O autor chega até mesmo a remeter de forma expressa ao Mandado de Injunção brasileiro como fonte de inspiração para a sua proposta, o que reforça a utilidade e a importância de os dois países conhecerem melhor os modelos adotados. Diante disso, parece-nos mais uma vez que há uma semelhança entre os problemas e desafios dos países integrantes do constitucionalismo latino-americano de modo a justificar o diálogo entre ordenamentos como possível solução para os problemas constitucionais.

Há quem possa dizer que traços distintivos entre os ordenamentos impeçam que a experiência brasileira sirva de modelo para uma ação de controle das omissões na Colômbia ou o inverso, em especial diferenças na dinâmica das relações entre os poderes e a jurisdição constitucional. Contudo, parece que a análise comparada se justifica, a partir das seguintes conclusões:

(i) Percebe-se que, assim como no Brasil, há também uma postura mais ativista no âmbito da jurisdição constitucional, sendo possível destacar como um exemplo decisões envolvendo políticas públicas relativas a direitos sociais;

(ii) O problema da inconstitucionalidade por omissão é reconhecido na experiência colombiana, quer pela atuação da Suprema Corte daquele país, quer no meio acadêmico, podendo-se identificar autores que discutem de forma profunda o fenômeno e instrumentos processuais específicos para lidar com as omissões;

(iii) O problema da inconstitucionalidade por omissão parcial é comum a ambos os ordenamentos, parecendo produtivo uma análise comparada capaz de aprimorar o atual desenho institucional em ambos os ordenamentos;

(iv) Parece que diálogos comparados em relação ao fenômeno da inconstitucionalidade por omissão total podem auxiliar o desenvolvimento do tema no âmbito da jurisdição constitucional da Colômbia, que ainda não alcançou o mesmo grau de desenvolvimento obtido pelo Brasil por meio de institutos como o Mandado de Injunção.

---

184. CANOSA, Eduardo Andrés Velandia. **El principio de Supremacía y la inconstitucionalidad por omisión legislativa: ¿nueva tendencia del constitucionalismo latinoamericano o es una garantía del derecho procesal constitucional?** *Op. Cit*, p. 24-25.

2.2.3 Controle de "convencionalidade" por omissão?

Cada vez mais tem se evidenciado a emergência de um constitucionalismo de níveis múltiplos, onde um mesmo problema jurídico passa a transcender a esfera nacional, englobando, simultaneamente, o internacional, o transnacional, o supranacional e o local, fenômeno teorizado como um *transconstitucionalismo*[185]. Especialmente no âmbito dos *direitos humanos*, vive-se um momento de alargamento do vértice da tradicional pirâmide de Kelsen, partir da expansão do bloco material de constitucionalidade enquanto parâmetro de controle da atividade típica da jurisdição constitucional. De fato, já não é novidade afirmar que os tratados internacionais sobre direitos humanos possuem status diferenciado em relação aos tratados tradicionais. O que não parece tão óbvia ou frequentemente questionado é: seria possível que este novo bloco ampliado de constitucionalidade servisse de fundamento para o reconhecimento da inconstitucionalidade por omissão? Em quais hipóteses? Somente nos casos em que há incorporação na forma do art. 5º, § 3º da Constituição ou também nas situações de *supralegalidade* de tais tratados? Algumas das respostas possíveis para essa questão, do ponto de vista dogmático, serão apresentadas mais adiante neste trabalho. Todavia, dentro da análise comparada que se pretende realizar nesse ponto, não se pode deixar de perquirir se existem experiências comparadas de controle das omissões no âmbito do *controle de convencionalidade*.

Um dos principais desafios enfrentados pelos direitos humanos fundamentais no século XXI foi a sua proteção judicial por meio de cortes internacionais, como a Corte Interamericana de Direito Humanos e a Corte Europeia de Direitos Humanos. Ganha cada vez mais espaço a releitura da visão tradicional, que subordina a efetividade dos direitos fundamentais ao plano interno das cartas constitucionais e os direitos humanos nas relações internacionais. Superando o afastamento, passou-se a defender a convergência por meio de uma ascensão de novos métodos de interpretação para ampliar a efetividade dos os direitos humanos fundamentais, especialmente, pela defesa por parte da doutrina da não aplicação da norma interna, mas sim a aplicação

---

185. NEVES, Marcelo. **Tranconstitucionalismo**. 1ª edição. 2ª Tiragem. São Paulo: Martins Fontes, 2012.

da norma mais favorável aos indivíduos, pouco importando se trata de um direito interno ou internacional[186-187]. A partir desta concepção surgiu umas das principais inovações do século XXI, que vem sendo conhecida como *controle de convencionalidade*. Confira-se, a respeito, o que diz Valério de Oliveira Mazzuoli:

> "Falar em controle da convencionalidade significa falar em compatibilidade vertical material das normas do direito interno com as convenções internacionais de direitos humanos em vigor no país. Significa, também, falar especialmente em técnica judicial (tanto internacional como interna) de compatibilização vertical das leis com tais preceitos internacionais de direitos humanos. Que os tribunais internacionais de direitos humanos exercem o controle de convencionalidade não se tem dúvidas, eis que este é exatamente o seu papel. Porém, por decisão das próprias cortes de direitos humanos, devem também (e em primeiro lugar) os juízes e tribunais internos controlar essa mesma convencionalidade, cabendo, então, ao jurista pátrio investigar como há de se desenvolver a mecânica desse controle interno."[188]

Segundo Valério de Oliveira Mazzuoli, existem três concepções possíveis sobre o termo controle de convencionalidade, a saber: (i) a responsabilidade internacional do Estado por violação aos direitos humanos; (ii) o a verificação da compatibilidade das normas locais diante das normas internacionais de direitos humanos, não pela via judiciária interna, mas por mecanismos para fazer cumprir obrigações internacionais, como a jurisprudência da Corte interamericana vem reconhecendo, por exemplo, no caso 11552 (*Gomes e Lund*) da condenação do Brasil pela Guerrilha do Araguaia e que envolveu

---

186. TRINDADE, Antonio Augusto Cançado. O direito Internacional em um mundo em transformação. Rio de Janeiro: Renovar, 2002, p. 671-722.

187. É o que se chama de "*pro homine*" que, nas palavras de Luís Fernando Sgarbossa, significa "*um ápice normativo variável e mutável, informado por um critério permanente (norma mais favorável ou pro homine) de forma a produzir uma harmoniosa concorrência entre dispositivos teleologicamente compatíveis, sem derrogação permanente de nenhum deles, mas mera derrogação do mais protetivo do ser humano.*"SGARBOSSA, Luís Fernando. **Direitos e garantias fundamentais extravagantes**. Por Alegre: Sergio Antonio Fabris Editor, 2008, p.54-55.

188. MAZZUOLI, Valério de Oliveira. **O Controle Jurisdicional da Convencionalidade das Leis**. 3ª edição revista, atualizada e ampliada. São Paulo: Revista dos Tribunais.

inclusive a questão da lei de anistia brasileira[189]; e (iii) a compatibilidade vertical das leis com os tratados de direitos humanos em vigor no país, de tal forma que as leis só teriam validade de compatíveis com esses tratados e com a Constituição numa espécie "*dupla compatibilidade normativa*".[190] De fato, parece ser esta a tendência das Constituições contemporâneas quando concedem um tratamento especial aos tratados de direitos humanos mesmo no plano do direito interno, como dispõem os art. 4º, II; e 5º, §§ 2º e 3º da Constituição brasileira, por exemplo[191].

Superadas tais considerações preliminares, pergunta-se: seria possível reconhecer que a violação dos referidos tratados internacionais de direitos humanos poderia se dar não somente por ação, mas também omissão dos poderes constituídos no exercício de suas funções típicas? A resposta parece positiva. Escolhendo como exemplo paradigmático a Convenção sobre Pessoas com Deficiência de Nova Iorque (único tratado incorporado na forma do art. 5º, § 3º da Constituição[192]), há menção clara a obrigações a serem adotadas pelos Estados-partes:

"Artigo 4

Obrigações gerais

1. Os Estados Partes se comprometem a assegurar e promover o pleno exercício de todos os direitos humanos e liberdades fundamentais por todas as pessoas com deficiência, sem qualquer

---

189. Um artigo antes da decisão do caso já se mostrava preocupado com o diálogo entre o STF e CIDH. Cf. RAMOS, André de Carvalho. O Diálogo das Cortes: O STF e a Corte Interamericana de Direitos Humanos. In: JUNIOR, Alberto do Amaral; JUBILUT, Liliana Lyra (Orgs.). **O STF e o Direito Internacional dos Direitos Humanos**. São Paulo: Quartier Latin, 2009, p. 805-850.
190. MAZZUOLI, Valério de Oliveira. *Op. Cit*, p. 76-95.
191. Art. 4º A República Federativa do Brasil rege-se nas suas relações internacionais pelos seguintes princípios: (...) II - prevalência dos direitos humanos; Art. 5º (...) § 2º - Os direitos e garantias expressos nesta Constituição não excluem outros decorrentes do regime e dos princípios por ela adotados, ou dos tratados internacionais em que a República Federativa do Brasil seja parte. § 3º Os tratados e convenções internacionais sobre direitos humanos que forem aprovados, em cada Casa do Congresso Nacional, em dois turnos, por três quintos dos votos dos respectivos membros, serão equivalentes às emendas constitucionais.
192. Brasil. Decreto Legislativo nº 186, de 9 de julho de 2008. Disponível em: >http://www.planalto.gov.br/ccivil_03/Congresso/DLG186-2008.htm>. Acesso em: 13/06/2013. Brasil. Decreto 6.449 de 25 de agosto de 2009. Disponível em: <http://www.planalto.gov.br/ccivil_03/_ato2007-2010/2009/decreto/d6949.htm>. Acesso em: 13/06/2013.

tipo de discriminação por causa de sua deficiência. Para tanto, os Estados Partes se comprometem a:

a) Adotar todas as medidas legislativas, administrativas e de qualquer outra natureza, necessárias para a realização dos direitos reconhecidos na presente Convenção;

b) Adotar todas as medidas necessárias, inclusive legislativas, para modificar ou revogar leis, regulamentos, costumes e práticas vigentes, que constituírem discriminação contra pessoas com deficiência;

c) Levar em conta, em todos os programas e políticas, a proteção e a promoção dos direitos humanos das pessoas com deficiência;

d) Abster-se de participar em qualquer ato ou prática incompatível com a presente Convenção e assegurar que as autoridades públicas e instituições atuem em conformidade com a presente Convenção;

e) Tomar todas as medidas apropriadas para eliminar a discriminação baseada em deficiência, por parte de qualquer pessoa, organização ou empresa privada;

f) Realizar ou promover a pesquisa e o desenvolvimento de produtos, serviços, equipamentos e instalações com desenho universal, conforme definidos no Artigo 2 da presente Convenção, que exijam o mínimo possível de adaptação e cujo custo seja o mínimo possível, destinados a atender às necessidades específicas de pessoas com deficiência, a promover sua disponibilidade e seu uso e a promover o desenho universal quando da elaboração de normas e diretrizes;

g) Realizar ou promover a pesquisa e o desenvolvimento, bem como a disponibilidade e o emprego de novas tecnologias, inclusive as tecnologias da informação e comunicação, ajudas técnicas para locomoção, dispositivos e tecnologias assistivas, adequados a pessoas com deficiência, dando prioridade a tecnologias de custo acessível;

h) Propiciar informação acessível para as pessoas com deficiência a respeito de ajudas técnicas para locomoção, dispositivos e tecnologias assistivas, incluindo novas tecnologias bem como outras formas de assistência, serviços de apoio e instalações;

i) Promover a capacitação em relação aos direitos reconhecidos pela presente Convenção dos profissionais e equipes que trabalham com pessoas com deficiência, de forma a melhorar a prestação de assistência e serviços garantidos por esses direitos.

2. Em relação aos direitos econômicos, sociais e culturais, cada Estado Parte se compromete a tomar medidas, tanto quanto permitirem os recursos disponíveis e, quando necessário, no âmbito da cooperação internacional, a fim de assegurar progressivamente o pleno exercício desses direitos, sem prejuízo das obrigações contidas na presente Convenção que forem imediatamente aplicáveis de acordo com o direito internacional.

3. Na elaboração e implementação de legislação e políticas para aplicar a presente Convenção e em outros processos de tomada de decisão relativos às pessoas com deficiência, os Estados Partes realizarão consultas estreitas e envolverão ativamente pessoas com deficiência, inclusive crianças com deficiência, por intermédio de suas organizações representativas.

4. Nenhum dispositivo da presente Convenção afetará quaisquer disposições mais propícias à realização dos direitos das pessoas com deficiência, as quais possam estar contidas na legislação do Estado Parte ou no direito internacional em vigor para esse Estado. Não haverá nenhuma restrição ou derrogação de qualquer dos direitos humanos e liberdades fundamentais reconhecidos ou vigentes em qualquer Estado Parte da presente Convenção, em conformidade com leis, convenções, regulamentos ou costumes, sob a alegação de que a presente Convenção não reconhece tais direitos e liberdades ou que os reconhece em menor grau.

5. As disposições da presente Convenção se aplicam, sem limitação ou exceção, a todas as unidades constitutivas dos Estados federativos." (grifos nossos)

Menções específicas de "medidas legislativas" (art. 4, 1. "a" e "b") e "direitos sociais" (art. 4, 2) permitem concluir que convenções internacionais sobre direitos humanos podem ser violadas também por *omissão* estatal. É claro que o exemplo escolhido diz respeito a norma que, coincidentemente, integra também o *bloco de constitucionalidade* brasileiro, por força do procedimento de incorporação previsto no art. 5º, § 3º da Constituição. Significa dizer que a hipótese não se afastaria muito do controle de constitucionalidade por omissão pelos instrumentos típicos da Ação Direta de Inconstitucionalidade por Omissão e Mandado de Injunção. A questão adquire contornos de maior complexidade diante de hipóteses, por exemplo, de *supralegalidade*, conforme se terá a oportunidade de debater no capítulo 2.5.3.3 da presente. Por hora, é de se questionar se existem experiências internacionais com instrumentos típicos de controle das omissões.

No plano da Comunidade Andina, dotada de supranacionalidade, há a previsão de um recurso por omissão ou inatividade no caso de descumprimento de obrigações oriundas do sistema da Comunidade Andina:

> "Sección Cuarta
> Del Recurso por Omisión o Inactividad
> Artículo 37
> Cuando el Consejo Andino de Ministros de Relaciones Exteriores, la Comisión de la Comunidad Andina o la Secretaría General, se abstuvieren de cumplir una actividad a la que estuvieren obligados expresamente por el ordenamiento jurídico de la Comunidad Andina, dichos órganos, los Países Miembros o las personas naturales o jurídicas en las condiciones del Artículo 19 de este Tratado, podrán requerir el cumplimiento de dichas obligaciones.
> Si dentro de los treinta días siguientes no se accediere a dicha solicitud, el solicitante podrá acudir ante el Tribunal de Justicia de la Comunidad Andina para que se pronuncie sobre el caso.
> Dentro de los treinta días siguientes a la fecha de admisión del recurso, el Tribunal emitirá la providencia correspondiente, con base en la documentación técnica existente, los antecedentes del caso y las explicaciones del órgano objeto del recurso. Dicha providencia, que será publicada en la Gaceta Oficial del Acuerdo de Cartagena, deberá señalar la forma, modalidad y plazo en los que el órgano objeto del recurso deberá cumplir con su obligación."[193]

Percebe-se aí um instrumento típico de controle de omissões no plano internacional, um "*recurso por omissão ou inatividade*", por meio do qual o Tribunal de Justiça da Comunidade Andina pode fixar a providência correspondente e assinalar a forma, modo e prazo para que o órgão omisso cumpra a providência. É certo que o instrumento em questão não envolve, necessariamente, direitos humanos, mas ao

---

193. Disponível em: <http://www.comunidadandina.org/normativa/tratprot/cochabamba.htm>. Acesso em: 03/01/2013.

menos serve para demonstrar a existência de um instrumento de controle de obrigações positivas no plano internacional.

No já mencionado XIV Encontro de Supremas Cortes, ocorrido em 2008, há menção de na Estônia há possibilidade de controle das omissões inconstitucionais tendo por parâmetro de controle tratados internacionais[194].

A questão será novamente retomada no ponto em que se pretende analisar os parâmetros de controle de constitucionalidade por omissão possíveis (2.5.3.3).

2.2.4 Experiências com o controle de constitucionalidade por omissão em países do Common Law: Inglaterra, Estados Unidos e Índia.

Não é incomum que se encontre, em doutrina, a afirmação de que países como a Inglaterra e Estados Unidos teriam experiências no âmbito do controle de constitucionalidade por omissão por meio do instituto jurídico da *injunction*. A razão para trabalhar tais modelos comparados nesta dissertação se faz necessária não somente pelas razões típicas pelas quais se recorre ao método comparado, mas também para questionar se, de fato, há *comparabilidade* entre tais experiências e o sistema brasileiro de controle das omissões inconstitucionais. A despeito de não se poder falar mais em modelos estanques de *Common Law* e *Civil Law* em razão da influência recíproca entre as grandes matrizes do direito ocidental[195], parece que mais do que isso é necessário para se desincumbir do ônus argumentativo de justificar uma análise comparada. Não é demais lembrar que o dirigismo constitucional de Constituições analíticas não é um traço típico de ordenamentos como os Estados Unidos e Inglaterra. Ainda assim, a

---

194. ESTÔNIA. **Problems of Legislative Omission in Constitutional Jurisprudence. Replies to the Questionnaire for the XIVth Congress of the Conference of European Constitutional Courts drawn up by the Constitutional Court of the Republic of Lithuania**. Conference of European Constitutional Courts. Disponível em: <www.confcoconsteu.org>. Acesso em: 20/12/2013.

195. Sobre o tema, confira-se dissertação de mestrado a respeito, de autoria da professora Patrícia Perrone. CAMPOS MELLO, Patrícia Perrone. **Precedentes. O Desenvolvimento Judicial do Direito no Constitucionalismo Contemporâneo**. Rio de Janeiro: Renovar, 2009.

dúvida que se quer lançar ao debate esbarra na posição de juristas de peso, cujos argumentos centrais serão discutidos adiante.

Ao trabalhar as especificidades do Direito Constitucional nos Estados Unidos, Maria Garcia destaca alguns remédios típicos do *common law*, e cita como um exemplo a *injunction*, descrevendo tal instituto como *"uma ordem do tribunal que obriga uma pessoa a fazer ou a não fazer determinada ação, sob penas de multa ou prisão em caso de desobediência"*[196]. O problema é presumir, a partir da simples homonímia, que esse *injunction* foi positivado no art. 5º, LXXI como nosso Mandado de Injunção. A descrição do instituto mais se aproximaria do que se prevê no art. 461 do Código de Processo Civil de 1973 (ou art. 397 do Código de 2015) do que ao Mandado de Injunção[197]. Além disso, a autora menciona que na tradição inglesa, o que se entende como *injunction* sempre foi um remédio voltado para as relações entre particulares, não sendo seu destinatário o Estado. Justamente o oposto do que se pretende com o Mandado de Injunção, que é a impugnação de uma omissão inconstitucional do Estado, que seja também inviabilizadora do exercício de direitos fundamentais.

Para José Afonso da Silva, a *injunction* teria se originado na Inglaterra, no século XIV, do instituto da *equity*, ou juízo de equidade. Um juízo discricionário, quando faltasse norma legal regulando o direito no caso concreto e quando a *Common Law* não oferecesse proteção suficiente. O sentido atribuído ao juízo de equidade pelo direito inglês é o de "sistema de estimativa social para formulação de norma jurídica para o caso concreto". Contudo, a despeito do direito inglês ser a origem mais remota de um remédio análogo ao Mandado de Injunção, José Afonso da Silva destaca que o *writ of injunction* do direito norte-americano seria o que haveria de mais próximo do modelo brasileiro[198]. Segundo Flávia Piovesan, a *injunction*

---

196. GARCIA, Maria. O Direito Constitucional Norte-Americano: Uma Concepção Circular do Direito Constitucional e o Juspositivismo Contemporâneo. In: GARCIA, Maria; AMORIM, José Roberto Neves. **Estudos de Direito Constitucional Comparado**, p.27-33, p. 30.
197. Art. 461. Na ação que tenha por objeto o cumprimento de obrigação de fazer ou não fazer, o juiz concederá a tutela específica da obrigação ou, se procedente o pedido, determinará providências que assegurem o resultado prático equivalente ao do adimplemento. (Redação dada pela Lei nº 8.952, de 13.12.1994).
198. SILVA, José Afonso da. **Curso de Direito Constitucional Positivo**. 32 edição. São Paulo: Malheiros, 2009, p. 448.

norte-americana seria um remédio concedido por um Tribunal por solicitação de uma parte, dirigido a outra parte impetrada, proibindo esta de praticar algum ato (*prohibitory injunction*) ou determinado que se realize certo ato (*mandatory injunction*), operando seus efeitos *inter partes*[199]. Repetindo-se a mesma crítica tecida em relação ao que é defendido pela professora Maria Garcia, o que foi descrito mais se aproxima da tutela específica das obrigações de fazer e não fazer no direito brasileiro, sem qualquer similaridade com o Mandado de Injunção ou Ação Direta de Inconstitucionalidade por Omissão.

O estudo de casos concretos de *injunction* no direito norte-americano pode corroborar com o que se quer defender quanto a ausência de comparabilidade entre os institutos. Um exemplo conhecido de utilização do *mandatory injunction* no direito norte-americano diz respeito ao caso *Roe v. Wade*[200]. Trata-se de precedente paradigmático firmado pela Suprema Corte dos Estados Unidos, entendendo o aborto como um direito protegido pela Constituição. O precedente foi responsável pela criação de *standards* para a análise material da constitucionalidade de lei que restrinja tal direito. Em Setembro de 1969, Norma L. McCorvey, de 21 anos, descobriu estar grávida. Amigos de Norma a aconselharam que mentisse, alegando ter sido estuprada, para que obtivesse acesso a um procedimento legalizado de aborto (de acordo com a lei texana da época, que permitia o aborto nos casos de estupro e incesto). Contudo, não foi possível sustentar tal alegação pela ausência de documento policial que comprovasse o estupro. Ela então recorreu a clínicas clandestinas de aborto, mas as encontrou fechadas pela polícia.

Eventualmente, Norma recorreu às vias judiciais através das advogadas Linda Coffe e Sarah Weddington. Em 1970, a ação foi proposta por Norma perante uma corte distrital no Texas sob o pseudônimo de "Jane Roe". Na propositura da ação judicial, a autora não mais alegava que sua gravidez havia sido fruto de estupro, inclusive admitindo ter mentindo anteriormente. O réu no caso era o Estado do Texas, representado pelo Procurador do Distrito de Dallas, Henry Wade. A corte local

---

199. PIOVESAN, Flávia. Op. Cit., p. 177.
200. Caso ***Roe v. Wade***, 410 U.S. 113 (1973). A propósito, gravação da sustentação oral do julgamento pode ser encontrada na internet no seguinte endereço: <http://www.oyez.org/sites/default/files/audio/cases/1971/70-18_19711213-argument.mp3>. Acesso em: 28/04/2012.

entendeu, fundamentando sua decisão na Nona Emenda à Constituição e no precedente firmado em 1965 pelo caso *Griswold v. Connecticut*[201], que não seria concedida a *injunction* em face da lei estadual.

As petições pelo *writ of certiorari* chegaram até Suprema Corte em Outubro de 1970, e lá permaneceram até Maio de 1971, quando o tribunal anunciou que o caso seria julgado, juntamente com o caso *Doe v. Bolton*[202], que envolvia a constitucionalidade de outra lei sobre aborto, no estado da Geórgia. Após uma primeira rodada de discussões, o *Justice* Harry Blackmun emitiu uma opinião preliminar que enfatizou o que ele viu como uma "extrema vagueza" na lei texana. Os Justices William Rehnquist e Lewis F. Powell se juntaram à Suprema Corte tarde demais para a primeira rodada de discussões, de modo que o *Chief Justice* Warren Burguer propôs que o caso fosse rediscutido, o que ocorreu em 11 de Outubro de 1972.

No caso *Roe v. Wade*, a Suprema Corte entendeu o aborto como um Direito Fundamental protegido pela Constituição, submetendo todas as leis que o restringissem ao parâmetro de escrutínio estrito. No entendimento do tribunal, escrito pelo Justice Harry Blackmun, "o direito de privacidade, fundado seja no conceito de liberdade individual e restrições à ação do estado contidos na 14ª Emenda, seja baseado nos direitos contidos na 9ª Emenda, é amplo o suficiente para incluir a decisão de uma mulher de terminar ou não sua gravidez." O direito ao aborto foi incluído no mesmo rol de outros direitos fundamentais emanados do direito a privacidade e já reconhecidos pela Suprema Corte – a exemplo do direito ao uso de métodos contraceptivos. A partir dessa fundamentação, a corte firmou os seguintes parâmetros: (i) No primeiro trimestre de gravidez, o estado não pode restringir o direto de uma mulher em abortar; (ii) no segundo trimestre de gravidez, o estado apenas pode regular o procedimento abortivo, e em situações que estejam estritamente relacionadas à saúde materna; e (iii) no terceiro semestre o estado pode permitir ou proibir o aborto da forma que achar mais apropriada[203].

---

201. *Griswold v. Connecticut*, 381 U.S. 479 (1965).
202. *Doe v. Bolton*, 410 U.S. 179 (1973).
203. IRONS, Peter. *A People's History of the Supreme Court: The Men and Women Whose Cases and Decisions Have Shaped Our Constitution.* Revised Edition. Penguin Paperbacks, 2006, p. 436-449.

No caso *Roe V. Wade*, exemplo de *mandatory injunction*, percebe-se que a solução dada ao Judiciário não supriu qualquer lacuna normativa com base em um comando constitucional, mas tão somente traçou limites aos entes federativos para legislar sobre aborto. A questão mais se aproxima, como se pode perceber, a típico controle de constitucionalidade *por ação*.

Em relação ao *prohibitory injunction*, há o clássico exemplo do caso *Brown v. Board of Education of Topeka*[204]. Nesse caso a *injunction* foi ajuizada para impedir a denegação de igual oportunidade de educação por razões puramente raciais[205]. Foi um precedente extremamente importante para o direito norte-americano, superando o entendimento firmado no caso *Plesly v. Fergusson*, que consagrou a doutrina do *separate but equal*. Em 1954, a Suprema Corte entende que a igualdade não pode se concretizar com segregação. A verdadeira igualdade pressupõe a integração, o convívio entre brancos e negros[206]. Da mesma forma, o que se percebe, aqui, é típico *controle de constitucionalidade por ação*, não havendo *inconstitucionalidade por omissão* nos moldes concebidos pela tradição brasileira.

Um último autor de renome cuja posição parece pertinente trazer a debate é o professor Ricardo Lobo Torres, cuja justificativa para entender como comparáveis as realidades brasileira e norte--americana no tema da inconstitucionalidade por omissão parece a mais profunda e precisa, ainda que não se possa concordar com tal posição de forma absoluta. De início, o professor define a *injunction* de forma bastante similar aos autores anteriormente mencionados, nos seguintes termos:

> "O direito americano, por influência do inglês, conhece há séculos a *injunction*, que é remédio discricionário ligado à equidade e que se aplica de forma positiva ou proibitiva para a garantia de direitos não previstos na *common law* nem nas normas legais escritas."[207]

---

204. **Brown v. Board of Education of Topeka**, 347 U.S. 483 (1954).
205. PIOVESAN, Flávia. **Proteção Judicial contra Omissões Legislativas**. *Op. Cit*, p. 177.
206. IRONS, Peter. *Op. Cit.*, p. 383-394.
207. TORRES, Ricardo Lobo. O Mandado de Injunção e a Legalidade Financeira. **Revista de Direito Administrativo**, n. 187. Rio de Janeiro: Renovar, jan./mar. 1992, p. 94-110, p. 95.

Nesse ponto, parece que o instituto ainda se insere em lógica parecida com institutos de direito obrigacional, de forma similar ao descrito por Maria Garcia, José Afonso da Silva e Flávia Piovesan. Todavia, o professor Ricardo Lobo Torres aprofunda a questão ao destacar a existência de um instituto de nome similar, a *structural injunction*, também chamada de *administrative injunction* ou *affirmative injunction*:

> "Outra coisa, embora igualmente derivada da *equity*, é a *structural injunction*, também chamada *administrative injunction* ou *affirmative injunction*, empregada pelas cortes federais nos litígios sobre as reformas institucionais (*institutional reform litigations*), ao fito de promover o controle das instituições administrativas. A *structural injunction* é o mandado judicial que, fundado na equidade, estabelece normas a serem seguidas pelos outros poderes do Estado na defesa dos direitos constitucionais dos cidadãos americanos desrespeitados pelas instituições administrativas."

No caso da *structural injunction*, surge, inicialmente, uma zona cinzenta quanto a similaridade com o controle de constitucionalidade por omissão. Afinal, há uma interferência judicial voltada a instituições de direito público, estabelecendo, com algum grau de abstração, condutas que deverão ser seguidas. Contudo, é interessante notar que a *structural injunction* não é voltada ao legislador, sendo medida voltada somente para a Administração e que envolve a fiscalização e controle dos órgãos administrativos em um verdadeiro ato de intervenção, conforme define o professor Owen Fiss:

> "As injunções administrativas são especialmente intrometedoras (*intrusive*). Introduzem uma dimensão de supervisão e vigilância (*oversight*) ausentes dos julgamentos declaratórios ou das injunções legais (*statutory injunctions*). As decisões sobre a administração (*administraive decrees*) corporificam standards de condutas gerais que apenas adquirem significado na aplicação específica a aspectos particulares da conduta do impetrado, e colocam a corte no meio de relações sociais dinâmicas (*into the middle of ongoing social relationships*) que não são facilmente alteradas ou compreendidas. Como resultado, a injunção ad-

ministrativa envolve o monitoramento rígido da performance do impetrado durante longos períodos de tempo."[208]

Uma medida de intervenção judicial de tal natureza seria especialmente reprovável do ponto de vista da separação de poderes, ao menos no que diz respeito à como tal princípio é concebido na tradição constitucional brasileira. A única aproximação possível entre o Mandado de Injunção e a *structural injunction* parece ser identificável no Projeto de Lei nº 3153/2000, que nos casos de descumprimento da decisão proferida em Mandado de Injunção, facultaria ao magistrado afastar a autoridade responsável pela omissão e nomear, em caráter temporário, um substituto[209]. Tudo indica haver flagrante violação do art. 2º da Constituição Federal, possibilitando que o Judiciário aponte um substituto que exercerá a função legislativa ou administrativa no lugar dos representantes democraticamente eleitos do Legislativo e Executivo. Destaque-se que a única hipótese *remotamente* similar no direito brasileiro é a intervenção federal, e mesmo esta encontra assento constitucional como norma originária, sendo também submetida a requisitos extremamente rígidos.

Juristas dos Estados Unidos também concluem que não há muita semelhança entre o Mandado de Injunção e a *Injunction*. Confira-se a conclusão obtida por Miyuki Sato em estudo comparado realizado em 2003:

> "*Contrary to the apparent similarity of their names, Brazilian Mandado de Injuncao has a character very different from that of its American analogue. The direct progenitor of this institution is the Portuguese Constitution of 1976, promulgated after the death of the dictator Salazar. There have been heated disputes regarding the effect of Mandado de Injuncao. In the case of a legislative lacuna, some lawyers consider that the court itself can make general rules, instead of the*

---

208. FISS, Owen *apud* ABRAHAM, Henry J. **The Judicial Process**. Nova York, Oxford University Press, 1986, p. 14 *apud* TORRES, Ricardo Lobo. O Mandado de Injunção e a Legalidade Financeira. *Op. Cit*, p. 95.
209. "Art. 2º (...) Parágrafo único – À falta de cumprimento do mandamento judicial que não envolva prestação de natureza pecuniária, o juiz, conforme o caso, poderá suprir o ato administrativo necessário à execução, afastar simplesmente o responsável pela sua prática, ou afastá-lo e designar outra pessoa que desempenhe suas funções durante o tempo necessário à execução."

legislative branch. However, if general rule making is permitted, the interpretation of an obscure constitutional text might cause serious problems. Thus many lawyers insist that rule making by courts should be limited to specific regulations. On the other hand, some believe that the most the courts can do is to make their views known to the organ responsible for the legislation. The main stream in the jurisprudence of the Federal Supreme Court is the third position, though there is some vacillation. In short, we can say that although probably inspired to some degree by the American mandatory injunction, Mandado de Injuncao differs from the American prototype in the passive and limited role played by Brazilian courts." (grifos nossos)[210]

Tudo o que se disse permite concluir que não há muita comparabilidade entre experiências do *Common Law* e Brasil no que diz respeito aos institutos aparentemente homônimos do Mandado de Injunção e *Injunction*. Não é por outra razão que não se encontra menção a tal comparação nos debates específicos sobre inconstitucionalidade por omissão nos anais da constituinte que resultou na Constituição atual. Não é de se surpreender, tendo em vista que a Constituição dos EUA afasta-se do dirigismo constitucional típico de cartas analíticas, como é o caso da brasileira, portuguesa, espanhola e demais modelos anteriormente analisados.

A despeito da pouca comparabilidade que se parece haver entre o controle por omissão no Brasil e na *Common Law*, há exemplo no direito comparado que apesar de não ser muito lembrado é digno de nota. Trata-se da Constituição da Índia de 26 de novembro de 1949, cujo art. 32, n. 2 assim prevê:

"*32. (1) The right to move the Supreme Court by appropriate proceedings for the enforcement of the rights conferred by this Part is guaranteed. (2) The Supreme Court shall have power to issue directions or orders or writs, including writs in the nature of habeas corpus, mandamus, prohibition, quo warranto and certiorari, whichever may be appropriate, for the enforcement of any of the rights conferred by this Part.*"[211]

---

210. Sato, Miyuki. Judicial review in Brazil: nominal and real. **Global Jurist Advances**.. Berkeley Electronic Press, Vol. 3(1), 2003. Disponível no Portal de Periódicos CAPES, em: <periodicos.capes.gov.br>. Acesso em: 03/08/2013.

211. Índia. Constituição de 26 de novembro de 1949. Disponível em: <http://lawmin.nic.in/coi/coiason29july08.pdf>. Acesso em: 20/12/2013. Tradução livre: "... A Suprema Corte tem o

Alguns autores, a exemplo de Sérgio Moro e Dirley da Cunha Júnior[212], entendem que o que se está garantindo de forma genérica nesse dispositivo é todo e qualquer remédio cabível para a efetivação dos direitos fundamentais, de forma bastante similar ao Mandado de Injunção brasileiro. A despeito da previsão genérica do instituto na Constituição da Índia não ser em nada semelhante ao Mandado de Injunção brasileiro, a construção jurisprudencial da Suprema Corte daquele país tem tratado da inconstitucionalidade por omissão de forma similar à como se concebe tal problema no direito brasileiro.

De fato, a jurisprudência da Suprema Corte da Índia já lidou, em algumas vezes, com matérias de direito fundamental que ainda não haviam se tornado aplicáveis pela legislação infraconstitucional, traçando as diretrizes para a efetivação deste direito no caso concreto. No caso *Vishaka v. State of Rajasthan*, de 1997, por exemplo, a Suprema Corte traçou diretrizes para garantir a igualdade de sexos e coibir o assédio sexual no ambiente de trabalho, até que fosse promulgada legislação com esse propósito. Confira-se:

> "*The primary responsibility for ensuring such safety and dignity through suitable legislation, and the creation of a mechanism for its enforcement, is of the legislature and the executive. When, however, instances of sexual harassment resulting in violation of fundamental rights of women workers under Arts. 14, 19 and 21 are brought before us for redress under Art 32, an effective redressal requires that some guidelines should be laid down for the protection of these rights to fill the legislative vacuum.*"[213]

---

poder de emitir diretivas, ordens ou mandados, inclusive os de natureza de habeas corpus, mandamus, prohibition, quo warranta e certiorari, destinados à efetivação de quaisquer dos direitos desta parte da Constituição".

212. MORO, Sérgio Fernando. **Jurisdição constitucional como democracia**. Tese de doutorado, p. 200-201 *apud* CUNHA JÚNIOR, Dirley da. **Controle judicial das omissões do poder público: em busca de uma dogmática constitucional transformadora à luz do direito fundamental à efetivação da constituição**. São Paulo: Saraiva, 2008, p. 134-135.

213. Índia. Suprema Corte. Vishaka and others V. State of Rajasthan and others. AIR 1997 SUPREME COURT 3011. Inteiro teor disponível em: <http://www.iiap.res.in/files/VisakaVsRajasthan_1997.pdf>. Acesso em: 20/12/2013. Tradução livre do trecho acima: "A responsabilidade primária para garantir tal segurança e dignidade através de legislação apropriada, e a criação de mecanismos para sua efetivação, é do legislativo e do executivo. Quando, contudo, situações de assédio sexual resultantes em violações de direitos fundamentais das mulheres trabalhadoras previstos nos arts. 14, 19 e 21 são trazidas a nós para

A respeito do caso, uma palestra proferida em 2008 no Supremo Tribunal Federal por um Juiz da Suprema Corte da Índia, Konakuppakatil Gopinathan Balakrishnan (K. G. Balakrishnan), é bastante esclarecedora para confirmar algumas das ideias aqui desenvolvidas. Confira-se o trecho relevante:

> "(...) as Cortes ampliaram os tradicionais remedies disponíveis para os PILs sob a competência mandamental (como *habeas corpus, mandamus, quo warranto*, interdição e *certiorari*) e deram também nova interpretação ao Artigo 32 para permitir que as Cortes concedam medidas discricionárias (*discretionary remedies*). Como conseqüência, os remédios do direito privado tais como '*injunctions*' (ordens de fazer), ou "*orders of stay*" (ordens de suspensão) têm sido inseridas com freqüência em casos caracterizados como Litígios de Interesse Público. Conjuntamente com o poder que tem a Corte de dar instruções tanto às autoridades públicas como a indivíduos, o exercício dos poderes judiciais tem sido freqüentemente descrito como 'legislação judicial'. Por exemplo, no caso *Vishaka v. Estado de Rajasthan*, a Corte Suprema emitiu diretrizes para a criação de mecanismos de reparação contra assédio sexual a mulheres no local de trabalho, já que não havia nenhuma legislação que tratasse do assunto.[214]

Como se vê, a *Injunction* no *Common Law* **é tradicionalmente** concebida como um remédio de direito privado e muito mais próxima da tutela específica das obrigações de fazer do art. 461 do Código de Processo de 1973 (ou art. 497 do Código de 2015) que do Mandado de Injunção, conforme já dito. Todavia, com base no referido art. 32 da Constituição da Índia, a Suprema Corte daquele país tem atribuído sentido e alcance distinto a remédios judiciais típicos da Common Law, de forma bastante diferente da tradição dos Estados Unidos a

---

correção nos termos do art. 32, uma efetiva correção requer que algumas diretrizes sejam traçadas para proteger esses direitos e preencher o vazio legislativo."

214. BALAKRISHNAN, K. G. "A prática do controle de constitucionalidade nos dias de hoje." Palestra do juiz k. G. Balakrishnan, Presidente da Suprema Corte da Índia. Supremo Tribunal Federal: 15 de agosto de 2008. Disponível em: <http://www.stf.jus.br/repositorio/cms/portalStfInternacional/portalStfSobreCorte_pt_br/anexo/A_pratica_do_Controle_de_Constitucionalidade_nos_dias_de_hoje.pdf>. Acesso em: 10/07/2013.

respeito do tema, sendo digno de nota o fato de que o Estado pode ser destinatário das decisões judiciais. Como explicar tal fenômeno? Uma hipótese aparentemente plausível pode ser extraída do fato de que a Constituição da Índia de 1950 é consideravelmente analítica, com 444 longos artigos que a tornam a Constituição mais longa do mundo. Não somente analítica, mas também impositiva de diversas diretrizes de evolução econômica, política e social, sendo, portanto, classificável como *dirigente*.

Em síntese, parece que a *Common Law*, ao contrário do que tem se reproduzido no debate comparado brasileiro, não é uma fonte de experiências promissora para o estudo da inconstitucionalidade por omissão, com a ressalva que talvez se possa fazer em relação à jurisdição constitucional da Índia.

2.2.5. Outras experiências.

Parece que no que possa dizer respeito ao direito comparado, as questões e modelos mais relevantes para uma reflexão aprofundada sobre o problema da inconstitucionalidade por omissão no direito brasileiro já foram apresentados. Nesse tópico, pretende-se apenas mencionar algumas Constituições citadas por autores que se dedicam ao estudo da omissão inconstitucional, o que se fará apenas como referência e sem a pretensão de uma exposição tão analítica quanto as que foram apresentadas anteriormente. Ainda que a princípio não pareça existir *comparabilidade* que justifique uma análise comparada densa, mencionar tais exemplos pode ser útil para aqueles que desejem pesquisa-los como maior profundidade. Foram escolhidos três países dentre os participantes do XIV Encontro de Supremas Cortes de 2008 como simples exemplos.

Na Polônia, a despeito da ausência de previsão expressa na Constituição, a prática da jurisdição constitucional do país consagrou um controle por omissão naquele país. Marian Grzybowski, juiz aposentado do Tribunal Constitucional da daquele país, destaca que a doutrina polonesa não estudava com seriedade o fenômeno até 1989, considerando indevida a ingerência de outros Poderes sobre a atividade parlamentar. A virada jurisprudencial veio em duas decisões da Corte de 6 e 14 de janeiro de 1999. No primeiro caso, o

Tribunal considerou que a falha em implementar normas de caráter regulamentar seria uma violação da Constituição capaz de gerar a responsabilização dos agentes omissos. No segundo caso, entendeu-se que a falha de Ministros de Estado em editar os regulamentos necessários para implementar um ato Legislativo já aprovado seria uma omissão violadora do funcionamento do próprio Estado Democrático submetido ao *rule of law*. A Corte não reconhece somente omissões de natureza administrativa como inconstitucionais, mas também as de natureza legislativa, como fez ao reconhecer a inconstitucionalidade por omissão legislativa em editar lei que permitisse que pessoas de nacionalidade polonesa vivendo em outros países pudessem habitar o território nacional, conforme imposto pelo art. 52, parágrafo 5 da Constituição[215].

Há também, na Estônia, notícia de que a ideia de omissão legislativa surgiu naquele ordenamento em 2004, quando a Suprema Corte daquele país recebeu competência para julgar a inconstitucionalidade por omissão de medidas legislativas. O parâmetro de validade sob o qual a omissão é julgada pela Suprema Corte é não somente a Constituição, eis que a omissão pode ser reconhecida em hipóteses em que o Legislador não é capaz de garantir direitos previstos em tratados ou diretrizes no âmbito da União Europeia.

Um último caso digno de nota é o da Constituição da Iugoslávia, também uma das primeiras (e poucas) a positivarem a possibilidade do reconhecimento de uma omissão inconstitucional. A previsão é do art. 377º, de que se o Tribunal Constitucional da Iugoslávia verificar que o órgão competente não promulgou as prescrições necessárias à execução das disposições da Constituição da República Socialista Federativa da Iugoslávia, das leis federais e das outras prescrições federais e atos gerais, dará do fato conhecimento à Assembléia da República Socialista Federativa da Iugoslávia[216].

---

215. GRZYBOWSKI, Marian. Legislative Omission in Practical Jurisprudence of the Polish Constitutional Tribunal. Observatório de Jurisdição Constitucional. Disponível em: <http://www.portaldeperiodicos.idp.edu.br/index.php/observatorio/article/viewFile/165/136>. Acesso em: 13/06/2013.
216. MIRANDA, Jorge. Constituição da República Socialista Federativa da Iugoslávia, in **Constituições de diversos países**, II volume, p. 89-172, apud CUNHA JR, Dirley da, *op. cit.*, p. 136.

2.3. MARCOS NORMATIVOS E ATUAL DESENHO INSTITUCIONAL NO DIREITO BRASILEIRO.

No Brasil, a primeira Constituição a prever o controle de constitucionalidade por omissão foi a de 1988. Antes disso, predominava a concepção segundo a qual comportamentos omissivos em abstrato (como a elaboração de uma lei ou ato administrativo) em relação a um comando constitucional seriam, em regra, insuscetíveis de controle jurisdicional, por se tratar de questão política alheia à esfera do Poder Judiciário. Contudo, parece ser claramente identificável nos trabalhos da Assembleia Nacional Constituinte um anseio por instrumentos que garantissem maior efetividade às normas constitucionais, o que resultou na adoção de dois instrumentos típicos, distintos e autônomos para impugnação das omissões inconstitucionais: a Ação Direta de Inconstitucionalidade por Omissão (ADO) e o Mandado de Injunção (MI). No que diz respeito à ADO, prevista no art. 103, § 2º da Constituição e regulamentada pelos artigos 12-A a 12-H da Lei nº 9.868/1999 (após alteração pela Lei nº 12.063/2009), trata-se um instrumento deflagrador de jurisdição constitucional, mediante controle abstrato e concentrado, caracterizando processo tipicamente objetivo. Quanto ao MI, a previsão é do art. 5º, LXXI da Constituição, que enumera o instrumento em questão dentre as garantias fundamentais do Título II, Capítulo I da Carta, com recente regulamentação pela Lei nº 13.300/2016. O MI é um instrumento consideravelmente distinto da ADO, posto à disposição do cidadão diante de omissão inconstitucional que inviabilize o exercício de um direito fundamental. Não somente é um processo de índole tipicamente subjetiva, mas também de cabimento mais restrito que a ADO (que é apta a impugnar qualquer omissão inconstitucional, mesmo aquelas não relacionadas a direitos fundamentais).

É interessante notar que tanto o MI quanto a ADO possuem competências originárias de julgamento previstas tanto na Constituição Federal quanto nas Constituições Estaduais, que muitas vezes preveem inovações em relação aos institutos que não são estudadas com o mesmo entusiasmo que o modelo federal. No caso da ADO, a competência originária é do Supremo Tribunal Federal, no caso de omissão federal ou estadual em relação a normas da Constituição Federal, e do Tribunal de Justiça, que poderá instituir ADO estadual no caso de omissões estaduais ou municipais em face da Constituição Estadual (e assim o é para as Ações Diretas de Inconstitucionalidade e Ações Declaratórias de Constitucionalidade). Quanto ao MI, a competência será originária do STF quando "*a elaboração da norma regulamentadora for atribuição do Presidente da República, do Congresso Nacional, da Câmara dos Deputados, do Senado Federal, das Mesas de uma dessas Casas Legislativas, do Tribunal de Contas da União, de um dos Tribunais Superiores, ou do próprio Supremo Tribunal Federal*". Similarmente, será recursal ordinária do STF nos casos de "*Mandados de Injunção decididos em única instância pelos Tribunais Superiores, se denegatória a decisão*". A competência para julgamento de Mandados de Injunção será originária do STJ quando "*a elaboração da norma regulamentadora for atribuição de órgão, entidade ou autoridade federal, da administração direta ou indireta, excetuados os casos de competência do Supremo Tribunal Federal e dos órgãos da Justiça Militar, da Justiça Eleitoral, da Justiça do Trabalho e da Justiça Federal*". No caso do Mandado de Injunção, é também tarefa da Constituição Estadual disciplinar a competência para julgamento e outras particularidades que serão analisadas no momento oportuno deste trabalho.

No plano infraconstitucional, apenas a Ação Direta de Inconstitucionalidade por Omissão é disciplinada de forma precisa por lei. A Lei nº 12.063/2009 acrescentou o Capítulo II-A ao corpo da Lei 9.868/98, disciplinando as particularidades da ADO em relação ao que já dispunha a lei em relação a ADI. Destaque-se que a legislação em comento surgiu apenas em 2009, tendo a construção do instituto sido empreendida em grande parte pela jurisprudência do Supremo Tribunal Federal. No caso do Mandado de Injunção, durante muito tempo a única previsão infraconstitucional a respeito era a do art. 24, Parágrafo Único da Lei 8.038/1990, dispondo que "*no mandado de injunção e no habeas data, serão observadas, no que couber, as normas do mandado de segurança, enquanto não editada legislação específica*." Mais recentemente, a Lei nº 13.300/2016 regulamentou de forma mais precisa o remédio constitucional.

É certo, contudo, que durante as quase três décadas que antecederam o novo marco legislativo do MI, diversos projetos foram apresentados e debatidos pelo Poder Legislativo, conforme será analisado no tópico pertinente. A análise surpreende pela diversi-

dade das propostas legislativas. Se por um lado alguma das tentativas de regulamentação pareciam retrocessos em relação ao que já fora consolidado pela jurisprudência do Supremo e limitavam ao extremo as possibilidades do *writ*, outras pecam pelo excesso e vão de encontro ao princípio da separação de poderes, com ideias tão teratológicas quanto à possibilidade de nomeação de um interventor judicial nos demais poderes constituídos até que a omissão seja suprida[217].

O que é certo é que a recente consolidação definitiva de um modelo que legitime decisões de normatividade geral com o batismo do devido processo legislativo pode representar um elemento essencial de cooperação entre os poderes e legitimação das decisões judiciais[218]. Antes da aprovação da Lei 13.300/2016, pouco vinha sido pesquisado ou comentado sobre os projetos de lei até então existentes. Recentemente, estudos e comentários sobre os respectivos projetos têm surgido[219], sobretudo diante dos debates (também

---

217. Art. 20, Parágrafo Único, do PL 3153/2000: "À falta de cumprimento do mandamento judicial que não envolva prestação de natureza pecuniária, o juiz, conforme o caso, poderá suprir o ato administrativo necessário à execução, afastar simplesmente o responsável pela sua prática, ou afastá-lo e designar outra pessoa que desempenhe suas funções durante o tempo necessário à execução."
218. É o caso do PL 6128/2009. O art. 9º do PL adota como regra a chamada "posição concretista individual", na qual o Judiciário suprirá a omissão ou lacuna inconstitucional com efeitos *inter partes*. Contudo, o §1º permite que excepcionalmente se atribua efeitos *erga omnes* para as decisões, quando for indispensável para o exercício do direito objeto da impetração, adotando-se, excepcionalmente, a teoria concretista geral, na qual o Judiciário suprirá a lacuna em abstrato até a superveniência de ato normativo que discipline o tema.
219. Até pouco tempo, não eram muitos os estudos sobre o tema, normalmente capitaneados pelo professor Gilmar Ferreira Mendes, como se observa em MENDES, Gilmar Ferreira. O Mandado de Injunção e a necessidade de sua regulamentação efetiva. **Observatório da Jurisdição Constitucional**. Brasília: IDP, Ano 2, 2008/2009 e MENDES, Gilmar Ferreira; MEIRELLES, Hely Lopes; WALD, Arnoldo. **Mandado de Segurança e Ações Constitucionais**. 34ª edição. São Paulo: Malheiros, 2012, p. 343-345. O autor da presente dissertação, nos últimos anos, também teve a oportunidade de apresentar reflexões próprias sobre os Projetos de Lei existentes, bem como sobre os modelos estaduais de controle de constitucionalidade por omissão. Vide FERNANDES, Eric Baracho Dore. O Mandado de Injunção no Direito Constitucional brasileiro: análise dos projetos de lei em tramitação e modelos de competência nas Constituições Estaduais. **Revista da Seção Judiciária do Rio de Janeiro**. V. 19. N. 35. Dez. 2012, p. 117-145; FERNANDES, Eric Baracho Dore. Aspectos processuais do Mandado de Injunção e a ausência de sua regulamentação. In: **III Seminário do LAFEP - Laboratório Fluminense de Estudos Processuais**, 2011, Niterói. Anais do III Seminário do LAFEP, 2011. FERNANDES, Eric Baracho Dore. Aspectos processuais do Mandado de Injunção e a sua ausência de regulamentação: análise crítica dos projetos de lei existentes 2012. **REDAP – Revista do Curso de Especialização em Direito da Adminis-**

recentes) a respeito da criação de um "Código Brasileiro de Processo Constitucional[220]".

Além disso, é importante apontar a existência de alguns instrumentos jurisdicionais atípicos para lidar com o problema da inconstitucionalidade por omissão, conforme se debaterá no momento adequado (vide item 3 e seguintes da presente dissertação). Percebe-se que, em muitos casos, a tutela da inconstitucionalidade por omissão ocorre em processos individuais, por meio do procedimento ordinário, em que a parte apresenta a inconstitucionalidade por omissão como causa de pedir da demanda, caracterizando, assim, um "controle difuso" da omissão inconstitucional. Da mesma forma, há quem sustente o cabimento da Arguição de Descumprimento de Preceito Fundamental como meio apto para sanar o vício da inconstitucionalidade por omissão.

Esse é o panorama normativo a respeito do tema no Brasil. Contudo, antes que se possa debruçar sobre o estudo dos institutos mencionados acima, faz-se necessário compreender de forma mais profunda o fenômeno da inconstitucionalidade por omissão. O que é a inconstitucionalidade por omissão? Quando se caracteriza? Quais as classificações possíveis? É o que se pretende começar a debater adiante.

2.4 PRESSUPOSTOS OU ELEMENTOS CARACTERIZADORES DA INCONSTITUCIONALIDADE POR OMISSÃO

Ao se falar em "*inconstitucionalidade por omissão*", **é possível** delimitar de forma intuitiva duas expressões juridicamente qualificáveis: *inconstitucionalidade* e *omissão*. A junção das duas palavras,

---

tração Pública, V. I, nº 1, Agosto – Dezembro de 2012. p. 34-49. Mais recentemente, dando continuidade a estudos originados no periódico Observatório de Jurisdição Constitucional em 2012, o professor Gilmar Mendes organizou coletânea com diversos autores de renome, aprofundando consideravelmente o debate legislativo em questão. Vide MENDES, Gilmar Ferreira, VALE, André Rufino do, QUINTAS, Fábio Lima (Orgs.). **Mandado de Injunção. Estudos sobre sua regulamentação**. São Paulo: Saraiva, 2013.

220. No ano de 2013 foi criada a Associação Brasileira de Direito Processual Constitucional (ABDPC), tendo como membros fundadores três Ministros do Supremo que têm se comprometido em participar ativamente da proposta: Gilmar Ferreira Mendes, Ricardo Lewandowski e Luís Roberto Barroso. Notícia disponível em: <http://www.conjur.com.br/2013-jun-29/juristas-criam-associacao-brasileira-direito-processual-constitucional>. Acesso em: 29/06/2013.

contudo, adquire um significado peculiar e distinto de cada uma delas individualmente considerada. Não há dificuldade em compreender a ideia de *inconstitucionalidade* como uma incompatibilidade formal ou material de leis ou atos normativos com a Constituição que lhes serve de fundamento de validade. Da mesma forma, diversos atos omissivos são qualificáveis como jurídicos por ramos diversos da ciência jurídica. No âmbito do Direito Penal, são identificáveis *crimes omissivos próprios e impróprios*. No Direito Civil e no Administrativo, a omissão, ao lado da ação, constitui conduta capaz de gerar o dever de indenizar (arts. 186 e 927 do Código Civil). No Direito Processual, omissões podem gerar consequências diversas, a depender do ato jurídico não praticado ou praticado de forma deficiente. Uma sentença omissa, por exemplo, pode ensejar a oposição de embargos de declaração, e, caso estes não sejam opostos no prazo legal, operar-se-á o fenômeno processual da preclusão quanto a este recurso.

Nenhuma das duas categorias individualmente considerada é capaz de definir precisamente o fenômeno da inconstitucionalidade por omissão. Não há incompatibilidade formal ou material com a Constituição, eis que os atos normativos simplesmente não existem, salvo na hipótese de omissões parciais. Da mesma forma, todos os ramos do Direito que impõem uma conduta positiva a determinado agente preveem, na maioria dos casos, uma sanção pela inobservância de tal dever, como a sanção penal (nos crimes omissivos próprios e impróprios), o dever de indenizar (na responsabilidade civil por ato omissivo), invalidades (em relação a atos processuais praticados de forma deficiente) e preclusões (quando o ato processual não é praticado). O mesmo não ocorre com a omissão inconstitucional.

Identificar a inconstitucionalidade por omissão, portanto, depende da delimitação de categorias próprias, distintas da inconstitucionalidade por ação. A questão não é pacífica na tradição constitucional brasileira, de modo que cada um dos autores que se debruçam sobre o tema propõe uma forma distinta para defini-lo. A seguir, algumas dessas posições serão apresentadas de modo a identificar semelhanças e diferenças. O objetivo aqui será de identificar as ideias existentes para identificar a inconstitucionalidade por omissão, de modo que as possíveis classificações da inconstitucionalidade por omissão (como total e parcial) serão trabalhadas em momento posterior. Após analisar as posições existentes a respeito do tema, serão delimitados os elementos propostos por esta dissertação como mais adequados para descrever a inconstitucionalidade por omissão.

Luiz Guilherme Marinoni, fazendo menção ao precedente da Ação Direta de Inconstitucionalidade nº 1.458, entende configurada a inconstitucionalidade por omissão se "*O Estado deixar de adotar as medidas necessárias à realização concreta dos preceitos da Constituição, em ordem a torna-los efetivos, operantes e exequíveis, abstendo-se de cumprir o dever de prestação que a Constituição impôs*[221]". Todavia, tal definição não considera questões fundamentais, como o elemento temporal necessário para que se entenda determinada omissão como inconstitucional. Cite-se como exemplo a omissão legislativa. Se a Constituição determina prazo para a atuação do legislador, antes desse prazo há *omissão constitucional*. Ainda que não exista prazo expressamente previsto na Constituição, parece razoável considerar, também, que não se pode esperar como instantânea a elaboração de medidas necessárias para a concretização do amplo catálogo de normas programáticas previstas na Constituição.

Gilmar Ferreira Mendes, referindo-se especificamente à omissão legislativa, entende que a mesma "*pressupõe a inobservância de um dever constitucional de legislar, que resulta tanto de comandos explícitos da Lei Magna como de decisões fundamentais da Constituição identificadas no processo de interpretação*[222]". Note-se que tal definição é, ainda que verdadeira, também insuficiente para capturar a complexidade de situações envolvendo a inconstitucionalidade por omissão, nos termos do que foi comentado em relação ao autor anterior. Todavia, o professor Gilmar Mendes acrescenta um dado indispensável para o aprofundamento do debate: a identificação do *dever constitucional de legislar* (ou agir, nas omissões imputáveis à função administrativa ou jurisdicional). A identificação da existência, sentido e alcance do referido dever é essencial, até mesmo para evitar que, diante de uma norma programática passível de meios distintos para sua concretiza-

---

221. SARLET, Ingo Wolfgang; MARINONI, Luiz Guilherme; MITIDIERO, Daniel. **Curso de Direito Constitucional**. 2ª edição. São Paulo: Revista dos Tribunais, 2013, p. 870.
222. MENDES, Gilmar Ferreira; BRANCO, Paulo Gustavo Gonet. **Curso de direito constitucional**. 8ª edição. São Paulo: Saraiva, 2013, p. 1030.

ção, o Judiciário se arrogue da função de escolhas políticas estranhas à sua função.

Luís Roberto Barroso, por sua vez, destaca que tal modalidade de violação do texto constitucional, da mesma forma que a inconstitucionalidade por ação, é imputável aos três poderes, ainda que seja especificamente a omissão inconstitucional de natureza *normativa* aquela desafiada pelos instrumentos próprios de controle (Mandado de Injunção e Ação Direta de Inconstitucionalidade por Omissão). O professor Barroso também apresenta a preocupação acima descrita, a respeito do parâmetro de controle da inconstitucionalidade por omissão, destacando que "simples inércia, o mero não fazer por parte do legislador não significa que se esteja diante de uma omissão inconstitucional. Esta se configura com o descumprimento de mandamento constitucional no sentido de que atue positivamente". Ou seja, entende que se faz inevitável identificar a obrigação jurídica de cunho positivo apta a ensejar o reconhecimento da inconstitucionalidade por omissão. Do contrário, estar-se-ia diante da liberdade de conformação do legislador, uma esfera estritamente política. A identificação do dever específico de legislar, para o autor, depende de que categoria de norma materialmente constitucional se está analisando enquanto parâmetro de controle: se (i) de organização (em regra, não há direito subjetivo à legislação); (ii) definidoras de direito (em regra, há o dever de atuar); e (iii) programáticas (em regra não há dever de legislar)[223].

Clèmerson Merlin Clève também apresenta sua contribuição, em obra clássica sobre o controle de constitucionalidade no Brasil. Em "*a fiscalização abstrata da constitucionalidade*", o professor também destaca, na mesma linha em que faz o professor Luís Roberto Barroso, que a omissão inconstitucional pode decorrer de inércia de qualquer dos Poderes do Estado. Todavia, ao contrário do professor Barroso, Clèmerson entende que as normas programáticas podem configurar parâmetro de controle para a inércia legislativa inconstitucional. Mencionando também o pensamento do professor Canotilho a respeito do tema, Clèmerson Merlin Clève aponta que não é qualquer inação legislativa que configura uma omissão inconstitucional, fazendo-se

---

223. BARROSO, Luís Roberto. **O Controle de Constitucionalidade no Direito Brasileiro**. 5ª edição, revista e atualizada. São Paulo: Saraiva, 2011, p. 54-56.

necessário identificar concretamente um dever constitucional de agir. Por fim, o autor aponta de forma bastante pertinente três tipos de lacunas normativas possíveis em determinado ordenamento jurídico, referindo-se especificamente a omissões de natureza legislativa: (i) lacunas desejadas pelo Constituinte (normas de eficácia limitada, que, em princípio, devem ser colmatáveis pelo legislador); (ii) lacunas que, embora desejadas pela Constituição, não podem ser integradas ("silêncio eloquente") e (iii) lacunas indesejadas e que podem ser integradas pelos meios tradicionais conhecidos pela doutrina (analogia, costumes e princípios gerais, conforme o art. 4º da Lei de Introdução às Normas do Direito Brasileiro). O autor entende que somente as lacunas do primeiro tipo é que correspondem a um *dever constitucional de legislar*[224].

Algumas considerações podem ser feitas a respeito das categorias identificadas pelo professor Clèmerson Merlin Clève. Assim como Gilmar Mendes e Luís Roberto Barroso, o autor aponta de forma bastante precisa a necessidade de se identificar um dever ou imposição constitucional enquanto parâmetro de controle da inconstitucionalidade por omissão. Um ponto original de sua contribuição está, precisamente, nas três categorias possíveis de lacunas deixadas pela Constituição. Não há como discordar que, em relação à primeira categoria, é onde se insere, por excelência, a inconstitucionalidade por omissão, notadamente a de natureza legislativa. Todavia, na segunda espécie de lacuna, a ideia de um silêncio eloquente deve ser vista com certa parcimônia. Como se sabe, a Constituição brasileira de 1988 é notadamente *compromissória* quanto às ideologias que a compõem, muitas vezes compondo os diversos interesses em jogo no momento histórico da Constituinte através do adiamento dos conflitos que poderiam vir a ocorrer. Não por outro motivo, afirmou o Ministro Nelson Jobim, em palestra histórica na Faculdade de Direito da Universidade Federal Fluminense, que "*longe de um conjunto de consensos, tem-se na Constituinte de 1988 uma profunda administração de dissensos*[225]".

---

224. CLEVE, Clèmerson Merlin. **A Fiscalização Abstrata da Constitucionalidade**. 2ª edição, revista, ampliada e atualizada. 2ª tiragem. São Paulo: Revista dos Tribunais, 2000, p. 51-54.

225. Palestra proferida no salão nobre da Faculdade de Direito da Universidade Federal Fluminense em outubro de 2008, em ciclo de palestras organizadas pelo professor Gustavo Sampaio Telles Ferreira em homenagem aos 20 anos da Constituição da República.

Não é demais lembrar como um exemplo capaz de ilustrar o problema de se conceber o silêncio eloquente como uma barreira intransponível aos poderes constituídos, que a omissão da menção às uniões est**áveis homoafetivas no § 3º do art. 226 da Constituição foi** fruto de um silêncio eloquente, conforme destaca de forma muito precisa Adriana Vidal de Oliveira em tese de doutorado:

> "Art. 226. A família, base da sociedade, tem especial proteção do Estado.
>
> **§ 3º Para efeito da proteção do Estado, é reconhecida a união estável entre o**
>
> homem e a mulher como entidade familiar, devendo a lei facilitar sua conversão em casamento. **É importante lembrar que a união estável entre homem e mulher já havia gerado desagrado na Subcomissão da Família, do Menor e do Idoso, com o receio** de que a possibilidade dessas uniões informais, em conjunto com o divórcio ilimitado, agravasse a condição do menor abandonado, ou então desestimulasse a realização de casamentos, implicando no processo de desmoralização social e desmoronamento da família. A heterossexualidade da união estável era necessária nessa Subcomissão. Alguns Constituintes demonstravam desconforto com a união estável com o receio de que ela facilitasse a legitimação das relações homossexuais. Sendo assim, o dispositivo constitucional viria afirmando essa heterossexualidade. De fato, após o reconhecimento da possibilidade da união estável entre homossexuais pelo Supremo Tribunal Federal, iniciou-se o processo de conversão para casamento civil. Sendo assim, pode-se notar que o "receio" dos conservadores era pertinente. Porém, ao mesmo tempo não se pode afirmar que se houvesse o reconhecimento dessa possibilidade de união estável entre os homossexuais naquela época, rapidamente alguns juízes já passariam a autorizar a conversão em casamento." (grifos nosso)[226]

Não é que se queira negar a importância do elemento histórico da interpretação. A postura desta dissertação diante do tema é diametralmente oposta, buscando identificar, quando se fizer necessário,

---

226. OLIVEIRA, Adriana Vidal de. **A Constituição da Mulher Brasileira: uma análise dos estereótipos de gênero na Assembleia Constituinte de 1987-1988 e suas consequências no texto constitucional**. Tese de Doutorado defendida perante a PUC-RJ, 2012, p. 436-437.

as inspirações do Constituinte para conceber determinado instituto nos moldes em que este foi previsto pela Constituição de 1988. Identificar se há ou não um silêncio eloquente é, de fato, um ônus interpretativo necessário ao intérprete, até mesmo para que possa afastar a concepção originalista do texto em prol de argumentos de ordem sistemática, primando pela coesão e unidade da Constituição, ou de ordem teleológica, interpretando determinado dispositivo de modo a concretizar os valores fundamentais do texto. O silêncio eloquente, portanto, deve ser visto em termos relativos quanto ao seu papel na interpretação constitucional.

Feitas tais observações a respeito da segunda dentre as três categorias de lacuna propostas pelo professor Clèmerson para identificar o parâmetro de controle da inconstitucionalidade por omissão, a contraposição entre a primeira e a terceira dessas categorias conduz a alguns questionamentos. Como dito, o professor contrapõe as hipóteses em que a lacuna só pode ser suprida pelo legislador (primeira categoria) com as que podem ser supridas pelos métodos tradicionais de solução das antinomias (terceira categoria). Ocorre que o esforço de *identificar* o vício da inconstitucionalidade por omissão e os elementos que o caracterizam é *distinto* do debate de seus instrumentos de controle. Considere-se o exemplo a seguir: uma demanda individual, de A em face do Município X, objetivando a obtenção de um medicamento existente na lista do SUS, mas que não foi adequadamente fornecido. A questão não pode ser sindicada quer por Mandado de Injunção (pois a omissão não é de norma regulamentadora, eis que existe **não apenas** legislação, mas também atos regulamentares a respeito), quer por Ação Direta de Inconstitucionalidade por Omissão (por diversos motivos, sendo suficiente destacar que o cidadão não integra o rol de legitimados do art. 103). Ainda assim, não há como negar que a questão envolve um caso de inconstitucionalidade por omissão em relação aos artigos 6º e 196 da Constituição. Logo, parece que identificar o tipo de lacuna de que se está a falar não é um requisito essencial para que se reconheça a existência da inconstitucionalidade por omissão. Todavia, preocupações como a do professor Clèmerson mostram-se essenciais para delimitar o objeto dos instrumentos típicos de controle das omissões inconstitucionais, conforme se analisará em ponto específico da dissertação.

Flávia Piovesan, em reflexão desenvolvida em dissertação apresentada para a obtenção do título de mestre, apresenta uma das delimitações conceituais mais completas na doutrina especializada, reunindo a contribuição de diversos autores. Em síntese, a autora destaca a possibilidade de identificar omissões inconstitucionais a partir da inércia de quaisquer dos três poderes e a exigência de um dever constitucional de agir enquanto parâmetro de controle. Percebe-se que alguns elementos já começam a surgir como comuns aos autores que trabalham o tema. Contudo, ainda existem contribuições bastante peculiares de alguns estudiosos do tema. Nesse sentido, a professora Flávia Piovesan aponta como significativas as contribuições **originais de dois outros autores para que se possa alcançar uma compreensão mais precisa do fenômeno da** inconstitucionalidade por omissão: Jorge Miranda e Ana Cândida da Cunha Ferraz[227].

Jorge Miranda aponta que a inconstitucionalidade por omissão pode dizer respeito a *"(i) falta ou insuficiência de medidas legislativas; (ii) falta de adoção de medidas políticas ou de governo; (iii) pela falta de implementação de medidas administrativas, incluindo as de natureza regulamentar".* A despeito de não mencionar omissões de natureza jurisdicional, percebe-se que o autor ao menos vislumbra a inconstitucionalidade por omissão como um fenômeno que não se restringe ao legislador. Sua reflexão mais importante, contudo, diz respeito a identificação do dever constitucional de agir. O professor Jorge Miranda entende que os pressupostos para que se reconheça a inconstitucionalidade por omissão legislativa são *"a) não cumprimento da Constituição derive da violação de certa e determinada norma; b) se trate de norma constitucional não exequível por si mesma; e c) nas circunstâncias concretas da prática legislativa faltem as medidas necessárias para tornar exequível aquela norma."* Tais parâmetros parecem bastante úteis para identificar a omissão inconstitucional de natureza legislativa. Contudo, o mesmo não pode ser dito das omissões imputáveis aos demais poderes. As normas constitucionais definidoras de direito e que também gozem de eficácia plena também podem servir de parâmetro de controle, especialmente no caso dos direitos sociais. Para fins de identificação da omissão legislativa, contudo,

---

227. PIOVESAN, Flávia. **A Proteção Judicial Contra Omissões Legislativas**, Op. Cit., p. 89-93.

parece que as categorias propostas podem se revestir de utilidade para o aprimoramento institucional[228].

Ana Cândida da Cunha Ferraz, por sua vez, é lembrada como uma autora influente a debater o tema antes mesmo de 1988. Em 1986, por exemplo, publicou artigo bastante referenciado, intitulado "*inconstitucionalidade por omissão: uma proposta para a Constituinte*[229]". Já naquele momento, destacava que a omissão não revoga o dever e o direito dos poderes constituídos em dar efetiva aplicação aos comandos constitucionais, motivo pelo qual não se pode conceber esse tipo de inércia como tolerável pelo texto constitucional. Em outra ocasião, também em texto de 1986, concebeu a inconstitucionalidade por omissão como um *processo informal de mudança da Constituição*, ou seja, *mutação constitucional*, na medida em que a inércia retiraria o sentido e alcance originalmente pretendidos pelo texto normativo[230]. Embora tal afirmação seja compreensível como uma crítica ao distanciamento entre *norma e realidade* que caracteriza a inconstitucionalidade por omissão, qualificar o fenômeno juridicamente como uma mutação constitucional implicaria em reconhecer que a omissão poderia, afinal, derrogar um dever constitucional de atuação. Não parece se tratar de uma contradição no pensamento da autora, apesar de ambos os textos datarem de 1986. As afirmações parecem inteiramente compatíveis entre si em um momento de crise das instituições democráticas e hipertrofia do Executivo, diante do qual a Constituição real cedia diariamente aos fatores reais de poder daquele contexto histórico. Tanto é que conceber o problema no plano do controle de constitucionalidade foi uma contribuição que, apesar de não necessariamente original no direito comparado, foi significativamente influente e importante para fomentar o debate da efetividade da Constituição no final da década de 80.

---

228. MIRANDA, Jorge. **Manual de direito constitucional**, Coimbra, Ed. Coimbra, 1991, t. II, p. 518 apud PIOVESAN, Flávia. **Proteção Judicial Contra as Omissões Legislativas**, *Op. Cit.*, p. 90 e p. 92.
229. FERRAZ, Ana Cândida da Cunha. Inconstitucionalidade por omissão: uma proposta para a constituinte. **Revista de Informação Legislativa**, a. 23, n. 89. Brasília, Senado Federal, jan./mar. 1986, p. 49-62.
230. FERRAZ, Ana Cândida da Cunha. Processos informais de mudança da Constituição. São Paulo: Max Limonad, 1986, p.217-218 apud apud PIOVESAN, Flávia. **Proteção Judicial Contra as Omissões Legislativas**, *Op. Cit.*, p. 93.

Dentre os juristas com algum grau de influência durante os debates da Constituinte, deve ser destacada a contribuição fundamental do professor José Afonso da Silva[231]. O professor define de forma singela a inconstitucionalidade por omissão, como sendo a que *"verifica-se nos casos em que não sejam praticados atos legislativos ou administrativos requeridos para tornar plenamente aplicáveis normas constitucionais".* Acrescenta que *"muitas destas, de fato, requerem uma lei ou uma providência administrativa ulterior para que os direitos ou situações nelas previstos se efetivem na prática"*, demonstrando que a inconstitucionalidade por omissão certamente é um fenômeno que não se limita a função de legislar. Percebe-se que o professor José Afonso da Silva não propõe delimitações conceituais mais profundas em relação ao fenômeno[232].

Em uma das mais profundas obras já escritas sobre inconstitucionalidade por omissão no Brasil, a professora Vanice Regina Lírio do Valle apresenta sua contribuição para melhor identificar os elementos que a caracterizam. Destaca, em princípio, que a inércia de qualquer dos poderes pode configurar uma omissão inconstitucional, como *gênero*, sendo a omissão legislativa constitucionalmente relevante a *espécie* obre a qual se debruça com maior profundidade. Em relação a esta, aponta que reconhecer uma omissão legislativa inconstitucional envolve identificar (i) uma especificação da conduta a que o Legislativo estaria obrigado; (ii) identificação do Legislativo como responsável pela omissão; (iii) um elemento temporal (inação durante determinado período de tempo); (iv) que da omissão decorra a impossibilidade de aplicação eficaz da norma constitucional[233]. Ainda que a autora tenha se preocupado com um conceito mais preciso para a omissão de natureza legislativa, apresenta algumas reflexões nem sempre lembradas pelos estudiosos do tema, como o elemento temporal necessário para que se identifique uma omissão

---

231. Como membro da Comissão Afonso Arinos, o professor José Afonso da Silva chegou a apresentar projeto próprio de Constituição para debate. Comentários sobre projeto e sue inteiro teor pode ser consultado na seguinte obra: SILVA, José Afonso da. **Um pouco de Direito Constitucional Comparado**. São Paulo: Malheiros, 2009. 255-271.
232. SILVA, José Afonso da. **Comentário Contextual à Constituição**. 7ª edição. São Paulo: Malheiros, 2011, p. 550.
233. VALLE, Vanice Regina Lírio do. **Sindicar a Omissão Legislativa. Real Desafio à Harmonia Entre os Poderes**. Belo Horizonte: Fórum, 2007, p. 162-163.

inconstitucional. Da mesma forma, ao valer-se da expressão omissão legislativa constitucionalmente relevante, aponta de forma implícita que nem toda omissão legislativa é inconstitucional. A visão da autora parece muito precisa, sendo o ônus argumentativo para identificar uma omissão inconstitucional muito maior do que apontar a mera inação ou inércia dos poderes constituídos.

Filiando-se a concepção da doutrina espanhola, o professor Juliano Taveira Bernardes entende que a inconstitucionalidade por omissão não é o comportamento omissivo, a inércia ou abstenção em cumprir o mandamento constitucional, mas as consequências jurídicas daí decorrentes. A inconstitucionalidade por omissão seria concebida como uma norma decorrente da opção política de abstenção em atender a conduta exigida pela Constituição e, como norma, seria controlável pela jurisdição constitucional. Parece que tal concepção não encontra muitos adeptos no Brasil, conforme admite o próprio autor ao dizer que tanto no Brasil quanto em Portugal identifica-se como inconstitucionalidade por omissão a conduta omissiva de um dos poderes constituídos, em contrariedade a determinado comando constitucional[234].

Juliano Taveira Bernardes também entende que a inconstitucionalidade por omissão só pode ser reconhecida diante da impossibilidade de tornar autoaplicável determinada norma constitucional, em razão da omissão. Não parece a melhor posição a ser adotada, eis que, conforme já se teve a oportunidade de defender, normas definidoras de direitos fundamentais (que gozam de aplicabilidade imediata por imposição expressa do art. 5º, § 1º da Constituição) também podem ser reconhecidas como parâmetro de controle da inconstitucionalidade por omissão, especialmente no que diz respeito a direitos sociais[235].

É de se discordar, também, de uma afirmação específica do autor a respeito da inconstitucionalidade por omissão:

> "Aquilo que a princípio se parece com uma omissão inconstitucional puder ser remediado pelos meios ordinários de integração

---

234. BERNARDES Juliano Taveira. Ação Direta de Inconstitucionalidade por Omissão (ADINO). In: DIDIER, Fredie (Org.). **Ações Constitucionais**. 5ª edição. Salvador: JusPodivm, 2011, p. 525-564 (p. 527-531).
235. BERNARDES Juliano Taveira. Ação Direta de Inconstitucionalidade por Omissão (ADINO). Op. Cit. p. 530.

do direito, não haverá autêntica inconstitucionalidade omissiva, mas apenas lacuna jurídica a ser preenchida, sobretudo mediante a analogia e a interpretação sistemática." [236]

Repita-se que não se pode qualificar o vício da inconstitucionalidade por omissão a partir dos instrumentos existentes de controle. É importante lembrar, também, que mesmo no âmbito dos instrumentos típicos de controle de constitucionalidade por omissão, notadamente no Mandado de Injunção, as técnicas tradicionais de integração das lacunas normativas são também aplicáveis, com especial destaque para a *analogia*. Conforme se discutirá no momento oportuno, quando o Judiciário se depara com a necessidade de proferir uma decisão de normatividade supletiva para suprir a omissão inconstitucional em determinado caso concreto, a analogia é um critério mais deferente à separação de poderes, eis que órgão julgador se vale de critério já previsto por lei para situações similares.

Em relação à importância em identificar um *dever constitucional de legislar* (sendo a omissão de natureza legislativa), a preocupação do autor parece adequada e no mesmo sentido do que é defendido pelos demais autores que mencionam a questão. Em um ponto específico, o professor Juliano Taveira Bernardes tece um comentário relevante a respeito do silêncio eloquente do Constituinte, afirmando que "*embora igualmente intencionais, tampouco dão ensejo a omissões inconstitucionais as lacunas que sinalizam "silêncio eloquente" da constituição ou que digam respeito a campos temáticos que o constituinte não quis ocupar*[237]". Não se trata de utilizar o silêncio eloquente como um argumento para impedir a atuação dos poderes constituídos, mas sim para compreender tal atuação como não exigível em relação a tal lacuna que não impõe deveres positivos, o que parece bastante preciso.

Já Dirley da Cunha Júnior, **próximo ao** que defende o professor Jorge Miranda, menciona que quatro seriam os pressupostos ou elementos da inconstitucionalidade por omissão, a saber: (i) que a violação da Constituição decorra do não cumprimento de certa e determinada norma constitucional; (ii) que se trate de norma constitucional de eficácia limitada; (iii) que, na circunstância concreta da

---

236. Idem, p. 530.
237. Ibidem, p. 530.

prática legislativa faltem as medidas necessárias para tornar exequível a norma constitucional e, por fim; (iv) o decurso de tempo razoável[238].

Talvez a única questão sobre a qual se deva refletir aqui, também, diga respeito à exigência de uma norma de eficácia limitada enquanto parâmetro de controle, eis que nem toda omissão inconstitucional é de natureza legislativa. Todavia, é possível adiantar que a definição do autor aproxima-se de forma bastante precisa de uma conceituação satisfatória do fenômeno da inconstitucionalidade por omissão.

Pois bem. Parece que um catálogo razoável de concepções doutrinárias influentes sobre a matéria já foi delimitado. O desafio que se passa a enfrentar a partir de agora é identificar e extrair os elementos mais importantes nas teses que foram trabalhadas, para que se possa sistematizar uma contribuição própria para caracterizar a inconstitucionalidade por omissão.

Uma preocupação que surge com frequência diz respeito ao *dever constitucional de agir* ou *mandamento constitucional de cunho positivo* enquanto parâmetro de controle. Parece razoável delinear como hipótese inicial que tal mandamento possa ser expresso ou decorrente do sentido e alcance atribuído pelo processo interpretativo da Constituição, notadamente no âmbito da jurisdição constitucional. A possibilidade de se reconhecer comandos constitucionais não expressos em alguns casos não exclui, por óbvio, a possibilidade de que se reconheça, em outras hipóteses, a inexistência de um dever de agir diante de um silêncio eloquente ou lacuna intencional do constituinte.

Um *elemento temporal* para caracterização da omissão também parece surgir nas definições de alguns dos autores estudados. Nem toda omissão em agir conforme a Constituição é inconstitucional. É preciso o decurso de determinado período para que a inércia injustificada seja qualificável como inconstitucional. O debate sobre a partir de quando se configura a inconstitucionalidade por omissão é bastante complexo, eis que apesar de a Constituição estabelecer certos prazos, como fez no art. 48 do ADCT a respeito do Código de Defesa do Consumidor, na maioria das vezes o texto silencia.

---

238. CUNHA JÚNIOR, Dirley da. **Controle judicial das omissões do poder público: em busca de uma dogmática constitucional transformadora à luz do direito fundamental à efetivação da constituição**. São Paulo: Saraiva, 2008, p. 124.

Surge também a menção a *normas de eficácia limitada* enquanto parâmetro de controle. Apesar de se poder afirmar que este é um critério aparentemente preciso para qualificar a omissão legislativa, nem sempre o será para omissões relativas à *função administrativa*, que muitas vezes dizem respeito a normas definidoras de direitos fundamentais e que, por definição, possuem aplicabilidade imediata. Seja como for, a natureza da norma quanto à sua aptidão para produzir efeitos é um elemento que deve ser analisado.

A *inexistência de medidas concretas para tornar efetiva a norma constitucional*, surge como um interessante parâmetro de autocontenção judicial quando a Constituição estabelece *fins*, mas não meios através dos quais serão atingidas tais metas. Diante da diversidade de meios existentes, deve o Judiciário ser autocontido na declaração de inconstitucionalidade por omissão se o poder constituído tentou cumprir seu dever constitucional, ainda que por meios menos eficientes. Do contrário, a análise da eficiência dos meios acabaria por adentrar uma zona cinzenta onde parece mais cauteloso ceder para as opções políticas do poder supostamente omisso.

A inércia injustificada de quaisquer dos três Poderes da República em realizar as medidas necessárias para dar cumprimento a comando expressa ou implicitamente contido em norma constitucional, na máxima extensão possível, em tempo razoável e através dos meios constitucionalmente adequados. Parece uma hipótese razoável (ainda que não se pretenda definitiva ou exaustiva) para definir o fenômeno da inconstitucionalidade por omissão em termos que se coadunem com as particularidades da teoria constitucional brasileira, distinguindo-o de forma precisa da inconstitucionalidade por ação. Para confirmar a hipótese, contudo, faz-se necessário analisar de forma precisa cada um desses elementos. É o que se pretende realizar, a seguir.

2.4.1 Dever constitucional de agir, explícito ou implícito.

Alguns autores mencionam um *dever constitucional de legislar* enquanto parâmetro de controle. Todavia, parece já estar consolidado no Brasil o entendimento segundo o qual a conduta omissiva qualificável como inconstitucional pode se referir à inércia de qualquer dos três poderes. Por isso o subtítulo genérico se justifica. A despeito disso, as referências mais frequentes serão feitas às omissões de natureza legislativa e administrativa, eis que há dificuldade de se vislumbrar omissões de natureza jurisdicional, especialmente diante da ausência de precedentes específicos na jurisprudência do Supremo Tribunal Federal.

Também se fez menção a um dever "explícito ou implícito", corroborando com a posição do professor Gilmar Ferreira Mendes, no sentido de que a inconstitucionalidade por omissão seria "*a inobservância de um dever constitucional de legislar, que resulta tanto de comandos explícitos da Lei Magna como de decisões fundamentais da Constituição identificadas no processo de interpretação*[239]". Falar em "certa e determinada norma", como fazem o professor Jorge Miranda e Dirley da Cunha Júnior, pode conduzir a noção intuitiva de que o dever constitucional de agir deveria sempre estar *expresso* no parâmetro de controle da inconstitucionalidade por omissão. No caso da omissão legislativa, por exemplo, hipóteses nas quais a Constituição remete a disciplina de determinado tema aos termos de lei ordinária ou lei complementar.

Todavia, afirmar peremptoriamente que o dever constitucional de legislar deve ser *expresso* implicaria em uma supervalorização do elemento literal da interpretação de determinado dispositivo constitucional, em detrimento de critérios sistemáticos e teleológicos relevantes para que se preserve a unidade da Constituição. Basta pensar que o art. 6º da Constituição foi alterado pelas Emendas nº 26/2000 e 64/2010, para incluir, respectivamente, moradia e alimentação como direitos sociais. Ao contrário de outros direitos do art. 6º que já se encontram adequadamente inseridos na sistemática do Título VIII, Capítulo I da Constituição, estes não remetem expressa ou diretamente ao legislador a necessidade de elaborar leis a respeito.

Há quem possa afirmar que isso seria desnecessário, diante do previsto no art. 5º, § 1º da Constituição. De fato, é possível, em tese, demandar individualmente o Estado omisso na entrega de quaisquer prestações positivas a que esteja obrigado, seja judicialmente ou administrativamente. Contudo, isso não é suficiente para afastar o dever estatal de regulamentar o tema com generalidade e abstração, pois é certo que a Administração Pública é vinculada de forma expressa ao princípio

---

239. MENDES, Gilmar Ferreira; BRANCO, Paulo Gustavo Gonet. **Curso de direito constitucional**. 8ª edição. São Paulo: Saraiva, 2013, p. 1030.

da legalidade (art. 37, II), para que possa fornecer políticas públicas universalizáveis de forma isonômica ao maior número de indivíduos que delas necessitem. A elaboração de políticas públicas adequadas por meio de leis e atos administrativos adequados é certamente preferível ao casuísmo das demandas individuais perante o Judiciário.

Por isso mesmo é que não se pode falar em um dever expresso de agir ou de legislar, podendo ser reconhecidos deveres implícitos decorrentes da norma constitucional delimitada como parâmetro de controle. Nem se diga que a autoaplicabilidade das normas de direito fundamental é argumento suficiente para desonerar o Legislativo ou Executivo de, por meio de suas atividades típicas, dar concretude aos programas constitucionais. E há, ainda, outra razão de construção doutrinária e jurisprudencial que corrobora com tal fundamento, e diz respeito à *proporcionalidade sob o prisma da vedação da proteção insuficiente*, princípio que seria capaz de fundamentar a afirmação de que a ausência de proteção adequada a normas constitucionais que dependam de atuação positiva do Estado pode ser vista como uma omissão inconstitucional.

Apesar de não ser de emprego comum em nossa tradição, tal vertente do princípio vem sendo mais bem desenvolvida em trabalhos de autores com maior contato com a teoria constitucional alemã, como os professores Ingo Wolfgang Sarlet[240], Gilmar Ferreira Mendes[241] e Lênio Luiz Streck[242]. Referindo-se especificamente à relação entre o princípio da proporcionalidade sob o prisma da proteção insuficiente e o controle de constitucionalidade por omissão, confira-se passagem extraída da obra do professor Ingo Sarlet:

> "O princípio da proporcionalidade, que constitui um dos pilares do Estado democrático brasileiro, desponta como instrumen-

---

240. SARLET, Ingo Wolfgang. **A Eficácia dos Direitos Fundamentais. Uma Teoria Geral dos Direitos Fundamentais na Perspectiva Constitucional**. 10ª edição. Porto Alegre: Livraria do Advogado, 2009, p. 395-400.
241. MENDES, Gilmar Ferreira. **Estado de Direito e Jurisdição Constitucional (2002-2010)**. São Paulo: Saraiva, 2011, p. 28. MENDES, Gilmar Ferreira; BRANCO, Paulo Gustavo Gonet. Curso de Direito Constitucional. 8ª edição. São Paulo: Saraiva, 2013, p. 227-228.
242. STRECK, Lênio Luiz. A dupla face do princípio da proporcionalidade: da proibição de excesso (übermassverbot) à proibição de proteção deficiente (untermassverbot) ou de como não há blindagem contra normas penais inconstitucionais. **Revista da Ajuris**, Porto Alegre/RS, v. 32, p. 171-202, 2005.

to metódico de controle dos atos – tanto comissivos quanto omissivos – dos poderes públicos, sem prejuízo de sua eventual aplicação a atos de sujeitos privados. Neste contexto, assume relevância, por sua vez, a conhecida e já referida distinção entre as dimensões negativa e positiva dos direitos fundamentais, com destaque para a atuação dos direitos fundamentais como deveres de proteção ou imperativos de tutela, implicando uma atuação positiva do Estado, obrigando-o a intervir, tanto preventiva quanto repressivamente, inclusive quando se trata de agressões oriundas de particulares. (...) Por outro lado, poderá o Estado frustrar seus deveres de proteção atuando de modo insuficiente, isto é, ficando aquém dos níveis mínimos de proteção constitucionalmente exigidos ou mesmo deixando de atuar – hipótese, por sua vez, vinculada (ao menos em boa parte) à problemática das omissões inconstitucionais."[243]

Na jurisprudência do Supremo Tribunal Federal é possível identificar um caso bastante peculiar em que questão foi debatida. No RE 418.376[244], o STF enfrentou caso concreto no qual a decisão recorrida não reconheceu a união estável entre homem e mulher como entidade familiar, para efeitos da aplicação da cláusula de extinção de punibilidade antes prevista no art. 107, VII do Código Penal (inciso hoje revogado pela Lei 11.106/2005). Naquele caso, o tutor de uma criança de 9 anos manteve relações sexuais com a mesma, que engravidou e, depois disso, foi a juízo afirmar que vivia em união estável com o acusado. A par de outras considerações essenciais para a solução do mérito, uma das teses utilizadas para afastar a pretensão do recorrente dizia respeito à proporcionalidade sob o prisma da vedação da proibição insuficiente, eis que não criminalizar a conduta em questão não protegeria o bem jurídico de forma adequada. Em outras palavras, a adoção dessa tese torna possível que se configure uma inconstitucionalidade por omissão até mesmo quando se deixa de tutelar determinadas condutas como ilícitos penais. A questão adquire contornos mais claros quando nos deparamos com as diversas hipóteses constitucionais em que o mandado de criminalização

---

243. SARLET, Ingo Wolfgang. **A Eficácia dos Direitos Fundamentais. Uma Teoria Geral dos Direitos Fundamentais na Perspectiva Constitucional.** 10ª edição. Porto Alegre: Livraria do Advogado, 2009, p. 396-397.
244. BRASIL. STF. RE 418376. Tribunal Pleno. Rel. Min. Marco Aurélio. Rel. P/ o acórdão Min. Joaquim Barbosa. J. 09/02/2006.

é expresso, a exemplos do art. 5º, incisos XLII[245] e XLIII[246] e 7º, X[247]. A problemática a respeito dos mandados constitucionais de criminalização será retomada de forma profunda mais adiante nesta dissertação.

Já parece suficientemente justificado o motivo pelo qual não se pode exigir que o comando constitucional que sirva de parâmetro de controle da omissão seja *expresso*. A despeito disso, n**ão é toda omissão legislativa** ou administrativa que se configura inconstitucional. Omissão inconstitucional é somente aquela abstenção em não fazer aquilo que se estava constitucionalmente obrigado a fazer por imposição constitucional. A simples inércia ou o não fazer do legislador, como regra geral, **não configura uma omissão** de tal natureza. Estas apenas decorrem de comportamentos contrastantes com uma obrigação jurídico-constitucional de cunho positivo[248], *embora nem sempre expressa*.

Em regra, a atividade legislativa se insere na liberdade de conformação do legislador. Contudo, nos casos em que a Constituição expressamente prevê a necessidade de atuação normativa para que uma norma constitucional seja capaz de produzir efeitos, surge uma zona de certeza positiva no sentido de que sua abstenção será ilegítima e poderá configurar uma omissão inconstitucional. Incluem-se aqui os casos em que a Constituição expressamente prevê a necessidade de edição de leis complementares e/ou ordinárias, como se pode perceber nos seguintes exemplos: art. 5º, XXVI[249] e XXXII[250], art. 7º,

---

245. Eis a redação: "XLII - *a prática do racismo constitui crime inafiançável e imprescritível, sujeito à pena de reclusão, nos termos da lei*". XLIII - *a lei considerará crimes inafiançáveis e insuscetíveis de graça ou anistia a prática da tortura, o tráfico ilícito de entorpecentes e drogas afins, o terrorismo e os definidos como crimes hediondos, por eles respondendo os mandantes, os executores e os que, podendo evitá-los, se omitirem*."
246. "Art. 5º (...) XLIII - *a lei considerará crimes inafiançáveis e insuscetíveis de graça ou anistia a prática da tortura, o tráfico ilícito de entorpecentes e drogas afins, o terrorismo e os definidos como crimes hediondos, por eles respondendo os mandantes, os executores e os que, podendo evitá-los, se omitirem*."
247. "Art. 7º (...) X - *proteção do salário na forma da lei, constituindo crime sua retenção dolosa*."
248. BARROSO, Luís Roberto. **O controle de constitucionalidade no direito brasileiro**. 5ª edição. São Paulo: Saraiva, 2011, p. 55-56.
249. XXVI - a pequena propriedade rural, assim definida em lei, desde que trabalhada pela família, não será objeto de penhora para pagamento de débitos decorrentes de sua atividade produtiva, dispondo a lei sobre os meios de financiar o seu desenvolvimento; (...) BRASIL. **Constituição Federal**. Op. Cit.
250. XXXII - o Estado promoverá, na forma da lei, a defesa do consumidor; (...) BRASIL. **Constituição Federal**. Op. Cit.

I[251] e XI[252], art. 18 § 2º[253] e § 4º[254], art. 21, IV[255]; art. 37, VII[256], art. 93[257], art. 134, § 1º[258], art. 172[259], art. 178 e parágrafo único[260], art. 201, § 4º[261], art. 206, VIII[262].

---

251. I - relação de emprego protegida contra despedida arbitrária ou sem justa causa, nos termos de lei complementar, que preverá indenização compensatória, dentre outros direitos; (...) BRASIL. **Constituição Federal**. *Op. Cit.*

252. XI - participação nos lucros, ou resultados, desvinculada da remuneração, e, excepcionalmente, participação na gestão da empresa, conforme definido em lei; (...) BRASIL. **Constituição Federal**. *Op. Cit.*

253. § 2º - Os Territórios Federais integram a União, e sua criação, transformação em Estado ou reintegração ao Estado de origem serão reguladas em lei complementar. (...) BRASIL. **Constituição Federal**. *Op. Cit.*

254. § 4º A criação, a incorporação, a fusão e o desmembramento de Municípios, far-se-ão por lei estadual, dentro do período determinado por Lei Complementar Federal, e dependerão de consulta prévia, mediante plebiscito, às populações dos Municípios envolvidos, após divulgação dos Estudos de Viabilidade Municipal, apresentados e publicados na forma da lei.(Redação dada pela Emenda Constitucional nº 15, de 1996) (...) BRASIL. **Constituição Federal**. *Op. Cit.*

255. Art. 21. Compete à União: (...) IV - permitir, nos casos previstos em lei complementar, que forças estrangeiras transitem pelo território nacional ou nele permaneçam temporariamente; BRASIL. **Constituição Federal**. *Op. Cit.*

256. VII - o direito de greve será exercido nos termos e nos limites definidos em lei específica; (Redação dada pela Emenda Constitucional nº 19, de 1998) (...) BRASIL. **Constituição Federal**. *Op. Cit.*

257. Art. 93. Lei complementar, de iniciativa do Supremo Tribunal Federal, disporá sobre o Estatuto da Magistratura, observados os seguintes princípios: (...) BRASIL. **Constituição Federal**. *Op. Cit.*

258. § 1º Lei complementar organizará a Defensoria Pública da União e do Distrito Federal e dos Territórios e prescreverá normas gerais para sua organização nos Estados, em cargos de carreira, providos, na classe inicial, mediante concurso público de provas e títulos, assegurada a seus integrantes a garantia da inamovibilidade e vedado o exercício da advocacia fora das atribuições institucionais. (Renumerado pela Emenda Constitucional nº 45, de 2004) (...) BRASIL. **Constituição Federal**. *Op. Cit.*

259. Art. 172. A lei disciplinará, com base no interesse nacional, os investimentos de capital estrangeiro, incentivará os reinvestimentos e regulará a remessa de lucros. (...) BRASIL. **Constituição Federal**. *Op. Cit.*

260. Art. 178. A lei disporá sobre a ordenação dos transportes aéreo, aquático e terrestre, devendo, quanto à ordenação do transporte internacional, observar os acordos firmados pela União, atendido o princípio da reciprocidade. (Redação dada pela Emenda Constitucional nº 7, de 1995) Parágrafo único. Na ordenação do transporte aquático, a lei estabelecerá as condições em que o transporte de mercadorias na cabotagem e a navegação interior poderão ser feitos por embarcações estrangeiras. (Incluído pela Emenda Constitucional nº 7, de 1995) (...) BRASIL. **Constituição Federal**. *Op. Cit.*

261. § 4º É assegurado o reajustamento dos benefícios para preservar-lhes, em caráter permanente, o valor real, conforme critérios definidos em lei. (Redação dada pela Emenda Constitucional nº 20, de 1998) (...) BRASIL. **Constituição Federal**. *Op. Cit.*

A par de delimitar a existência de um dever constitucional de agir, expresso ou implícito, apto a excepcionar a liberdade de conformação do legislador, há também que se discutir questão frequentemente debatida na obra do professor Luís Roberto Barroso, a respeito do reconhecimento da omissão inconstitucional quanto às três classificações possíveis das normas materialmente constitucionais: (i) normas definidoras de direito; (ii) normas de organização; (iii) normas programáticas. É certo que o critério adotado no Brasil a respeito do patamar constitucional de determinada norma é predominantemente *formal*, bastando a previsão no texto da Constituição para que sirva como parâmetro de validade do controle de constitucionalidade, ao menos no controle de constitucionalidade por *ação*. Todavia, considerando que a inconstitucionalidade por omissão prescinde do desenvolvimento de categorias próprias quanto ao seu parâmetro de controle, parece que o critério formal é insuficiente para explicar o fenômeno, justificando reflexões um pouco mais detalhadas sobre as classificações existentes sobre as normas constitucionais quanto ao seu objeto.

Filiando-se a entendimento do professor José Afonso da Silva, Barroso sustenta que as normas de organização seriam, primordialmente, de aplicabilidade imediata, apontando como exemplos a organização bicameral do Congresso Nacional (art. 44), a chefia do Poder Executivo em âmbito federal (art. 76), a separação de poderes (art. 2º) e a fórmula federativa de repartição de competências legislativas[263]. As normas definidoras de direitos, por sua vez, gerariam posições de vantagem que as tornariam imediatamente exigíveis e aplicáveis pelo juiz ao caso concreto. A despeito de as Constituições tipicamente preverem direitos individuais (cuja proteção se daria por abstenção do poder público) e sociais (a exigir prestações de natureza positiva), o professor entende que ambas as categorias configuram normas de aplicabilidade imediata. Por fim, as normas de natureza programática,

---

262. VIII - piso salarial profissional nacional para os profissionais da educação escolar pública, nos termos de lei federal. (Incluído pela Emenda Constitucional nº 53, de 2006) (...) BRASIL. **Constituição Federal.** *Op. Cit.*
263. SILVA, José Afonso da. Aplicabilidade das Normas Constitucionais, 1968, p. 94, apud BARROSO, Luís Roberto. **O Novo Direito Constitucional Brasileiro. Contribuições para a construção teórica e prática da jurisdição constitucional no Brasil**. Belo Horizonte: Fórum, 2013, p. 84.

no pensamento do professor Barroso, não gerariam direitos subjetivos imediatamente exigíveis pelo cidadão, embora produzam efeitos como (i) vincular o legislador à sua realização; (ii) revogar leis anteriores com elas incompatíveis; (iii) condicionar a atuação da Administração Pública; (iv) informar a interpretação e aplicação da lei pelo Poder Judiciário. Para o autor, o pressuposto do *dever constitucional de legislar* **só se configuraria em face de normas** *definidoras de direito* ou de *organização*, ficando excluídas as de natureza *programática*[264]. Segundo o autor, tais normas preveem genericamente a atuação do Poder Público, mas sem especificar uma conduta a ser adotada, não sendo possível, em regra, se falar em omissão inconstitucional, salvo se a questão envolver direitos inerentes ao "mínimo existencial"[265-266].

Em dissertação dedicada ao estudo das normas programáticas, José Carlos Vasconcellos dos Reis aponta o primeiro dos problemas possíveis: a confusão entre normas programáticas e direitos sociais na Constituição. A afirmação dos fins do Estado no texto constitucional por meio de normas programáticas se deu, paralelamente, à positivação dos direitos sociais, resultando em situações nas quais se torna de difícil identificação o conteúdo de determinado dispositivo materialmente constitucional[267]. O exemplo mais evidente pode ser identificado no direito à saúde, previsto como norma definidora de direitos no art. 6º e programática no art. 196. Nessa hipótese, parece

---

264. Para Luís Roberto Barroso, as normas materialmente constitucionais, ou seja, que possuam conteúdo típico de normas constitucionais, podem ser (i) de organização (estruturam e disciplinam o exercício do poder político); (ii) definidoras de direito (geram direitos subjetivos para os jurisdicionados); (iii) programáticas (atribuem fins a serem alcançados pelo Estado). Cf. BARROSO, Luís Roberto. **Curso de Direito Constitucional Contemporâneo**. Rio de Janeiro: Saraiva, 2009, p. 202. De forma menos sistematizada, cf. SILVA, José Afonso. **Curso de Direito Constitucional Positivo**. 32ª edição. São Paulo: Malheiros, 2009, p. 43.
265. BARROSO, Luís Roberto. **O controle de constitucionalidade no direito brasileiro**. 5ª edição. São Paulo: Saraiva, 2011, p. 56. No mesmo sentido, Flávia Piovesan. Cf. PIOVESAN, Flávia. **Proteção judicial contra omissões legislativas**. 2ª edição. São Paulo: Revista dos Tribunais, 2003, p. 78-79.
266. Em um sentido diametralmente oposto, Dirley da Cunha Junior critica a posição do professor Barroso, entendendo que o Poder Judiciário deve assumir um papel ativista na efetivação das normas constitucionais programáticas, uma vez que estas também gerariam direitos subjetivos aos cidadãos, ainda que de natureza distinta das normas definidoras de direitos. CUNHA JUNIOR, Dirley da. *Op. Cit.*, p. 105-112.
267. REIS, José Carlos Vasconcellos dos. **As Normas Constitucionais Programáticas e o Controle do Estado**. Rio de Janeiro: Renovar, 2003, p. 44-49.

que se estaria diante de omissão inconstitucional em relação à norma definidora de direitos. Então, parece razoável afirmar que quando determinada norma programática também coincide, materialmente, com normas definidoras de direito, não se pode afastar a possibilidade da norma programática atuar como parâmetro de controle de constitucionalidade por omissão.

É, aliás, o entendimento externado pelo Supremo Tribunal Federal, em acórdão da relatoria do Ministro Celso de Mello, quando do julgamento da ADPF nº 45. Discutia-se a constitucionalidade de veto presidencial a respeito de políticas públicas de saúde, tendo o STF consignado que o direito à saúde não seria "simples norma programática". A despeito de ser um precedente bastante conhecido, alguns trechos do voto do relator ilustram a controvérsia em questão:

> "Muitos autores e juízes não aceitam, até hoje, uma obrigação do Estado de prover diretamente uma prestação a cada pessoa necessitada de alguma atividade de atendimento médico, ensino, de moradia ou alimentação. Nem a doutrina nem a jurisprudência têm percebido o alcance das normas constitucionais programáticas sobre direitos sociais, nem lhes dado aplicação adequada como princípios-condição da justiça social. A negação de qualquer tipo de obrigação a ser cumprida na base dos Direitos Fundamentais Sociais tem como consequência a renúncia de reconhecê-los como verdadeiros direitos. (...) Cabe assinalar, presente esse contexto – consoante já proclamou esta Suprema Corte – que o caráter programático das regras inscritas no texto da Carta Política "não pode converter-se em promessa constitucional inconsequente, sob pena de o Poder Público, fraudando justas expectativas nele depositadas pela coletividade, substituir, de maneira ilegítima, o cumprimento de seu impostergável dever, por um gesto irresponsável de infidelidade governamental ao que determina a própria Lei Fundamental do Estado. (...)[268]""

---

268. BRASIL. STF. ADPF 45 MC/DF. Rel. Min. Celso de Mello. DJU 04/05/2004. Negando qualquer eficácia vinculante a tal precedente, ver a crítica de Ricardo Lobo Torres, para quem a decisão teria caráter de "despacho", e "de caráter doutrinário", pois a ADPF já estava prejudicada. TORRES, Ricardo Lobo. O Mínimo Existencial como Conteúdo Essencial dos Direitos Fundamentais. In: SOUZA NETO, Cláudio Pereira de (Org.); SARMENTO, Daniel (Org.). **Direitos Sociais. Fundamentos, Judicialização e Direitos Sociais em Espécie**. Rio de Janeiro: Lúmen Juris, 2010, p. 313-339 (p. 326-327).

Como se vê, a identificação da categoria norma programática como apta a, por si só, afastar a possibilidade de se controlar a conduta omissiva do Estado é afastada pelo precedente mais relevante do Supremo Tribunal Federal sobre a matéria. Todavia, identificar um conteúdo normativo como eminentemente programático é relevante como um parâmetro de maior autocontenção do Judiciário quanto à sindicabilidade dos *meios* para alcançar os *fins* previstos naquela norma. Vale dizer, a existência de medidas pelo Poder ao qual se direciona o comando normativo, ainda que não sejam as mais adequadas ou eficientes para a realização do programa constitucional, impõe o respeito às decisões políticas legítimas do órgão com capacidade institucional para aquela tarefa. O capítulo 2.4.3 da presente discute um parâmetro de identificação da inconstitucionalidade por omissão que incorpora justamente essa ideia.

2.4.1.1 O dever constitucional de agir à luz da teoria dos princípios[269]

A questão do dever constitucional de agir também deve ser enfrentada segundo as categorias identificadas pelo atual estágio da *teoria dos princípios* na tradição constitucional brasileira. Segundo o professor Rodrigo Brandão, tal abordagem parece mais adequada para o estudo das omissões inconstitucionais que o antigo debate sobre a eficácia das normas programáticas. O professor exemplifica sua crítica a partir de um dado importante extraído da jurisprudência do Supremo Tribunal Federal: em todas as situações nas quais o STF proferiu decisões de natureza "concretista" (suprindo omissões legislativas inconstitucionais, quer com efeitos *inter partes*, quer com efeitos *erga omnes*), o parâmetro de controle envolvia normas jurídicas com densidade normativa de *regras*, não de princípios, como (i) nas decisões relativas ao direito de greve (art. 37, VII da Constituição)[270];

---

269. Este tópico foi incluído de modo a acolher sugestões e críticas feitas pelo professor Rodrigo Brandão durante a defesa da dissertação perante banca examinadora por ele integrada, ao lado dos professores Helena Elias Pinto, Gustavo Sampaio Telles Ferreira e Marco Antônio Ferreira Macedo.

270. BRASIL. STF. **Mandado de Injunção n° 670**. Rel. Min. Gilmar Mendes. J. 25/10/2007. BRASIL. STF. **Mandado de Injunção n° 708**. Rel. Min. Gilmar Mendes. J. 25/10/2007BRASIL. STF. **Mandado de Injunção n° 712**. Rel. Min. Eros Grau. J. 25/10/2007. Cf. Informativo n° 485 do STF.

(ii) aposentadoria especial (art. 40, § 4º da Constituição) [271]; e (iii) aviso prévio proporcional (art. 7º, XXI) [272].

Uma abordagem sobre a teoria dos princípios que se pretenda exaustiva do ponto de vista teórico não parece possível, diante da limitação imposta pelo objeto deste trabalho. Diante disto, optou-se por partir das premissas assentadas na obra do professor Humberto Ávila, que vem sendo apontada como referência importante no debate acadêmico sobre o tema[273]. Pretende-se também chamar a atenção para uma linha crítica em relação ao atual estágio da teoria dos princípios no Brasil, especialmente a partir do conjunto de ideias que vem sendo desenvolvidas pelo professor Lênio Luiz Streck[274].

Destaca o professor Humberto Ávila que duas grandes matrizes teóricas normalmente são invocadas na tradição constitucional brasileira para uma distinção "forte" entre princípios e regras. Da tradição anglo-saxônica, cita-se a contribuição de Ronald Dworkin para a distinção entre princípios e regras. Para o autor, regras seriam aplicadas a partir do critério "tudo ou nada", de modo que se a hipótese de incidência da norma é preenchida, ela deve ser considerada válida e aplicável. No conflito entre duas regras, somente uma pode ser considerada válida. Já os princípios não são aplicados a partir de tais critérios absolutos, possuindo fundamentos e dimensões de peso que permitem determinar qual princípio deve se sobrepor aos demais, sem que nenhum deles perca sua validade[275].

A segunda matriz, construída por Robert Alexy a partir da experiência do Tribunal Constitucional Alemão, concebe os princípios como "deveres de otimização", aplicáveis em maior ou menor grau. A solução no caso de colisão entre tais deveres de otimização é esta-

---

271. Exemplos: BRASIL. STF. **MI 788/DF**. Rel. Min. Carlos Britto. J. 15/04/2009. BRASIL. STF. **MI 795/DF**. Rel. Min. Cármen Lúcia. J. 15/04/2009. BRASIL. STF. **MI 758 ED/DF**. Rel. Min. Marco Aurélio. J. 08/04/2010. BRASIL. STF. **MI 721/DF**. Rel. Min. Marco Aurélio. J. 30/08/2007.
272. BRASIL. STF. **MI 943/DF**. Rel. Min. Gilmar Mendes.
273. ÁVILA, Humberto. **Teoria dos Princípios**. Da definição à aplicação dos princípios jurídicos. 12ª edição, ampliada. São Paulo: Malheiros, 2011.
274. Vide o capítulo 6 de "Jurisdição Constitucional e Decisão Jurídica". STRECK, Lênio Luiz. **Jurisdição Constitucional e Decisão Jurídica**. 3ª Edição. São Paulo: Revista dos Tribunais, 2013, p. 275-348.
275. ÁVILA, Humberto. **Teoria dos Princípios**. Op. Cit., p. 36-37.

belecida em função da ponderação entre os princípios em conflito. O processo de ponderação seria resolvido por meio de regras específicos de prevalência. Já as regras são normas que podem ou não ser realizadas, salvo quando em conflito com outras regras, hipótese na qual uma será declarada inválida para solucionar a antinomia ou uma exceção à regra deveria ser introduzida[276-277].

Não se pode deixar de registrar que a importação imprecisa dos conceitos e distinções propostos pelos dois modelos mencionados vem sofrendo severas críticas acadêmicas, com especial relevo para o conjunto de ideias desenvolvidas pelo professor Lênio Luiz Streck. Para os fins a que se propõe este tópico, parece que três dessas críticas merecem maior atenção no debate sobre a identificação de um *dever constitucional de agir*: (i) recepções teóricas equivocadas; (ii) o fenômeno do "pamprincipiologismo"; e (iii) a aplicação de princípios como elementos de ampliação da discricionariedade do intérprete[278].

Quanto à primeira crítica, o autor destaca a importação equivocada da jurisprudência dos valores e da teoria da argumentação de Robert Alexy. Confira-se:

> "Da jurisprudência dos valores os teóricos brasileiros tomaram emprestada a tese principal: a de que a Constituição é uma ordem concreta de valores, sendo o papel dos intérpretes o de encontrar e revelar esses interesses ou valores. O modo mais específico de implementação foi a teoria da argumentação de Robert Alexy que, entretanto, recebeu uma leitura superficial por parcela considerável da doutrina e dos Tribunais. (...) Importante anotar que no Brasil, os tribunais, no uso descriterioso da teoria alexyana, transformaram a regra – sim, é uma regra – da ponderação em um princípio. Com efeito, se na formatação proposta por Alexy a ponderação conduz à formação de uma regra – que será aplicada ao caso por subsunção – os tribunais brasileiros utilizam esse conceito como

---

276. ÁVILA, Humberto. Teoria dos Princípios. Op. Cit., p. 36-37.
277. Para uma discussão sobre as inconsistências nos critérios tradicionais de distinção entre princípios e regras, vide ÁVILA, Humberto. Teoria dos Princípios. Op. Cit., p. 87-91.
278. Vide o capítulo 6 de "Jurisdição Constitucional e Decisão Jurídica". STRECK, Lênio Luiz. **Jurisdição Constitucional e Decisão Jurídica**. 3ª Edição. São Paulo: Revista dos Tribunais, 2013, p. 275-348.

se fosse um enunciado performático, uma espécie de álibi teórico capaz de fundamentar os posicionamentos mais diversos." [279]

Quanto à segunda:

"Um dos alicerces do ativismo judicial e que provocou uma fragmentação na aplicação judiciária foi o fenômeno do pamprincipiologismo. "Positivaram-se os valores": assim costuma anunciar os princípios constitucionais, circunstância que facilita a "criação" (sic), em um segundo momento, de todo tipo de "princípio" (sic), como se o paradigma do Estado Democrático de Direito fosse a "pedra filosofal da legitimidade principiológica", da qual pudessem ser extraídos tantos princípios quanto necessários para solvermos os casos difíceis ou "corrigir" (sic) as incertezas da linguagem. Centenas de princípios invadiram o universo da interpretação e aplicação do direito, fragilizando, sobremodo o grau de autonomia do direito e apropria força normativa da Constituição." [280]

Por fim:

"(...) não se pode – e não se deve – confundir a adequada/necessária intervenção da jurisdição constitucional com a possibilidade de decisionismos por parte de juízes e tribunais. Isso seria antidemocrático. Em síntese, defender um certo grau de dirigismo constitucional e um nível determinado de exigência de intervenção da justiça constitucional não pode significar que os tribunais se assenhorem da Constituição. (...) Por mais paradoxal que possa parecer, os princípios – partir de uma visão hermenêutica – têm a finalidade de impedir "múltiplas respostas". Portanto, eles "fecham" a interpretação (e não a "abrem")." [281]

Tais preocupações adquirem especial relevância diante do fenômeno da inconstitucionalidade por omissão. Afinal, se a conhecida "dificuldade contramajoritária" impõe um pesado ônus argumentativo sobre o intérprete ao delimitar o sentido e alcance de normas constitucionais que *limitem* as escolhas feitas pelas maiorias (inconstitu-

---

279. STRECK, Lênio Luiz. **Jurisdição Constitucional e Decisão Jurídica**. Op. Cit., p. 286-287.
280. STRECK, Lênio Luiz. **Jurisdição Constitucional e Decisão Jurídica**. Op. Cit., p. 300-301.
281. STRECK, Lênio Luiz. **Jurisdição Constitucional e Decisão Jurídica**. Op. Cit., p. 308.

cionalidade por ação), tal ônus há de ser ainda mais elevado diante da tarefa de identificar as normas constitucionais que *subordinam* as opções políticas das maiorias (inconstitucionalidade por omissão).

A percepção dos riscos de uma jurisdição constitucional pautada por critérios volitivos ou discricionários teóricos não pode conduzir ao extremo de se presumir a existência de *uma única resposta correta*, identificável a partir da metáfora do "Juiz Hércules" de Dworkin[282], conforme também admite o professor Lênio Streck[283]. No desafio de identificar caminhos que conduzam a respostas *constitucionalmente adequadas* o problema da inconstitucionalidade por omissão, sobretudo diante de um parâmetro de controle da espécie *princípio*, deve o intérprete atentar de forma mais intensa para a necessidade de justificação e legitimação do processo de tomada de decisões.

Humberto Ávila propõe cinco passos para uma análise consistente dos princípios, contribuição que parece ser capaz de auxiliar de forma considerável a difícil tarefa de se extrair um dever constitucional de agir para que se caracterize a inconstitucionalidade por omissão[284]. Ou, em outras palavras, "*uma delimitação progressiva e racionalmente sustentável de comportamentos necessários à realização dos fins postos pela Constituição Federal*" [285].

a) *Especificação dos fins ao máximo: quanto menos específico for o fim, menos controlável será sua realização.*

A lógica parece irretocável. Quanto mais clara a norma constitucional invocada for quanto aos fins a serem alcançados, mais se justifica a identificação de um dever constitucional de agir sindicável pela via jurisdicional. Assim, por exemplo, parece que normas constitucionais tais como os objetivos da República Federativa do Brasil, enumerados no art. 3º da Constituição **não possuiriam, em princípio,** densidade normativa para permitir que sejam parâmetro de controle de constitucionalidade por omissão. Parece que tal parâmetro encontra compatibilidade com o que se propôs em 2.4.3 desta dissertação.

---

282. DWORKIN, Ronald. **O império do Direito**. São Paulo: Martins Fontes, 2007, p.453 e ss.
283. STRECK, Lênio Luiz. **Jurisdição Constitucional e Decisão Jurídica**. Op. Cit., p. 316.
284. ÁVILA, Humberto. Teoria dos Princípios. Op. Cit., p. 91.
285. ÁVILA, Humberto. Teoria dos Princípios. Op. Cit., p. 94.

b) *Pesquisas de casos paradigmáticos que possam iniciar esse processo de esclarecimento das condições que compõem o estado ideal de coisas a ser buscado pelos comportamentos necessários à sua realização.*

Segundo Humberto Ávila, isso significa (i) investigar a jurisprudência dos Tribunais Superiores para identificar casos paradigmáticos; (ii) investigar a íntegra dos acórdãos escolhidos; (iii) verificar, em cada caso, quais foram os comportamentos identificados como necessários para concretizar o princípio[286]. Trata-se de um primeiro passo para instituir critérios e parâmetros previs**íveis o suficiente para reduzir o casuísmo e a insegurança.**

c) *Exame, nesses casos, das similaridades capazes de possibilitar a constituição de grupos de casos que girem em torno da solução de um mesmo problema central.*

Após elaborar o catálogo de casos, devem-se identificar as similaridades de modo a identificar o problema jurídico comum a todos eles, bem como os valores que as soluções dadas pelas decisões judiciais tentaram preservar. Em outras palavras, o necessário *distinguish* entre os casos que discutam o princípio em jogo, de modo a identificar os grupos de precedentes que versem sobre a mesma controvérsia jurídica e os valores que prevaleceram para a solução daquele problema.

d) *Verificação da existência de critérios capazes de possibilitar a delimitação de quais são os bens jurídicos que compõem o estado ideal de coisas e de quais são os comportamentos necessários à sua realização.*

Nesse momento, já identificados os grupos de precedentes que envolvam a interpretação de determinado princípio em determinadas circunstâncias, torna-se possível identificar de forma mais clara o estado ideal buscado pela imposição constitucional e qual o conteúdo do *dever constitucional de agir.*

e) *Realização do percurso inverso: descobertos o estado de coisas e os comportamentos necessários à sua promoção, torna-se necessária a verificação da existência de outros casos que deveriam ter sido decididos com base no princípio em análise.*

---

286. ÁVILA, Humberto. Teoria dos Princípios. Op. Cit., p. 92-93.

A última etapa do caminho proposto por Humberto Ávila surge como um momento essencial de construção de uma jurisprudência coerente em relação ao sentido e alcance de determinada imposição constitucional, ao identificar hipóteses nas quais a tese jurídica desenvolvida nos precedentes não foi aplicada ou foi aplicada de forma congruente.

Não se quer insinuar que tais reflexões sejam, por si só, suficientes para resolver as questões complexas relativas à teoria dos princípios no tema das omissões inconstitucionais. Seja como for, o capítulo 2.6 deste trabalho tenta enfrentar alguns dos temas envolvendo a inconstitucionalidade por omissão a partir de catálogos de precedentes que permitam, de alguma forma, identificar elementos de coerência na jurisprudência quanto à identificação de deveres constitucionais de agir.

2.4.2 Norma constitucional de eficácia plena ou limitada

Cuida-se aqui da classificação proposta por José Afonso da Silva em seu clássico *Aplicabilidade das Normas Constitucionais*, na década de 1960[287]. Não obstante a existência de diversas classificações doutrinárias contemporâneas acerca da eficácia e aplicabilidade das normas constitucionais[288], será adotada a classificação do professor José Afonso da Silva, uma vez que é o critério adotado pelo Supremo

---

287. SILVA, José Afonso da. **Aplicabilidade das normas constitucionais**. 7ª edição. 3ª tiragem. São Paulo: Malheiros, 2003.

288. Segundo o professor Uadi Lammêgo Bulos, por exemplo, as normas de eficácia exaurida e aplicabilidade esgotada são aquelas que já extinguiram a produção de seus efeitos, estando esgotadas. Normas que já cumpriram seu papel. Um exemplo seria o art. 3º do ADCT, que versa sobre a revisão constitucional. Já Carlos Ayres Britto e Celso Bastos classificam as normas em normas de aplicação (já aptas a produzir todos os seus efeitos, subdividindo-as entre as regulamentáveis e as regulamentáveis) e normas de integração (integradas pela legislação infraconstitucional, subdivididas em completáveis, ao exigirem legislação para completa produção de seus efeitos, ou restringíveis, ao estabelecerem a possibilidade do legislador infraconstitucional reduzir seus efeitos). Maria Helena Diniz, por sua vez, classifica as normas quanto a sua eficácia em supereficazes ou com eficácia absoluta (não podem ser emendadas, como por exemplo as cláusulas pétreas), normas com eficácia plena (possuem todos os elementos para produção de seus efeitos previstos), normas com eficácia relativa restringível (correspondem às de eficácia contida na classificação de José Afonso) e as normas com eficácia relativa complementável ou dependente de complementação (equivalem às de eficácia limitada na classificação de José Afonso).

Tribunal Federal[289]. Desta forma, torna-se possível refletir sobre o tema de forma mais próxima das tipologias utilizadas pela jurisprudência.

As normas jurídicas em geral são analisadas em três planos diferentes, adotando-se, no Brasil, a tradicional "escada pontiana[290]": quanto a sua existência, quanto a sua validade e quanto a sua eficácia. A eficácia de determinada norma, que é o plano que nos interessa, pode ser definida, basicamente, como sua aptidão para produzir efeitos. A primeira classificação das normas constitucionais quanto à eficácia foi introduzida no Brasil por Ruy Barbosa, importada da tradicional distinção formulada no direito norte-americano, segundo a qual as normas constitucionais poderiam ser autoaplicáveis (aptas a produzir a totalidade dos efeitos pretendidos) ou não autoaplicáveis (não surtiam quaisquer efeitos jurídicos, fazendo parte da constituição, mas desprovidas de força normativa).

O professor José Afonso da Silva, na obra "Aplicabilidade das Normas Constitucionais", questiona a classificação dicotômica de Ruy Barbosa, pois segundo ele, ainda que certas normas constitucionais não pudessem produzir todos os seus efeitos, todas as normas constitucionais eram capazes de produzir *ao menos alguns efeitos*, como servir de parâmetro para o controle de constitucionalidade e estabelecer um dever para o legislador infraconstitucional. Dessa forma, o professor José Afonso classifica as normas quanto à sua eficácia em três grandes categorias: normas de eficácia plena, contida e limitada.

---

289. Confira-se, por exemplo, o voto do Min. Sepúlveda Pertence no julgamento do Mandado de Injunção nº 438: "Senhor Presidente, no Mandado de Injunção nº 20, julgado em 19 de maio último, votei vencido, não conhecendo do pedido, por entender que a norma do art. 37, inciso VII é, na terminologia divulgada pela conhecida monografia de José Afonso da Silva, a chamada norma de eficácia contida, limitável pelo legislador (...)BRASIL. STF. **Mandado de Injunção nº 438**. Rel. Min. Neri da Silveira. J. 11/11/1994. DJ 16/06/1995. No mesmo sentido, trecho da ementa do Mandado de Injunção nº 20: (...) O preceito constitucional que reconheceu o direito de greve ao servidor público civil constitui norma de eficácia meramente limitada, desprovida, em consequência, de auto-aplicabilidade, razão pela qual, para atuar plenamente, depende da edição da lei complementar exigida pelo próprio texto da Constituição. (...) BRASIL. STF. **Mandado de Injunção nº 20**. Rel. Min. Celso de Mello. J. 19/05/1994. DJ 22/11/1996.

290. Ressalte-se que a despeito da adoção da tradicional "escada pontiana", atualmente, o professor Luís Roberto Barroso se tornou muito conhecido por se dedicar à análise da norma no que seria um quarto plano, o da *efetividade* ou *eficácia social da norma*, conforme já tivemos a oportunidade de expor na parte teórica desta monografia.

As *normas constitucionais de eficácia plena e aplicabilidade imediata* são aquelas que receberam do constituinte normatividade suficiente à sua incidência imediata e independem de providência normativa para sua aplicação. São normas que foram redigidas de tal modo que, pela leitura do mesmo dispositivo, constatamos que possuem todos os elementos para serem imediatamente aplicadas e exigíveis juridicamente.

As normas constitucionais ditas *de eficácia contida e aplicabilidade imediata*, da mesma forma que as de eficácia plena, receberam normatividade suficiente para produzirem todos os seus efeitos, mas prevêem meios normativos que lhes podem reduzir a eficácia e aplicabilidade. Um exemplo é o artigo 5º, XIII, que versa que "é livre o exercício de qualquer trabalho, ofício ou profissão, atendidas as qualificações profissionais que a lei estabelecer[291]". Ou seja, todos os trabalhos, ofícios ou profissões são de livre exercício, mas a lei poderá estabelecer qualificações que restrinjam tal direito. Um exemplo de restrição legal à liberdade profissional é a exigência de que os advogados sejam aprovados em um exame da Ordem dos Advogados do Brasil antes de exercer sua profissão[292].

As normas constitucionais de *eficácia limitada* não receberam do constituinte normatividade suficiente para sua aplicação, deixando ao legislador a tarefa de completar a regulação das matérias nela traçadas, normalmente através de Lei Complementar. Normalmente se dividem em normas de princípio *institutivo* (ou organizador), que contêm esquemas iniciais de organização de determinados órgãos, e normas *programáticas*, que veiculam programas a serem implementados pelo Estado Importante lembrar que até mesmo as normas de eficácia limitada produzem alguns efeitos, tais como estabelecer um dever para o legislador ordinário, condicionam a legislação futura, condicionam a atividade da Administração Pública e do Judiciário, etc.

---

291. Art. 5º (...)XIII - é livre o exercício de qualquer trabalho, ofício ou profissão, atendidas as qualificações profissionais que a lei estabelecer; (...) BRASIL. **Constituição Federal**. *Op. Cit.*
292. Art. 8º Para inscrição como advogado é necessário: (...) IV - aprovação em Exame de Ordem; (...) BRASIL. Lei nº 8.906 de 4 de julho de 1994. Estatuto da Ordem dos Advogados do Brasil. Disponível em: <http://www.planalto.gov.br/ccivil_03/Leis/L8906.htm>. Acesso em: 20/03/2011.

Não se pode confundir as subespécies de norma de eficácia limitada (princípio institutivo e normas programáticas) com as expressões similares empregadas enquanto espécies de normas materialmente constitucionais (de natureza programática e de organização[293]). Além de uma categoria de norma materialmente constitucional, as normas programáticas também se inserem, doutrinariamente, como uma das duas subclassificações possíveis de normas de eficácia limitada, que podem ser normas constitucionais *de princípio institutivo* e de *princípio programático*[294]. As normas de organização, enquanto normas materialmente constitucionais são predominantemente de natureza autoaplicável, ao desenharem aspectos gerais de organização, como, por exemplo, as normas que preveem o bicameralismo, atribuições das Casas Legislativas, etc.

Pois bem. Diz-se que é justamente a última categoria dentre as delineadas por José Afonso da Silva, a das normas de eficácia limitadas, aquelas em face das quais o controle de constitucionalidade por omissão poderá ser exercido. De fato, isso não deixa de ser verdade, sendo de eficácia limitada os exemplos tradicionais de inconstitucionalidade por omissão, como os artigos 18, § 4º; 37, VII; 40, § 4º; etc.

Todavia, não se pode negar, também, que as normas de eficácia plena também possam ser consideradas parâmetros de controle de constitucionalidade por omissão. Não é demais lembrar uma das ideias centrais defendidas na presente dissertação, no sentido de que a caracterização o vício (inconstitucionalidade por omissão) independe da identificação dos instrumentos típicos de controle (Mandado de Injunção e Ação Direta de Inconstitucionalidade por Omissão). Nesse sentido, a inconstitucionalidade por omissão na efetivação de normas constitucionais de eficácia plena dificilmente seria objeto de MI ou ADO, mas não deixa de caracterizar uma violação negativa do texto constitucional. É claro que se faz necessário identificar, também, um dever constitucional de agir, implícito ou explícito, que se possa extrair da norma de eficácia plena e aplicabilidade imediata eleita como parâmetro de controle (Cf. 2.4.1 da presente).

---

293. Cf. 2.4.1.
294. SILVA, José Afonso da. **Aplicabilidade das normas constitucionais**. São Paulo: Malheiros, 2003, p. 117-164.

Dentre as categorias identificadas pelo professor José Afonso quanto à aplicabilidade das normas constitucionais, parece que somente as normas de eficácia contida não podem ser identificadas como parâmetro do controle de constitucionalidade por omissão. Tais normas costumam prever direitos que preveem posições de abstenção do Estado diante de determinada posição de vantagem do cidadão, permitindo, contudo, restrição legal ao âmbito de proteção de tal direito. Parece que tais restrições surgem em um espaço de conformação que não permite a identificação de uma obrigação constitucional de natureza positiva.

Todavia, não se pode presumir que a simples identificação de determinada norma como de eficácia contida resolva o problema. Alguns exemplos extraídos da Constituição demonstram de forma bastante clara a natureza controversa de algumas normas: art. 5º, LXVII; art. 37, VII; o revogado art. 192, § 3º; e, por fim, o art. 195, § 7º.

Prevê o art. 5º, LXVII que *"não haverá prisão civil por dívida, salvo a do responsável pelo inadimplemento voluntário e inescusável de obrigação alimentícia e a do depositário infiel"*. No julgamento do famoso Recurso Extraordinário nº 466.343, o Supremo Tribunal Federal destacou que o dispositivo seria autoaplicável no que diz respeito à proibição de prisão civil por dívida, e dependente de regulamentação legal para a prisão por obrigação alimentícia e do depositário infiel. Logo, de um mesmo dispositivo constitucional podem ser extraídas normas de eficácia plena e eficácia contida[295].

O art. 37, VII, por sua vez, prevê que *"o direito de greve será exercido nos termos e nos limites definidos em lei específica"*. Apesar de o referido direito ter sido concretizado judicialmente por meio de Mandados de Injunção em 2007, o Supremo tradicionalmente entendia que tal norma seria de eficácia limitada. Todavia, autores como Cláudio Pereira de Souza Neto, Daniel Sarmento e Ingo Sarlet defendem que com base no princípio da máxima efetividade da Constituição, a referida norma deveria ser interpretada como se fosse norma de *eficácia contida*. É que a interpretação semântica do dispositivo poderia conduzir também ao entendimento de que o direito de greve está sendo declarado como autoaplicável, mas sujeito a restrições e

---

295. BRASIL. STF. **RE 466.343**. Rel. Min. Cezar Peluso. J. 03/12/2008.

limites legais. Compreender a norma que prevê o direito de greve dos servidores públicos como sendo de eficácia contida significaria dizer que a impetração de Mandado de Injunção sequer seria necessária para o exercício do direito, eis que não haveria inconstitucionalidade por omissão[296].

Cláudio Pereira de Souza Neto e Daniel Sarmento também criticam a interpretação do Supremo Tribunal Federal quanto ao revogado art. 192, § 3º, concebido pela jurisprudência como norma de eficácia limitada. Versava o referido dispositivo que *"taxas de juros reais, nelas incluídas comissões e quaisquer outras remunerações direta ou indiretamente referidas à concessão de crédito, não poderão ser superiores a doze por cento ao ano; a cobrança acima deste limite será conceituada como crime de usura, punido, em todas as suas modalidades, nos termos que a lei determinar".* Entendem os autores, contudo, que a redação do texto sugeriria interpretação diversa. A lei seria requerida somente para a nova definição do crime de usura, não para a fixação do conceito de "juros reais". Logo, seria de eficácia plena e aplicabilidade imediata a limitação da taxa de juros e de eficácia limitada somente o mandado de criminalização quanto ao crime de usura[297].

Por fim, tem-se no art. 195, § 7º mais um exemplo curioso. Prevê o dispositivo que são *"isentas de contribuição para a seguridade social as entidades beneficentes de assistência social que atendam às exigências estabelecidas em lei".* No julgamento do Mandado de Injunção nº 232, o Supremo declarou que após determinado prazo sem que a lei fosse editada, o contribuinte seria considerado imune, salvo diante da superveniência de lei tratando sobre o assunto[298]. Em interpretação digna de reflexões, o Ministro Dias Toffoli consignou em aula ministrada que o caso mencionado foi bastante particular,

---

296. SOUZA NETO, Cláudio Pereira de; SARMENTO, Daniel. **Direito Constitucional – Teoria, História e Métodos de Trabalho**. Belo Horizonte: Fórum, 2012, p. 443; SARLET, Ingo Wolfang. **A Eficácia dos Direitos Fundamentais. Uma Teoria Geral dos Direitos Fundamentais na Perspectiva Constitucional**. 10ª edição. Porto Alegre: Livraria do Advogado, 2009, p. 276-277.
297. SOUZA NETO, Cláudio Pereira de; SARMENTO, Daniel. **Direito Constitucional – Teoria, História e Métodos de Trabalho**, Op. Cit., p. 443-444.
298. BRASIL. STF. **Mandado de Injunção nº 232**. Rel. Min. Moreira Alves. DJ 27/03/1992.

tendo o Supremo entendido que uma norma de eficácia limitada tornar-se-ia de eficácia contida após o prazo delimitado pelo STF[299].

Como se vê, não é tarefa fácil identificar o vício da inconstitucionalidade por omissão à luz das classificações tradicionais das normas constitucionais quanto à eficácia e aplicabilidade. Todavia, não é cabível afastar as normas de eficácia plena de figurarem como parâmetro desse tipo de controle. As normas de eficácia contida, por sua vez, parecem não ser adequadas como parâmetro de controle da omissão, embora não se possa negar que a identificação de determinada norma como integrante desta categoria é, em muitos casos particulares, tarefa complexa para a hermenêutica constitucional.

2.4.3 Ausência de meios concretos para realização dos fins constitucionalmente previstos

Quando da análise do dever constitucional de agir enquanto parâmetro de controle da inconstitucionalidade por omissão, foi possível apontar a impossibilidade de, a priori, afastar as normas programáticas de atuarem como parâmetro de controle, especialmente quando o conteúdo de tais normas coincide com o de normas definidoras de direitos. Todavia, não se pode negar que, em muitos casos, surge uma zona cinzenta para o intérprete, pois os poderes constituídos se valeram dos *meios* que entenderam adequados ou possíveis, embora não tenham realizado o comando constitucional de forma plena.

Para que se reconheça uma omissão inconstitucional, uma inércia ou inação do órgão ou Poder ao qual se imputa a omissão é necessário que, concretamente, não existam medidas necessárias para se tornar exequível a norma constitucional. Os cuidados com a análise desse elemento são especialmente necessários quando tratamos das normas programáticas, que estabelecem *fins*, mas não estabelecem *meios* para sua realização, ficando estes a critério do Poder Público. Se no caso concreto verifica-se que há um conjunto de medidas estatais efetivas para dar cumprimento ao comando constitucional, o Poder Judiciário

---

299. Aula ministrada em 03/07/2012 Universidade Gama Filho, o Ministro Dias Toffoli diz que entende tal decisão como peculiar, eis que ao invés de transformar em de eficácia plena uma norma de eficácia limitada, torna esta uma norma de eficácia contida.

deve ser mais autocontido na declaração da inconstitucionalidade por omissão, uma vez que, do contrário, estaria exercendo um juízo de valor sobre as decisões políticas eleitas pelos órgãos competentes para tornar efetiva a Constituição.

Um exemplo bastante claro de *não* configuração desse pressuposto pode ser verificado na Ação Direta de Inconstitucionalidade por Omissão nº 1.698. Entendeu-se que não haveria como se afirmar ter havido inércia do Presidente da República de modo a lhe imputar providência administrativa que ainda não tivesse sido por dele adotada. Tratava-se de Ação Direta de Inconstitucionalidade por Omissão, na qual se alegava que o governo estava omisso em relação ao dever constitucional de erradicação do analfabetismo. Confira-se a ementa do julgado:

> "EMENTA: AÇÃO DIRETA DE INCONSTITUCIONALIDADE POR OMISSÃO EM RELAÇÃO AO DISPOSTO NOS ARTS. 6º, 23, INC. V, 208, INC. I, e 214, INC. I, DA CONSTITUIÇÃO DA REPÚBLICA. ALEGADA INÉRCIA ATRIBUÍDA AO PRESIDENTE DA REPÚBLICA PARA ERRADICAR O ANALFABETISMO NO PAÍS E PARA IMPLEMENTAR O ENSINO FUNDAMENTAL OBRIGATÓRIO E GRATUITO A TODOS OS BRASILEIROS. 1. Dados do recenseamento do Instituto Brasileiro de Geografia e Estatística demonstram redução do índice da população analfabeta, complementado pelo aumento da escolaridade de jovens e adultos. 2. Ausência de omissão por parte do Chefe do Poder Executivo federal em razão do elevado número de programas governamentais para a área de educação. 3. A edição da Lei n. 9.394/96 (Lei de Diretrizes e Bases da Educação Nacional) e da Lei n. 10.172/2001 (Aprova o Plano Nacional de Educação) demonstra atuação do Poder Público dando cumprimento à Constituição. 4. Ação Direta de Inconstitucionalidade por Omissão improcedente."[300]

De fato, a decisão do STF nos parece bastante razoável, tendo levado em consideração dados empíricos confiáveis para concluir que o administrador obteve progresso em relação às normas programáticas previstas pela Constituição. Da mesma forma, não restou configurada a omissão do Legislativo em editar normas com aquela finalidade. Esse

---

300. BRASIL. STF. **ADI nº 1.698**. Rel. Min. Carmen Lúcia. DJE 16/04/2010.

julgado nos leva a concluir por um interessante parâmetro de análise das omissões inconstitucionais. O mero estado de insuficiência em relação a não se alcançar as metas previstas pela Constituição não configura inconstitucionalidade por omissão, quando se constata que o órgão omisso tomou todas as medidas de natureza administrativa ou legislativa possíveis dentro de determinado contexto fático. O tipo de omissão inconstitucional suscetível de controle seria, então, a inércia *absoluta, injustificada* e *deliberada* do órgão em tornar autoaplicável a norma constitucional de conteúdo programático.

Outra hipótese em que se pode vislumbrar parâmetro semelhante diz respeito ao julgamento do Mandado de Injunção nº 715. O impetrante alegava inércia da União em elaborar normas que garantissem o direito à duração razoável do processo, introduzido no art. 5º, LXXVIII pela Emenda nº 45/2004. O relator, Ministro Celso de Mello, demonstrou a ausência de inércia do Congresso Nacional, tendo em vista a existência de diversos projetos de lei já remetidos ao Congresso Nacional e em regular tramitação. Confira-se a ementa do julgado:

> EMENTA: MANDADO DE INJUNÇÃO. ALEGAÇÃO (INCONSISTENTE) DE INÉRCIA DA UNIÃO FEDERAL NA REGULAÇÃO NORMATIVA DO DIREITO À CELERIDADE NO JULGAMENTO DOS PROCESSOS, SEM INDEVIDAS DILAÇÕES (CF, ART. 5º, INCISO LXXVIII). EMENDA CONSTITUCIONAL Nº 45/2004. PRESSUPOSTOS CONSTITUCIONAIS DO MANDADO DE INJUNÇÃO (RTJ 131/963 - RTJ 186/20-21). DIREITO SUBJETIVO À LEGISLAÇÃO/DEVER ESTATAL DE LEGISLAR (RTJ 183/818-819). NECESSIDADE DE OCORRÊNCIA DE MORA LEGISLATIVA (RTJ 180/442). CRITÉRIO DE CONFIGURAÇÃO DO ESTADO DE INÉRCIA LEGIFERANTE: SUPERAÇÃO EXCESSIVA DE PRAZO RAZOÁVEL (RTJ 158/375). SITUAÇÃO INOCORRENTE NO CASO EM EXAME. AUSÊNCIA DE "INERTIA AGENDI VEL DELIBERANDI" DO CONGRESSO NACIONAL. "PACTO DE ESTADO EM FAVOR DE UM PODER JUDICIÁRIO MAIS RÁPIDO E REPUBLICANO". O DIREITO INDIVIDUAL DO CIDADÃO AO JULGAMENTO DOS LITÍGIOS SEM DEMORA EXCESSIVA OU DILAÇÕES INDEVIDAS: UMA PRERROGATIVA QUE DEVE SER PRESERVADA (RTJ 187/933-934). DOUTRINA. PROJETOS DE LEI JÁ

REMETIDOS AO CONGRESSO NACIONAL, OBJETIVANDO A ADOÇÃO DOS MEIOS NECESSÁRIOS À IMPLEMENTAÇÃO DO INCISO LXXVIII DO ART. 5º DA CONSTITUIÇÃO (EC Nº 45/2004). CONSEQÜENTE INVIABILIDADE DO PRESENTE MANDADO DE INJUNÇÃO[301].

Percebe-se, também, a ausência do decurso de tempo razoável (vide o capítulo 2.4.4, a seguir), conforme se depreende da data de julgamento do Mandado de Injunção: 25/02/2005, tendo o parâmetro de controle invocado (art. 5º, LXXVIII) surgido apenas em 2004, com a Emenda nº 45/2004.

2.4.4 Decurso de tempo razoável

Cuida-se aqui, sem dúvida, do exame de um dos pressupostos mais obscuros da declaração de uma omissão inconstitucional. Afinal, a partir do decurso de quanto tempo rompe-se a linha tênue entre o prazo razoável e a inércia deliberada do legislador? Destaque-se apenas, em princípio, que o debate sobre o prazo a partir do qual uma omissão estatal pode ser dita inconstitucional é distinto da controvérsia sobre a possibilidade de o Judiciário fixar prazo para que o Legislativo saia da inércia.

Em alguns casos, a própria Constituição Federal estabelece uma zona de certeza positiva, ao prever um prazo específico para a elaboração da norma. É o caso, por exemplo, da elaboração do Código de Defesa do Consumidor. O art. 5º, XXXII da Constituição institui claramente uma norma de eficácia limitada, ao prevê que a defesa do consumidor se dará *na forma da lei*[302]. Inicialmente, parece se tratar de uma hipótese de difícil determinação de qual prazo seria razoável para a elaboração de uma lei que proteja os interesses do consumidor. Contudo, o art. 48 do Ato das Disposições Constitucionais Transitórias prevê expressamente o prazo de 120 (cento e vinte) dias para

---

301. BRASIL. STF. **Mandado de Injunção nº 715**. Rel. Min. Celso de Mello. J. 25/02/2005.
302. Art. 5º Todos são iguais perante a lei, sem distinção de qualquer natureza, garantindo-se aos brasileiros e aos estrangeiros residentes no País a inviolabilidade do direito à vida, à liberdade, à igualdade, à segurança e à propriedade, nos termos seguintes: (...) XXXII - o Estado promoverá, na forma da lei, a defesa do consumidor; (...) BRASIL. Constituição Federal. *Op. Cit.*

a elaboração do Código de Defesa do Consumidor³⁰³. Nesse caso, configurar-se-ia a inconstitucionalidade por omissão a partir do dia seguinte ao esgotamento do prazo constitucionalmente previsto. Diga--se de passagem, que o Código de Defesa do Consumidor é de 11 de setembro de 1990, entrando em vigor 180 (cento e oitenta) dias depois de sua publicação³⁰⁴. No ínterim entre o prazo constitucional e 11 de setembro de 1990, parece razoável dizer que teria se configurado o elemento temporal de uma omissão inconstitucional.

Na Constituição de 1988, temos diversos exemplos de prazo certo para a regulamentação de norma constitucional. Tome-se como exemplo os seguintes artigos do Ato das Disposições Constitucionais Transitórias: 2º³⁰⁵, 11 e parágrafo único³⁰⁶, 12, §§ 1º e 2º³⁰⁷, 48, etc.

---

303. Art. 48 (ADCT). O Congresso Nacional, dentro de cento e vinte dias da promulgação da Constituição, elaborará código de defesa do consumidor. BRASIL. **Constituição Federal**. *Op. Cit.*

304. Art. 118. Este código entrará em vigor dentro de cento e oitenta dias a contar de sua publicação. BRASIL. Código de Defesa do Consumidor. Lei nº 8.078 de 11 de setembro de 1990. Disponível em: <http://www.planalto.gov.br/ccivil_03/Leis/L8078.htm>. Acesso em: 20/12/2013.

305. Art. 2º. No dia 7 de setembro de 1993 o eleitorado definirá, através de plebiscito, a forma (república ou monarquia constitucional) e o sistema de governo (parlamentarismo ou presidencialismo) que devem vigorar no País. (Vide emenda Constitucional nº 2, de 1992). BRASIL. **Constituição Federal**. *Op. Cit.*

306. Art. 11. Cada Assembléia Legislativa, com poderes constituintes, elaborará a Constituição do Estado, no prazo de um ano, contado da promulgação da Constituição Federal, obedecidos os princípios desta. Parágrafo único. Promulgada a Constituição do Estado, caberá à Câmara Municipal, no prazo de seis meses, votar a Lei Orgânica respectiva, em dois turnos de discussão e votação, respeitado o disposto na Constituição Federal e na Constituição Estadual. BRASIL. **Constituição Federal**. *Op. Cit.*

307. Art. 12. Será criada, dentro de noventa dias da promulgação da Constituição, Comissão de Estudos Territoriais, com dez membros indicados pelo Congresso Nacional e cinco pelo Poder Executivo, com a finalidade de apresentar estudos sobre o território nacional e anteprojetos relativos a novas unidades territoriais, notadamente na Amazônia Legal e em áreas pendentes de solução. § 1º - No prazo de um ano, a Comissão submeterá ao Congresso Nacional os resultados de seus estudos para, nos termos da Constituição, serem apreciados nos doze meses subseqüentes, extinguindo-se logo após. § 2º - Os Estados e os Municípios deverão, no prazo de três anos, a contar da promulgação da Constituição, promover, mediante acordo ou arbitramento, a demarcação de suas linhas divisórias atualmente litigiosas, podendo para isso fazer alterações e compensações de área que atendam aos acidentes naturais, critérios históricos, conveniências administrativas e comodidade das populações limítrofes. BRASIL. **Constituição Federal**. *Op. Cit.*

Contudo, a despeito das previsões exemplificadas acima, é inviável que o poder constituinte preveja prazos para a regulamentação de todos os dispositivos, pelos mais diversos motivos. Há peculiaridades inerentes a cada espécie normativa, seja uma maioria absoluta ou qualificada para aprovação, seja a tramitação em mais de um turno de votação. Há também de ser considerada que certas leis, como um Código, por exemplo, demandam um tempo maior para sua elaboração, tanto é que a Constituição excluiu a apreciação de tais projetos do regime de urgência[308]. É muito difícil, portanto, determinar o tempo para caracterizar a inconstitucionalidade por omissão em dado caso. O que é certo é que é necessário que se arbitre um tempo razoável para a realização do ato, pois do contrário haveria inteira liberdade para que os poderes constituídos dessem ou não cumprimento aos comandos constitucionais, o que tornaria toda a ideia de inconstitucionalidade por omissão inócua.

2.5 CLASSIFICAÇÕES

Superado o debate sobre possíveis formas de se identificar a inconstitucionalidade por omissão à luz de pressupostos distintos da inconstitucionalidade por ação, faz-se necessário apontar e debater as classificações doutrinárias existentes acerca das formas de violação negativa do texto constitucional. É o que se pretende realizar adiante.

2.5.1 Quanto ao órgão, poder ou função omissa.

Em primeiro lugar, um detalhe de natureza terminológica. Normalmente, quando se pensa em criar uma classificação relativa ao órgão

---

[308]. Art. 64. A discussão e votação dos projetos de lei de iniciativa do Presidente da República, do Supremo Tribunal Federal e dos Tribunais Superiores terão início na Câmara dos Deputados.§ 1º - O Presidente da República poderá solicitar urgência para apreciação de projetos de sua iniciativa.§ 2º Se, no caso do § 1º, a Câmara dos Deputados e o Senado Federal não se manifestarem sobre a proposição, cada qual sucessivamente, em até quarenta e cinco dias, sobrestar-se-ão todas as demais deliberações legislativas da respectiva Casa, com exceção das que tenham prazo constitucional determinado, até que se ultime a votação. (Redação dada pela Emenda Constitucional nº 32, de 2001) § 3º - A apreciação das emendas do Senado Federal pela Câmara dos Deputados far-se-á no prazo de dez dias, observado quanto ao mais o disposto no parágrafo anterior.§ 4º - <u>Os prazos do § 2º não correm nos períodos de recesso do Congresso Nacional, nem se aplicam aos projetos de código.</u> (grifo nosso) BRASIL. **Constituição Federal**. *Op. Cit.*

responsável pela omissão inconstitucional, pode-se pensar tanto em relação ao órgão ou Poder omisso quanto em relação à função estatal omissa. Na maioria das vezes, ambas se confundirão. No caso que a Constituição demanda a elaboração de uma lei qualquer pelo Congresso Nacional e este não o faz, a omissão é de natureza legislativa tanto em relação ao Poder quanto em relação à função legislativa. Seria o caso típico da elaboração do Código de Defesa do Consumidor, previsto no art. 5º, XXXII e art. 48 do ADCT. Contudo, imaginemos que a omissão diga respeito a uma lei de iniciativa reservada do Presidente da República. Nesse caso, a omissão de natureza legislativa pode ser imputada tanto ao Legislativo quanto ao Executivo. O mesmo se dá em relação ao exercício de funções atípicas pelos três Poderes. Pensemos no art. 27 §§ 6º e 7º do ADCT, norma de eficácia exaurida na qual se previa um prazo de seis meses para que o antigo Tribunal Federal de Recursos fixasse a jurisdição e sede dos Tribunais Regionais Federais, em atípico exercício de função administrativa[309].

Então, é preciso tomar cuidado, pois ora encontramos referências ao *Poder ou órgão omisso* (Legislativo, Executivo, Judiciário), ora em relação à *função omissa* (administrativa, legislativa, jurisdicional). A classificação com a qual trabalharemos a seguir leva em consideração a *função* em relação à qual ocorre a omissão inconstitucional.

Entende-se majoritariamente, em doutrina e jurisprudência, que a omissão inconstitucional pode existir tanto em relação a atividades de natureza *legislativa* quanto a atividades de natureza *administrativa* que possam de alguma forma, afetar a efetividade de norma constitucional, mesmo porque há previsão constitucional expressa nesse sentido[310]. A controvérsia diz respeito à possibilidade

---

309. Art. 27. O Superior Tribunal de Justiça será instalado sob a Presidência do Supremo Tribunal Federal. (...) § 6º - Ficam criados cinco Tribunais Regionais Federais, a serem instalados no prazo de seis meses a contar da promulgação da Constituição, com a jurisdição e sede que lhes fixar o Tribunal Federal de Recursos, tendo em conta o número de processos e sua localização geográfica. § 7º - Até que se instalem os Tribunais Regionais Federais, o Tribunal Federal de Recursos exercerá a competência a eles atribuída em todo o território nacional, cabendo-lhe promover sua instalação e indicar os candidatos a todos os cargos da composição inicial, mediante lista tríplice, podendo desta constar juízes federais de qualquer região, observado o disposto no § 9º. BRASIL. **Constituição Federal. ADCT.** *Op. Cit.*

310. Art. 103 (...)§ 2º - Declarada a inconstitucionalidade por omissão de medida para tornar efetiva norma constitucional, será dada ciência ao Poder competente para a adoção das

de se reconhecer uma omissão legislativa de natureza *jurisdicional*. Gilmar Ferreira Mendes[311] **e Flávia Piovesan**[312] falam expressamente apenas em omissões de natureza administrativa e legislativa. Luís Roberto Barroso[313] e Dirley da Cunha Júnior[314] cogitam também da possibilidade de omissões de natureza jurisdicional.

Na jurisprudência do Supremo Tribunal Federal, encontramos menção genérica à expressão "Poder Público" ou "Estado" em referência àqueles que podem dar causa a uma inconstitucionalidade por omissão. Confira-se:

> "EMENTA: DESRESPEITO À CONSTITUIÇÃO - MODALIDADES DE COMPORTAMENTOS INCONSTITUCIONAIS DO PODER PÚBLICO. - O desrespeito à Constituição tanto pode ocorrer mediante ação estatal quanto mediante inércia governamental. A situação de inconstitucionalidade pode derivar de um comportamento ativo do Poder Público, que age ou edita normas em desacordo com o que dispõe a Constituição, ofendendo-lhe, assim, os preceitos e os princípios que nela se acham consignados. Essa conduta estatal, que importa em um facere (atuação positiva), gera a inconstitucionalidade por ação. - Se o Estado deixar de adotar as medidas necessárias à realização concreta dos preceitos da Constituição, em ordem a torná- los efetivos, operantes e exeqüíveis, abstendo-se, em conseqüência, de cumprir o dever de prestação que a Constituição lhe impôs, incidirá em violação negativa do texto constitucional. Desse non facere ou non praestare, resultará a inconstitucionalidade por omissão, que pode ser total, quando é nenhuma a providência adotada, ou parcial, quando é insuficiente a medida efetivada pelo Poder Público." (grifos nossos)[315]

---

providências necessárias e, <u>em se tratando de órgão administrativo, para fazê-lo em trinta dias</u>. (grifo nosso). BRASIL. **Constituição Federal**. *Op. Cit.*

311. MENDES, Gilmar Ferreira; BRANCO, Paulo Gustavo Gonet; COELHO, Inocêncio Mártires. **Curso de Direito Constitucional**. Op. Cit., p. 1236 e ss.
312. PIOVESAN, Flávia. **Proteção judicial contra omissões legislativas**. 2ª edição. São Paulo: Revista dos Tribunais, 2003, p. p. 90.
313. BARROSO, Luís Roberto. **O controle de constitucionalidade no direito brasileiro**. 5ª edição. São Paulo: Saraiva, 2011, p. 54.
314. CUNHA JUNIOR, Dirley da. *Op. Cit.*, p. 125.
315. BRASIL. STF. **ADI 1458 MC**. Rel. Min. Celso de Mello. J. 23/05/1996. DJ 20/09/1996.

A forma genérica com a qual a jurisprudência do Supremo se refere às funções públicas cuja inércia pode resultar em omissões inconstitucionais nos leva a crer que não é somente a atividade legislativa que poderá fazê-lo. De fato, já se observou no julgamento de um Mandado de Injunção a imputação de responsabilidade ao Presidente da República. No MI nº 3222[316], o Supremo concedeu aos servidores públicos filiados ao Sindicato dos Servidores Públicos Federais da Justiça do Trabalho da 15ª Região, que sejam portadores de deficiência direito de terem seus pedidos administrativos de aposentadoria especial analisados pelo órgão administrativo competente, embora a aposentadoria especial prevista no artigo 40, § 4º, inciso I da Constituição de 1988 ainda aguarde lei complementar que o regulamente. Eis um trecho do relatório de onde se depreende de forma bastante clara que a omissão pode ser imputada tanto ao Executivo quanto ao Legislativo:

> "A entidade sindical ora impetrante enfatiza o caráter lesivo da omissa imputada ao Senhor Presidente da República e ao Congresso Nacional, assinalando que a lacuna normativa existente, passível de integração mediante edição da faltante lei complementar, tem inviabilizado o acesso dos servidores públicos federais componentes da categoria profissional que representa ao benefício da aposentadoria especial."[317]

A grande dúvida paira em torno da possibilidade de se imputar a omissão a funções de natureza jurisdicional. Nesse ponto, não foi possível encontrar precedentes significativos que demonstrem a possibilidade, e as construções doutrinárias ainda são bastante superficiais, conforme se debaterá no momento adequado.

2.5.1.1 Função legislativa

Cuida-se aqui do tipo mais frequente de omissão inconstitucional impugnada, quer em abstrato, quer pela via do Mandado de Injunção.

---

316. BRASIL. STF. **Mandado de Injunção nº 3222**. Rel. Min. Celso de Mello. J. 02/06/2011.
317. BRASIL. STF. Mandado de Injunção nº 3222. Rel. Min. Celso de Mello. J. 02/06/2011. Inteiro teor disponível em: <http://www.stf.jus.br/arquivo/cms/noticiaNoticiaStf/anexo/MI_3.322DF_Decisao.pdf>. Acesso em: 03/06/2011.

A lei se trata, afinal, do instrumento fundamental de exercício da democracia representativa, assegurando-se a legitimidade da norma por meio da aprovação por órgãos democraticamente eleitos. De fato, a maior parte das normas constitucionais de eficácia limitada pede expressamente por lei para que possam produzir todos os seus efeitos. A Administração Pública, por exemplo, está vinculada expressamente ao princípio da legalidade. Toda a organização político-administrativa dos três entes da federação precisa ser instituída por meio de lei. Quaisquer restrições aos direitos fundamentais somente podem ser criadas por meio de lei, e desde que não afetem o núcleo essencial dos direitos fundamentais.

Segundo Gilmar Ferreira Mendes:

> "Todas essas considerações estão a demonstrar que a concretização da ordem fundamental estabelecida na Constituição de 1988 carece, nas linhas essenciais, de lei. Compete às instâncias políticas e, precipuamente, ao legislador, a tarefa de construção do Estado constitucional. Como a Constituição não basta em si mesma, têm os órgãos legislativos o poder e o dever de emprestar conformação à realidade social. A omissão legislativa constitui, portanto, objeto fundamental da ação direta de inconstitucionalidade em apreço."[318]

Ainda segundo Gilmar Mendes, a omissão constitucional pode dizer respeito a todo o ato complexo do processo legislativo. O destinatário principal do reconhecimento judicial da omissão é o Legislativo. Contudo, os casos de iniciativa reservada estabelecidos na Constituição fazem com que a omissão de outros órgãos também possa ser considerada inconstitucional. Não é demais lembrar que por este motivo fizemos o alerta, no tópico anterior, quanto a este critério de classificação poder dizer respeito tanto ao órgão ou poder omisso quanto à função legislativa. Ainda que a omissão, nesse caso, seja relativa ao exercício do poder-dever de legislar, resulta também da inércia do Poder ou órgão com iniciativa reservada para deflagrar o processo legislativo.

---

318. MENDES, Gilmar Ferreira; BRANCO, Paulo Gustavo Gonet; COELHO, Inocêncio Mártires. **Curso de Direito Constitucional**. Op. Cit., p. 1237.

2.5.1.2 Função administrativa

Não há dúvidas de que as omissões em realizar providências de caráter administrativo podem ser inconstitucionais, conforme já delimitado anteriormente. Segundo o professor Gilmar Ferreira Mendes[319], podem se verificar em relação (i) ao exercício do poder regulamentar; e (ii) omissão de medidas ou atos administrativos. Podemos acrescentar como uma terceira possibilidade (iii) a omissão na entrega de prestações sociais exigíveis com base em normas constitucionais definidoras de direitos.

O primeiro caso, menos comum, ocorreria quando a lei fixasse prazo para edição de ato regulamentar, fixando condições para a execução da lei. A doutrina se divide em duas correntes quanto aos efeitos da não regulamentação pelo Executivo. Para José dos Santos Carvalho Filho[320], filiando-se ao entendimento também de Diógenes Gasparini, os efeitos da lei ficam pendentes, e somente quando implementada a condição com o advento do ato é que a lei se torna passível de aplicabilidade. Para Gilmar Ferreira Mendes, a omissão não tem o condão de paralisar a eficácia do comando legal, e, decorrido o lapso de tempo estabelecido pela lei, esta se tornará eficaz em tudo que não depender do regulamento[321]. Em quaisquer das hipóteses é certo, contudo, que a omissão do poder Executivo pode ser considerada inconstitucional se a lei pendente de regulamentação for destinada a dar plena aplicabilidade a uma norma constitucional de eficácia limitada.

No segundo caso, resta saber se a omissão na realização de atos administrativos pode ser considerada inconstitucional. Para a aparente unanimidade da doutrina, resposta seria positiva. Cite-se, por exemplo, a posição do professor José Afonso da Silva, para quem a inconstitucionalidade por omissão:

> "Verifica-se nos casos em que não sejam praticados atos legislativos ou administrativos requeridos para tornar plenamente aplicáveis

---

319. *Idem*, p. 1245.
320. CARVALHO FILHO, José dos Santos. **Manual de Direito Administrativo**. 21ª edição. Rio de Janeiro: Lumen Juris, 2008, p. 58.
321. MENDES, Gilmar Ferreira; BRANCO, Paulo Gustavo Gonet; COELHO, Inocêncio Mártires. **Curso de Direito Constitucional**. Op. Cit., p. 1245.

normas constitucionais (art. 103, § 2º). Muitas destas, de fato, requerem uma lei ou uma providência administrativa ulterior para que os direitos ou situações nela previstos se efetivem na prática. Se esses direitos não se realizam porque o legislador não produziu a lei, ou o administrador não criou o ato, dá-se uma omissão inconstitucional (...)"[322]

De fato, a interpretação literal do dispositivo do art. 103, § 2º da Constituição parece não deixar dúvidas de que as omissões inconstitucionais possam ser imputadas à Administração, cujo instrumento para a execução de suas funções típicas é o ato administrativo. A omissão na realização desses atos pode dificultar a concretização da vontade constitucional, em especial quando normas de eficácia limitada dependam de providências legislativas e administrativas para produzirem todos os seus efeitos.

A terceira hipótese, frequentemente enfrentadas pelo Judiciário nos graus ordinários de jurisdição, diz respeito a não entrega de prestações devidas por imposição de normas constitucionais definidoras de direitos sociais, sendo possível citar como exemplo paradigmático todo o rol de direitos do art. 6º, *caput*.

É importante que se destaque que em relação ao instrumento de controle, muito provavelmente as omissões inconstitucionais administrativas seriam tuteladas por meio de *Mandado de Segurança*.

2.5.1.3 Função jurisdicional

Não há uma construção doutrinária muito aprofundada em relação à ideia de omissão no exercício da função jurisdicional, mesmo porque não é algo que adquire muita relevância prática. Ao discutir sobre a possibilidade, Dirley da Cunha Junior, filiando-se à posição adotada por Jorge Miranda, afirma que a inconstitucionalidade por omissão da função jurisdicional corresponderia à própria ideia de "denegação da justiça[323]". Já Luís Roberto Barroso,

---

322. SILVA, José Afonso da. **Comentário Contextual à Constituição**. 7ª edição. São Paulo: Malheiros, 2010.
323. MIRANDA, Jorge. **Manual de direito constitucional**, t. II, p. 507 *apud* CUNHA JUNIOR, Dirley da. *Op. Cit.*, p. 125.

entende as omissões jurisdicionais como sendo aquelas que podem encontrar reparação no sistema de recursos internos ao Poder Judiciário[324] (se adotada a posição do autor, um bom exemplo seria a ausência de fundamentação de decisão judicial, em contradição ao que dispõe o art. 93, IX da Constituição[325]). Para Barroso, somente seriam impugnáveis as omissões do Poder Judiciário de natureza administrativa, mas não aquelas relativas ao exercício da jurisdição.

Contudo, é de se discutir se nos casos em que a Constituição expressamente estabelece um prazo para o exercício da função jurisdicional haveria de se cogitar de inconstitucionalidade por omissão. É o caso do art. 9º, parágrafo único do ADCT:

> "Art. 9º. Os que, por motivos exclusivamente políticos, foram cassados ou tiveram seus direitos políticos suspensos no período de 15 de julho a 31 de dezembro de 1969, por ato do então Presidente da República, poderão requerer ao Supremo Tribunal Federal o reconhecimento dos direitos e vantagens interrompidos pelos atos punitivos, desde que comprovem terem sido estes eivados de vício grave.
>
> Parágrafo único. O Supremo Tribunal Federal proferirá a decisão no prazo de cento e vinte dias, a contar do pedido do interessado."
> (grifo nosso)

Seria essa hipótese caso de omissão inconstitucional da função jurisdicional?

Uma hipótese que poderia gerar controvérsia diz respeito à criação de quatro novos Tribunais Regionais Federais, pela Emenda Constitucional nº 73/2013. Uma vez previstos pela Constituição, a não criação dos mesmos configuraria *inconstitucionalidade por omissão da função jurisdicional*? Se há alguma omissão, parece que esta seria

---

324. BARROSO, Luís Roberto. **O controle de constitucionalidade no direito brasileiro**. 5ª edição. São Paulo: Saraiva, 2011, p. 273.

325. Art. 93 (...) IX todos os julgamentos dos órgãos do Poder Judiciário serão públicos, e fundamentadas todas as decisões, sob pena de nulidade, podendo a lei limitar a presença, em determinados atos, às próprias partes e a seus advogados, ou somente a estes, em casos nos quais a preservação do direito à intimidade do interessado no sigilo não prejudique o interesse público à informação; (Redação dada pela Emenda Constitucional nº 45, de 2004) BRASIL. **Constituição Federal**. *Op. Cit.*

de natureza administrativa, eis que não há denegação da função jurisdicional. Afinal, ainda que se deixe de criar, por exemplo, o TRF da 6ª Região, com sede no Paraná, as competências a ele destinadas ainda serão exercidas pelos Tribunais Regionais Federais das regiões correspondentes. Logo, não há negativa de jurisdição.

Uma questão curiosa pode gerar debates. No julgamento da ADPF nº 130[326], o STF considerou não recepcionada, por arrastamento, toda a antiga Lei de Imprensa, Lei nº 5.250/67, incluindo a regulamentação infraconstitucional do direito de resposta, previsto no art. 5º, V da Constituição[327]. Do ponto de vista estritamente técnico-jurídico, não há como afirmar que há inconstitucionalidade por omissão, pois o STF considerou que o art. 5º, V é autoaplicável, independendo de regulamentação infraconstitucional. Todavia, percebe-se que o Judiciário brasileiro encontra dificuldades consideráveis na aplicação do direito de resposta. No âmbito do Superior Tribunal de Justiça, a Ministra Nancy Andrighi consignou que "*a não recepção da Lei de Imprensa não implicou o desaparecimento do direito constitucional de resposta, que permanece passível de ser exercido mediante utilização de outros diplomas legais que o preveem*[328]". Ora, se a Ministra recorreu ao uso da analogia, é por ter pressuposto a existência de *lacuna*. E não foi a única, eis que a Federação Nacional dos Jornalistas (FENAJ) e a Federação Interestadual dos Trabalhadores em Empresas de Radiodifusão e Televisão (FITERT) ajuizaram Ação Direta de Inconstitucionalidade por Omissão (ADO 9) para questionar a ausência de regulamentação legal do direito de resposta[329]. A ADO teve seguimento negado em decisão monocrática, por ausência de legitimidade ativa. Há recurso pendente de análise[330].

---

326. BRASIL. STF. **ADPF nº 130**. Rel. Min. Ayres Britto. DJE 06/11/2009.
327. Art. 5º (...) V - é assegurado o direito de resposta, proporcional ao agravo, além da indenização por dano material, moral ou à imagem.
328. BRASIL. STJ. "STJ nega recursos baseados na antiga Lei de Imprensa". Notícia disponível em: <http://www.stj.jus.br/portal_stj/publicacao/engine.wsp?tmp.area=398&tmp.texto=95289>. Acesso em: 07/06/2013.
329. BRASIL. STF. Fenaj e Fitert questionam no STF ausência de legislação sobre direito de resposta. Notícia disponível em: <http://www.stf.jus.br/portal/cms/verNoticiaDetalhe.asp?idConteudo=164335> . Acesso em: 07/06/2013.
330. BRASIL. STF. **ADO n. 09**. Rel. Min. Rosa Weber. Pendente de julgamento.

Seria o exemplo anterior uma hipótese de omissão de natureza jurisdicional? Parece que não, na medida em que se considerou autoaplicável o dispositivo constitucional, não havendo óbice ao exercício do direito fundamental. Ainda que o direito seja de difícil exercício pela via judicial diante da ausência de parâmetros, é certo que a omissão acabaria sendo imputada ao Legislativo, ainda que tenha sido do Judiciário a decisão de considerar inconstitucional por arrastamento a regulamentação do direito de resposta, mesmo diante do firme posicionamento em contrário dos Ministros Gilmar Mendes e Joaquim Barbosa em tal julgamento.

Como se vê, as omissões de natureza jurisdicional são de difícil configuração na prática. Talvez se possa falar em omissão parcial nas hipóteses em que a jurisdição não seja prestada de forma suficientemente efetiva para atender à demanda crescente por acesso à justiça. Talvez tal perspectiva possa contribuir para reflexões de maior concretude para que se possa identificar hipóteses de inconstitucionalidade por omissão da função jurisdicional. Ao se falar em acesso à justiça, faz-se inevitável o recurso ao autor mais referenciado nos estudos existentes sobre o tema, que é o professor Mauro Cappelletti. Recentemente falecido, o professor Mauro Cappelletti é conhecido por ter desenvolver um estudo internacional para identificar os obstáculos para o acesso à justiça, traduzido para o português pela Ministra Ellen Gracie Northfleet[331]. Nesse estudo, o autor concluiu pela existência de três grandes obstáculos ao acesso à justiça. Então, seria preciso de três "ondas" de reforma para facilitar o acesso à justiça.

O primeiro obstáculo foi de natureza econômica, sendo a primeira onda do acesso a justiça foi é a da assistência judiciária gratuita. Seria preciso assegurar que aqueles que não podem arcar com os custos do processo tenham acesso gratuito ao judiciário e acesso gratuito aos advogados para representá-los. No Brasil a assistência judiciária gratuita está consagrada em lei desde 1950 (Lei 1060/1950) e na Constituição Federal, no art. 5º, LXXIV. O segundo obstáculo diz respeito ao tipo de direitos tutelados pelo processo. As grandes matrizes inspiradoras do direito processual brasileiro possuem institutos voltados, predomi-

---

331. CAPPELLETTI, Mauro; GARTH, Bryant. **Acesso à Justiça (Trad. Ellen Gracie Northfleet)**. Porto Alegre: Sergio Antonio Fabris, 2002.

nantemente, para a solução de conflitos interindividuais. A segunda onda, então, diria respeito à tutela dos interesses coletivos, difusos e individuais homogêneos. No Brasil, pode-se dizer que instrumentos de tutela coletiva são abundantes, como a Ação Civil Pública, Ação Popular, Mandado de Segurança e de Injunção Coletivos, dentre outros. Por fim, o terceiro obstáculo seria qualitativo, dizendo respeito à reforma do Judiciário, valorização dos meios alternativos de conflito e a desformalização do processo.

É evidente que a omissão estatal em relação a qualquer dos três grandes obstáculos do acesso à justiça constitui óbice para o exercício pleno da jurisdição. Logo, torna-se possível identificar de forma mais precisa *omissões inconstitucionais quanto à função jurisdicional*. Ainda que a instituição da Defensoria Pública (art. 5º, LXXIV e 134 da Constituição) envolva também medidas de natureza legislativa e administrativa, a omissão é também de natureza jurisdicional, eis que representa impedimento para que se tenha efetivo acesso às funções típicas do Poder Judiciário. Afinal, ainda que a omissão envolva a inércia de outros poderes, há prejuízo do exercício da função jurisdicional.

2.5.2 Quanto à extensão da omissão.

Em relação a este critério, o objetivo é classificar as omissões inconstitucionais em relação à extensão ou profundidade da omissão. Diz-se total ou absoluta a omissão quando a providência exigida constitucionalmente não é realizada, e parcial quando a providência é realizada, mas de forma insuficiente para atender ao comando constitucional. A seguir, pretende-se discutir de forma aprofundada as particularidades de cada uma das modalidades de descumprimento das imposições do texto constitucional.

2.5.2.1 Inconstitucionalidade por omissão total

Trata-se, aqui, de um inadimplemento absoluto do dever constitucional de agir. Aqui podemos identificar diversos exemplos, como o art. 37, VII, relativo à greve dos servidores públicos, e o revogado art. 192, § 3º da Constituição Federal, que dependia de lei para limitação da taxa de juros a 12% ao ano, conforme se depreende da Súmula

Vinculante nº 07 do Supremo Tribunal Federal[332] e Súmula 648 do mesmo Tribunal[333].

Segundo o professor Luís Roberto Barroso, existem, em tese, três possibilidades de atuação judicial em face das omissões totais: (a) reconhecer autoaplicabilidade à norma constitucional e fazê-la incidir diretamente; (b) apenas declarar a existência da omissão, constituindo em mora o órgão competente para saná-la; (c) não sendo a norma autoaplicável, criar para o caso concreto a regra faltante[334].

No primeiro caso, o tribunal reconhece que a norma possui densidade jurídica suficiente para ser aplicada, embora normalmente se dê um prazo para que o órgão omisso possa suprir a lacuna. Foi o que ocorreu no julgamento do Mandado de Injunção **nº 283, da relatoria do Min. Sepúlveda Pertence:**

> "Mandado de Injunção: mora legislativa na edição da lei necessaria ao gozo do direito a reparação econômica contra a União, outorgado pelo art. 8., par. 3., ADCT: deferimento parcial, com estabelecimento de prazo para a purgação da mora e, caso subsista a lacuna, facultando o titular do direito obstado a obter, em juízo, contra a União, sentença liquida de indenização por perdas e danos. 1. O STF admite - não obstante a natureza mandamental do Mandado de Injunção (MI 107 - QO) - que, no pedido constitutivo ou condenatório, formulado pelo impetrante, mas, de atendimento impossivel, se contem o pedido, de atendimento possivel, de declaração de inconstitucionalidade da omissão normativa, com ciencia ao órgão competente para que a supra (cf. Mandados de Injunção 168, 107 e 232). 2. A norma constitucional invocada (ADCT, art. 8., par. 3. - "Aos cidadaos que foram impedidos de exercer, na vida civil, atividade profissional especifica, em decorrência das Portarias Reservadas do Ministério da Aeronáutica n. S-50-GM5, de 19 de junho de 1964,

---

332. BRASIL. STF. Súmula Vinculante nº 7: "A norma do §3º do artigo 192 da Constituição, revogada pela Emenda Constitucional nº 40/2003, que limitava a taxa de juros reais a 12% ao ano, tinha sua aplicação condicionada à edição de lei complementar".
333. SÚMULA Nº 648. A norma do § 3º do art. 192 da constituição, revogada pela emenda constitucional 40/2003, que limitava a taxa de juros reais a 12% ao ano, tinha sua aplicabilidade condicionada à edição de lei complementar.
334. BARROSO, Luís Roberto. **O controle de constitucionalidade no direito brasileiro**. 5ª edição. São Paulo: Saraiva, 2011, p. 57.

e n. S-285-GM5 será concedida reparação econômica, na forma que dispuser lei de iniciativa do Congresso Nacional e a entrar em vigor no prazo de doze meses a contar da promulgação da Constituição" - vencido o prazo nela previsto, legitima o beneficiario da reparação mandada conceder a impetrar Mandado de Injunção, dada a existência, no caso, de um direito subjetivo constitucional de exercício obstado pela omissão legislativa denunciada. 3. Se o sujeito passivo do direito constitucional obstado e a entidade estatal a qual igualmente se deva imputar a mora legislativa que obsta ao seu exercício, e dado ao Judiciario, ao deferir a injunção, somar, aos seus efeitos mandamentais tipicos, o provimento necessario a acautelar o interessado contra a eventualidade de não se ultimar o processo legislativo, no prazo razoável que fixar, de modo a facultar-lhe, quanto possivel, a satisfação provisoria do seu direito. 4. Premissas, de que resultam, na espécie, o deferimento do Mandado de Injunção para: a) declarar em mora o legislador com relação a ordem de legislar contida no art. 8., par. 3., ADCT, comunicando-o ao Congresso Nacional e a Presidencia da Republica; b) assinar o prazo de 45 dias, mais 15 dias para a sanção presidencial, a fim de que se ultime o processo legislativo da lei reclamada; c) se ultrapassado o prazo acima, sem que esteja promulgada a lei, reconhecer ao impetrante a faculdade de obter, contra a União, pela via processual adequada, sentença liquida de condenação a reparação constitucional devida, pelas perdas e danos que se arbitrem; d) declarar que, prolatada a condenação, a superveniencia de lei não prejudicara a coisa julgada, que, entretanto, não impedira o impetrante de obter os benefícios da lei posterior, nos pontos em que lhe for mais favoravel." [335] (grifo nosso)

A primeira possibilidade também é a que se costuma invocar no caso de demandas envolvendo inconstitucionalidade por omissão na garantia de direitos fundamentais sociais, o que normalmente é feito em sede de controle difuso de constitucionalidade em demandas individuais, fora dos instrumentos típicos de controle. Um exemplo pode ser identificado no Recurso Extraordinário nº 488.208, tendo o STF decidido em favor da pretensão do Ministério Público em Ação Civil Pública para obrigar o Município de Florianópolis a criar dois

---

335. BRASIL. STF. **Mandado de Injunção nº 283**. Rel. Min. Sepúlveda Pertence. J. 20/03/1991. DJ 14/11/1991.

Capítulo 2 • O FENÔMENO DA INCONSTITUCIONALIDADE POR OMISSÃO

conselhos tutelares e disponibilizar recursos materiais e humanos aos já existentes. Eis a ementa do julgado:

> EMENTA: CRIANÇAS E ADOLESCENTES. DEVER DE PROTEÇÃO INTEGRAL À INFÂNCIA E À JUVENTUDE. OBRIGAÇÃO CONSTITUCIONAL QUE SE IMPÕE AO PODER PÚBLICO. CRIAÇÃO DE DOIS NOVOS CONSELHOS TUTELARES E DISPONIBILIZAÇÃO, PELO MUNICÍPIO DE FLORIANÓPOLIS, DE RECURSOS MATERIAIS E HUMANOS AOS CONSELHOS JÁ EXISTENTES (SETORES ILHA E CONTINENTE). CONFIGURAÇÃO, NO CASO, DE TÍPICA HIPÓTESE DE OMISSÃO INCONSTITUCIONAL IMPUTÁVEL AO MUNICÍPIO. DESRESPEITO À CONSTITUIÇÃO PROVOCADO POR INÉRCIA ESTATAL (RTJ183/818-819). COMPORTAMENTO QUE TRANSGRIDE A AUTORIDADE DA LEI FUNDAMENTAL (RTJ 185/794-796). IMPOSSIBILIDADE DE INVOCAÇÃO, PELO PODER PÚBLICO, DA CLÁUSULA DA RESERVA DO POSSÍVEL SEMPRE QUE PUDER RESULTAR, DE SUA APLICAÇÃO, COMPROMETIMENTO DO NÚCLEO BÁSICO QUE QUALIFICA O MÍNIMO EXISTENCIAL (RTJ 200/191-197). O PAPEL DO PODER JUDICIÁRIO NA IMPLEMENTAÇÃO DE POLÍTICAS PÚBLICAS INSTITUÍDAS PELA CONSTITUIÇÃO E NÃO EFETIVADAS PELO PODER PÚBLICO. A FÓRMULA DA RESERVA DO POSSÍVEL NA PERSPECTIVA DA TEORIA DOS CUSTOS DOS DIREITOS: IMPOSSIBILIDADE DE SUA INVOCAÇÃO PARA LEGITIMAR O INJUSTO INADIMPLEMENTO DE DEVERES ESTATAIS DE PRESTAÇÃO CONSTITUCIONALMENTE IMPOSTOS AO ESTADO. A TEORIA DA "RESTRIÇÃO DAS RESTRIÇÕES" (OU DA "LIMITAÇÃO DAS LIMITAÇÕES"). CARÁTER COGENTE E VINCULANTE DAS NORMAS CONSTITUCIONAIS, INCLUSIVE DAQUELAS DE CONTEÚDO PROGRAMÁTICO, QUE VEICULAM DIRETRIZES DE POLÍTICAS PÚBLICAS (CF, ART. 227). A COLMATAÇÃO DE OMISSÕES INCONSTITUCIONAIS COMO NECESSIDADE INSTITUCIONAL FUNDADA EM COMPORTAMENTO AFIRMATIVO DOS JUÍZES E TRIBUNAIS E DE QUE RESULTA UMA POSITIVA CRIAÇÃO JURISPRUDENCIAL DO DIREITO. CONTROLE JURISDICIONAL DE LEGITIMIDADE SOBRE A OMISSÃO DO ESTADO: ATIVIDADE DE FISCALIZAÇÃO JUDICIAL QUE SE JUSTIFICA PELA NECESSIDADE DE OBSERVÂNCIA

DE CERTOS PARÂMETROS CONSTITUCIONAIS (PROIBI-
ÇÃO DE RETROCESSO SOCIAL, PROTEÇÃO AO MÍNIMO
EXISTENCIAL, VEDAÇÃO DA PROIBIÇÃO INSUFICIENTE
E PROIBIÇÃO DE EXCESSO). DOUTRINA. PRECEDENTES
DO SUPREMO TRIBUNAL FEDERAL EM TEMA DE IM-
PLEMENTAÇÃO DE POLÍTICAS PÚBLICAS DELINEADAS
NA CONSTITUIÇÃO DA REPÚBLICA (RTJ 174/687 – RTJ
175/1212-1213 – RTJ 199/1219-1220). POSSIBILIDADE JURÍ-
DICO-PROCESSUAL DE UTILIZAÇÃO DAS "ASTREINTES"
(CPC , ART. 461, § 5º) COMO MEIO COERCITIVO INDIRE-
TO. DOUTRINA. JURISPRUDÊNCIA. PRECEDENTE DO STF.
RECURSO EXTRAORDINÁRIO DO MINISTÉRIO PÚBLICO
ESTADUAL CONHECIDO E PROVIDO[336].

A segunda hipótese, de apenas reconhecer a existência da omissão e declarar a mora do órgão responsável para saná-la, é a que encontra amparo pela jurisprudência do Supremo Tribunal Federal no âmbito das Ações Diretas de Inconstitucionalidade por Omissão, conforme será aprofundado quando do estudo dos instrumentos de controle em espécie.

Por fim, a terceira possibilidade de atuação possível foi, durante muito tempo, rejeitada pela jurisprudência do Supremo Tribunal Federal. Com o tempo, contudo, passou-se a adotar em relação ao Mandado de Injunção uma posição dita "concretista", por meio da qual o Judiciário supre a omissão inconstitucional para possibilitar ao impetrante o exercício do direito. Indo além, a partir do julgamento dos mandados de injunção nº 670, 708 e 712[337], o Tribunal passou a adotar uma posição *concretista geral* em relação à tutela dos direitos fundamentais cujo exercício seja prejudicado pela omissão. Teremos a oportunidade de aprofundar todas as correntes doutrinárias e juris-prudenciais acerca dos efeitos das decisões no controle das omissões constitucionais, em capítulo próprio. Por hora, registre-se apenas que a terceira dentre as possibilidades enumeradas pelo professor Barroso

---

336. BRASIL. STF. **RE nº 488.208**. Rel. Min. Celso de Mello. J. 01/07/2013.
337. BRASIL. STF. **Mandado de Injunção nº 670**. Rel. Min. Gilmar Mendes. J. 25/10/2007. BRA-SIL. STF. **Mandado de Injunção nº 708**. Rel. Min. Gilmar Mendes. J. 25/10/2007BRASIL. STF. **Mandado de Injunção nº 712**. Rel. Min. Eros Grau. J. 25/10/2007. Cf. Informativo nº 485 do STF.

é adotada, no Brasil somente no julgamento do Mandado de Injunção, e pressupõe uma omissão de natureza *normativa*.

2.5.2.2 Inconstitucionalidade por omissão parcial (relativa e propriamente dita)

O inadimplemento aqui não é absoluto. Na omissão parcial a norma ou ato existe, mas atende de forma deficiente o comando constitucional.

Há, em primeiro lugar, um problema. A afirmação de que o legislador não cumpriu de forma *integral* um dever constitucional de legislar contém implicitamente uma censura da própria norma. Portanto, a declaração de inconstitucionalidade da omissão parcial, seja no Mandado de Injunção, seja na Ação Direta de Inconstitucionalidade por Omissão, contém também a declaração de inconstitucionalidade da lei *por ação*[338]. Tal zona de incerteza traz algumas dificuldades em relação às formas de superar o estado de inconstitucionalidade decorrente da omissão. Afinal, a declaração de nulidade certamente agravaria o estado de inconstitucionalidade, pois onde antes havia uma norma que atendia de forma insuficiente os ditames da Constituição, agora não haverá norma alguma. Justamente por isso, desenvolver técnicas de decisão apropriadas para lidar com a omissão parcial tem sido um dos maiores problemas teóricos enfrentados pela jurisdição constitucional contemporânea[339].

---

338. A doutrina estrangeira traz algumas contribuições para distinguir a inconstitucionalidade por omissão parcial relativa e a inconstitucionalidade por ação. Canotilho, por exemplo, sustenta que o parâmetro adequado seria a *intenção do legislador*. Caso este tenha optado por uma discriminação intencional de determinada categoria, a inconstitucionalidade seria por ação. Caso a violação ao princípio da igualdade decorra de uma má apreciação dos fatos, estar-se-ia diante de inconstitucionalidade por omissão. Contudo, Victor Bazán sustenta, com razão, que muitas vezes é difícil identificar a verdadeira intenção do legislador. Para o autor, mais adequado seria verificar se o enunciado da norma exclui expressamente determinada categoria (configurando inconstitucionalidade por ação) ou simplesmente deixa de contemplá-la (inconstitucionalidade por omissão). BAZAN, Víctor. **Control de las Omisiones Inconstitucionalies e Inconvencionales. Recorrido por el derecho y la jurisprudencia americanos y europeos**. Bogotá: Fundação Konrad Adenauer, 2014, p. 124 e ss.

339. MENDES, Gilmar Ferreira; BRANCO, Paulo Gustavo Gonet; COELHO, Inocêncio Mártires. **Curso de Direito Constitucional**. Op. Cit., p. 1241-1243.

Teremos a oportunidade de aprofundar o tema ao tratar dos instrumentos de controle da inconstitucionalidade por omissão, no capítulo seguinte. Por ora, tratemos das subespécies de omissão parcial, que podem ser duas: (i) a omissão parcial propriamente dita e (ii) a omissão parcial relativa. Ambas encontram amparo tanto no direito brasileiro quanto na experiência constitucional alemã[340].

A omissão parcial propriamente dita ocorre quando a norma satisfaz de forma insuficiente o comando constitucional, por insuficiência ou deficiência do texto. Aqui se encaixa o sempre citado exemplo do salário mínimo. O art. 7º, IV[341] da Constituição Federal determina que o salário mínimo deverá atender todas as necessidades vitais básicas do trabalhador e sua família, com moradia, alimentação, educação, saúde, lazer, vestuário, higiene, transporte e previdência social. Contudo, é público e notório que, no Brasil, o valor fixado para o salário mínimo não atende tais necessidades básicas e, em verdade, sequer se aproxima disso. Tal situação já foi objeto de Ação Direta de Inconstitucionalidade por Omissão[342].

Já a omissão parcial relativa, por sua vez, ocorre quando a lei ou ato normativo não incide de forma ampla o suficiente para abranger determinada categoria que deveria ter sido contemplada. Há aqui, em *ultima ratio*, violação ao princípio da isonomia. O *leading case* no qual se reconheceu essa possibilidade foi a ADI nº 526[343], proposta contra a MP nº 296/91, que concedeu aumento de remuneração somente aos servidores públicos militares, quando o benefício deveria se estender também aos servidores públicos civis, por força da antiga redação do art. 37, X, antes da EC 19/1998[344].

---

340. MENDES, Gilmar Ferreira. **Jurisdição Constitucional. O Controle Abstrato de Normas no Brasil e na Alemanha**. São Paulo: Saraiva, 2009, p. 267-287.

341. Art. 7º São direitos dos trabalhadores urbanos e rurais, além de outros que visem à melhoria de sua condição social: (...) IV - salário mínimo, fixado em lei, nacionalmente unificado, capaz de atender a suas necessidades vitais básicas e às de sua família com moradia, alimentação, educação, saúde, lazer, vestuário, higiene, transporte e previdência social, com reajustes periódicos que lhe preservem o poder aquisitivo, sendo vedada sua vinculação para qualquer fim; (...) BRASIL. **Constituição Federal**. *Op. Cit.*

342. BRASIL. STF. **ADI 1458 MC**. Rel. Min. Celso de Mello. J. 23/05/1996. DJ 20/09/1996.

343. BRASIL. STF. **ADI nº 526**. Rel. Min. Sepúlveda Pertence. J. 12/02/1991. DJ 05/03/1993.

344. A antiga redação era a seguinte: X - a revisão geral da remuneração dos servidores públicos, sem distinção de índices entre servidores públicos civis e militares, far-se-á sempre na mesma

Percebe-se que em relação a ambos as subespécies de inconstitucionalidade por omissão parcial, a técnica tradicional de declaração de nulidade não se mostraria adequada, seja por resultar em uma situação na qual não teríamos qualquer tipo de salário mínimo, seja pelo fato de que o benefício seria excluído para todos os seus possíveis titulares.

Luís Roberto Barroso entende que na hipótese de inconstitucionalidade por omissão parcial, três são as possibilidades de atuação judicial: (a) a declaração da inconstitucionalidade por ação da lei que criou a desequiparação; (b) a declaração de inconstitucionalidade por omissão parcial da lei, com ciência ao órgão legislador para tomar as providências necessárias; (c) extensão do benefício à categoria dele excluída[345].

A primeira hipótese, como já visto, é a mais problemática. A segunda hipótese é a que parece ser a acolhida pelo Supremo Tribunal Federal em sede de Ação Direta de Inconstitucionalidade por Omissão. A terceira possibilidade, contudo, é rejeitada, tendo em vista a violação da separação constitucional entre os poderes. É o entendimento sedimentado pela Súmula 339 do STF (recentemente convertida na Súmula Vinculante nº 37), e que normalmente serve de fundamento para justificar a impossibilidade de se adotar tal posicionamento[346].

2.5.3 Quanto ao parâmetro de controle.

Cuida-se aqui de classificar a inconstitucionalidade por omissão de acordo com a norma da qual se extrai a obrigação ou comando constitucional destinado ao Estado. O primeiro e mais óbvio dos parâmetros de controle é a Constituição Federal, embora o texto extravagante de Emendas à Constituição também constitua um repositório de obrigações positivas direcionadas aos Poderes cons-

---

data. Após a EC 19/98, a redação foi modificada pela de seguinte teor: X - a remuneração dos servidores públicos e o subsídio de que trata o § 4º do art. 39 somente poderão ser fixados ou alterados por lei específica, observada a iniciativa privativa em cada caso, assegurada revisão geral anual, sempre na mesma data e sem distinção de índices; (Redação dada pela Emenda Constitucional nº 19, de 1998) BRASIL. **Constituição Federal**. *Op. Cit.*

345. BARROSO, Luís Roberto. **O controle de constitucionalidade no direito brasileiro**. 5ª edição. São Paulo: Saraiva, 2011, p. 59.
346. " Não cabe ao poder judiciário, que não tem função legislativa, aumentar vencimentos de servidores públicos sob fundamento de isonomia.".

tituídos, o que nem sempre é lembrado. O segundo diz respeito às Constituições Estaduais e os mandamentos constitucionais aptos a conformar a atuação dos poderes constituídos em âmbito estadual. Por fim, discute-se de que forma tratados internacionais de direitos humanos também podem ser identificados enquanto fundamento do controle das omissões inconstitucionais.

2.5.3.1 Constituição Federal.

Com 250 artigos em seu corpo e 97 artigos no Ato das Disposições Constitucionais Transitórias, a Constituição Federal de 1988 é frequentemente classificada pela Teoria da Constituição não apenas como dirigente ou programática, mas também como *analítica, prolixa, ampla, extensa, volumosa* ou *inchada*[347]. Seja como for, não há como fazer um juízo de valor otimista ou pessimista sobre a extensão do texto constitucional sem considerar as circunstâncias históricas do surgimento da Constituição. Após um período de crise das instituições democráticas, parece natural que se queira retirar do alcance das maiorias políticas ocasionais um rol extenso de matérias, vinculando, também, programas de atuação capazes de subordinar a vontade estatal.

Não obstante a possibilidade de se justificar a extensão da Constituição a partir do processo político de seu surgimento, o professor Daniel Sarmento apresenta críticas incisivas ao processo de inflação do texto constitucional. Para o autor, a inclusão de decisões políticas conjunturais e interesses corporativos na Constituição produz consequência negativa de a cada mudança no equilíbrio das forças políticas, novas Emendas Constitucionais são editadas, além de tornar a Carta Magna matéria de política ordinária. Tal processo de "banalização" das normas constitucionais resulta também naquilo que o professor jocosamente chamou de "carnavalização" da Constituição, na medida em que a euforia pelos princípios resulta na negligência dos juízes

---

347. SARLET; Ingo Wolfgang; MARINONI, Luiz Guilherme; MITIDIERO, Daniel. **Curso de Direito Constitucional**. 2ª edição. São Paulo: Revista dos Tribunais, 2013, p. 68; BARROSO, Luís Roberto. **Curso de Direito Constitucional Contemporâneo**. 1ª edição, 4ª tiragem. Rio de Janeiro: Renovar, 2009, p. 81-82; SOUZA NETO, Cláudio Pereira de. SARMENTO, Daniel. **Direito Constitucional – Teoria, História e Métodos de Trabalho**. Belo Horizonte: Fórum, 2012, p. 56-57; LENZA, Pedro. **Direito Constitucional Esquematizado**. 15ª edição. São Paulo: Saraiva, p. 83, dentre outros.

em seu dever de fundamentação racional, abrindo espaço para o decisionismo judicial[348].

Em relação ao tema da inconstitucionalidade por omissão, é certo que quanto mais deveres constitucionais de agir a norma fundamental impõe aos Poderes constituídos, maior a distância entre *norma e realidade*. Ainda que a Constituição pretenda atuar como força transformadora da sociedade rumo a determinado projeto de evolução política e social, não é demais lembrar que tal força normativa deve considerar (i) o *condicionamento recíproco* entre a Constituição jurídica e a realidade político-social; (ii) os *limites e possibilidades* de atuação da Constituição jurídica; (iii) os *pressupostos de eficácia* da Constituição[349].

À luz do que se afirma, pode parecer óbvia a afirmação de que quanto mais programas, deveres e obrigações são impostos pela Constituição, maior será a dificuldade para alcança-los. Mas é de se questionar se tal afirmação é mesmo óbvia, na medida em que tramitam propostas de inclusão de conceitos como "*o direito à felicidade*" no catálogo de direitos do art. 6º da Constituição[350]. O compromisso em realizar a Constituição deve ser acompanhado de uma visão realista dos limites e possibilidades de realização de suas normas, evitando--se a euforia em densificar o catálogo de deveres constitucionais com programas de atuação meramente retóricos.

Ressalvadas as críticas que se fizeram necessárias, a Constituição Federal é a norma mais frequentemente invocada como parâmetro de validade do controle de constitucionalidade por ação e também por omissão na prática da jurisdição constitucional. As imposições contidas na Carta Magna podem servir de parâmetro de controle para condutas omissivas de quaisquer dos três poderes, nas três esferas da federação, seja por meio de instrumentos típicos (Mandado de Injunção, Ação Direta de Inconstitucionalidade por Omissão por condutas omissivas do Estado e União) ou atipicamente, por meio

---

348. SARMENTO, Daniel. Ubiqüidade Constitucional: Os Dois Lados da Moeda. In: SOUZA NETO, Cláudio Pereira de; SARMENTO, Daniel. **A Constitucionalização do Direito. Fundamentos teóricos e aplicações específicas.** Rio de Janeiro: Lúmen Juris, 2007, p. 113-148.
349. HESSE, Konrad., *Op. Cit.*, p. 126-127.
350. Trata-se de PEC nº 19/2010.

do controle difuso de constitucionalidade incidental à solução de casos concretos.

2.5.3.1.1 Emendas à Constituição Federal e normas extravagantes

Não obstante a Constituição Federal já ser consideravelmente analítica, é possível identificar deveres constitucionais expressos ou implícitos em normas constitucionais extravagantes. Vale dizer, textos que de Emendas à Constituição (e, por isso, possuem hierarquia e natureza de norma constitucional), mas não integram, formalmente, o corpo da Constituição Federal. O debate não é de natureza unicamente teórica. Recentemente o Ministro Dias Toffoli proferiu decisão monocrática em Medida Cautelar na Ação Direta de Inconstitucionalidade por Omissão nº 24, tendo como objeto a mora legislativa na elaboração da lei de defesa dos usuários de serviços públicos, prevista no art. 27 da EC 19/98[351]. Longe de somente modificar artigos da Constituição Federal, a referida Emenda contém diversas normas extravagantes. O art. 27, por exemplo, prevê que o *"Congresso Nacional, dentro de cento e vinte dias da promulgação desta Emenda, elaborará lei de defesa do usuário de serviços públicos"*, de forma bastante similar ao art. 48 do ADCT[352].

Do ponto de vista formal, não se vê maiores problemas em admitir que tais normas sejam consideradas parâmetro de controle de constitucionalidade por ação ou omissão, eis que fruto do exercício do Poder Constituinte Derivado. O grande problema é que se a Constituição brasileira já é vista como inflada e repleta de comandos constitucionais de difícil concretização a curto prazo, a previsão de programas de atuação em normas esparsas amplia cada vez mais o abismo entre norma e realidade. Não somente pela dificuldade de concretização de obrigações adicionais no catálogo programático da

---

351. BRASIL. STF. ADO 24/MC DF. Rel. Min. Dias Toffoli. Vide a notícia: disponível em: <http://www.stf.jus.br/portal/cms/verNoticiaDetalhe.asp?idConteudo=242679>. Acesso em: 03/07/2013.

352. "Modifica o regime e dispõe sobre princípios e normas da Administração Pública, servidores e agentes políticos, controle de despesas e finanças públicas e custeio de atividades a cargo do Distrito Federal, e dá outras providências." BRASIL. **Emenda Constitucional nº 19 de 04 de junho de 1998**. Disponível em: <http://www.planalto.gov.br/ccivil_03/constituicao/Emendas/Emc/emc19.htm>. Acesso em: 03/07/2013.

Carta Magna, mas também pela dificuldade para que a sociedade de intérpretes da Constituição acompanhe e exija a execução de tais programas.

2.5.3.2 Constituições Estaduais.

Também as Constituições Estaduais consagram diversos programas, diretrizes, obrigações e deveres de atuação aos três Poderes, no âmbito dos Estados e Municípios localizados no respectivo território. A despeito da riqueza das experiências com o controle de constitucionalidade no âmbito estadual, a matéria não costuma ser objeto de muita atenção dos juristas dedicados ao estudo da jurisdição constitucional, com algumas notáveis exceções[353]. Isso certamente se deve ao modelo federativo centralizador adotado pela Constituição Brasileira, somado a uma visão ampliativa do princípio da simetria pelo Supremo Tribunal Federal, deixando pouco espaço de atuação para as esferas descentralizadas de exercício do Poder.

Não obstante, a valorização do constitucionalismo estadual e municipal vem sendo abraçada com entusiasmo por alguns juristas, a exemplo do professor Gustavo Sampaio Telles Ferreira, defensor do alargamento da margem de competências administrativas e legislativas de certos municípios que, em razão de sua dimensão e complexidade das relações jurídicas neles desenvolvidas, justificariam um status constitucional próprio em modelos de cidade-*estado*[354].

Por contingência da absoluta limitação de objeto desta dissertação, não serão tecidas considerações profundas sobre o modelo brasileiro de federação. O que se quer consignar, por hora, é que em relação ao tema da inconstitucionalidade por omissão é possível identificar questões dignas de reflexões e particularidades úteis para o aprimoramento do modelo federal. Tais questões serão trabalhadas de forma mais aprofundada no capítulo destinado aos instrumentos de controle em espécie. De fato, a despeito das diretrizes traçadas

---

353. Vide por exemplo, LEONCY, Léo Ferreira. **Controle de Constitucionalidade Estadual. As normas de observância obrigatória e defesa abstrata da Constituição do Estado-membro.** São Paulo: Saraiva, 2007.
354. FERREIRA, Gustavo Sampaio Telles. **Federalismo Constitucional e Reforma Federativa. Poder Local e Cidade-Estado.** Rio de Janeiro: Lúmen Juris, 2012.

pela Constituição Federal subordinarem as opções políticas de toda a federação, somente a Constituição Estadual seria capaz de capturar e positivar aspectos próprios da realidade dos entes federativos de modo a consagrar um dirigismo constitucional adequado a tais particularidades.

2.5.3.3 Tratados Internacionais de Direitos Humanos.

Também os tratados internacionais sobre direitos humanos incorporados na forma do art. 5º, § 3º da Constituição podem servir de parâmetro do controle de constitucionalidade por omissão. Ao serem equiparados a Emendas Constitucionais, os referidos tratados passam a subordinar as opções políticas dos poderes constituídos e a consagrar obrigações jurídicas de cunho positivo, exigíveis por meio dos instrumentos de controle da inconstitucionalidade por omissão. O único ato normativo incorporado na forma do art. 5º, § 3º, a Convenção sobre Pessoas com Deficiência de Nova Iorque (único tratado incorporado na forma do art. 5º, § 3º da Constituição[355]), traz diversas normas em relação as quais poder-se-ia configurar inconstitucionalidade por omissão, conforme já mencionado em ponto anterior deste trabalho.

Menções específicas de "medidas legislativas" (art. 4, 1. "a" e "b") e "direitos sociais" (art. 4, 2) permitem concluir que convenções internacionais sobre direitos humanos podem ser violadas também por *omissão* estatal. É claro que o exemplo escolhido diz respeito a norma que, coincidentemente, integra também o *bloco de constitucionalidade* brasileiro, por força do procedimento de incorporação previsto no art. 5º, § 3º da Constituição. Significa dizer que a hipótese não se afastaria muito do controle de constitucionalidade por omissão pelos instrumentos típicos da Ação Direta de Inconstitucionalidade por Omissão e Mandado de Injunção.

A questão adquire contornos de maior complexidade diante de hipóteses, por exemplo, de *supralegalidade*. Conforme consignado

---

355. Brasil. Decreto Legislativo nº 186, de 9 de julho de 2008. Disponível em: >http://www.planalto.gov.br/ccivil_03/Congresso/DLG186-2008.htm>. Acesso em: 13/06/2013. Brasil. Decreto 6.449 de 25 de agosto de 2009. Disponível em: <http://www.planalto.gov.br/ccivil_03/_ato2007-2010/2009/decreto/d6949.htm>. Acesso em: 13/06/2013.

pela jurisprudência do Supremo Tribunal Federal em alguns casos paradigmáticos, normas sobre direitos humanos anteriores à EC 45/2004 e que não tenham sido incorporadas na forma do art. 5º, § 3º da Constituição possuem status normativo inferior ao texto constitucional, mas superior à legislação ordinária. Nesses casos, não se estaria diante de uma inconstitucionalidade por omissão, mas tão somente diante de *inconvencionalidade por omissão*, não tutelável pelos instrumentos típicos de controle das omissões inconstitucionais.

2.5.4 Inconstitucionalidade por omissão (legislativa) e perspectivas externa e interna

Especificamente sobre a omissão de natureza *legislativa*, a professora Vanice Regina Lírio Do Valle, em tese de doutorado sobre o tema, propõe uma classificação própria, analisando o fenômeno sob uma perspectiva *externa* e uma perspectiva *interna* à norma parâmetro de controle. Segundo a autora:

> "Um primeiro recorte teórico que se pode empreender na aproximação das categorias ofertas pela doutrina distingue, de um lado, aquelas que observam o fenômeno da ausência de norma a partir de uma perspectiva externa ou relacional. Externa porque têm em conta elementos distintos do conteúdo para ela prevista ou existente; e relacional porque envolve a interface entre a conduta (negativa ou positiva) do legislador com outros elementos legislativos ou externos a esse mesmo sistema. De outro lado, no traçado de um recorte teórico às próprias classificações, é possível reunir aquelas que analisam o vazio normativo sob o ponto de vista interno; que tem por referência justamente o conteúdo recomendado pela Carta de Base e não havido, concretamente, no todo ou em parte."[356]

A perspectiva externa possui três categorias possíveis de classificação da inconstitucionalidade por omissão legislativa: quanto às condições externas de formulação do juízo político (omissões *evitáveis* e omissões *inevitáveis*); quanto ao objeto de criação manifesto

---

356. VALLE, Vanice Regina Lírio do. **Sindicar a Omissão Legislativa. Real Desafio à Harmonia Entre os Poderes**. Belo Horizonte: Fórum, 2007, p. 166-167.

da ação legislativa (omissões *institucionais* e *não institucionais*) e quanto à possibilidade de transposição do vazio normativo (omissões *superáveis* e *insuperáveis*).

Quanto às *condições externas de formulação do juízo politico*, seriam *evitáveis* as omissões sujeitas ao juízo de discricionariedade do Legislador, e *inevitáveis* as omissões escusáveis pela ausência de fatores indispensáveis para a concretização do comando constitucional. Quanto à *possibilidade de transposição do vazio normativo*, distinguem-se as omissões legislativas *"superáveis ou substituíveis"*, e as *"insuperáveis ou insubstituíveis"*, de acordo com a possibilidade de solução através das próprias normas vigentes ou institutos jurídicos capazes de suprir a lacuna normativa. Quanto ao *objeto de criação da ação legislativa*, seria possível distinguir omissões institucionais (omissões na criação de órgão ou entidade pública) e *"não institucionais"* (as demais).

Das categorias propostas para a perspectiva externa, percebe-se que aquela referente às condições externas de formulação do juízo político permitem reflexões mais precisas na perspectiva de diálogos entre os Poderes constituídos, na medida em que se permite reconhecer que determinada omissão inconstitucional se encontra fora das capacidades institucionais entre os poderes. A classificação sobre a possibilidade de transposição do vazio normativo também permite refletir de forma mais profunda sobre eventual autoaplicabilidade da norma, a justificar tutela jurisdicional distinta dos instrumentos típicos de controle das omissões (ADO e MI).

Da *perspectiva interna* à norma, a autora classifica as omissões quanto à existência da ação legislativa (*inexistente* ou *insuficiente*). *Inexistente* diria respeito, como é intuitivo, à omissão total ou absoluta em relação a determinado comando constitucional. *Insuficiente* diz respeito à ação legislativa que, apesar de existente, não cumpre a imposição constitucional de forma plena. A autora propõe, então, três subclassificações no caso de ação legislativa existente, mas insuficiente: *quanto ao preceito constitucional violado* (distinguindo as violações ao princípio da igualdade e as demais omissões inconstitucionais); *quanto à proporcionalidade entre a norma parcial e os propósitos constitucionalmente traçados* (proporcional ou desproporcional); e *quanto à existência de margem de discricionariedade a ser exercida pelo legislador* (margem ampla e margem reduzida).

Da perspectiva interna, as subclassificações da *ação legislativa insuficiente* (que se equipara às omissões parciais na classificação doutrinária tradicional, conforme debatido em 2.5.2.2) também permitem reflexões importantes, especialmente sobre a *margem de discricionariedade a ser exercida pelo legislador*, a justificar maior ou menor autocontenção judicial ao proferir decisões que supram determinada lacuna por meio de decisões judiciais.

2.5.5. "Estado de coisas inconstitucional".

Mais recentemente, ganhou fôlego no Brasil o debate sobre uma nova categoria de omissão estatal inconstitucional, o chamado "estado de coisas inconstitucional". A expressão foi cunhada pela Corte Constitucional da Colômbia, tendo sido aprofundada no Brasil, inicialmente, a partir de pesquisas de Carlos Alexandre de Azevedo Campos. Segundo o referido autor, a visão tradicional de inconstitucionalidade por omissão é insuficiente para descrever de maneira satisfatória o fenômeno, pois ignoraria que, além de omissões legislativas e administrativas, situações de omissão poderiam decorrer de falhas de coordenação entre o Legislativo e Executivo, resultando em deficiência na consecução de políticas públicas constitucionalmente impostas. Diante da persistência de tal situação de proteção deficiente de direitos fundamentais, bem como da ausência de capacidades institucionais de todos os envolvidos, têm-se o chamado "estado de coisas inconstitucional"[357].

Segundo o autor, três seriam os pressupostos para o reconhecimento do "estado de coisas inconstitucional":

> Em síntese, são três os pressupostos do Estado de Coisas Inconstitucional: a constatação de um quadro não simplesmente de proteção deficiente, e sim de violação massiva, generalizada e sistemática de direitos fundamentais, que afeta a um número

---

357. CAMPOS, Carlos Alexandre de Azevedo. **Da inconstitucionalidade por omissão ao "Estado de coisas inconstitucional"**. Tese de doutorado. Universidade do Estado do Rio de Janeiro, 2015.

amplo de pessoas; a falta de coordenação entre medidas legislativas, administrativas, orçamentárias e até judiciais, verdadeira "falha estatal estrutural", que gera tanto a violação sistemática dos direitos, quanto a perpetuação e agravamento da situação; a superação dessas violações de direitos exige a expedição de remédios e ordens dirigidas não apenas a um órgão, e sim a uma pluralidade destes — são necessárias mudanças estruturais, novas políticas públicas ou o ajuste das existentes, alocação de recursos etc.[358]

A consequência prática de se reconhecer o "estado de coisas inconstitucional" seria a utilização de "remédios estruturais" para lidar com as violações de direitos fundamentais decorrentes da omissão. Carlos Alexandre de Azevedo Campos exemplifica tais medidas a partir da experiência colombiana:

> "Presente, portanto, litígio estrutural da espécie, o juiz constitucional não tem alternativa senão exigir a formulação de políticas públicas minimamente operantes, independentemente da existência de ordens constitucionais expressas de legislar e de formulação de políticas públicas. A corte deve superar o vazio de políticas públicas que "contribua a perpetuar (ou, inclusive, aprofundar) violações graves e reiteradas de direitos humanos. (...) Como resumido pelo magistrado Cepeda Espinosa na Sentencia T - 025, de 2004, referindo-se ao histórico de remédios estruturais expedidos pela Corte Constitucional, por meio desses o juiz determina: 1) o desenho e a implementação de políticas, planos e programas que assegurem de maneira adequada os direitos fundamentais cujo gozo efetivo depende da superação do estado de cosias inconstitucional; 2) a apropriação dos recursos orçamentários necessários para assegurar o sucesso dessas políticas e o gozo efetivo de tais direitos; 3) a modificação das práticas, falhas de organização e de procedimento que resultam em violação à Constituição; a reforma do marco jurídico cujas falhas têm contribuído ao estado de coisas inconstitucional; e 5) a realização dos trâmites administrativos,

---

358. CAMPOS, Carlos Alexandre de Azevedo. **O Estado de Coisas Inconstitucional e o litígio estrutural**. Disponível em: <http://www.conjur.com.br/2015-set-01/carlos-campos-estado--coisas-inconstitucional-litigio-estrutural>. Acesso em: 1º de setembro de 2015.

orçamentários e de contratação indispensáveis para superar a violação de direitos."[359]

É possível identificar algumas críticas sobre a importação do "estado de coisas constitucional". Lênio Streck, por exemplo, aponta que (i) a ideia de "remédios estruturais" poderá constituir um elemento de discricionariedade judicial, adaptável às necessidades de todo e qualquer tipo de discurso ativista; (ii) a atecnia de se delimitar "fatos" e não "normas" como objeto do controle de constitucionalidade; e (iii) o risco de utilização retórica de uma nova teoria para lidar com problemas para os quais a legislação brasileira já prevê soluções[360].

O Supremo Tribunal Federal já teve a oportunidade de se manifestar sobre a adoção da tese pela jurisdição constitucional brasileira, em decisão cautelar cujo teor será debatido mais adiante (capítulo 2.6.8).

2.6 CASOS RELEVANTES DE OMISSÃO PÓS-88

Sem a pretensão de constituir um catálogo exauriente sobre as inúmeras hipóteses de inconstitucionalidade por omissão já identificadas em doutrina e jurisprudência, serão apresentados, a seguir, alguns casos paradigmáticos agrupados em categorias temáticas que ajudem a melhor compreender as particularidades de cada caso à luz do que se debateu até aqui.

2.6.1 Omissões inconstitucionais no direito constitucional financeiro e tributário[361].

Conforme já dito por mais de uma vez nesta dissertação, diz-se em doutrina e jurisprudência que qualquer forma de comportamento

---

359. CAMPOS, Carlos Alexandre de Azevedo. **Da inconstitucionalidade por omissão ao "Estado de coisas inconstitucional"**. Tese de doutorado. Universidade do Estado do Rio de Janeiro, 2015, p. 133 e p. 134-135.
360. STRECK, Lênio Luiz. **Estado de Coisas Inconstitucional é uma nova forma de ativismo**. Disponível em: <http://www.conjur.com.br/2015-out-24/observatorio-constitucional--estado-coisas-inconstitucional-forma-ativismo>. Acesso em: 24 de outubro de 2015.
361. Debate originalmente empreendido em FERNANDES, Eric Baracho Dore. O controle jurisdicional das omissões inconstitucionais no Direito Financeiro e Tributário. **Revista Brasileira de Direito Tributário e Finanças Públicas**, V. 7, n. 38. São Paulo: Lex Magister, 2013, p. 38 e ss.

omissivo do poder público contrário ao texto constitucional pode configurar uma inconstitucionalidade por omissão, e, por vezes, tais omissões são impugnáveis por meio de uma ADO ou MI (no caso do parâmetro de controle ser norma definidora de direito). Parece intuitivo e preciso concluir que o não cumprimento de uma imposição constitucional de cunho positivo constitui uma violação negativa do texto. Todavia, não parece tão simples afirmar que *qualquer tipo de omissão inconstitucional é objeto dos instrumentos típicos desse controle.*

O art. 6º da Constituição Federal, por exemplo, enumera uma série de direitos fundamentais sociais de natureza prestacional, como saúde, educação, lazer e moradia[362]. Sabe-se que é frequente a insuficiência estatal na garantia de tais direitos aos cidadãos, o que tem gerado, em tempos recentes, inúmeras demandas para obter do Estado tais prestações. Seria possível a impetração de um Mandado de Injunção? Aparentemente não. Além da omissão inconstitucional objeto do MI ter como parâmetro de validade um direito fundamental, a omissão deve ser de natureza normativa, ou seja, a ausência de diploma normativo dotado de generalidade e abstração que discipline o tema. Basta atentar para a redação do art. 5º, LXXI, segundo o qual *"conceder-se-á Mandado de Injunção sempre que a falta de norma regulamentadora torne inviável o exercício dos direitos e liberdades constitucionais e das prerrogativas inerentes à nacionalidade, à soberania e à cidadania".* E a razão para isso é bem evidente. Parece bastante clara a ausência de interesse de agir pela via eleita, eis que os efeitos da decisão de mérito que julga procedente o pedido instituem parâmetros normativos para o exercício do direito, não a adoção de medidas concretas, o que poderia ser obtido pelas vias ordinárias. A redação do art. 103, § 3º da Constituição, por sua vez, ao prever a ADO, menciona que "*a inconstitucionalidade por omissão de medida para tornar efetiva norma constitucional*". Temos, então, um espectro muito mais amplo de omissões inconstitucionais impugnáveis por essa via.

---

362. No Brasil, há corrente de pensamento minoritária, capitaneada pelo professor Ricardo Lobo Torres, que entende como materialmente fundamentais tão somente os direitos sociais incluídos na esfera do mínimo existencial dos cidadãos. Para o pensamento predominante e aceito para a jurisprudência do Supremo Tribunal Federal, tais direitos são incluídos na categoria de fundamentais.

No direito financeiro e tributário, contudo, percebemos como mais relevantes as omissões inconstitucionais de natureza *normativa*, o que justificamos pelo seguinte. O Título VI da Constituição é, de todo o texto, possivelmente aquele que contém o maior normas de eficácia limitada que remetem expressamente à disciplina por lei ordinária ou complementar. No caso das normas de *direito tributário*, o princípio da legalidade, apesar de difícil definição, promove o valor ou ideal da segurança jurídica, balizando a relação vertical entre Estados e cidadãos no exercício do poder de tributar[363]. No caso do *direito financeiro*, é natural, também, que a atividade financeira estatal em quaisquer de seus ramos seja disciplinada por meio de lei, especialmente no que diz respeito à repartição de receitas entre os entes federativos, considerando que a independência e harmonia inerente à forma federal de Estado é também cláusula pétrea, justificando que tais relações sejam disciplinadas de forma precisa.

Ao estudar as omissões normativas inconstitucionais próprias desses dois ramos, entendemos ser possível agrupá-las em alguns grupos ou categorias temáticas: (i) omissões quanto à disciplina normativa de limitações constitucionais ao poder de tributar; (ii) omissões quanto ao exercício da competência tributária na instituição de tributos; (iii) omissões parciais por violação ao princípio da isonomia na concessão de benefícios fiscais.

2.6.1.1 Omissões quanto à disciplina normativa de limitações constitucionais ao poder de tributar.

É frequente a afirmação de que as "limitações constitucionais ao poder de tributar" ou "limitações da competência tributária[364]" constituem um grande *gênero*, dos quais são *espécies* princípios e imunidades. A despeito de não haver maiores dúvidas quanto a certas características comuns a ambas as espécies (como, por exemplo, a

---

363. TORRES, Ricardo Lobo. **Tratado de Direito Constitucional Financeiro e Tributário – Volume II. Valores e Princípios Constitucionais Tributários**. Rio de Janeiro: Renovar, 2006, p. 400-468.
364. Nomenclatura preferida por, por exemplo, Hugo de Brito Machado. MACHADO, Hugo de Brito. **Curso de Direito Tributário**. 32ª edição, revista, atualizada e ampliada. São Paulo: Malheiros, 2010, p. 276.

inclusão no conceito de "garantias individuais" do art. 60, § 4º da Constituição, a ensejar a impossibilidade de revogação por emenda constitucional superveniente[365]), a diferenciação entre ambas é objeto de grande controvérsia entre os que se dedicam ao estudo do tema. Em primeiro lugar, nem tudo aquilo que é dito princípio de fato possui a estrutura típica de tal espécie normativa, mais se aproximando de verdadeiras *regras*[366]. Em segundo lugar, a definição do que seria uma *imunidade* passa pelo debate entre duas correntes principais de pensamento. A despeito de parecer predominar a visão formal-positivista segundo a qual toda não incidência constitucionalmente qualificada seria uma imunidade, é também sempre lembrada a visão do professor Ricardo Lobo Torres, que partindo de premissas jusnaturalistas define imunidade como "*relação jurídica que instrumentaliza os direitos fundamentais, ou qualidade da pessoa que lhe embasa o direito público subjetivo à não incidência tributária ou uma exteriorização dos direitos da liberdade que provoca a incompetência tributária do ente público*[367]".

Superadas tais noções preliminares sem maior aprofundamento em controvérsias que não constituem o objeto do trabalho, o que há de relevante para o debate proposto é que nem toda limitação constitucional ao poder de tributar é norma de eficácia plena e

---

365. Leandro Paulsen lembra uma exceção interessante. A imunidade tributária recíproca, em verdade, não seria direito individual, mas ainda assim cláusula pétrea, por dizer respeito à forma federativa de Estado (art. 60, § 4º, I). Vide PAULSEN, Leandro. **Constituição e Código Tributário à Luz da Doutrina e Jurisprudência**. 13ª edição. Porto Alegre: Livraria do Advogado, 2011, p. 161.
366. Tal crítica normalmente é feita com base nos critérios tradicionais de distinção entre princípios e regras. Segundo Barroso, por exemplo, estes seriam (i) método de aplicação em caso de conflito (subsunção, "tudo ou nada", no caso das regras; e ponderação, no caso dos princípios); (ii) conteúdo (sendo mais facilmente identificável um conteúdo axiológico nos princípios e menos nas regras); e (iii) estrutura normativa, sendo mais fácil e objetivo aplicar uma regra, enquanto um princípio caracterizaria um mandado de otimização para alcançar determinado fim. BARROSO, Luís Roberto. **Interpretação e Aplicação da Constituição**. 7ª edição. São Paulo: Saraiva, 2010, p. 352-358. Tais critérios tradicionais tem sido questionados recentemente em razão da influência da obra do professor Humberto Ávila. ÁVILA, Humberto. **Teoria dos Princípios. Da definição à aplicação dos princípios jurídicos**. 12ª edição, ampliada. São Paulo: Malheiros, 2011.
367. TORRES, Ricardo Lobo. **Tratado de Direito Constitucional Financeiro e Tributário – Volume III. Os Direitos Humanos e a Tributação. Imunidades e Isonomia**. 3ª edição. Rio de Janeiro: Renovar, 2005. P. 44.

aplicabilidade imediata, na classificação tradicional de José Afonso da Silva[368]. Em alguns casos, a norma exige regulamentação, remetendo expressamente aos requisitos ou condições estabelecidas em lei. A doutrina, mesmo em tais casos, defende a autoaplicabilidade das normas, embora o STF algumas vezes trilhe o caminho oposto, como no caso do revogado art. 153, § 2º, II da Constituição Federal, tendo entendido pela retenção do imposto de renda na fonte sobre os proventos de aposentados com mais de 65 anos, cuja renda total fosse constituída exclusivamente de rendimentos do trabalho, até que lei fixasse os termos e limites da não incidência[369].

Outros exemplos interessantes podem ser identificados no texto constitucional, como a imunidade do art. 195, § 7º, que dispõe que "*são isentas de contribuição para a seguridade social as entidades beneficentes de assistência social que atendam às exigências estabelecidas em lei*", ou o art. 150, § 5º, que ao determinar que "*a lei determinará medidas para que os consumidores sejam esclarecidos acerca dos impostos que incidam sobre mercadorias e serviços*" veicula uma das dimensões do princípio da transparência fiscal, como também o faz o art. 31, § 3º da Carta ao prever que "*As contas dos Municípios ficarão, durante sessenta dias, anualmente, à disposição de qualquer contribuinte, para exame e apreciação, o qual poderá questionar-lhes a legitimidade, nos termos da lei*"[370]. Seriam eventuais omissões quanto aos dispositivos citados tuteláveis por meio dos instrumentos típicos de controle da inconstitucionalidade por omissão?

A jurisprudência do Supremo responde de forma favorável a tal questionamento. O precedente relevante é o Mandado de Injunção nº 232, da relatoria do Ministro Moreira Alves – um dos magistrados cujas posições mais influenciaram o desenvolvimento do controle de constitucionalidade por omissão no Brasil pós-88[371]. A despeito

---

368. SILVA, José Afonso da. **Aplicabilidade das Normas Constitucionais**. *Op. Cit.*
369. DIAS DE SOUZA, Hamilton. Comentários ao Código Tributário Nacional, Vol. I, coord. MARTINS, Ives Gandra da Silva. Saraiva, 1998, p. 10 *apud* PAULSEN, Leandro. **Constituição e Código Tributário à Luz da Doutrina e Jurisprudência**. *Op. Cit*, p. 228.
370. TORRES, Ricardo Lobo. **Tratado de Direito Constitucional Financeiro e Tributário – Volume II. Valores e Princípios Constitucionais Tributários**. *Op. Cit*, p. 251-254.
371. Vide os seguintes estudos detalhados sobre a contribuição do jurista: LEGALE FERREIRA, Siddharta; MACEDO, Marco Antônio Ferreira. A Corte Moreira Alves (1975-2003): a judicatura de um civilista no STF e o controle de constitucionalidade. **Observatório**

de ter sido atribuída ao Ministro Moreira Alves a posição dita "não concretista" no julgamento de questão de ordem no MI nº 107, seu voto no julgamento do MI nº 232 representou um novo desenvolvimento ao Mandado de Injunção[372]. No caso concreto, o requerente impetrou o remédio de modo a usufruir da imunidade referida no art. 195, § 7º da Constituição. O STF declarou a mora do legislador e deferiu o writ de modo a determinar que o Congresso adotasse as medidas necessárias para regulamentar o art. 195, § 7º em seis meses, sob pena de que, vencido o prazo, o requerente passasse a gozar da imunidade postulada. A despeito de não traçar parâmetros abstratos para o exercício do direito, tal decisão foi um pouco além da mera declaração da mora e eventual suspensão de processos administrativos ou judiciais em curso típicas da posição "não concretista", firmada no MI nº 107[373].

Parece razoável entender que diante de normas constitucionais definidoras de limitações constitucionais ao poder de tributar (e, portanto, definidoras de direitos); que sejam também de eficácia limitada e que remetam ao legislador a função de regulamentação infraconstitucional; seja possível garantir de forma plena o exercício do direito por meio do Mandado de Injunção. A ADO também seria um instrumento utilizável, em tese. Todavia, diante da ausência de concretude ou normatividade supletiva dos efeitos desse tipo de decisão, parece que a saída mais eficaz para garantir o exercício do direito nessas hipóteses ainda seria o MI.

---

da Jurisdição Constitucional, v. 2, p. 1-32, 2012, p. 21-22; Disponível em: <http://www.portaldeperiodicos.idp.edu.br/index.php/observatorio/article/viewFile/745/538>. Acesso em: 10/01/2013; MENDES, Gilmar Ferreira. **Moreira Alves e o Controle de Constitucionalidade no Brasil**. São Paulo: Saraiva, 2004, p. 51-56.

372. Convém apenas ressaltar que a despeito do voto condutor do Ministro quanto ao mérito, Moreira Alves ficou vencido ao entender a ilegitimidade ativa do impetrante do MI. Superada a preliminar, seu voto foi pela procedência.

373. Em comentário interessante em aula ministrada em 03/07/2012 Universidade Gama Filho, o Ministro Dias Toffoli diz que entende tal decisão como peculiar, eis que ao invés de transformar em de eficácia plena uma norma de eficácia limitada, torna esta uma norma de eficácia contida.

2.6.1.2 Omissões normativas quanto ao exercício da competência tributária na instituição de tributos.

Temos aqui o caso clássico do Imposto sobre Grandes Fortunas (IGF), tributo que apesar de previsto no art. 153, VII da Constituição, ainda não foi instituído pela União por meio da Lei Complementar prevista no dispositivo em questão. Seria possível falar em inconstitucionalidade por omissão no caso da não instituição de um tributo previsto pela Constituição Federal? A posição que predomina é no sentido de que o exercício da competência tributária é de natureza discricionária. A Constituição não instituiria tributos, apenas outorgaria competência aos entes para fazê-lo, que poderiam ou não fazer uso de tal competência[374]. A despeito disso, Maria Clara de Mello Motta narra que algumas tentativas já foram feitas para instituir o imposto, dentre as quais o Projeto de Lei Complementar do Senado (PLS) nº 162, de autoria do então Senador Fernando Henrique Cardoso[375]. Diante da não aprovação de qualquer norma sobre o tema seria possível a utilização de ADO ou MI para fazê-lo?

O Mandado de Injunção parece, a priori, inviável. A utilização do referido remédio constitucional pressupõe uma omissão normativa inconstitucional viabilizadora do exercício de direitos fundamentais do titular. Como se sabe, a tributação caminha na contramão, incidindo na propriedade privada e, portanto, restringindo direitos fundamentais, nos limites permitidos pelo texto constitucional. Mesmo a alegação de que por meio da receita auferida seria possível garantir a prestação de direitos fundamentais específicos dos quais o impetrante seja titular, a natureza não vinculada dos impostos tornaria bastante difícil fazer uso de tal linha argumentativa, ainda que a Constituição permita algumas exceções a tal regra no art. 167, IV[376].

---

374. Vide PAULSEN, Leandro. **Constituição e Código Tributário à Luz da Doutrina e Jurisprudência**. Op. Cit, p. 299.
375. MOTTA, Maria Clara de Mello. **Tributação sobre Grandes Fortunas: Fenômeno de Recepção no Campo Fiscal** apud PAULSEN, Leandro. Op. Cit., p. 299.
376. Art. 167, IV: (...) a vinculação de receita de impostos a órgão, fundo ou despesa, ressalvadas a repartição do produto da arrecadação dos impostos a que se referem os arts. 158 e 159, a destinação de recursos para as ações e serviços públicos de saúde, para manutenção e desenvolvimento do ensino e para realização de atividades da administração tributária, como determinado, respectivamente, pelos arts. 198, § 2º, 212 e 37, XXII, e a prestação de garantias às operações de crédito por antecipação de receita, previstas no art. 165, § 8º,

A Ação Direta de Inconstitucionalidade por Omissão parece também uma alternativa pouco viável. Em primeiro lugar, a fixação de *prazo* para o atuar do Legislador é instrumento que vem sendo utilizado com muita parcimônia pelo Supremo Tribunal Federal, e, quando utilizado, é tratado com certo descaso pelo Poder Legislativo[377]. A fixação de tal prazo também seria consideravelmente difícil pelo Judiciário, já que ao contrário de algumas normas constitucionais mais claras (como o art. 48 do ADCT, que estabelece prazo de 180 dias para a elaboração do Código de Defesa do Consumidor), não há prazo para o exercício de tal competência, corroborando com o entendimento tradicional de que a mesma seria discricionária. Por fim, o princípio da legalidade tributária (art. 5º, II e art. 150, I da Constituição Federal) parece impedir qualquer solução de normatização em abstrato pelo Judiciário, ainda que a jurisprudência do Supremo eventualmente aceite decisões de natureza concretista em sede de ADO. A célebre frase *"no taxation without representation"*, associada à independência norte-americana, ilustra de forma bastante clara o ideal de representatividade promovido pelo princípio em comento. Conforme lembra Ricardo Lobo Torres, *"porque a lei representa o consenso dos contribuintes, a sua generalidade, a sua comunidade, a sua totalidade, assentindo no encargo, a que deliberaram ficar adstritos nos seus bens e pessoas"*[378].

Contudo, uma ideia da autoria da colega Fabrízia da Fonseca Passos Bittencourt Ordacgy parece representar uma alternativa digna de reflexões[379]. Longe da instituição do tributo pela via judicial, a declaração da mora do Legislativo pode servir como um parâmetro de relativização do argumento da reserva do possível em face do ente federativo omisso (União). Como se sabe, diante do panorama atual de judicialização das políticas públicas, uma das críticas frequentemente tecidas pela doutrina diz respeito à *reserva*

---

bem como o disposto no § 4º deste artigo; (Redação dada pela Emenda Constitucional nº 42, de 19.12.2003).

377. Conforme será comentado adiante na análise do precedente da ADI 3.682.
378. TORRES, Ricardo Lobo. **Tratado de Direito Constitucional Financeiro e Tributário – Volume II. Valores e Princípios Constitucionais Tributários**. *Op. Cit*, p. 402.
379. Ideia surgida em debates no âmbito do Programa de Pós-Graduação em Direito Constitucional da UFF.

do possível, conceito originado na jurisprudência alemã, significando que a garantia de direitos sociais deve depender da disponibilidade de recursos[380]. Na jurisprudência do Supremo, entende-se que a reserva do possível deve ser demonstrada casuisticamente, não podendo servir de argumento retórico ou genérico para exonerar o Estado[381]. O que se quer defender é a seguinte ideia. Considerando que a não instituição do tributo implica em não utilizar uma fonte possível de receita do Estado para custear o acesso aos direitos de natureza prestacional, surge presunção relativa ou parâmetro que implique maior ônus argumentativo para que o ente federativo no caso concreto.

Apesar de parecer que a questão se restringe ao caso da União e do Imposto sobre Grandes Fortunas (IGF), a não instituição de todos os tributos permitidos pela competência tributária concedida pela Constituição é bastante comum, sobretudo em Estados ou Municípios que não possuem uma estrutura de fiscalização adequada. O que se pode concluir desde já é que no que diz respeito a instituição de tributos, a utilização de instrumentos de controle de constitucionalidade por omissão não parece viável, seja diante da natureza discricionária da competência tributária que impede o estabelecimento de um prazo preciso para a atuação do legislador, seja diante da impossibilidade de instituir um tributo por qualquer meio que não a lei em sentido formal (art. 150, I da Constituição Federal). Um caso que talvez merecesse reflexões diferenciadas seria o ICMS, eis que a não instituição deste tributo por determinado Estado-membro ocasionaria um desequilíbrio considerável nas relações entre os entes federativos, considerando as características inerentes a tal tributo.

---

380. SOUZA NETO, Cláudio Pereira de. A Justiciabilidade dos Direitos Sociais: Críticas e Parâmetros. In: SOUZA NETO, Cláudio Pereira de (Org.); SARMENTO, Daniel (Org.). **Direitos Sociais. Fundamentos, Judicialização e Direitos Sociais em Espécie**. Rio de Janeiro: Lúmen Juris, 2010, p. 515-551 (p. 525-526).

381. BRASIL. STF. ADPF 45 MC/DF. Rel. Min. Celso de Mello. DJU 04/05/2004. Negando qualquer eficácia vinculante a tal precedente, ver a crítica de Ricardo Lobo Torres, para quem a decisão teria caráter de "despacho", e "de caráter doutrinário", pois a ADPF já estava prejudicada. TORRES, Ricardo Lobo. O Mínimo Existencial como Conteúdo Essencial dos Direitos Fundamentais. In: SOUZA NETO, Cláudio Pereira de (Org.); SARMENTO, Daniel (Org.). **Direitos Sociais. Fundamentos, Judicialização e Direitos Sociais em Espécie**. Rio de Janeiro: Lúmen Juris, 2010, p. 313-339 (p. 326-327).

2.6.1.3 Omissões parciais e o princípio da isonomia na concessão de benefícios fiscais.

Diz-se total ou absoluta a omissão quando a providência exigida constitucionalmente não é realizada, e parcial quando a providência é realizada, mas de forma insuficiente para atender ao comando constitucional. Na omissão parcial a norma ou ato existe, mas atende de forma deficiente o comando constitucional. É a omissão parcial a mais relevante para a compreensão do tema que se quer debater.

Há, em primeiro lugar, um problema. A afirmação de que o legislador não cumpriu de forma *integral* um dever constitucional de legislar contém implicitamente uma censura da própria norma. Portanto, a declaração de inconstitucionalidade da omissão parcial, seja no Mandado de Injunção, seja na Ação Direta de Inconstitucionalidade por Omissão, contém também a declaração de inconstitucionalidade da lei *por ação*. Isso traz algumas dificuldades em relação às formas de superar o estado de inconstitucionalidade decorrente da omissão. Afinal, a declaração de nulidade certamente agravaria o estado de inconstitucionalidade, pois onde antes havia uma norma que atendia de forma insuficiente os ditames da Constituição, agora não haverá norma alguma. Justamente por isso, desenvolver técnicas de decisão apropriadas para lidar com a omissão parcial tem sido um dos maiores problemas teóricos enfrentados pela jurisdição constitucional contemporânea.

Seja como for, duas são as subespécies de inconstitucionalidade por omissão parcial: (i) a omissão parcial propriamente dita e (ii) a omissão parcial relativa. A omissão parcial propriamente dita ocorre quando a norma satisfaz de forma insuficiente o comando constitucional, por insuficiência ou deficiência do texto. Aqui se encaixa o sempre citado exemplo do salário mínimo. O art. 7º, IV[382] da Constituição Federal determina que o salário mínimo deverá atender todas as necessidades vitais básicas do trabalhador e sua família, com moradia, alimentação,

---

382. Art. 7º São direitos dos trabalhadores urbanos e rurais, além de outros que visem à melhoria de sua condição social: (...) IV - salário mínimo, fixado em lei, nacionalmente unificado, capaz de atender a suas necessidades vitais básicas e às de sua família com moradia, alimentação, educação, saúde, lazer, vestuário, higiene, transporte e previdência social, com reajustes periódicos que lhe preservem o poder aquisitivo, sendo vedada sua vinculação para qualquer fim; (...).

educação, saúde, lazer, vestuário, higiene, transporte e previdência social. Contudo, é público e notório que, no Brasil, o valor fixado para o salário mínimo não atende tais necessidades básicas e, em verdade, sequer se aproxima disso. Tal situação já foi objeto de Ação Direta de Inconstitucionalidade por Omissão[383]. Já a omissão parcial relativa, por sua vez, ocorre quando a lei ou ato normativo não incide de forma ampla o suficiente para abranger determinada categoria que deveria ter sido contemplada. Há aqui, em *ultima ratio*, violação ao princípio da isonomia. O *leading case* no qual se reconheceu essa possibilidade foi a ADI nº 526[384], proposta contra a MP nº 296/91, que concedeu aumento de remuneração somente aos servidores públicos militares, quando o benefício deveria se estender também aos servidores públicos civis, por força da antiga redação do art. 37, X, antes da EC 19/1998[385].

Percebe-se que em relação a ambos as subespécies de inconstitucionalidade por omissão parcial, a técnica tradicional de declaração de nulidade não se mostraria adequada, seja por resultar em uma situação na qual não teríamos qualquer tipo de salário mínimo, seja pelo fato de que o benefício seria excluído para todos os seus possíveis titulares.

Luís Roberto Barroso entende que na hipótese de inconstitucionalidade por omissão parcial, três são as possibilidades de atuação judicial: (a) a declaração da inconstitucionalidade por ação da lei que criou a desequiparação; (b) a declaração de inconstitucionalidade por omissão parcial da lei, com ciência ao órgão legislador para tomar as providências necessárias; (c) extensão do benefício à categoria dele excluída.[386]. A primeira hipótese, como já vimos, é a mais problemática. A segunda hipótese é a que parece ser a acolhida pelo Supremo

---

383. BRASIL. STF. **ADI 1458 MC**. Rel. Min. Celso de Mello. J. 23/05/1996. DJ 20/09/1996. Contudo, vide comentários sobre a ADPF nº 04, no capítulo II do trabalho.

384. BRASIL. STF. **ADI nº 526**. Rel. Min. Sepúlveda Pertence. J. 12/02/1991. DJ 05/03/1993.

385. A antiga redação era a seguinte: X - a revisão geral da remuneração dos servidores públicos, sem distinção de índices entre servidores públicos civis e militares, far-se-á sempre na mesma data. Após a EC 19/98, a redação foi modificada pela de seguinte teor: X - a remuneração dos servidores públicos e o subsídio de que trata o § 4º do art. 39 somente poderão ser fixados ou alterados por lei específica, observada a iniciativa privativa em cada caso, assegurada revisão geral anual, sempre na mesma data e sem distinção de índices; (Redação dada pela Emenda Constitucional nº 19, de 1998) (...).

386. BARROSO, Luís Roberto. **O controle de constitucionalidade no direito brasileiro**. 5ª edição. São Paulo: Saraiva, 2011, p. 59.

Tribunal Federal em sede de Ação Direta de Inconstitucionalidade por Omissão. A terceira possibilidade, contudo, é rejeitada, tendo em vista a violação da separação constitucional entre os poderes. É o entendimento sedimentado pela Súmula 339 do STF, e que normalmente serve de fundamento para justificar a impossibilidade de se adotar tal posicionamento[387].

No âmbito do direito tributário, a questão adquire contornos problemáticos nas isenções. Em alguns casos, categorias excluídas de isenção que as deveria abranger por aplicação da isonomia, pleiteiam a extensão do benefício fiscal. Surge, mais uma vez, a problemática da inconstitucionalidade por omissão parcial relativa: tanto a extensão do benefício quanto a declaração de inconstitucionalidade não aparecem como alternativas viáveis. Confira-se julgado exemplificativo dessa tendência:

> "Ementa: CONSTITUCIONAL. TRIBUTÁRIO. IMPOSTO DE IMPORTAÇÃO. PNEUS. BENEFÍCIO FISCAL. REDUÇÃO DE 40% DO VALOR DEVIDO NAS OPERAÇÕES REALIZADAS POR MONTADORAS. PEDIDO DE EXTENSÃO A EMPRESA DA ÁREA DE REPOSIÇÃO DE PNEUMÁTICOS POR QUEBRA DA ISONOMIA. IMPOSSIBILIDADE. LEI FEDERAL 10.182/2001. CONSTITUIÇÃO FEDERAL (ARTS. 37 E 150, II). CÓDIGO TRIBUTÁRIO NACIONAL (ART. 111). Sob o pretexto de tornar efetivo o princípio da isonomia tributária, não pode o Poder Judiciário estender benefício fiscal sem que haja previsão legal específica. No caso em exame, a eventual conclusão pela inconstitucionalidade do critério que se entende indevidamente restritivo conduziria à inaplicabilidade integral do benefício fiscal. A extensão do benefício àqueles que não foram expressamente contemplados não poderia ser utilizada para restaurar a igualdade de condições tida por desequilibrada. Precedentes. Recurso extraordinário provido."[388]

É certo que técnicas de decisão mais apropriadas às especificidades do controle de constitucionalidade por omissão ainda clamam

---

387. SÚMULA Nº 339 Não cabe ao poder judiciário, que não tem função legislativa, aumentar vencimentos de servidores públicos sob fundamento de isonomia.
388. BRASIL. STF. **RE 405579** / PR. Rel. Min. Joaquim Barbosa. J. 01/12/2010.

por ser desenvolvidas de modo a melhor enfrentar problemas como o descrito acima. Mais adiante, neste trabalho, discute-se como a Arguição de Descumprimento Fundamental é apresentada como uma das soluções possíveis.

2.6.2 Omissões inconstitucionais no direito penal e os mandados constitucionais de criminalização

Como se sabe, a Constituição impõe ao legislador *mandados constitucionais de criminalização*[389], a exemplos do art. 5º, incisos XLII[390] e XLIII[391] e 7º, X[392]. Quais os efeitos jurídicos dessa imposição constitucional? Eventual inconstitucionalidade por omissão seria sindicável pelo Judiciário? Se a resposta for positiva, em que hipóteses? A resposta a tais perguntas constitui um dos temas de maior complexidade no debate sobre a inconstitucionalidade por omissão no Brasil.

Em relação a trabalhos de maior fôlego, parece que o debate mais profundo sobre o tema é a obra da professora portuguesa Maria da Conceição Ferreira da Cunha[393]. Apesar de a Constituição portuguesa de 1976 só prever uma hipótese expressa de mandado constitucional de criminalização (art. 120, nº 3 da referida Constituição), a pesquisa desenvolvida pela autora em referência é capaz de contribuir com

---

389. Poucas são as pesquisas acadêmicas profundas sobre o tema, sendo possível destacar na experiência comparada a obra da professora Maria Conceição Ferreira da Cunha (CUNHA, Maria Conceição Ferreira da. **Constituição e Crime: uma perspectiva da criminalização e da descriminalização.** Imprenta: Porto, Universidade Católica Portuguesa, 1995) e, no âmbito do Programa de Pós-Graduação em Direito Constitucional da Universidade Federal Fluminense, a pesquisa de Renata Athayde Barbosa a respeito dos mandados constitucionais de criminalização, com especial atenção ao caso do terrorismo (art. 5º, XLIII).

390. Eis a redação: "XLII - *a prática do racismo constitui crime inafiançável e imprescritível, sujeito à pena de reclusão, nos termos da lei*". XLIII - *a lei considerará crimes inafiançáveis e insuscetíveis de graça ou anistia a prática da tortura, o tráfico ilícito de entorpecentes e drogas afins, o terrorismo e os definidos como crimes hediondos, por eles respondendo os mandantes, os executores e os que, podendo evitá-los, se omitirem.*"

391. "Art. 5º (...) XLIII - *a lei considerará crimes inafiançáveis e insuscetíveis de graça ou anistia a prática da tortura, o tráfico ilícito de entorpecentes e drogas afins, o terrorismo e os definidos como crimes hediondos, por eles respondendo os mandantes, os executores e os que, podendo evitá-los, se omitirem.*"

392. "Art. 7º (...) X - *proteção do salário na forma da lei, constituindo crime sua retenção dolosa.*"

393. CUNHA, Maria Conceição Ferreira da. **Constituição e Crime: uma perspectiva da criminalização e da descriminalização.** Imprenta: Porto, Universidade Católica Portuguesa, 1995.

elementos teóricos capazes de subsidiar algumas reflexões iniciais sobre o caso brasileiro, cuja Constituição traz um número consideravelmente maior de imposições do gênero.

Primeiramente, a autora distingue a criminalização *legítima* e a criminalização *obrigatória*. Nem toda criminalização *legítima* seria *obrigatória*, na medida em que a tipificação de uma conduta normalmente envolveria um juízo de ampla discricionariedade legislativa para identificar o direito penal como a via mais adequada para a proteção do valor ou bem juridicamente tutelado. Entender em sentido contrário significaria afirmar que o direito penal deveria tutelar todos os valores constitucionalmente previstos. Entretanto, ainda que a criação de determinado tipo penal esteja em conformidade aos limites constitucionais ao poder de punir, a autora aponta que o caráter fragmentário do direito penal – como decorrência da aplicação do princípio da proporcionalidade (ou postulado da proporcionalidade[394]) – impõe que somente seja punível o comportamento capaz de lesar ou ameaçar de forma mais grave os valores juridicamente protegidos. Assim, em princípio, a Constituição traçaria somente os limites da atividade legislativo-criminalizadora, cabendo ao Judiciário, no exercício do controle de constitucionalidade, analisar a conformação da criminalização a tais limites. Em outras palavras, não se poderia confundir o limite *máximo* (criminalização legítima) com o limite *mínimo* (criminalização obrigatória) de intervenção penal[395].

Outra questão, *muito mais complexa*, é a possibilidade de se reconhecer hipóteses de criminalização obrigatória, derivada de um dever constitucional de proteção. Em outras palavras, se a proteção suficiente de determinado bem ou valor constitucionalmente protegido exige o direito penal como um meio obrigatório para fazê-lo. A questão não é tão simples quanto parece, na medida em que o debate não se restringe aos mandados *expressos* de criminalização. Estaria dentro da liberdade de conformação do legislador a revogação expressa de, por exemplo, todos os crimes previstos pelo Código Penal?

---

394. ÁVILA, Humberto. **Teoria dos Princípios. Da definição à aplicação dos princípios jurídicos.** 12ª edição, ampliada. São Paulo: Malheiros, 2011, p. 173 e ss.
395. CUNHA, Maria Conceição Ferreira da. *Op. Cit.*, p. 289-297.

Eis as reflexões da autora a respeito das dificuldades existentes a respeito do tema:

> "Mas será esta uma posição de sufragar? Existirá, de facto, um núcleo próprio do Direito Penal, que por essência lhe pertença, podendo-se defender a existência de imposições constitucionais de criminalização em relação a ele? E como determina-lo de forma mais exaustiva? E quais as indicações que a Constituição oferece (se é que oferece) nesse sentido? Por outro lado, qual o papel da evolução histórica – social, cultural e econômica na sua determinação? E quais os eventuais poderes – e sua legitimidade – dos órgãos de controlo da constitucionalidade para a sua definição e imposição ao legislador? No fundo, as várias questões poderão reconduzir-se a esta: dever-se-á defender a existência de valores constitucionais mais essenciais, para cuja protecção se terá, necessariamente, de recorrer ao instrumento de defesa mais forte, sem que tal implique um afastamento das categorias constitucionais da criminalização, nem uma anulação prática do princípio da separação de poderes?" [396]

Para Maria Conceição Ferreira da Cunha, duas seriam as soluções possíveis: (i) a negação das imposições constitucionais de criminalização ou (ii) a sua aceitação a situações limitadas. A primeira solução não parece aplicável a uma Constituição que preveja comandos *expressos* de criminalização, como a Constituição de 1988. Parece, então, que a segunda alternativa seja o caminho mais adequado ao caso brasileiro. Contudo, a existência dos mandados expressos não dispensa questionar se, de fato, há um núcleo mínimo de criminalização constitucionalmente exigível, diante do qual seria possível configurar uma omissão inconstitucional.

Maria da Conceição Ferreira da Cunha destaca duas dificuldades centrais em relação ao tema. A primeira diz respeito a identificar normas constitucionais que fossem axiologicamente mais relevantes a ponto de justificar a obrigação de tutela penal – questão importante, uma vez que não existe hierarquia formal entre normas constitucionais. A segunda preocupação diz respeito a, uma vez identificada a natureza especialmente relevante de determinada norma constitucional (ou

---

396. CUNHA, Maria Conceição Ferreira da. *Op. Cit.*, p. 300-301.

"essencialidade", nas palavras da autora), determinar a *necessidade* de tutela penal para a sua proteção – tarefa cujo justificação enfrenta ônus argumentativo bem menos acentuado quando fruto do exercício da discricionariedade do Legislativo.

Identificar um núcleo de essencialidade constitucional em relação ao qual seja possível exigir uma tutela penal mínima á tarefa que enfrenta obstáculos de natureza jurídica e política, conforme destacado pela autora em referência:

> "(...) a dificuldade de individualização dos valores mais essenciais no seio dos próprios valores fundamentais (constitucionais), em sociedades abertas e pluralistas como as actuais e com a própria mutabilidade do grau de essencialidade dos valores; dir-se-á ainda que é ao legislador, enquanto órgão representativo da comunidade, em cada momento histórico, que competirá proceder à escolha dos valores a tutelar penalmente, desde que se mantenha no quadro da Constituição; que só ele poderá também ponderar os vários interesses conflituantes, avaliar da danosidade social das condutas e, principalmente, proceder a todas as comprovações necessárias à afirmação ou negação de carência de tutela penal. Deixar de avaliar todas estas circunstâncias, implicaria o desrespeito pelas categorias constitucionais da dignidade e carência de tutela penal. Permitir que o Tribunal as leve a cabo, em especial no domínio da carência de tutela penal (por exigir particulares avaliações empíricas da realidade) seria substituir o legislador pelo juiz, anulando o princípio da separação de poderes, que postula a reserva de lei penal (...) de fundamento necessário e ideia limite de uma tutela constitucionalmente legítima, passaria a fundamento (...) suficiente e vinculante de um conteúdo mínimo irrenunciável de tutela penal." [397]

Todavia, não se pode negar que ao menos em relação aos mandados *expressos* de criminalização existe uma zona de certeza positiva em relação a necessidade de uma tutela penal mínima pelo Legislador (ainda que os efeitos oriundos dessa imposição sejam discutíveis, conforme se debaterá a seguir). No caso Brasileiro é possível enumerar os seguintes mandados expressos de criminalização, desconsiderando os

---

397. CUNHA, Maria Conceição Ferreira da. *Op. Cit.*, p. 303-304.

chamados "crimes de responsabilidade", em relação aos quais há ainda intensa controvérsia acerca do enquadramento como tipos penais:

a) A criminalização do racismo, conforme previsão do art. 5º, XLII: "*a prática do racismo constitui crime inafiançável e imprescritível, sujeito à pena de reclusão, nos termos da lei*";

b) Os crimes de tráfico, tortura, terrorismo, conforme o art. 5º, XLIII: "*a lei considerará crimes inafiançáveis e insuscetíveis de graça ou anistia a prática da tortura, o tráfico ilícito de entorpecentes e drogas afins, o terrorismo e os definidos como crimes hediondos, por eles respondendo os mandantes, os executores e os que, podendo evitá--los, se omitirem*";

c) Também há previsão do art. 5º, XLIV, no sentido de constituir "*crime inafiançável e imprescritível a ação de grupos armados, civis ou militares, contra a ordem constitucional e o Estado Democrático*";

d) Tutelando direitos oriundos da relação de trabalho, o art. 7º, X prevê "*proteção do salário na forma da lei, constituindo crime sua retenção dolosa*";

e) O revogado art. 192, § 3º previa que "*As taxas de juros reais, nelas incluídas comissões e quaisquer outras remunerações direta ou indiretamente referidas à concessão de crédito, não poderão ser superiores a doze por cento ao ano; a cobrança acima deste limite será conceituada como crime de usura, punido, em todas as suas modalidades, nos termos que a lei determinar*";

f) O art. 227, § 4º da Constituição menciona que "*A lei punirá severamente o abuso, a violência e a exploração sexual da criança e do adolescente*";

g) O art. 5º, XLI prevê que "*a lei punirá qualquer discriminação atentatória dos direitos e liberdades fundamentais*".

Os dois últimos exemplos não mencionam expressamente que a punição legal será de natureza penal. Tomando-se como exemplo o caso do terrorismo (em relação ao qual ainda não há um tipo penal específico), pergunta-se: há inconstitucionalidade por omissão diante da inexistência de tipo penal específico para tal conduta?

No Brasil, os poucos autores que se debruçam sobre o tema de forma mais profunda normalmente o fazem a partir da ideia de *vedação da proteção insuficiente* enquanto dimensão do princípio da proporcionalidade. Apesar de não ser de emprego comum em nossa tradição, tal vertente do princípio vem sendo mais bem desenvolvida em trabalhos de autores com maior contato com a teoria constitucional alemã, como os professores Ingo Wolfgang Sarlet[398], Gilmar Ferreira Mendes[399] e Lênio Luiz Streck[400]. Em síntese, trabalha-se com a ideia de que o princípio da proporcionalidade não só veda o excesso, mas também reforça a dimensão de garantia dos direitos fundamentais.

No que diz respeito a garantia de direitos fundamentais sociais, que normalmente dizem respeito a prestações positivas do Estado capazes de promover a isonomia substancial, a aplicação do teoria encontra amparo doutrinário e jurisprudencial[401]. Em relação ao direito pena, a questão não surge com frequência, embora seja possível encontrar um desenvolvimento embrionário da matéria em alguns acórdãos. Confira-se exemplo paradigmático extraído da jurisprudência do Supremo Tribunal Federal, comentado logo após a transcrição da ementa, a seguir:

> HABEAS CORPUS. PORTE ILEGAL DE ARMA DE FOGO DESMUNICIADA. (A)TIPICIDADE DA CONDUTA. CONTROLE DE CONSTITUCIONALIDADE DAS LEIS PENAIS. MANDATOS CONSTITUCIONAIS DE CRIMINALIZAÇÃO E MODELO EXIGENTE DE CONTROLE DE CONSTITUCIONALIDADE DAS LEIS EM MATÉRIA PENAL. CRIMES DE PERIGO ABSTRATO EM FACE DO PRINCÍPIO DA PROPORCIONALIDADE. LEGITIMIDADE DA CRIMINALIZAÇÃO DO PORTE DE ARMA DESMUNICIADA. ORDEM DENEGADA. 1. CONTROLE DE CONSTITUCIONALIDADE DAS LEIS PENAIS. 1.1. Mandatos Constitucionais de Criminalização: A Constituição de 1988 con-

---

398. SARLET, Ingo Wolfgang. **A Eficácia dos Direitos Fundamentais. Uma Teoria Geral dos Direitos Fundamentais na Perspectiva Constitucional**. Op. Cit, 2009, p. 395-400.
399. MENDES, Gilmar Ferreira. **Estado de Direito e Jurisdição Constitucional (2002-2010)**. Op. Cit, p. 28. MENDES, Gilmar Ferreira; BRANCO, Paulo Gustavo Gonet. **Curso de Direito Constitucional**. Op. Cit, p. 227-228.
400. STRECK, Lênio Luiz. A dupla face do princípio da proporcionalidade: da proibição de excesso (übermassverbot) à proibição de proteção deficiente (untermassverbot) ou de como não há blindagem contra normas penais inconstitucionais. Revista da Ajuris, Porto Alegre/RS, v. 32, p. 171-202, 2005; STRECK, Lênio Luiz. O dever de proteção do estado (schutzpflicht): o lado esquecido dos direitos fundamentais ou "qual a semelhança entre os crimes de furto privilegiado e o tráfico de entorpecentes"? Disponível em: <www.leniostreck.com.br>. Acesso em: 10/10/2013.
401. MENDES, Gilmar Ferreira. **Estado de Direito e Jurisdição Constitucional (2002-2010)**. Op. Cit, p. 28.

tém um significativo elenco de normas que, em princípio, não outorgam direitos, mas que, antes, determinam a criminalização de condutas (CF, art. 5º, XLI, XLII, XLIII, XLIV; art. 7º, X; art. 227, § 4º). Em todas essas normas é possível identificar um mandato de criminalização expresso, tendo em vista os bens e valores envolvidos. Os direitos fundamentais não podem ser considerados apenas como proibições de intervenção (Eingriffsverbote), expressando também um postulado de proteção (Schutzgebote). Pode-se dizer que os direitos fundamentais expressam não apenas uma proibição do excesso (Übermassverbote), como também podem ser traduzidos como proibições de proteção insuficiente ou imperativos de tutela (Untermassverbote). Os mandatos constitucionais de criminalização, portanto, impõem ao legislador, para o seu devido cumprimento, o dever de observância do princípio da proporcionalidade como proibição de excesso e como proibição de proteção insuficiente. 1.2. Modelo exigente de controle de constitucionalidade das leis em matéria penal, baseado em níveis de intensidade: Podem ser distinguidos 3 (três) níveis ou graus de intensidade do controle de constitucionalidade de leis penais, consoante as diretrizes elaboradas pela doutrina e jurisprudência constitucional alemã: a) controle de evidência (Evidenzkontrolle); b) controle de sustentabilidade ou justificabilidade (Vertretbarkeitskontrolle); c) controle material de intensidade (intensivierten inhaltlichen Kontrolle). O Tribunal deve sempre levar em conta que a Constituição confere ao legislador amplas margens de ação para eleger os bens jurídicos penais e avaliar as medidas adequadas e necessárias para a efetiva proteção desses bens. Porém, uma vez que se ateste que as medidas legislativas adotadas transbordam os limites impostos pela Constituição – o que poderá ser verificado com base no princípio da proporcionalidade como proibição de excesso (Übermassverbot) e como proibição de proteção deficiente (Untermassverbot) –, deverá o Tribunal exercer um rígido controle sobre a atividade legislativa, declarando a inconstitucionalidade de leis penais transgressoras de princípios constitucionais. 2. CRIMES DE PERIGO ABSTRATO. PORTE DE ARMA. PRINCÍPIO DA PROPORCIONALDIADE. A Lei 10.826/2003 (Estatuto do Desarmamento) tipifica o porte de arma como crime de perigo abstrato. De acordo com a lei, constituem crimes as meras condutas de possuir, deter, portar, adquirir, fornecer, receber, ter em depósito, transportar, ceder, emprestar, remeter, empregar, manter sob sua guarda ou ocultar arma de fogo. Nessa espécie de delito, o legislador penal não toma como pressuposto da criminalização a lesão ou o perigo de lesão concreta a determinado bem jurídico. Baseado em dados empíricos, o legislador seleciona grupos ou classes de ações que geralmente levam consigo o indesejado perigo ao bem jurídico. A criação de crimes de perigo abstrato não representa, por si só, comportamento inconstitucional por parte do legislador penal. A tipificação de condutas que geram perigo em abstrato, muitas vezes, acaba sendo a melhor alternativa ou a medida mais eficaz para a proteção de bens jurídico-penais supraindividuais ou de caráter coletivo, como, por exemplo, o meio ambiente, a saúde etc. Portanto, pode o legislador, dentro de suas amplas margens de avaliação e de decisão, definir quais as medidas mais adequadas e necessárias para a efetiva proteção de determinado bem jurídico, o que lhe permite escolher espécies de tipificação próprias de um direito penal preventivo. Apenas a atividade legislativa que, nessa hipótese, transborde os limites da proporcionalidade, poderá ser tachada de inconstitucional. 3. LEGITIMIDADE DA CRIMINALIZAÇÃO DO PORTE DE ARMA. Há, no contexto empírico legitimador da veiculação da norma, aparente lesividade da conduta, porquanto se tutela a segurança pública (art. 6º e 144, CF) e indiretamente a vida, a liberdade, a integridade física e psíquica do indivíduo etc. Há inequívoco interesse público e social na proscrição da conduta. É que a arma de fogo, diferentemente de outros objetos e artefatos (faca, vidro etc.) tem, inerente à sua natureza, a característica da lesividade. A danosidade é intrínseca ao objeto. A questão, portanto, de possíveis injustiças pontuais, de absoluta ausência de significado lesivo deve ser aferida concretamente e não em linha diretiva de ilegitimidade normativa. 4. ORDEM DENEGADA.[402]

No julgamento do Habeas Corpus nº 104.410 o impetrante discutia a constitucionalidade dos crimes de perigo abstrato, especificamente quanto ao crime de porte de arma de fogo desmuniciada, previsto pela Lei nº 10.826/2003 (Estatuto do Desarmamento). Percebe-se que o crime em referência *não é* objeto de mandados constitucionais de criminalização, mas os fundamentos trazidos no acórdão debatem de forma profunda o princípio da proporcionalidade aplicado aos mandados constitucionais de criminalização. De forma sintética, o voto condutor do Ministro Gilmar Mendes consignou as seguintes

---

402. BRASIL. STF. **HC 104410** / RS. Rel. Min. GILMAR MENDES. Julgamento: 06/03/2012. Órgão Julgador: Segunda Turma. DJe-062 DIVULG 26-03-2012 PUBLIC 27-03-2012.

diretrizes teóricas: (i) os mandatos constitucionais de criminalização impõem ao legislador a observância do princípio da proporcionalidade tanto como proibição de excesso quanto como proibição de proteção insuficiente; (ii) a conformação do Legislativo conferiria a este poder ampla discricionariedade na elaboração de tipos penais, sujeitando-se ao controle jurisdicional a atividade legislativa que transborde aos limites constitucionais, o que pode ser verificado tanto pelo excesso quanto ausência de tutela penal; (iii) o caso específico dos crimes de perigo abstrato, em discussão, constituiria tutela adequada e necessária para a proteção dos bens jurídicos por eles tutelados (segurança, vida, liberdade e integridade física).

A ideia de vedação da proteção insuficiente como dimensão do princípio da proporcionalidade também surgiu como fundamento de outros casos concretos envolvendo o direito penal e a criminalização de condutas. No julgamento do RE nº 418.376, o impetrante requeria a aplicação analógica do ora vigente art. 107, VII do Código Penal, reconhecendo-se a extinção da punibilidade pelo crime de estupro de criança de nove anos de idade, eis que o réu teria estabelecido união estável com a vítima. No caso em análise, a tese vencedora considerou que a aplicação analógica da referida causa de extinção de punibilidade representaria uma proteção insuficiente ao bem jurídico no caso concreto, especialmente diante da vulnerabilidade específica da vítima. Eis a ementa do julgado:

> EMENTA: PENAL. RECURSO EXTRAORDINÁRIO. ESTUPRO. POSTERIOR CONVIVÊNCIA ENTRE AUTOR E VÍTIMA. EXTINÇÃO DA PUNIBILIDADE COM BASE NO ART. 107, VII, DO CÓDIGO PENAL. INOCORRÊNCIA, NO CASO CONCRETO. ABSOLUTA INCAPACIDADE DE AUTODETERMINAÇÃO DA VÍTIMA. RECURSO DESPROVIDO. O crime foi praticado contra criança de nove anos de idade, absolutamente incapaz de se autodeterminar e de expressar vontade livre e autônoma. Portanto, inviável a extinção da punibilidade em razão do posterior convívio da vítima - a menor impúbere violentada - com o autor do estupro. Convívio que não pode ser caracterizado como união estável, nem mesmo para os fins do art. 226, § 3º, da Constituição Republicana, que não protege a relação marital de uma criança com seu opressor, sendo clara a inexistência de um consentimento válido, neste caso. Solução que vai ao encontro da

inovação legislativa promovida pela Lei nº 11.106/2005 - embora esta seja inaplicável ao caso por ser lei posterior aos fatos -, mas que dela prescinde, pois não considera validamente existente a relação marital exigida pelo art. 107, VII, do Código Penal. Recurso extraordinário conhecido, mas desprovido.[403]

Acompanhando divergência aberta pelo Ministro Joaquim Barbosa, o Ministro Gilmar Mendes considerou que a analogia invocada pelo réu iria de encontro ao art. 227 da Constituição Federal, que prevê a absoluta proteção à criança e ao adolescente, bem como ao § 4º do mesmo artigo, que dispõe sobre a punição de toda forma de abuso ou exploração sexual a tais indivíduos. Nesse ponto, destacou de forma expressa a vedação da proteção insuficiente como um fundamento aplicável ao caso concreto:

> "Quanto à proibição de proteção insuficiente, a doutrina vem apontando para uma espécie de garantismo positivo, ao contrário do garantismo negativo (que se consubstancia na proteção contra os excessos do Estado) já consagrado pelo princípio da proporcionalidade. A proibição de proteção insuficiente adquire importância na aplicação dos direitos fundamentais de proteção, ou seja, na perspectiva do dever de proteção, que se consubstancia naqueles casos em que o Estado não pode abrir mão da proteção do direito penal para garantir a proteção de um direito fundamental."

Assim, nos casos em que existe um mandado expresso de criminalização, o Supremo Tribunal Federal vem respondendo de forma positiva a um dos questionamentos formulados no início deste tópico. Enquanto parâmetro de controle de constitucionalidade, um mandado constitucional de criminalização impõe um dever positivo tanto ao Estado-legislador quanto ao Estado-julgador, como se percebe no caso concreto em que não se reconheceu a analogia *in bonam partem* invocada pelo recorrente.

Outro questionamento mais profundo envolve as consequências do reconhecimento de uma omissão legislativa em relação a um mandado constitucional de criminalização. Para tornar a análise mais

---

403. BRASIL. STF. **RE 418376**. Rel. Min. MARCO AURÉLIO. Rel. para o acórdão Min. JOAQUIM BARBOSA. J. 09/02/2006.

objetiva, é possível visualizar três hipóteses passíveis de debate: a) ausência de lei que tipifique a conduta constitucionalmente prevista; b) abolitio criminis em relação a condutas já previstas em lei; c) lei que reduza penas ou atribua tratamentos mais benéficos a condutas já tipificadas; d) a revogação do próprio mandado constitucional de criminalização.

Primeiramente, qual a consequência da *inconstitucionalidade por omissão total* em relação ao mandado constitucional de criminalização?

Parece que, nessa hipótese, não seria possível ao Judiciário, no controle de constitucionalidade por omissão, proferir decisões de natureza concretista ou analógica, por imposição do art. 5º, XXXIX, que prevê que "*não há crime sem lei anterior que o defina, nem pena sem prévia cominação legal*". Eventual decisão que reconheça a inconstitucionalidade por omissão somente seria capaz de declarar a mora do órgão legislador, sem consequências práticas mais relevantes, seja por meio da Ação Direta de Inconstitucionalidade por Omissão ou até mesmo por meio de um Mandado de Injunção (cujo cabimento pode ser discutido, tendo em vista que diversos mandados de criminalização constituem direitos fundamentais previstos no Título II da Constituição). Questão muito similar ocorre no direito tributário, eis que a despeito do não exercício da competência tributária por determinado ente (como no caso sempre lembrado do Imposto sobre Grandes Fortunas – IGF), a atuação judicial concretista é impedida pelo art. 150, I da Constituição[404].

Por outro lado, seria possível que uma lei posterior revogasse completamente norma penal incriminadora cuja existência derive de um mandado constitucional de criminalização?

A hipótese é um pouco distinta da anterior, na medida em que se passa a poder argumentar que a lei revogadora possa ser inconstitucional por ação. Nesse caso, também seria possível aprofundar o debate com o argumento da *vedação ao retrocesso*. O referido princípio de interpretação constitucional, certamente aplicável a uma Constituição dirigente como a brasileira, importa em contrariar a

---

404. FERNANDES, Eric Baracho Dore. O controle jurisdicional das omissões inconstitucionais no Direito Financeiro e Tributário. **Revista Brasileira de Direito Tributário e Finanças Públicas**, V. 7, n. 38. São Paulo: Lex Magister, 2013, p. 38 e ss.

noção intuitiva de que leis possam revogar leis. Se uma lei caminha em direção contrária ao objetivo da norma programática, esta pode servir de parâmetro de controle de constitucionalidade.

Seria possível sindicar, judicialmente, lei que puna de forma excessivamente branda uma conduta objeto do mandado constitucional de criminalização?

Em trabalho de referência sobre o tema, o professor Lênio Streck responde positivamente a tal questionamento. No trabalho mencionado, o autor discute sobre a possibilidade de a Lei 11.340/2006 ter mitigado a resposta penal ao tráfico de drogas, especialmente por meio da previsão do art. 33, § 4º do referido diploma legal, que prevê redução de pena de 1/6 a 2/3 caso "*o agente seja primário, de bons antecedentes, não se dedique às atividades criminosas nem integre organização criminosa*". Eis o que defende o autor:

> "É possível afirmar, desse modo, que o legislador, em um sistema constitucional que reconhece efetivamente o dever de proteção do Estado, não está mais livre para decidir se edita determinadas leis ou não. (...) Isto significa afirmar que o legislador ordinário não pode, ao seu bel prazer, optar por meios "alternativos" de punição de crimes ou até mesmo pelo "afrouxamento" da persecução criminal sem maiores explicações, ou seja, sem efetuar prognoses, isto é, a exigência de prognose significa que as medidas tomadas pelo legislador devem ser suficientes para uma proteção adequada e eficiente e, além disso, basear-se em cuidadosas averiguações de fatos e avaliações racionalmente sustentáveis. Não há grau zero para o estabelecimento de criminalizações, descriminalizações, aumentos e atenuações de penas. Para ser mais claro: o comando explícito de criminalização obriga o legislador a explicitar as razões pelas quais promoveu essa drástica redução de pena aos traficantes que ostentem primariedade. (...) Por isso, o legislador ordinário, ao conceder o favor legal de "desconto" da pena com o teto de 2/3, extrapolou sua "competência", a ponto de se poder dizer que tal atitude equivale à desproteção do bem jurídico ofendido pela conduta de quem pratica o crime de tráfico ilícito de entorpecentes. A determinação constitucional é expressa, não sendo possível – a partir do que vem consagrado no artigo 5º, XLIII – interpretar o contrário do que está disposto no texto constitucional. Trata-se de uma questão de fácil resolução hermenêutica. A força normativa

Capítulo 2 • O FENÔMENO DA INCONSTITUCIONALIDADE POR OMISSÃO

da Constituição não pode ser esvaziada por qualquer lei ordinária. Por isso, há que se levar a sério o texto constitucional. Veja-se que não há similitude no Código Penal. Crimes graves como o roubo nem de longe permitem diminuição de pena no teto de 2/3. Na verdade, o teto de 2/3 de desconto da pena transforma o crime de tráfico ilícito de entorpecentes em crime equiparável ao furto qualificado, para citar apenas este. A propósito, cumpre lembrar que o ordenamento jurídico considera como de menor potencial ofensivo crimes cujas penas máximas não ultrapassam 02 anos de reclusão (...)." [405]

Parece defensável a tese segundo a qual exista um limite mínimo da sanção penal legalmente cominada, sob pena de se esvaziar a normatividade do dispositivo constitucional. Todavia, a solução diante de tal impasse não parece fácil para a jurisdição constitucional. A solução proposta pelo professor Lênio é a seguinte:

"Aplicando a nulidade parcial sem redução de texto, tem-se que determinado dispositivo é inconstitucional se aplicado à hipótese "x". No caso sob análise: o artigo 33 da Lei n.º 11.343/06 (§4º.) será inconstitucional se aplicável de forma a possibilitar que ao condenado seja aplicada pena mínima inferior a 03 anos de reclusão. O dispositivo será inconstitucional se a sanção aplicada vier a contrariar o comando constitucional de resposta rigorosa ao crime de tráfico ilícito de entorpecentes, de forma que a defasada pena estabelecida pela legislação anterior à Constituição Federal seja, ainda, abrandada, afrontando, assim, os propósitos constitucionais e os tratados assinados e ratificados com o objetivo de punir de forma mais veemente o crime de tráfico de entorpecentes. Ou seja, o critério, em face da nulidade do parágrafo 4º passa a ser o preceito secundário do art. 12 da lei 6.368/76, que estabelece a pena mínima de 03 anos para o tráfico de entorpecentes. Isto é, se a lei anterior estabelecia a pena mínima de 03 anos e não concedia "desconto" de pena pela qualidade pessoal do acusado (primariedade), a nova lei não poderá ser aplicada em patamar que diminua a repressão a patamares abaixo da pena mínima anterior."[406]

---

405. STRECK, Lênio Luiz. O dever de proteção do estado (schutzpflicht): o lado esquecido dos direitos fundamentais ou "qual a semelhança entre os crimes de furto privilegiado e o tráfico de entorpecentes"? Disponível em: <www.leniostreck.com.br>. Acesso em: 10/10/2013.
406. Idem, p. 22.

Apesar da precisão da proposta do ponto de vista das técnicas específicas de controle da constitucionalidade, não se pode negar que a proposta do professor Lênio abre um precedente perigoso de discricionariedade judicial na delimitação de preceitos secundários de tipos penais, substituindo-se a liberdade de conformação do legislador por critérios judiciais de delimitações de escalas penais. Todavia não se pode ignorar que poucos são os debates profundos a respeito do tema no Brasil, sendo esta uma proposta relevante para o aprimoramento do problema em discussão.

Por fim, pergunta-se: seria possível a revogação do próprio mandado constitucional de criminalização, por meio de emenda à Constituição?

Primeiramente, devem-se observar as limitações materiais ao poder de reforma. Como o art. 60, § 4º, IV da Constituição prevê que "*não será objeto de deliberação a proposta de emenda tendente a abolir os direitos e garantias individuais*", deve-se questionar a natureza dos mandados constitucionais de criminalização. Topograficamente, a maioria deles encontra-se no Título II da Constituição, como é o caso do art. 5º, incisos XLII e XLIII. Outros podem ser encontrados fora do catálogo expresso de direitos fundamentais, como o caso do art. 227, § 4º da Constituição.

Os caminhos possíveis são:

(i) *considerar que todos os mandados constitucionais de criminalização são cláusulas pétreas, por serem normas definidoras de direito e, portanto, abrangidas pela interpretação extensiva feita pelo Supremo Tribunal Federal quanto ao art. 60, § 4º da Constituição.*

Parece um caminho possível, considerando que o Supremo Tribunal Federal entende que na expressão "direitos e garantias individuais" devem-se entender abrangidas todas as normas materialmente fundamentais contidas no texto, a exemplo das limitações constitucionais ao poder de tributar (art. 150)[407]. Contudo, surge um primeiro obstáculo. Já ocorreu a revogação de, ao menos, um mandado constitucional de criminalização: o art. 192, § 3º, que previa que "*As taxas de juros reais, nelas incluídas comissões e quaisquer outras remunerações direta ou indiretamente referidas à concessão de crédito,*

---

407. BRASIL. STF. **ADI nº 939-DF**, Rel. Min. Sydney Sanches, DJU 18/03/1994.

não poderão ser superiores a doze por cento ao ano; a cobrança acima deste limite será conceituada como crime de usura, punido, em todas as suas modalidades, nos termos que a lei determinar".

(ii) *considerar como cláusulas pétreas tão somente os mandados constitucionais de criminalização previstos no Título II da Constituição.*

Tal opção parece adotar um caminho mais seguro na limitação de quais mandados estariam abrangidos pela cláusula pétrea do art. 60, § 4º, IV. A partir desta concepção também seria possível reconhecer a constitucionalidade da revogação do antigo § 3º do art. 192. Todavia, a opção por este caminho ou pelo anterior implica em, necessariamente, debater o critério de fundamentalidade material a ser utilizado para definir se o dispositivo em questão é ou não cláusula pétrea. Afinal, não há qualquer controvérsia a respeito da interpretação extensiva que se deve realizar quanto ao alcance do art. 60, § 4º, IV da Constituição. Simplesmente ignorar o debate é, além de casuístico, precedente perigoso para a eficácia dos direitos fundamentais, especialmente aqueles não previstos no Título II da Carta.

(iii) *considerar que nenhum mandado constitucional de criminalização constitua cláusula pétrea, eis que, em verdade, constituem limitações ao direito, na medida em que impõe uma expansão da tutela penal sobre a liberdade individual dos sujeitos que pratiquem as condutas objetos dos referidos mandados.*

Parece que esta é a opção cujo ônus argumentativo é mais elevado. A primeira razão é que esta opção contraria a redação literal do texto constitucional, ao menos no que diz respeito aos mandados contidos no art. 5º, dispositivo expressamente abrangido pelo art. 60, § 4º, IV. Em segundo lugar, existe debate acadêmico sério acerca da natureza (materialmente) fundamental dos mandados de criminalização, o que se verifica especialmente a partir dos escritos do professor Lênio Streck, que menciona o atual estágio do debate na experiência constitucional comparada:

> "Dito de outro modo, como muito bem assinala Roxin, comentando as finalidades correspondentes ao Estado de Direito e ao Estado Social, em Liszt, o direito penal serve simultaneamente para limitar o poder de intervenção do Estado e para combater o crime. Protege, portanto, o indivíduo de uma repressão desmedurada do Estado, mas protege igualmente a sociedade e os seus membros dos abusos

do indivíduo. Estes são os dois componentes do direito penal: a) o correspondente ao Estado de Direito e protetor da liberdade individual; b) e o correspondente ao Estado Social e preservador do interesse social mesmo à custa da liberdade do indivíduo. Tem-se, assim, uma espécie de dupla face de proteção dos direitos fundamentais: a proteção positiva e a proteção contra omissões estatais. Ou seja, a inconstitucionalidade pode ser decorrente de excesso do Estado, como também por deficiência na proteção."[408]

Não é o objetivo deste trabalho defender, em absoluto, uma ou outra concepção do direito penal, seja enquanto unicamente instrumento de limitação do poder punitivo estatal ou também enquanto garantia fundamental dos direitos por ele tutelados. Contudo, o debate existe e não pode ser ignorado, parecendo seguro dizer que ao menos em relação aos mandados constitucionais de criminalização *expressos* a segunda dimensão parece mais adequada.

Por fim, uma vez revogados os mandados constitucionais de criminalização, pergunta-se: estariam implicitamente não recepcionadas as leis infraconstitucionais que instituíram o tipo penal? A resposta parece simples, sendo possível invocar a diferenciação feita pela professora Maria da Conceição Ferreira da Cunha sobre as hipóteses de criminalização *legítima* e *obrigatória*. Ainda que deixasse de ser obrigatória, a tipificação ainda seria legítima, salvo se o constituinte derivado expressamente retirasse tal conduta da esfera de discricionariedade normativa do legislador ordinário.

Deve-se destacar que, recentemente, o Supremo Tribunal Federal analisou se o Mandado de Injunção seria a via cabível para que se criminalizasse a prática de homofobia. Em 10 de maio de 2012, foi distribuído o Mandado de Injunção nº 4.733/DF, ajuizado pela Associação Brasileira de Gays, Lésbicas, Travestis e Transexuais (ABGLT). Neste Mandado de Injunção coletivo, a associação impetrante pretendia:

"Obter a criminalização específica de todas as formas de homofobia e transfobia, especialmente (mas não exclusivamente) das

---

408. STRECK, Lênio Luiz. **O dever de proteção do estado (schutzpflicht): o lado esquecido dos direitos fundamentais ou "qual a semelhança entre os crimes de furto privilegiado e o tráfico de entorpecentes"**? Disponível em: <www.leniostreck.com.br>. Acesso em: 10/10/2013, p. 4.

ofensas (individuais e coletivas), dos homicídios, das agressões e discriminações motivadas pela orientação sexual e/ou identidade de gênero real ou suposta, da vítima, por ser isto (a criminalização específica) um pressuposto inerente à cidadania da população LGBT na atualidade."

A Advocacia Geral da União apresentou parecer, sustentando a inexistência de comando constitucional específico que criminalize a homofobia, de modo que a associação impetrante pretenderia instituir um conjunto normativo próprio, violando-se a reserva legal em matéria penal (art. 5º, XXIX da Constituição). O Procurador Geral da República, por sua vez, também opinou em sentido contrário à pretensão do impetrante, acrescentando como argumentos a existência de Projeto de Lei (PJ 122/2006) em tramitação no Congresso Nacional e a existência de tutela penal suficiente para amparar o bem jurídico que se queria proteger (a existência de crimes de lesão corporal, homicídio e crimes contra a honra).

O relator, Ministro Ricardo Lewandowski, acolheu os pareceres da AGU e PGR para considerar não cabível o Mandado de Injunção para a finalidade pretendida, tendo invocado como fundamento mais relevante para tanto a ausência de um mandado de criminalização que constituísse um direito fundamental a ser tutelado pelo remédio constitucional:

> "Com efeito, é firme a jurisprudência desta Corte com relação à necessidade de se detectar, para o cabimento do writ injuncional, a existência inequívoca de um direito subjetivo, concreta e especificamente consagrado na Constituição Federal, que não esteja sendo usufruído por seus destinatários pela ausência de norma regulamentadora exigida por essa mesma Carta."

Interposto agravo regimental, o Procurador Geral da República modificou o entendimento anteriormente manifestado, a partir dos seguintes fundamentos: (i) omissão inconstitucional que inviabilizaria o exercício de direitos fundamentais à identidade de gênero e liberdade de expressão; (ii) violação ao princípio da igualdade; (iii) possibilidades do Mandado de Injunção enquanto instrumento de diálogos constitucionais; (iv) possibilidade de deferimento do pedido em extensão menos ampla, tão somente para notificar o Congresso

Nacional da mora legislativa; (v) a excessiva demora na tramitação do Projeto de Lei sobre o tema; (vi) o cabimento de decisões aditivas em sede de Mandado de Injunção, cujo ônus argumentativo é menor diante da aplicação analógica de legislação já existente (Lei 7.716/1989); (vii) a possibilidade de decisão aditiva que criminalize a homofobia a partir de parâmetros próprios, podendo o Supremo utilizar os critérios do Projeto de Lei ainda em tramitação; (viii) que a existência de um dever específico de atuação pode ser extraída do art. 5º, incisos XLI e XLII; (ix) existência de compromissos internacionais firmados pela República Federativa do Brasil; e (x) violação do princípio da proporcionalidade por proteção insuficiente.

A mudança de posicionamento do PGR gerou forte reação no meio acadêmico. Em artigo publicado na revista eletrônica Consultor Jurídico, os professores Lênio Streck, Ingo Sarlet, Clèmerson Merlin Clève, Jacinto Nelson de Miranda Coutinho e Flávio Pansieri apresentaram forte crítica à tese defendida pelo impetrante e pelo Procurador Geral da República. Os autores defenderam que (i) o art. 5º, XLI não menciona expressamente que a punição de discriminações atentatórias contra os direitos fundamentais se fará por meio de tutela penal, como faria, por exemplo, o art. 5º, XLII; (ii) óbice na legalidade estrita em matéria penal, conforme o art. 5º, XXIX da Constituição; (iii) não havendo mandado constitucional de criminalização da homofobia, o Judiciário estaria se substituindo ao juízo político do Legislativo; (iv) que a tese da proteção insuficiente jamais teria sido usada para fundamentar a criminalização judicial de condutas; (v) a ausência de um direito subjetivo inviabilizado pela omissão; (vi) que os *fins* pretendidos, ainda que nobres, não legitimariam os *meios* pretendidos pela associação impetrante, devendo tal questão ser discutida pelos meios constitucionalmente adequados e sem o comprometimento de outros princípios relevantes (a exemplo do mencionado art. 5º, XXIX)[409].

Em resposta aos autores acima mencionados, o advogado subscritor do Mandado de Injunção, Paulo Roberto Iotti Vecchiatti, publicou

---

409. CLEVE, Clèmerson Merlin; SARLET, Ingo Wolfgang; COUTINHO, Jacinto Nelson de Miranda, STRECK,, Lenio Luiz; PANSIERI, Flávio. Senso Incomum. Perigo da criminalização judicial e quebra do Estado Democrático de Direito. Disponível em: <http://www.conjur.com.br/2014-ago-21/senso-incomum-criminalizacao-judicial-quebra-estado-democratico--direito>. Acesso em: 10/09/2014.

artigo na mesma revista eletrônica. É possível sintetizar os seguintes fundamentos na réplica apresentada: (i) com fundamento na ideia de Constituição dirigente, há de se superar a concepção segundo a qual é preciso identificar uma norma constitucional de eficácia limitada como parâmetro de controle para o Mandado de Injunção; (ii) que normas de outros ramos do Direito têm sido insuficientes para proteger os direitos fundamentais que se quer tutelar por meio do Mandado de Injunção; (iii) que a teoria da proteção insuficiente seria cabível para criminalizar condutas, mesmo que a doutrina alemã não a tivesse concebido para tal finalidade, tendo em vista um *garantismo penal positivo*; (iv) que a homofobia se enquadraria no art. 5º, XLI e que este inciso indubitavelmente imporia um mandado de criminalização, em razão da a) posição topográfica do inciso XLI e b) da repressão mais severa que se faria necessária para reprimir crimes motivados pelo discurso do ódio; (v) que as razões do precedente firmado no caso *Ellwanger* permitiriam que se interpretasse extensivamente o conceito de "racismo" do art. 5º, XLII; (vi) que a supremacia da Constituição e sua força normativa justificariam que o Judiciário legislasse atipicamente diante da inércia do poder Legislativo[410].

A questão ainda não foi definitivamente resolvida pelo Supremo Tribunal Federal, mas parece que, de fato, há dificuldade em justificar um dever constitucional de agir quanto a criminalização de tal conduta, sendo ainda mais difícil justificar que o Judiciário possa tipificar uma conduta como criminosa pela via do Mandado de Injunção.

Mais recentemente, há notícia de que o Ministro Edson Fachin proferiu decisão monocrática reconsiderando o teor da anterior, permitindo o processamento do Mandado de Injunção e julgando prejudicado o agravo regimental interposto (publicada no DJe de 15/06/2016).

2.6.3 Direitos de servidores públicos.

Como se sabe, o caráter analítico da Constituição de 1988 resulta na presença de diversas normas cuja natureza constitucional é

---

410. VECCHIATTI, Paulo Roberto Iotti. **O Mandado de Injunção e a criminalização de condutas**. Disponível em: <http://www.conjur.com.br/2014-ago-26/paulo-iotti-mandado--injuncao-criminalizacao-condutas>. Acesso em: 10/09/2014.

tão somente *formal*, não possuindo o conteúdo *material* típico das normas constitucionais[411]. Um bom exemplo disso diz respeito ao detalhamento dado pelo constituinte a diversas questões envolvendo o regime jurídico dos servidores públicos, disciplinado de forma mais detalhada no Capítulo VII do Título II da Constituição. É certo que a complexidade inerente ao regime jurídico próprio do funcionalismo público exige extensa disciplina pela legislação infraconstitucional, motivo pelo qual a própria Constituição remete determinadas questões ao que dispõe lei ordinária ou lei complementar. Não é por outro motivo que alguns dos casos mais conhecidos de inconstitucionalidade por omissão podem ser agrupados e estudados sob esta categoria, conforme se debaterá a seguir.

Percebe-se que direitos dos servidores públicos é a matéria mais frequentemente discutida por meio dos instrumentos típicos de controle de constitucionalidade por omissão. Apenas para ilustrar, o website do Supremo Tribunal Federal mantém página atualizada com os *leading cases* em relação aos quais se reconheceu a existência de omissões inconstitucionais (seja por meio de Ação Direta, seja por meio do Mandado de Injunção), com a respectiva declaração da mora (legislativa)[412]. Dos 30 precedentes ali enumerados, ao menos 19 dizem respeito ao tema da aposentadoria especial[413]. Outros três dizem respeito ao direito de greve do servidor público civil[414], um é afeto a questões envolvendo simetria entre o modelo federal e o estadual de

---

411. Para Luís Roberto Barroso, as normas materialmente constitucionais, ou seja, que possuam conteúdo típico de normas constitucionais, podem ser (i) de organização (estruturam e disciplinam o exercício do poder político); (ii) definidoras de direito (geram direitos subjetivos para os jurisdicionados); (iii) programáticas (atribuem fins a serem alcançados pelo Estado). Cf. BARROSO, Luís Roberto. **Curso de Direito Constitucional Contemporâneo.** Rio de Janeiro: Saraiva, 2009, p. 202. De forma menos sistematizada, cf. SILVA, José Afonso. **Curso de Direito Constitucional Positivo.** 32ª edição. São Paulo: Malheiros, 2009, p. 43.
412. BRASIL. STF. Omissão Inconstitucional. Disponível em: <http://www.stf.jus.br/portal/cms/verTexto.asp?servico=jurisprudenciaOmissaoInconstitucional>. Acesso em: 20/12/2013.
413. Exemplos: BRASIL. STF. **MI 788/DF**. Rel. Min. Carlos Britto. J. 15/04/2009. BRASIL. STF. **MI 795/DF**. Rel. Min. Cármen Lúcia. J. 15/04/2009. BRASIL. STF. **MI 758 ED/DF**. Rel. Min. Marco Auréio. J. 08/04/2010. BRASIL. STF. **MI 721/DF**. Rel. Min. Marco Aurélio. J. 30/08/2007.
414. BRASIL. STF. **Mandado de Injunção nº 670**. Rel. Min. Gilmar Mendes. J. 25/10/2007; BRASIL. STF. **Mandado de Injunção nº 708**. Rel. Min. Gilmar Mendes. J. 25/10/2007; BRASIL. STF. **Mandado de Injunção nº 712**. Rel. Min. Eros Grau. J. 25/10/2007. Cf. Informativo nº 485 do STF.

composição do Tribunal de Contas[415], um envolve a inconstitucionalidade por omissão quanto ao procedimento de fusão, incorporação e desmembramento de municípios[416] e os seis restantes envolvem a questão do aviso prévio proporcional por tempo de serviço[417].

2.6.3.1 Direito de greve

O direito de greve dos servidores públicos civis é um dos mais conhecidos casos envolvendo o problema da inconstitucionalidade por omissão. Ao tempo da promulgação da Constituição, a previsão do art. 37, VII da Constituição era no sentido de que "o direito de greve será exercido nos termos e nos limites definidos em lei complementar". Mais tarde, a EC nº 19/98 modificou a redação do inciso VII, que passaria a dispor que "o direito de greve será exercido nos termos e nos limites definidos em lei específica". Ou seja, alterou-se a espécie normativa necessária para a disciplina legislativa do direito em questão. Todavia, a redação do dispositivo é dúbia: ou se entende que a própria existência do direito de greve é condicionada ao que dispuser a lei, ou que o modo de exercício do direito, já reconhecido pela Constituição, *pode* ser disciplinado em lei.

Diante disso, percebe-se que duas são as formas possíveis de se interpretar o dispositivo quanto a sua eficácia. A primeira, entendimento tradicional do Supremo Tribunal Federal, considerava o inciso VII norma de *eficácia limitada*, na medida em que a produção integral de efeitos do dispositivo dependeria da lei. Em outras palavras, que o exercício do direito de greve não seria possível diante da omissão legislativa. Em sentido contrário, um número significativo de autores, a exemplo de Cláudio Pereira de Souza Neto, Daniel Sarmento, Ingo Sarlet, José Afonso da Silva e Carlos Henrique Bezerra Leite, defende que com base no princípio da máxima efetividade da Constituição, a referida norma deveria ser interpretada como se fosse norma de *eficácia contida*. Afinal, na dúvida, deve-se atribuir a interpretação

---

415. BRASIL. STF. **ADI 3276/CE**. Rel. Min. Eros Grau. J. 02/06/2005.
416. BRASIL. STF. **ADI 3.682**. Rel. Min. Gilmar Mendes. J. 09/05/2007.
417. BRASIL. STF. **MI 278/MG**. Rel. Min. Carlos Velloso. Relator para o Acórdão Min. Ellen Gracie. J. 03/10/2001. BRASIL. STF. **MI 96/RR**. Rel. Min. Carlos Velloso. Rel. para o acórdão Min. Sepúlveda Pertence. BRASIL. STF. **MI 369/DF**. Rel. Min. Néri da Silveira.

mais ampla possível quanto à eficácia de uma norma definidora de diretos. Compreender a norma que prevê o direito de greve dos servidores públicos como sendo de eficácia contida significaria dizer que a impetração de Mandado de Injunção sequer seria necessária para o exercício do direito, eis que não haveria inconstitucionalidade por omissão[418].

O exercício do direito de greve na Administração Pública sempre foi interpretado de forma restritiva pelo Supremo Tribunal Federal. Na Ação Direta de Constitucionalidade nº 492, por exemplo, entendeu o STF que o servidor público civil não poderia participar de negociação coletiva, convenção coletivo, acordo coletivo ou demandar dissídio coletivo perante a Justiça do Trabalho. Confira-se a ementa do julgado em questão:

> CONSTITUCIONAL. TRABALHO. JUSTIÇA DO TRABALHO. COMPETÊNCIA. AÇÕES DOS SERVIDORES PUBLICOS ESTATUTARIOS. C.F., ARTS. 37, 39, 40, 41, 42 E 114. LEI N. 8.112, DE 1990, ART. 240, ALINEAS "D" E "E". I - SERVIDORES PUBLICOS ESTATUTARIOS: DIREITO A NEGOCIAÇÃO COLETIVA E A AÇÃO COLETIVA FRENTE A JUSTIÇA DO TRABALHO: INCONSTITUCIONALIDADE. LEI 8.112/90, ART. 240, ALINEAS "D" E "E". II - SERVIDORES PUBLICOS ESTATUTARIOS: INCOMPETENCIA DA JUSTIÇA DO TRABALHO PARA O JULGAMENTO DOS SEUS DISSIDIOS INDIVIDUAIS. INCONSTITUCIONALIDADE DA ALINEA "e" DO ART. 240 DA LEI 8.112/90. III - AÇÃO DIRETA DE INCONSTITUCIONALIDADE JULGADA PROCEDENTE.[419]

A preocupação central contida nos votos dos Ministros diz respeito à impossibilidade de conciliar institutos de negociação coletiva típicos

---

418. SOUZA NETO, Cláudio Pereira de; SARMENTO, Daniel. **Direito Constitucional – Teoria, História e Métodos de Trabalho**. Belo Horizonte: Fórum, 2012, p. 443; SARLET, Ingo Wolfang. **A Eficácia dos Direitos Fundamentais. Uma Teoria Geral dos Direitos Fundamentais na Perspectiva Constitucional**. 10ª edição. Porto Alegre: Livraria do Advogado, 2009, p. 276-277; SILVA, José Afonso da. Comentário Contextual à Constituição. Op. Cit., p. 344; LEITE, Carlos Henrique Bezerra. Art. 37, VII. In: CANOTILHO, José Joaquim Gomes; MENDES, Gilmar Ferreira; STRECK, Lênio Luiz. **Comentários à Constituição do Brasil**. São Paulo: Saraiva/Almedina, 2013, p. 845.

419. BRASIL. STF. **ADI 492** / DF. Rel. Min. Carlos Velloso. J. 12/11/1992.

da esfera trabalhista com princípios da legalidade e indisponibilidade do interesse público. Afinal, ainda que eventual acordo fosse celebrado, o aumento de despesa dependeria do devido processo legislativo, de iniciativa reservada do Chefe do Executivo respectivo (art. 61, § 1º, II, "a" da Constituição). Todavia, Carlos Henrique Bezerra Leite critica o entendimento do Supremo quanto ao tema, pois negociação coletiva não seria o mesmo que celebrar uma convenção ou acordo coletivo. Seria possível, para o autor, que a negociação coletiva com os agentes políticos pertinentes poderia resultar em um projeto de lei[420]. Nesse sentido, aliás, foi o voto vencido do Ministro Marco Aurélio no acórdão mencionado.

Seja como for, a questão também foi debatida no julgamento do Mandado de Injunção nº 20, tendo o Supremo Tribunal Federal reconhecido a omissão legislativa quanto ao direito de greve, mas concedendo a ordem tão somente para cientificar o Legislativo da mora em questão. Conforme se debaterá quando da análise dos instrumentos de controle em espécie, predominava, à época, uma concepção não concretista dos efeitos da decisão do remédio constitucional em questão. Eis a ementa do julgado:

"EMENTA: MANDADO DE INJUNÇÃO COLETIVO - DIREITO DE GREVE DO SERVIDOR PÚBLICO CIVIL - EVOLUÇÃO DESSE DIREITO NO CONSTITUCIONALISMO BRASILEIRO - MODELOS NORMATIVOS NO DIREITO COMPARADO - PRERROGATIVA JURÍDICA ASSEGURADA PELA CONSTITUIÇÃO (ART. 37, VII) - IMPOSSIBILIDADE DE SEU EXERCÍCIO ANTES DA EDIÇÃO DE LEI COMPLEMENTAR - OMISSÃO LEGISLATIVA - HIPÓTESE DE SUA CONFIGURAÇÃO - RECONHECIMENTO DO ESTADO DE MORA DO CONGRESSO NACIONAL - IMPETRAÇÃO POR ENTIDADE DE CLASSE - ADMISSIBILIDADE - WRIT CONCEDIDO. DIREITO DE GREVE NO SERVIÇO PÚBLICO: O preceito constitucional que reconheceu o direito de greve ao servidor público civil constitui norma de eficácia meramente limitada, desprovida, em conseqüência, de auto-aplicabilidade,

---

420. LEITE, Carlos Henrique Bezerra. Art. 37, VII. In: CANOTILHO, José Joaquim Gomes; MENDES, Gilmar Ferreira; STRECK, Lênio Luiz. **Comentários à Constituição do Brasil**. São Paulo: Saraiva/Almedina, 2013, p. 846-847.

razão pela qual, para atuar plenamente, depende da edição da lei complementar exigida pelo próprio texto da Constituição. A mera outorga constitucional do direito de greve ao servidor público civil não basta - ante a ausência de auto- aplicabilidade da norma constante do art. 37, VII, da Constituição - para justificar o seu imediato exercício. O exercício do direito público subjetivo de greve outorgado aos servidores civis só se revelará possível depois da edição da lei complementar reclamada pela Carta Política. A lei complementar referida - que vai definir os termos e os limites do exercício do direito de greve no serviço público - constitui requisito de aplicabilidade e de operatividade da norma inscrita no art. 37, VII, do texto constitucional. Essa situação de lacuna técnica, precisamente por inviabilizar o exercício do direito de greve, justifica a utilização e o deferimento do Mandado de Injunção. A inércia estatal configura-se, objetivamente, quando o excessivo e irrazoável retardamento na efetivação da prestação legislativa - não obstante a ausência, na Constituição, de prazo pré-fixado para a edição da necessária norma regulamentadora - vem a comprometer e a nulificar a situação subjetiva de vantagem criada pelo texto constitucional em favor dos seus beneficiários. MANDADO DE INJUNÇÃO COLETIVO: A jurisprudência do Supremo Tribunal Federal firmou-se no sentido de admitir a utilização, pelos organismos sindicais e pelas entidades de classe, do Mandado de Injunção coletivo, com a finalidade de viabilizar, em favor dos membros ou associados dessas instituições, o exercício de direitos assegurados pela Constituição. Precedentes e doutrina."[421]

Mais tarde, com o julgamento dos Mandados de Injunção nº 670, 708 e 712, o Supremo adotou pela primeira vez a teoria concretista geral quanto aos efeitos da decisão, aplicando, com efeitos erga omnes, a Lei nº 7.783/1989. A decisão foi proferida por maioria. O relator, Ministro Maurício Corrêa, concedia o Mandado de Injunção apenas para declarar a mora do Legislativo. Os Ministros Ricardo Lewandowski, Joaquim Barbosa e Marco Aurélio limitavam os efeitos da coisa julgada às categorias que impetraram o Mandado de Injunção. Predominou, contudo, a posição do Ministro Gilmar Mendes, acompanhado pelo restante dos Ministros votantes.

---

421. BRASIL. STF. **Mandado de Injunção nº 20**. Rel. Min. Celso de Mello. J. 19/05/1994. DJ 22/11/1996.

2.6.3.2 Aposentadoria especial.

O servidor público possui três formas de aposentadoria previstas no art. 40, § 1º da Constituição: a aposentadoria por invalidez, a compulsória e a voluntária. Especificamente quanto a voluntária, três são as possibilidades. A primeira é o beneficio por idade (65 anos para homem e 60 anos para mulher), com cálculo proporcional. A segunda possibilidade é a aposentadoria por tempo de contribuição (35 anos para homem e 30 anos para mulher), com idade mínima de 60 anos para homem e 55 para mulher. Por fim, para o que interessa ao tema da dissertação, as aposentadorias especiais de servidores, previstas atualmente no art. 40, § 4º como concessíveis aos servidores que possuem atividades de risco, insalubres ou portadores de deficiência[422].

A redação descrita foi dada pelas EC 20/98 e 47/2005. Antes disso a matéria constava no art. 40, § 1º, que mencionava que *"lei complementar poderá estabelecer exceções ao disposto no inciso III, "a" e "c", no caso de exercício de atividades consideradas penosas, insalubres ou perigosas"*. Já ao tempo da redação original do dispositivo, Mandados de Injunção foram impetrados por servidores públicos que almejavam o reconhecimento do direito a aposentadoria especial, pois se enquadrariam nos critérios constitucionalmente previstos. Todavia, em um primeiro momento, o Supremo Tribunal Federal apegou-se ao significado literal da expressão "poderá", de modo a considerar a edição da norma uma faculdade, dentro da liberdade de conformação do Legislativo. Os acórdãos paradigma de tal entendimento foram os Mandados de Injunção nº 444 e 426, assim ementados:

> EMENTA: - Direito Constitucional e Processual Civil. Mandado de Injunção. Servidores autarquicos. Escola Superior de Agricultura de Lavras - ESAL (autarquia federal sediada em Lavras, Minas Gerais). Aposentadoria especial. Atividades insalubres. Artigos 5., inc. LXXI, e 40, par. 1., da Constituição Federal. 1. O par. 1. do art. 40 da C.F. apenas faculta ao legislador, mediante lei complementar, estabelecer exceções ao disposto no inciso III, "a" e "c", ou seja, instituir outras hipóteses de aposentadoria especial, no caso de exercício de atividades consideradas peno-

---

422. IBRAHIM, Fábio Zambite. **Curso de Direito Previdenciário**. 17ª edição, revista, ampliada e atualizada. Niterói: Ímpetus, 2012, p. 747-748.

sas, insalubres ou perigosas. 2. Tratando-se de mera faculdade conferida ao legislador, que ainda não a exercitou, não há direito constitucional ja criado, e cujo exercício esteja dependendo de norma regulamentadora. 3. Descabimento do Mandado de Injunção, por falta de possibilidade jurídica do pedido, em face do disposto no inc. LXXI do art. 5. da C.F., segundo o qual somente e de ser concedido mandado de injunção, quando a falta de norma regulamentadora torne inviavel o exercício de direitos e liberdades constitucionais e das prerrogativas inerentes a nacionalidade, a soberania e a cidadania. 4. Mandado de Injunção não conhecido. Votação unânime.[423]

Mandado de Injunção. Artigo 40, § 1º, da Constituição Federal. - O § 1º do artigo 40 da Constituição Federal só faculta ao legislador, mediante lei complementar, estabelecer exceções ao disposto no inciso III, "a" e "c", ou seja, instituir novas hipóteses de aposentadoria especial, no caso de exercício de atividades consideradas penosas, insalubres ou perigosas. Tratando-se de mera faculdade conferida ao legislador, que ainda não a exercitou, não há direito constitucional cujo exercício dependa de norma regulamentadora. Precedente do S.T.F. Mandado de injunção não conhecido por impossibilidade jurídica do pedido[424].

Após as mudanças promovidas pela EC 20/98 e pela EC 47/2005, a questão foi novamente apreciada pelo Supremo Tribunal Federal no julgamento do Mandado de Injunção nº 721. O MI foi proposto por servidora do Ministério da Saúde, que afirmava ter trabalhado em condições insalubres durante 25 anos. Com a supressão da expressão "poderá", o relator, Ministro Marco Aurélio, defendeu a existência de um direito subjetivo a obtenção da aposentadoria especial. Mais significativo, contudo, foi a mudança na jurisprudência quanto aos efeitos da decisão, adotando-se uma postura *concretista individual* (conforme se debaterá de forma mais aprofundada no capítulo 3.2.1.4 deste trabalho). Além de reconhecer a omissão inconstitucional, o Supremo entendeu que a decisão de mérito do Mandado de Injunção seria capaz de conceder, ao impetrante, o exercício do direito fundamental. No caso concreto (e em todos os precedentes posteriores), aplicou-se, por analogia, o art. 57 da Lei 8.213/1991.

---

423. BRASIL. STF. **MI 444 QO / MG**. Rel. Min. Sydney Sanches. J. 29/09/1994.
424. BRASIL. STF. **MI 462 / MG**. Rel. Min. Moreira Alves. J. 06/09/1995.

A decisão noticiada nas transcrições do informativo n° 630 do Supremo[425], por exemplo, demonstra exatamente o panorama descrito acima, tendo o Tribunal adotado a *posição concretista individual* para suprir a lacuna normativa a respeito da regulamentação do artigo 40, parágrafo 4° da Constituição Federal[426]. O caso concreto foi julgado monocraticamente pelo relator, Min. Celso de Mello, tendo em vista entendimento firmado pelo Tribunal no julgamento do Mandado de Injunção n° 795, no sentido de ser cabível julgamento monocrático do relator na hipótese de mandado de injunção impetrado para exercer o direito previsto no dispositivo em questão. Na hipótese, o impetrante era servidor público portador de deficiência física e pretendia exercer o direito previsto no inciso I do parágrafo 4°. A decisão foi no sentido de reconhecer o direito do impetrante em ter seu pedido analisado administrativamente pela autoridade competente, que deverá verificar se o servidor preenche os requisitos do art. 57 da Lei n° 8.213/1991, aplicável à hipótese por analogia, conforme o entendimento anteriormente firmado no julgamento dos embargos de declaração no MI n° 1.286[427].

A despeito de ser esta a solução adotada pelo Supremo Tribunal Federal, há quem critique a hipótese tomada como análoga, o art. 57 da Lei 8.213/1991. Em dissertação de mestrado sobre o tema, Clemilton da Silva Barros aponta as seguintes incompatibilidades entre os regimes jurídicos[428]:

---

425. BRASIL. STF. **Mandado de Injunção n° 1697**. Rel. Min. Celso de Mello. DJ 27/05/2011.

426. Art. 40. Aos servidores titulares de cargos efetivos da União, dos Estados, do Distrito Federal e dos Municípios, incluídas suas autarquias e fundações, é assegurado regime de previdência de caráter contributivo e solidário, mediante contribuição do respectivo ente público, dos servidores ativos e inativos e dos pensionistas, observados critérios que preservem o equilíbrio financeiro e atuarial e o disposto neste artigo. (Redação dada pela Emenda Constitucional n° 41, 19.12.2003) (...) § 4° É vedada a adoção de requisitos e critérios diferenciados para a concessão de aposentadoria aos abrangidos pelo regime de que trata este artigo, ressalvados, nos termos definidos em leis complementares, os casos de servidores: (Redação dada pela Emenda Constitucional n° 47, de 2005) I portadores de deficiência; (Incluído pela Emenda Constitucional n° 47, de 2005); II que exerçam atividades de risco; (Incluído pela Emenda Constitucional n° 47, de 2005); III cujas atividades sejam exercidas sob condições especiais que prejudiquem a saúde ou a integridade física. (Incluído pela Emenda Constitucional n° 47, de 2005).

427. BRASIL. STF. MI n° 1286. Rel. Min. Cármen Lucia. Julgamento: 18/12/2009.

428. BARROS, Clemilton da Silva. **Aposentadoria Especial do Servidor Público e o Mandado de Injunção. Análise da Jurisprudência do STF, acerca do Artigo 40, parágrafo 4° da CF**. Campinas: Servanda Editora, 2012, p. 288-296.

(i) *ausência de disposição normativa no âmbito do regime geral de previdência social em relação a servidores portadores de deficiência e exercentes de atividade de risco.*

A primeira crítica seria a de que enquanto o art. 40, § 4º da Constituição prevê a aposentadoria especial para portadores de deficiência, para aqueles que exerçam atividades de risco e para aqueles cujas atividades sejam exercidas sob condições especiais que prejudiquem a saúde ou a integridade física, o art. 57 inclui somente o segurado que tiver trabalhado sob condições que prejudiquem a saúde ou integridade física. Em outras palavras, nem todas as hipóteses constitucionalmente previstas coincidiriam com o parâmetro legal invocado por analogia.

É certo que não há perfeita coincidência entre a hipótese na qual se vislumbra lacuna e aquela utilizada como parâmetro para a analogia. Mas partindo da premissa de que o Supremo Tribunal Federal reconheceu a existência de inconstitucionalidade por omissão e garantiu o exercício do direito por Mandado de Injunção, a analogia parece, ainda assim, um recurso mais deferente aos princípios da separação de poderes e isonomia formal, na medida em que se buscou a hipótese mais próxima existente para fins de analogia.

(ii) *requisitos de elegibilidade para a concessão de aposentadoria voluntária no serviço público.*

O autor destaca que a partir da EC 20/98, a Constituição teria passado a exigir o preenchimento simultâneo do tempo de contribuição, serviço e idade para a aposentadoria voluntária, gênero do qual a aposentadoria especial seria espécie (art. 40, § 1º, III, "a"). Tais requisitos seriam distintos no regime geral de previdência social (RGPS), que requer somente o tempo de contribuição ou a idade. Além disso, no regime do servidor público, também é exigido tempo mínimo de 10 anos de efetivo exercício no serviço público e cinco anos no cargo efetivo no qual se dará a aposentadoria.

(iii) *Expressa vedação legal (Lei nº 9.717/98, art. 5º, Parágrafo Único).*

O art. 5º, Parágrafo Único da Lei nº 9.717/98 veda expressamente a concessão de aposentadoria especial (do art. 40, § 4º da Constituição) enquanto lei complementar federal não disciplinar a matéria.

Considerando que a norma em questão é incompatível com o entendimento atual do Supremo Tribunal Federal quanto à eficácia do art. 40, § 4º da Constituição, parece que não há outra solução senão a declaração de inconstitucionalidade, por arrastamento, do art. 5º, Parágrafo Único da Lei 9.717/98. Parece que o Tribunal ainda não atentou para a questão, embora não seja possível ignorar a necessidade de pronunciamento expresso sobre a constitucionalidade do dispositivo, tendo em vista a presunção de constitucionalidade que milita em seu favor.

(iv) *O caráter contributivo, o prévio custeio e o equilíbrio financeiro e atuarial.*

Clemilton da Silva Barros critica, por fim, a inobservância de critérios de equilíbrio financeiro e atuarial do regime previdenciário do servidor (art. 40 da Constituição), bem como da exigência de prévio custeio do benefício a ser concedido (art. 195, § 5º da Constituição). A previsão de custeio ainda não existiria para o regime jurídico em questão, o que violaria o equilíbrio financeiro e atuarial, o que exigirá remessa de recursos ao tesouro para suprir o déficit em questão.

Conforme se percebe, a atuação concretista do Judiciário nem sempre é capaz de preservar a coesão do sistema como um todo, carecendo de parâmetros que seriam melhor delineados através dos agentes políticos responsáveis por disciplinar a questão. Se por um lado o controle da omissão inconstitucional não permite ao Judiciário ser deferente com a inércia dos demais poderes, por outro não impede maiores esforços de cooperação institucional para melhor mensurar o impacto de suas decisões na lógica de um sistema já existente.

2.6.3.3 Revisão geral anual dos vencimentos.

O art. 37, X da Constituição, com redação dada pela EC 19/98, prevê que *"a remuneração dos servidores públicos e o subsídio de que trata o § 4º do art. 39 somente poderão ser fixados ou alterados por lei específica, observada a iniciativa privativa em cada caso, assegurada revisão geral anual, sempre na mesma data e sem distinção de índices"*. O dispositivo possui dois comandos distintos. O primeiro exige lei para a alteração da remuneração dos servidores públicos. O segundo, que interessa ao tema da dissertação, diz respeito a revisão geral anual das remunerações e subsídios. A revisão atinge cada ente federativo, garantindo aos agentes públicos a reposição das perdas inflacionárias a cada ano.

Luciano de Araújo Ferraz aponta a existência de uma controvérsia inicial, a respeito da revisão geral anual, introduzida pela EC 19/98. Seria a revisão geral anual autoaplicável, independentemente de regulamentação infraconstitucional? A resposta a tal questionamento esbarraria no princípio da reserva legal e na iniciativa do Chefe do Poder Executivo, (art. 61, § 1º, II, "a" da Constituição), eis que a revisão abrange de uniformemente todos os agentes públicos da entidade federativa[429].

A despeito disso, a revisão não foi regulamentada no plano infraconstitucional. Como resultado, os servidores começaram a levar a questão ao Judiciário requerendo indenização pela omissão legislativa, e o STF entendeu por mais de uma ocasião que o servidor que não foi contemplado pela revisão geral anual não geraria indenização[430]. Um dos precedentes foi noticiado no informativo nº 568 do Supremo Tribunal Federal. Confira-se:

A Turma concluiu julgamento de recurso extraordinário em que servidores públicos federais, sob a alegação de ofensa ao art. 37, X, da CF, com a redação dada pela EC 19/98, pretendiam obter indenização do Estado, em virtude de não haverem sido contemplados com a revisão geral anual, instituída por aquela Emenda, no período compreendido entre o seu advento e o termo inicial da vigência da Lei 10.331/2001, que estabeleceu a mencionada revisão ao funcionalismo público — v. Informativo 404. Por maioria, desproveu-se o recurso ao fundamento de que os requisitos necessários à caracterização da responsabilidade civil do Estado por omissão legislativa não estariam presentes. O Min. Gilmar Mendes, em voto-vista, registrou que, no julgamento da ADI 2061/DF (DJU de 29.6.2001), o Plenário atestara a mora do Presidente da República em desencadear o processo de elaboração da lei anual de revisão geral da remuneração dos servidores da União, contudo, não fixara prazo para esse mister. Na seqüência, aduziu que o STF possuiria entendimento consolidado no sentido

---

429. FERRAZ, Luciano de Araújo. Art. 37, X. In: CANOTILHO, José Joaquim Gomes; MENDES, Gilmar Ferreira; STRECK, Lênio Luiz. **Comentários à Constituição do Brasil**. São Paulo: Saraiva/Almedina, 2013, p. 859.
430. BRASIL. STF. **RE 554810 AgR / PR**. Rel. Min. Celso de Mello. J. 13/11/2007. BRASIL. STF. **RE 424584/MG**. Rel. orig. Min. Carlos Velloso, red. p/ o acórdão Min. Joaquim Barbosa. J. 17.11.2009.

de não caber indenização, especialmente, pelo fato de não ter sido estabelecido prazo para o Chefe do Poder Executivo encaminhar o projeto de lei sobre a revisão. Não obstante, salientou haver necessidade de se refletir se o reconhecimento da mora legislativa tornar-se-ia ineficaz para efeito da responsabilidade civil na hipótese de não ter sido fixado prazo para o seu suprimento. No ponto, consignou que, de acordo com a complexidade da matéria, a demora no envio do projeto de lei deveria ser submetida ao crivo da razoabilidade. Na situação dos autos, asseverou que o requisito da mora existiria — em face da declaração constante da aludida ADI 2061/DF —, contudo, não se verificaria sua permanência, porquanto o Chefe do Poder Executivo, logo em seguida, encaminhara o projeto de lei referente à revisão geral anual da remuneração dos servidores públicos da União, sendo este, em menos de 6 meses, transformado na Lei 10.331/2001. Vencido o Min. Carlos Velloso, relator, que provia o extraordinário por considerar inequívoco o dever de indenizar do Estado. RE 424584/MG, rel. orig. Min. Carlos Velloso, red. p/ o acórdão Min. Joaquim Barbosa, 17.11.2009. (RE-424584)

O Supremo entendeu só haver responsabilidade civil do Estado por omissão em relação ao art. 37, X se o STF já tivesse estabelecido prazo para que o órgão ou o poder omisso saísse da inércia. Mas a questão adquire contornos problemáticos diante do debate já apontado a respeito da possibilidade de que se estabeleça *prazo* para a atuação do Legislador. O próprio STF tem sido parcimonioso em relação a determinar prazos para que a omissão seja sanada. E o grande problema é que ao ter a oportunidade de fixar tal prazo no caso da revisão anual dos vencimentos, o STF não o fez. Confira-se a ementa da Ação Direta de Inconstitucionalidade nº 2.061:

EMENTA: AÇÃO DIRETA DE INCONSTITUCIONALIDADE POR OMISSÃO. ART. 37, X, DA CONSTITUIÇÃO FEDERAL (REDAÇÃO DA EC Nº 19, DE 4 DE JUNHO DE 1998). Norma constitucional que impõe ao Presidente da República o dever de desencadear o processo de elaboração da lei anual de revisão geral da remuneração dos servidores da União, prevista no dispositivo constitucional em destaque, na qualidade de titular exclusivo da competência para iniciativa da espécie, na forma prevista no art. 61, § 1º, II, a, da CF. Mora que, no caso, se tem por verificada, quanto à observância do preceito constitucional, desde junho/1999, quando transcorridos os primeiros doze meses da data da edição da referida EC nº 19/98. Não se compreende, a providência, nas atribuições de natureza administrativa do Chefe do Poder Executivo, não havendo cogitar, por isso, da aplicação, no caso, da norma do art. 103, § 2º, in fine, que prevê a fixação de prazo para o mister. Procedência parcial da ação.[431]

Como resultado, o reconhecimento da responsabilidade civil do Estado pela omissão legislativa em questão fica condicionado a que o STF declare a mora e estabeleça prazo para que a lacuna seja sanada, embora o próprio STF não o faça e por isso gere uma hipótese (judicialmente) insuperável de inconstitucionalidade por omissão.

Recentemente, foi aprovado o enunciado nº 37 da Súmula Vinculante do STF, que transforma em vinculante a antiga Súmula 339, dispondo que *"Não cabe ao poder Judiciário, que não tem função legislativa, aumentar vencimentos de servidores públicos sob o fundamento de isonomia".*

2.6.4 Omissões inconstitucionais e princípio federativo.

Em alguns casos, a omissão normativa inconstitucional resulta em um comprometimento tanto da autonomia financeira quanto da capacidade de auto-organização dos entes subnacionais. Dois são os casos paradigmáticos escolhidos para ilustrar a temática: a omissão quanto à regulamentação infraconstitucional do art. 18, § 4º da Constituição Federal; e a recente problemática no Supremo Tribunal Federal no que concerne o Fundo de Participação dos Estados.

2.6.4.1 Procedimento de fusão, incorporação e desmembramento de Municípios.

A possibilidade de criação, fusão, incorporação ou desmembramento de Municípios, prevista no art. 18, § 4º da Constituição, constitui elemento essencial de harmonização entre federalismo e democracia representativa. Através da capacidade de reorganização

---

431. BRASIL. STF. **ADI nº 2.061**. Rel. Min. Ilmar Galvão. J. 25/04/2001.

político-territorial que lhes é concedida pela Constituição, tais entes federais podem reordenar seus espaços de modo a melhor refletir os interesses dos cidadãos. De fato, a imposição constitucional de que haja consulta prévia a população diretamente interessada por meio de *plebiscito* impõe uma carga ainda maior de legitimidade democrática ao procedimento. Trata-se, contudo, de norma de eficácia limitada, norma que, na classificação tradicional de José Afonso da Silva, depende de norma infraconstitucional para que possa produzir todos os seus efeitos, eis que a Constituição prevê tal procedimento se fará por meio de Lei Estadual, dentro do período determinado por uma "*Lei Complementar Federal, e dependerão de consulta prévia, mediante plebiscito, às populações dos Municípios envolvidos, após divulgação dos Estudos de Viabilidade Municipal, apresentados e publicados na forma da lei.*"

Por estas razões, a omissão inconstitucional da União tem constituído óbice para um modelo federal verdadeiramente democrático, eis que a organização dos Municípios não é capaz de refletir de forma adequada o interesse dos cidadãos que neles habitam. E para o que interessa os estudiosos do direito financeiro e tributário, a relação com a autonomia financeira do ente federativo parece evidente. Não são poucos os casos de distritos que, em razão de elevada arrecadação que acaba sendo destinada para serviços públicos de outras partes da cidade, buscam a emancipação. A possibilidade de desmembramento resulta, então, em uma política financeira que melhor reflita a vontade dos cidadãos que ali habitem.

Na ADI nº 3.682, da relatoria do Ministro Gilmar Mendes e iniciativa da Assembleia Legislativa do Mato Grosso[432], sustentou-se que vários Estados estariam sofrendo prejuízos decorrentes da omissão em questão, eis que muitas comunidades locais estariam impossibilidades de emancipar-se e constituir-se em novos Municípios. Somente no Mato Grosso, existiriam mais de 40 comunidades em tal situação. A solução dada acompanhou o voto condutor do relator, destacando a fungibilidade relativa entre a Ação Direta de Inconstitucionalidade por ação (a existência de Municípios criados de forma inconstitucional, sem a lei complementar exigida pela Constituição) e por omissão (a

---

432. BRASIL. STF. **ADI nº 3.682**. Rel. Min. Gilmar Mendes. DJ. 06/09/2007.

mora legislativa do Congresso Nacional), foi no sentido de declarar a mora do Congresso Nacional para que, em um prazo de 18 meses, sanasse a omissão, contemplado também as situações aperfeiçoadas durante o estado de inconstitucionalidade por omissão. Foram também julgadas parcialmente procedentes ações diretas contra leis estaduais que criavam Municípios, estabelecendo-se prazo de 24 meses para que as leis continuassem em vigor[433].

Todavia, além de não sair da inércia quanto à mora legislativa em questão, o Congresso Nacional editou uma Emenda (EC 57/08), convalidando o vício de inconstitucionalidade em análise ao acrescentar o art. 96 ao ADCT[434]. Há críticas doutrinárias quanto à possibilidade de convalidação do vício de inconstitucionalidade em questão por meio de Emenda, como é o caso do professor Pedro Lenza[435]. Já o Ministro Ricardo Lewandowski, ao ser questionado sobre o tema em aula ministrada, afirmou ser uma controvérsia intrigante, mas que enxerga a questão sob o prisma da omissão parcial, eis que com a solução dada o Congresso Nacional teria atuado ao menos parcialmente de acordo com o comando do Supremo, que determinou que o Legislativo cuidasse das situações dos Municípios criados durante o período, mas atuou de forma insuficiente quanto à lacuna em análise, razão pela qual veria como possível nova ADO por algum dos legitimados[436].

A questão já chegou ao STF também pela via do Mandado de Injunção e, surpreendentemente, impetrado pela própria pessoa jurídica

---

433. Para uma narrativa extremamente clara e didática dos casos narrados, ver MENDES, Gilmar Ferreira. **Estado de Direito e Jurisdição Constitucional (2002-2010)**. São Paulo: Saraiva, 2011, p. 107-109.
434. ADCT. Art. 96. "Ficam convalidados os atos de criação, fusão, incorporação e desmembramento de Municípios, cuja lei tenha sido publicada até 31 de dezembro de 2006, atendidos os requisitos estabelecidos na legislação do respectivo Estado à época de sua criação."
435. *"Percebe-se, então, que referida EC busca convalidar o vício formal de todas as leis estaduais que criaram Municípios sem a observância do art. 18, § 4º, "constitucionalizando", de maneira ilegítima, leis que nasceram inconstitucionais. Parece-nos bastante complicado aceitar que Municípios que foram criados, alguns até, por exemplo, sem o plebiscito adequado, sem um rigoroso estudo de viabilidade, sejam convalidados por emenda constitucional em um "gritante" e imoral mecanismo de constitucionalidade superveniente."* LENZA, Pedro. **Direito Constitucional Esquematizado**. 15ª edição. São Paulo: Saraiva, 2011, p. 342.
436. Pergunta que pudemos formular durante aula do Ministro Ricardo Lewandowski, em 25/05/2012, organizada pelas Universidades GAMA FILHO e UNIVERCIDADE, no Rio de Janeiro, transmitido também pela via telepresencial.

de direito público. Em precedente anterior, o Supremo não admitiu a legitimação ativa da pessoa jurídica de direito público para impetração do *writ*. O precedente é o Mandado de Injunção nº 537[437]. O relator, Min. Maurício Corrêa, entendeu que não se poderia ampliar o conceito de direitos fundamentais ao ponto de considerar como seus titulares pessoas jurídicas de direito público. Esse entendimento parece ter sido parcialmente superado pelo Supremo Tribunal Federal no julgamento do MI nº 725. Tratava-se de demanda na qual o Município impetrante alegava não poder exercer um direito subjetivo relativo ao art. 18, § 4º da Constituição. O relator, Min. Gilmar Mendes, destacou que *"não se deve negar aos Municípios, peremptoriamente, a titularidade de direitos fundamentais e a eventual possibilidade de impetração das ações constitucionais cabíveis para sua proteção"*. Defendeu que *"pessoas jurídicas de direito público podem, sim, ser titulares de direitos fundamentais"*. Contudo, neste caso em específico, não seria possível vislumbrar um *"direito ou prerrogativa fundamental do Município, em face da União e dos Estados, à modificação de seus limites territoriais com outro município"*. Da leitura do inteiro teor dos debates que se travaram, depreende-se que os Ministros entenderam que neste caso concreto não haveria legitimidade ativa, mas que isso não deveria ser considerado um precedente, pois existiria a possibilidade de, em outros casos, reconhecer-se a legitimidade ativa de pessoas jurídicas de direito público[438]. De fato, um entendimento que aumenta significativamente a possibilidade de Estados e Municípios obterem decisões aptas a impugnar eventuais omissões inconstitucionais da União, eis que a jurisprudência do STF atribui à decisão do Mandado de Injunção efeitos mais significativos que da ADI por omissão, ainda de caráter meramente mandamental.

2.6.4.2 Fundo de participação dos Estados.

Quanto ao *fundo de participação dos Estados*, a Constituição prevê no art. 159 os critérios de repartição de receitas tributárias da União com os Estados e Distrito Federal, nos termos de Lei

---
437. BRASIL. STF. **MI nº 537**. Rel. Min. Maurício Corrêa. DJ 11/09/2001.
438. BRASIL. STF. MI nº 725. Rel. Min. Gilmar Mendes. J. 10/05/2007. DJ 21/09/2007. Inteiro teor disponível em: <http://redir.stf.jus.br/paginadorpub/paginador.jsp?docTP=AC&docID=487886>. Acesso em: 12/06/2012.

Complementar. A LC em questão, de n° 62/89, teria sido editada em consonância com a Constituição, mas, segundo o STF, deveria ter sido revista de modo a melhor refletir a finalidade da repartição de receitas, no sentido de refletir as desigualdades regionais e promover o desenvolvimento equilibrado de todos os entes federativos. Foi a decisão do STF em 2010, no julgamento conjunto de quatro Ações Diretas de Inconstitucionalidade (ADI) ajuizadas pelo Rio Grande do Sul (ADI 875), Mato Grosso e Goiás (ADI 1987), Mato Grosso (ADI 3243) e Mato Grosso do Sul (ADI 2727). Todavia, preocupados com o tempo de aprovação de nova lei, motivo pelo qual modulou os efeitos da declaração de inconstitucionalidade de modo a permitir a vigência da norma até 2012. Confira-se:

> EMENTA: Ações Diretas de Inconstitucionalidade (ADI n.° 875/DF, ADI n.° 1.987/DF, ADI n.° 2.727/DF e ADI n.° 3.243/DF). Fungibilidade entre as ações diretas de inconstitucionalidade por ação e por omissão. Fundo de Participação dos Estados - FPE (art. 161, inciso II, da Constituição). Lei Complementar n° 62/1989. Omissão inconstitucional de caráter parcial. Descumprimento do mandamento constitucional constante do art. 161, II, da Constituição, segundo o qual lei complementar deve estabelecer os critérios de rateio do Fundo de Participação dos Estados, com a finalidade de promover o equilíbrio socioeconômico entre os entes federativos. Ações julgadas procedentes para declarar a inconstitucionalidade, sem a pronúncia da nulidade, do art. 2°, incisos I e II, §§ 1°, 2° e 3°, e do Anexo Único, da Lei Complementar n.° 62/1989, assegurada a sua aplicação até 31 de dezembro de 2012[439].

Todavia, já em 2013, perto do fim do prazo dado ao Legislativo pelo Supremo Tribunal Federal, a referida norma ainda não existia. Diante disso, de modo a evitar o vácuo normativo, o Vice-Presidente aprovou, por decisão monocrática durante o período de recesso do Judiciário, a vigência da norma por mais cinco meses, a contar da notificação do Congresso Nacional. Mas, supondo que a norma não fosse editada, como o Supremo poderia proceder? As possibilidades, com todos os prós e contras inerentes a cada uma seriam: (i) nova

---

439. BRASIL. STF. **ADI 875/DF**. Relator(a): Min. GILMAR MENDES. Julgamento: 24/02/2010. Órgão Julgador: Tribunal Pleno.

prorrogação do prazo, o que certamente minaria a autoridade da decisão do Supremo e a seriedade com que o Congresso veria o dever de legislar; (ii) uma decisão de normatividade supletiva que substitua os critérios de distribuição até a superveniência de lei posterior, o que certamente seria um passo muito audacioso no entendimento quanto aos efeitos da decisão proferida em sede de ADO (e criticável sob o prisma da separação de poderes); (iii) não prorrogar a vigência da lei ou se pronunciar sobre o suprimento temporário da lacuna, permitindo que o vácuo normativo criasse um problema grave na federação.

Felizmente, o Congresso acabou aprovando, próximo do fim do prazo, os novos critérios de repartição de receitas. Percebe-se um exemplo claro de cooperação entre os poderes constituídos, na medida em que o Supremo Tribunal Federal atuou com parcimônia ao conceder novo prazo ao Legislativo, que, após a dilação concedida pelo Judiciário, atuou de forma a suprir a omissão. A solução da questão certamente se encontrava fora das capacidades institucionais de cada uma das instituições individualmente consideradas, tendo o Judiciário se valido de meios juridicamente aptos a pressionar o Legislador a atuar e delinear parâmetros que o próprio Judiciário não seria capaz de delimitar[440].

2.6.4.3 Tribunal de Contas: Criação de Cargos no Modelo Federal

Como se sabe, o modelo de organização do Estado inaugurado pela Constituição de 1988 impõe limites bastante significativos à capacidade de auto-organização dos entes federativos. No caso do modelo de organização do Tribunal de Contas do Estado, o art. 75 da Constituição dispõe que as normas previstas na Constituição para o Tribunal de Contas da União "*aplicam-se, no que couber, à organização, composição e fiscalização dos Tribunais de Contas dos Estados e do Distrito Federal*". Uma das normas a serem observadas por simetria diz respeito ao art. 73, § 2º da Constituição, que prevê um terço das vagas de nomeação pelo Chefe do Executivo, sendo duas vagas reservadas para auditores e para membros do Ministério

---

440. Confira-se notícia disponível em: <http://www12.senado.gov.br/noticias/materias/2013/06/26/aprovado-pelo-senado-novo-rateio-do-fpe-vai-a-sancao>. Acesso em: 20/10/2013.

Público que atuam junto ao Tribunal de Contas. Nesse sentido, a Súmula n° 653 do Supremo dispõe que dentre os sete membros do TCE "*quatro devem ser escolhidos pela Assembleia Legislativa e três pelo Chefe do Poder Executivo estadual, cabendo a este indicar um dentre auditores e outro dentre membros do Ministério Público, e um terceiro à sua livre escolha*" [441].

O Estado do Ceará, contudo, não havia criado os respectivos cargos e carreiras do Ministério Público e auditores do Tribunal de Contas, tornando inexequível o comando constitucional. Diante disso, o Governador do Estado vinha nomeando livremente membros que não eram provenientes de tais carreiras.

A questão foi levada ao Supremo Tribunal Federal por meio da Ação Direta de Inconstitucionalidade n° 3.276. Reconheceu-se a inconstitucionalidade por omissão em relação ao modelo federal, em acórdão cuja ementa é a seguinte:

> EMENTA: AÇÃO DIRETA DE INCONSTITUCIONALIDADE. EC 54 À CONSTITUIÇÃO DO ESTADO DO CEARÁ. TRIBUNAL DE CONTAS DO ESTADO E TRIBUNAL DE CONTAS DOS MUNICÍPIOS. MODELO FEDERAL. ARTIGOS 73, § 2°, INCISOS I E II, E 75 DA CONSTITUIÇÃO DO BRASIL. VAGA DESTINADA AOS MEMBROS DO MINISTÉRIO PÚBLICO E AOS AUDITORES. INEXISTÊNCIA DE LEI QUE IMPLEMENTA AS CARREIRAS. INÉRCIA DA ASSEMBLÉIA LEGISLATIVA QUANTO À CRIAÇÃO DE CARGOS E CARREIRAS DO MINISTÉRIO PÚBLICO ESPECIAL E DOS AUDITORES. OMISSÃO INCONSTITUCIONAL. 1. A nomeação livre dos membros do Tribunal de Contas do Estado e do Tribunal de Contas dos Municípios pelo Governador dar-se-á nos termos do art. 75 da Constituição do Brasil, não devendo alongar-se de maneira a abranger também as vagas que a Constituição destinou aos membros do Ministério Público e aos auditores. Precedentes. 2. O preceito veiculado pelo artigo 73 da Constituição do Brasil

---

441. BRASIL. STF Súmula n° 653 - 24/09/2003 - DJ de 9/10/2003, p. 3; DJ de 10/10/2003, p. 3; DJ de 13/10/2003, p. 3. Tribunal de Contas Estadual - Composição - Escolha e Indicação. No Tribunal de Contas estadual, composto por sete conselheiros, quatro devem ser escolhidos pela Assembléia Legislativa e três pelo Chefe do Poder Executivo estadual, cabendo a este indicar um dentre auditores e outro dentre membros do Ministério Público, e um terceiro à sua livre escolha.

aplica-se, no que couber, à organização, composição e fiscalização dos Tribunais de Contas dos Estados e do Distrito Federal, bem como dos Tribunais e Conselhos de Contas dos Municípios. Imposição do modelo federal nos termos do artigo 75. 3. A inércia da Assembléia Legislativa cearense relativamente à criação de cargos e carreiras do Ministério Público Especial e de Auditores que devam atuar junto ao Tribunal de Contas estadual consubstancia omissão inconstitucional. 4. Ação direta de inconstitucionalidade por omissão julgada procedente.[442]

Tendo sido a omissão reconhecida por meio de ADI, o Supremo não reconhece a possibilidade de uma atuação que substitua os poderes inertes, o que seria, nesse caso, extremamente temerário, tendo em vista que suprir a omissão exige a criação de uma carreira específica. Todavia, parece que reconhecer a inconstitucionalidade do preenchimento de vagas sem que os agentes que as ocupem sejam oriundos das carreiras em questão já é suficiente para constranger o Chefe do Executivo a deflagrar o respectivo processo legislativo, eis que, de outra forma, perderá considerável espaço e influência política por não poder nomear dois membros do Tribunal de Contas.

2.6.5 Instituição da Defensoria Pública.

O art. 134 da Constituição prevê que a "*Defensoria Pública é instituição essencial à função jurisdicional do Estado, incumbindo-lhe a orientação jurídica e a defesa, em todos os graus, dos necessitados, na forma do art. 5º, LXXIV*". A remissão expressa ao art. 5º, LXXIV da Constituição permite concluir que a norma é também definidora de direitos, na medida em que a criação da instituição constitui o meio constitucionalmente previsto para assegurar a assistência jurídica integral e gratuita. Garante-se, então, a realização do que foi chamado por Cappelletti de uma "primeira onda" de acesso à justiça[443].

A despeito disso, diversos entes passaram muitos anos sem tomar quaisquer medidas para a criação da instituição e da respectiva carreira. São Paulo, Paraná e Santa Catarina são os exemplos mais conhecidos.

---

442. BRASIL. STF. **ADI nº 3276/CE**. Rel. Min. Eros Grau. J. 02/06//2005.
443. CAPPELLETTI, Mauro; GARTH, Bryant. **Acesso à Justiça (Trad. Ellen Gracie Northfleet)**. Porto Alegre: Sergio Antonio Fabris, 2002.

Estes dois últimos, aliás, foram os dois últimos entes federativos a tomar as medidas necessárias para a organização da Defensoria Pública.

Um julgado paradigmático sobre a questão diz respeito às ADI nº 3.892 e 4.270, ajuizada por entidades de classe de âmbito nacional: Associação Nacional dos Defensores Públicos - ANADEP e Associação Nacional dos Defensores Públicos da União – ANDPU. No julgamento conjunto das duas ações, discutiu-se a constitucionalidade do art. 104 da Constituição do Estado de Santa Catarina: *"a Defensoria Publica será exercida pela Defensoria Dativa e Assistência Judiciaria Gratuita, nos termos de lei complementar"*. A lei complementar estadual em questão, 155/1997, também foi submetida a julgamento.

Tendo como parâmetros de controle os artigos 5º, LXXIV e 134 da Constituição Federal, o Supremo Tribunal Federal entendeu que o Estado de Santa Catarina ocorrera em dupla inconstitucionalidade: por ação, eis que os dispositivos impugnados contrariavam o que dispunha a Constituição Federal a respeito da assistência judiciária gratuita, e por omissão, na medida em que não existiria órgão da Defensoria Pública estruturado. Confira-se a ementa do acórdão:

> Ementa: Art. 104 da constituição do Estado de Santa Catarina. Lei complementar estadual 155/1997. Convênio com a seccional da Ordem dos Advogados do Brasil (OAB/SC) para prestação de serviço de "defensoria pública dativa". Inexistência, no Estado de Santa Catarina, de órgão estatal destinado à orientação jurídica e à defesa dos necessitados. Situação institucional que configura severo ataque à dignidade do ser humano. Violação do inc. LXXIV do art. 5º e do art. 134, caput, da redação originária da Constituição de 1988. Ações diretas julgadas procedentes para declarar a inconstitucionalidade do art. 104 da constituição do Estado de Santa Catarina e da lei complementar estadual 155/1997 e admitir a continuidade dos serviços atualmente prestados pelo Estado de Santa Catarina mediante convênio com a OAB/SC pelo prazo máximo de 1 (um) ano da data do julgamento da presente ação, ao fim do qual deverá estar em funcionamento órgão estadual de defensoria pública estruturado de acordo com a Constituição de 1988 e em estrita observância à legislação complementar nacional (LC 80/1994).[444]

---

444. BRASIL. STF. **ADI nº 4.270/SC**. Rel. Min. Joaquim Barbosa. J. 14/03/2012 e BRASIL. STF. **ADI nº 3892/SC**. Rel. Min. Joaquim Barbosa. J. 14/03/2012.

A despeito da menção ao prazo de um ano para o funcionamento da Defensoria Pública, a leitura cuidadosa dos votos demonstra que a intenção do Supremo Tribunal Federal não foi a de determinar prazo para a atuação legislativa, mas tão somente de determinar prazo para que o convênio com a OAB continuasse em vigor. Diante da proposta inicial de prazo para a instalação da Defensoria, o Ministro Ayres Britto demonstrou certo desconforto com a ideia de estabelecer prazo para a atuação do Legislativo:

> Ministro Ayres Britto: "Senhor Presidente, eu experimento dificuldade, nessa nossa técnica decisória, de assinar prazo, marcar prazo para, por exemplo, o Executivo tomar a iniciativa da lei o Legislativo legislar. Isso porque o Executivo toma a iniciativa de lei se quiser e o Legislativo não é obrigado a legislar. Nós é que somos obrigados a julgar, mas nem o Legislativo é obrigado a legislar, nem o Poder Executivo é obrigado a tomar a iniciativa de lei".

Dos debates daí originados concluiu-se que, em verdade, a discussão era tão somente de um prazo para a modulação dos efeitos, que foi de um ano:

> Ministro Cezar Peluso: "Ministro Luiz Fux, Vossa Excelência me permite? Na verdade, o que nós estamos discutindo é qual o tempo que vamos dar de subsistência dessa legislação inconstitucional. Só isso. O Relator está propondo seis meses, mas não fecha a questão. A Ministra Rosa está pensando num tempo um pouco maior".

Ministro Ricardo Lewandowski: "Nós não estamos aqui em sede de ADO; nós estamos em sede de ADI. Nós não estamos obrigando o Estado a legislar, pelo seu Poder Executivo, pelo seu Poder Legislativo. Nós simplesmente estamos, nos termos do artigo 27 da Lei 9.868, modulando temporalmente pro futuro a nossa decisão. Nós estamos dando uma sobrevida de seis meses, por proposta do eminente Relator, a esta lei, como podemos dar por um ano. A mim me parece que não se trata de obrigar ninguém a legislar. Nós estamos dentro do nosso papel e autorizados por disposição da lei."

Prova disso é que na apreciação da Reclamação nº 16.034, na qual se requeria a imediata instalação da Defensoria após o prazo dado pelo Supremo, o Ministro Celso de Mello negou a medida liminar, sob o fundamento de que o julgado não estabeleceu prazo para o legislador, mas tão somente declarou a inconstitucionalidade do art. 104 da Constituição do Estado de Santa Catarina e da Lei Complementar 155/1997, do mesmo Estado. Logo, o precedente invocado não seria apto a ensejar a tutela jurisdicional requerida por meio da reclamação[445].

Algumas questões curiosas surgem na forma como o Supremo Tribunal Federal tratou o tema. Primeiro, a menção do Ministro Ricardo Lewandowski a respeito de o instrumento utilizado ser a ADI e não a ADO, quando, em verdade, a jurisprudência do Supremo já consagrava a ideia de fungibilidade entre as Ações Diretas de Inconstitucionalidade por ação e por omissão (conforme decidido na ADI nº 3.682, que versava sobre a omissão inconstitucional quanto ao art. 18, § 4º da Constituição). E, em segundo lugar, o fato de que o Ministro Celso de Mello considerou cabível, por meio de Ação Civil Pública, obrigar o Estado do Paraná a instalar a Defensoria no prazo determinado pelo Judiciário. Eis a ementa:

> EMENTA: Defensoria Pública. Implantação. Omissão estatal que compromete e frustra direitos fundamentais de pessoas necessitadas. Situação constitucionalmente intolerável. O reconhecimento, em favor de populações carentes e desassistidas, postas à margem do sistema jurídico, do "direito a ter direitos" como pressuposto de acesso aos demais direitos, liberdades e garantias. Intervenção jurisdicional concretizadora de programa constitucional destinado a viabilizar o acesso dos necessitados à orientação jurídica integral e à assistência judiciária gratuitas (CF, art. 5º, inciso LXXIV, e art. 134). Legitimidade dessa atuação dos Juízes e Tribunais. O papel do Poder Judiciário na implementação de políticas públicas instituídas pela Constituição e não efetivadas pelo Poder Público. A fórmula da reserva do possível na perspectiva da teoria dos custos dos direitos: impossibilidade de sua invocação para legitimar o injusto inadimplemento de deveres estatais de prestação constitucionalmente impostos ao Estado. A teoria da "restrição das restrições" (ou da "limitação das limitações"). Controle jurisdicional de legitimidade sobre a omissão do Estado: atividade de fiscalização judicial que se justifica pela necessidade de observância de

---

445. BRASIL. STF. **Reclamação nº 16.034**. Rel. Min. Celso de Mello. Pendente de julgamento.

certos parâmetros constitucionais (proibição de retrocesso social, proteção ao mínimo existencial, vedação da proteção insuficiente e proibição de excesso). Doutrina. Precedentes. A função constitucional da Defensoria Pública e a essencialidade dessa instituição da República. Recurso extraordinário conhecido e provido.[446]

A questão será retomada no capítulo 3.1, onde se debaterá a coexistência incongruente entre o controle difuso da omissão inconstitucional e os instrumentos típicos de controle, como a Ação Direta de Inconstitucionalidade por Omissão.

2.6.6 Direitos trabalhistas.

A pluralidade de interesses contrapostos durante o processo constituinte resultou em uma Constituição dita, à luz das tipologias tradicionais, *compromissória*. Longe de uma única ideologia ou projeto de Estado identificável na Constituição, percebe-se de forma bastante clara a coexistência de normas que demonstram a disputa pelo projeto político que passaria a reger a vida dos cidadãos brasileiros a partir de 1988. No mesmo texto, coexistem livre iniciativa e intervenção no domínio econômico, Estado liberal e social. Mais do que isso. O cuidadoso processo de administração de dissensos no âmbito da Assembleia Nacional Constituinte resultou no adiamento de diversos conflitos políticos, valendo-se da fórmula das normas de *eficácia limitada* para viabilizar a formação de um consenso naquele momento. Isto é especialmente verdadeiro no caso de direitos fundamentais trabalhistas, conforme se debaterá a seguir.

2.6.6.1 Salário mínimo.

Uma das questões mais famosas envolvendo inconstitucionalidade por omissão envolve o art. 7º, IV da Constituição. Como se sabe, o dispositivo em questão impõe que o salário mínimo seja capaz de garantir ao trabalhador "*suas necessidades vitais básicas e às de sua família com moradia, alimentação, educação, saúde, lazer, vestuário, higiene, transporte e previdência social*". Também é notório que o

---

446. BRASIL. STF. **AI 598.212**. Rel. Min. Celso de Mello. J. 20/06/2013.

salário mínimo é, hoje, incapaz de garantir inteiramente o exercício das necessidades previstas no dispositivo. Têm-se aqui o caso mais conhecido de omissão parcial, na medida em que o comando constitucional foi realizado de forma insuficiente.

A questão foi discutida pelo Supremo no julgamento da ADI 1.458-MC[447], por meio da qual se impugnava Medida Provisória que havia fixado o salário mínimo em valor insuficiente para atender ao que impõe o art. 7º, IV da Constituição Federal. A dificuldade é a mesma existente na maioria dos casos de omissão parcial, conforme já discutido nesta dissertação. Por um lado, não pode o Judiciário, por motivos diversos (separação de poderes, ausência de capacidade técnica, etc.), simplesmente determinar o valor do salário mínimo. Por outro lado, declarar a inconstitucionalidade da norma resultaria em um agravamento da situação de inconstitucionalidade. Antes parcial, a inconstitucionalidade passaria a ser total, diante da ausência de norma. Foi aplicada, portanto, a técnica da declaração de inconstitucionalidade sem pronúncia de nulidade.

A questão também foi debatida no julgamento da ADPF nº 4[448]. Sustentou-se que a ADPF seria cabível por não haver outro meio eficiente para sanar a omissão (conforme o precedente descrito acima). O pedido era de que o STF, nos termos do art. 10 da lei nº 9882/99, fixasse as condições e o modo de interpretação e aplicação do preceito fundamental em questão. Em outras palavras, que se manifestasse quanto ao valor do salário mínimo constitucionalmente adequado. Apesar de a ADPF ter perdido o objeto em razão de medida provisória posterior, majorando o salário mínimo, o curioso é que por 6 a 5 o STF entendeu que a ADPF seria meio cabível para a finalidade proposta.

A questão será novamente retomada no capítulo 3 desta dissertação, discutindo se a ADPF realmente seria instrumento cabível para tanto.

2.6.6.2 Participação nos lucros.

O art. 7º, XI da Constituição Federal prevê como direito dos trabalhadores "*participação nos lucros, ou resultados, desvinculada da*

---

447. BRASIL. STF. **ADI 1458 MC**. Rel. Min. Celso de Mello. J. 23/05/1996. DJ 20/09/1996.
448. BRASIL. STF. **ADPF nº 04**. Rel. Min. Ellen Gracie. J. 02/08/2006. DJ 22/09/2006.

remuneração, e, excepcionalmente, participação na gestão da empresa, conforme definido em lei". José Afonso da Silva aponta que durante a constituinte, o referido direito resultou em imenso receio das classes empresárias quanto ao exercício do Mandado de Injunção, eis que a lei regulamentadora do dispositivo certamente seria objeto de grande disputa política[449]. A despeito de a questão ter sido submetida ao STF por meio de alguns poucos Mandados de Injunção[450], a omissão foi suprida por meio de Medida Provisória, resultando na perda de objeto das ações. Por fim, após inúmeras reedições, a Medida Provisória n. 1.982-77 de 2000 foi convertida na Lei 10.101/2000, motivo pelo qual esse exemplo de inconstitucionalidade por omissão não mais persiste.

2.6.6.3 Aviso prévio proporcional.

O art. 7º, XXI da Constituição prevê como direito fundamental dos trabalhadores "*aviso prévio proporcional ao tempo de serviço, sendo no mínimo de trinta dias, nos termos da lei*". A forma como o Supremo Tribunal Federal enfrentou o tema já foi debatida no capítulo 2.1.5 desta dissertação, demonstrando um exemplo de diálogos constitucionais entre os poderes para a solução do problema da inconstitucionalidade por omissão. Conforme se discutiu, o aviso prévio só foi regulamentado em 2011. Antes disso, o STF havia reconhecido a inconstitucionalidade por omissão em sede de Mandado de Injunção, tendo suspendido o julgamento para discutir parâmetros para eventual decisão de natureza concretista geral, suprido, em abstrato, a inconstitucionalidade por omissão, até a superveniência de norma regulamentadora. Durante o prazo de suspensão, a lei regulamentadora foi editada, sanando a omissão de forma adequada.

Como adendo ao que se discutiu no capítulo 2.1.5, ressalte-se apenas que o Supremo Tribunal Federal teve de se debruçar sobre os Mandados de Injunção ainda pendentes de julgamento. Como a nova lei não teria eficácia retroativa seria preciso definir como reger as situações jurídicas já consolidadas. Decidiu-se pela aplicação ana-

---

449. SILVA, José Afonso da. **Comentário Contextual à Constituição**. *Op. Cit.*, p. 580-582.
450. BRASIL. STF. **Mandado de Injunção nº 102**. Rel. Min. Carlos Velloso. Relator para o acórdão Min. Marco Aurélio. J. 12/02/1998. BRASIL. STF. **Mandado de Injunção nº 426/PR**. Rel. Min. Ilmar Galvão. J. 19/10/1995.

lógica da nova legislação aos Mandados de Injunção já impetrados, podendo os Ministros aplicar tal entendimento monocraticamente[451]. Percebe-se que o Supremo não entendeu aqui pela perda de objeto, como fez nos Mandados de Injunção relativos à participação nos lucros (ver 2.6.6.2, acima), eis que na época a corte ainda não adotava a posição concretista quanto aos efeitos da decisão.

2.6.7 Direitos sociais de natureza prestacional[452].

O objetivo deste tópico não é o de trazer uma visão profunda sobre o controle de políticas públicas relativas a direitos sociais, tema que há muito é objeto de preocupações acadêmicas e debates na jurisprudência. Ao revés, pretende-se discutir, em linhas gerais, aspectos centrais do fenômeno, para que se possa compreender a sua relação

---

451. Informativo 694 do STF: "Em conclusão, o Plenário determinou a aplicação dos critérios estabelecidos pela Lei 12.506/2011 — que normatizou o aviso prévio proporcional ao tempo de serviço — a mandados de injunção, apreciados conjuntamente, em que alegada omissão legislativa dos Presidentes da República e do Congresso Nacional, ante a ausência de regulamentação do art. 7º, XXI, da CF ("Art. 7º São direitos dos trabalhadores urbanos e rurais, além de outros que visem à melhoria de sua condição social: ... XXI - aviso prévio proporcional ao tempo de serviço, sendo no mínimo de trinta dias, nos termos da lei") — v. Informativo 632. De início, destacou-se que a superveniência da lei não prejudicaria a continuidade de julgamento dos presentes mandados de injunção. Asseverou-se que, na espécie, a interrupção somente ocorrera para consolidar-se proposta de regulamentação provisória, a ser incluída na decisão da Corte, a qual já teria reconhecido a mora legislativa e julgado procedente o pleito. Em seguida, registrou-se que, a partir da valoração feita pelo legislador infraconstitucional, seria possível adotar-se, para expungir a omissão, não a norma regulamentadora posteriormente editada, mas parâmetros idênticos aos da referida lei, a fim de solucionar os casos em apreço. Nesse tocante, o Min. Marco Aurélio salientou a impossibilidade de incidência retroativa dessa norma. O Tribunal autorizou, ainda, que os Ministros decidissem monocraticamente situações idênticas. O Min. Marco Aurélio consignou que não deveria ser apregoado processo que não estivesse previamente agendado no sítio do STF na internet. MI 943/DF, rel. Min. Gilmar Mendes, 6.2.2013. (MI-943)." BRASIL. STF. Informativo nº 694. Disponível em: <http://www.stf.jus.br/arquivo/informativo/documento/informativo694.htm>. Acesso em: 20/12/2013.

452. Ainda que sem a pretensão de enxergar o tema sob a ótica da inconstitucionalidade por omissão, o debate a seguir sintetiza algumas ideias já defendidas em trabalhos anteriores. Cf. FERNANDES, Eric Baracho Dore. O Estado Social de Direito no Brasil: o desafio de equacionar Democracia de Judicialização das Políticas Públicas. **Revista Direito Público (Porto Alegre)**, v. 8, n. 42, Porto Alegre: IOB editora, 2012, p. 84-102; FERNANDES, Eric Baracho Dore. O papel do Poder Judiciário na concretização de um modelo social de desenvolvimento.. In: Ana Maria Aparecida de Freitas; Fábio Túlio Barroso; Sergio Torres Teixeira. (Org.). **Acesso à Justiça e Trabalho Decente: Dimensões Tutelares e suas Múltiplas Manifestações**. 1ª edição. Recife: ESMATRA da 6ª Região, 2012, p. 139-198.

com a ideia de inconstitucionalidade por omissão. Apesar de não ser frequente discutir a judicialização dos direitos sociais dentro do debate sobre inconstitucionalidade por omissão, o capítulo seguinte desta dissertação tornará mais clara a distinção que se deve fazer entre o vício (inconstitucionalidade por omissão) e seus instrumentos típicos de controle (como o MI e a ADO). A judicialização dos direitos sociais constitui um exemplo claro de inconstitucionalidade por omissão, ainda que não seja tutelável por meio de instrumentos típicos de controle dessa modalidade de inconstitucionalidade. Por isso é a abordagem proposta neste item se justifica.

Embora sob a égide de uma Constituição que pretende transformar a realidade social, o que se observa hoje é uma crise de efetividade do constitucionalismo social, dos direitos fundamentais de segunda geração e da própria ideia de *Constituição Dirigente*, conforme já debatido em capítulo anterior desta dissertação. Apesar de Constituições com a do México de 1917 e Weimar de 1919 preverem um extenso rol de direitos sociais, observou-se claramente que a concretização deste catálogo de direitos fundamentais esbarra nas possibilidades concretas do Estado ou, nos dizeres de José Joaquim Gomes Canotilho, *pressupostos materiais do Estado Social*, que seriam: (i) provisões financeiras garantidas por sistema fiscal eficiente; (ii) estrutura da despesa pública orientada para o financiamento dos direitos e investimentos produtivos que os assegurem; (iii) orçamento público equilibrado; e (iv) taxa de crescimento do rendimento nacional de valor médio ou elevado[453].

Hoje, diante da ausência de tais pressupostos de sustentabilidade para o Estado Social, somados com a alta demanda pela concretização dos direitos fundamentais sociais em um ambiente ainda marcado por profundas desigualdades, o Brasil tem assistido um evidente processo de judicialização das políticas públicas, no qual o Poder Judiciário tem sido provocado a dar a última palavra a respeito da exigibilidade destes direitos. Apesar de tal processo representar uma grande inova-

---

453. CANOTILHO, José Joaquim Gomes. O direito constitucional como ciência de direcção – o núcleo essencial das prestações sociais ou a localização incerta da socialidade (contributo para a realização da força normativa da "constituição social"). In: CANOTILHO, José Joaquim Gomes; CORREIA, Marcus Orione Gonçalves; CORREIA, Érica Paula Barcha. **Direitos Fundamentais Sociais**. São Paulo: Saraiva, 2010, p. 11-32.

ção do constitucionalismo contemporâneo[454], é certo que o Judiciário pode se valer de parâmetros mais racionais de atuação, ao invés de um ativismo judicial que não considera o sistema de direitos sociais como um todo. De fato, se por um lado esse modelo de atuação do Judiciário é legítimo para garantir os limites mínimos de atuação do poder público, não se pode ignorar que o princípio da separação de poderes impõe que o Judiciário observe parâmetros de autocontenção em face das opções políticas dos poderes representativos[455].

Seja como for, as questões envolvendo a justiciabilidade dos direitos sociais constituem uma das formas de manifestação do fenômeno da inconstitucionalidade por omissão, ainda que não costume ser enfrentada por meio dos instrumentos típicos do Mandado de Injunção e Ação Direta de Inconstitucionalidade por Omissão. Alguns exemplos paradigmáticos da última década ilustram de forma bastante clara o que se afirma: (i) a decisão do STF que entendeu ser legítima a condenação do Poder Público a fornecer medicamentos a portadores do vírus HIV[456]; (ii) a decisão do Tribunal Regional Federal da 4ª Região que determinou ao SUS que realizasse cirurgias de alteração de sexo[457] (iii) a ADPF nº 45, onde o Supremo ponderou em abstrato a possibilidade do controle jurisdicional das políticas públicas, em face de elementos como a reserva do possível e a separação de poderes[458]; (iv) a Suspensão de Tutela Antecipada nº 175, responsável por traçar alguns parâmetros relevantes para a atuação judicial[459], e muitas outras de menor notoriedade.

A doutrina apresenta críticas severas acerca da judicialização das políticas públicas relativas a direitos sociais (em especial relativas ao direito à *saúde*), de natureza *teórica* (afirmando o caráter programático das diversas normas constitucionais relativas a direitos sociais, como

---

454. SOUZA NETO, Cláudio Pereira de. A Justiciabilidade dos Direitos Sociais: Críticas e Parâmetros. *Op. cit.* p. 515.
455. Para um estudo mais aprofundado desses parâmetros, ver SOUZA NETO, Cláudio Pereira de. **A Justiciabilidade dos Direitos Sociais: Críticas e Parâmetros**. *Op. Cit.*
456. BRASIL. STF. RE 271.286-8/RS. Rel. Min. Celso de Mello. *DJU* 24/11/2000.
457. BRASIL. TRF da 4ª região. Apelação Cível nº 2001.71.00.026279-9/RS. Rel. Roger Raupp Rios.
458. BRASIL. STF. ADPF nº 45. Rel. Min. Celso de Mello. Julgado em 29 de Abril de 2004.
459. BRASIL. STA 175 AgR/CE, rel. Min. Gilmar Mendes, 17.3.2010.

o caso do art. 196 da Constituição), *democrática* (questionando a legitimidade do Judiciário para proferir decisões do gênero, uma vez que a escolha dos juízes se baseia em critérios eminentemente técnicos e não políticos), *econômica* (de que o Judiciário não possui meios para avaliar o impacto macro de suas decisões), *isonômica* (a concessão de prestações sociais como medicamentos para uns significaria a impossibilidade de atendimento a outros em igual situação, mas que não tiveram acesso ao Judiciário) ou *técnica* (de que o Judiciário não dominaria o conhecimento necessário para compreender e intervir no complexo desenho institucional das políticas públicas).

Ainda que o debate sobre o papel contramajoritário da jurisdição constitucional já tenha sido tangenciado na análise dos pressupostos teóricos desta dissertação, é certo Judiciário ainda carece de critérios técnicos apropriados para exercer o controle das políticas públicas, considerando não ser ele o Poder com as capacidades institucionais mais vocacionadas para tanto. É por isso que a doutrina especializada no tema tem, atualmente, se debruçado sobre o estudo de parâmetros (*standards*) de atuação judicial para melhor conciliar tais pontos de tensão[460]. De forma breve e sem a pretensão de esgotar o estudo do tema, é possível exemplificar alguns desses parâmetros em três grandes categorias: (i) político-institucionais; (ii) processuais; e (iii) materiais[461].

Na primeira categoria de parâmetros, os ditos *parâmetros político-institucionais*, o que se quer obter é a construção de instrumentos capazes de ampliar o diálogo institucional entre os três poderes. Afinal, mesmo que se provoque o Judiciário a fornecer prestações sociais como saúde, educação e moradia, é certo que os recursos necessários para

---

460. Nesse sentido, SOUZA NETO, Cláudio Pereira. A justiciabilidade... *Op. Cit*; SARMENTO, Daniel. A Proteção Judicial dos Direitos Sociais: Alguns Parâmetros Ético-Jurídicos. *Op. Cit*. BARROSO, Luís Roberto. Da Falta de Efetividade à Judicialização Excessiva: Direito à Saúde, Fornecimento Gratuito de Medicamentos e Parâmetros para a Atuação Judicial. In: SOUZA NETO, Cláudio Pereira de (org.); SARMENTO, Daniel (org.). **Direitos Sociais: Fundamentos, Judicialização e Direitos Sociais em Espécie**. Rio de Janeiro: Lumen Juris, 2010, p. 875-904.

461. Note-se que a metodologia ou categorias nas quais são agrupados os parâmetros, bem como os parâmetros trabalhados varia de acordo com o estudo. Optou-se, no presente trabalho, por utilizar os parâmetros mais frequentes, agrupados em uma divisão tricotômica que, a nosso ver, é a forma mais didática de apresentação do tema. Sem prejuízo, para uma discussão exauriente sobre a aplicação de standards enquanto método, vide LEGALE FERREIRA, Siddharta. Standards: O que são e como criá-los? **THEMIS- Revista da ESMEC**, v. 7, 2009. p. 15-56.

tanto não surgirão da noite para o dia. É necessário, portanto, um diálogo institucional mais amplo, para que todos os entes envolvidos nas políticas públicas possam conhecer os reais limites do erário e as prioridades na gestão desses recursos escassos, o que certamente contribuiria para uma maior autocontenção do Judiciário nos casos em que isso se fizesse necessário.

É possível apontar dois exemplos concretos de ampliação bem sucedida de diálogo institucional entre os poderes, de modo a solucionar problemas que as capacidades institucionais de cada um individualmente considerada não seriam capazes. No âmbito do Tribunal de Justiça do Rio de Janeiro, por exemplo, foi criado um Núcleo de Assessoria Técnica (NAT), em parceria com a Administração Pública. O NAT presta assessoria para os magistrados em ações de medicamentos, tendo completado dois anos de atividades no mês de abril de 2011. A equipe é composta por diversos profissionais, distribuídos entre aqueles da área administrativa e técnica (profissionais de saúde[462]). O outro conhecido exemplo diz respeito à convocação de audiências públicas, com a participação de operadores do direito, profissionais da saúde, acadêmicos, cidadãos, administradores, gestores. De fato, o STF tem empreendido esforços no sentido de ampliar o diálogo institucional, tanto em matérias de saúde[463] quanto educação (audiências públicas sobre ações afirmativas[464]). Esse tipo abertura para o debate é essencial, uma vez que a efetivação da Constituição depende de critérios jurídicos, mas também técnicos e políticos. Dessa forma, a opinião de profissionais dotados de uma especialização técnica pode

---

462. Dados disponíveis na página do Tribunal de Justiça do Rio de Janeiro, na seguinte notícia no website do Tribunal:<http://portaltj.tjrj.jus.br/web/guest/home?p_p_id=portletnoticias_WAR_portletnoticias&p_p_lifecycle=1&p_p_state=maximized&p_p_mode=view&_portletnoticias_WAR_portletnoticias_acao=noticia-visualizar&_portletnoticias_WAR_portletnoticias_metodo=carregar&noticiaId=5101>. Acesso em: 06/08/2011. Para um estudo exauriente sobre o tema, vide COSTA, Aline Matias; LEGALE FERREIRA, Siddharta. Núcleos de Assessoria Técnica e Judicialização da Saúde: Constitucionais ou Inconstitucionais? Revista da Seção Judiciária do Rio de Janeiro, Vol. 20, n. 36, p. 219-240, abril de 2013. Disponível em: <http://www4.jfrj.jus.br/seer/index.php/revista_sjrj/article/view/371>. Acesso em: 20/06/2013.
463. BRASIL. STF. Audiência pública sobre saúde. Disponível em: <http://www.stf.jus.br/portal/cms/verTexto.asp?servico=processoAudienciaPublicaSaude>. Acesso em: 06/08/2011.
464. BRASIL. STF. Audiência pública sobre ações afirmativas. Disponível em: <http://www.stf.jus.br/portal/cms/verTexto.asp?servico=processoAudienciaPublicaAcaoAfirmativa>. Acesso em: 06/08/2011.

contribuir para racionalizar a atuação do Poder Judiciário e melhor conciliar a atuação jurisdicional e administrativa.

Passemos aos parâmetros *processuais*.

O parâmetro processual mais citado na doutrina diz respeito a privilegiar a utilização de processos coletivos em detrimento dos individuais[465], ressalvados, evidentemente, os casos urgentes nos quais haja perigo de dano irreversível. Há um caso concreto bastante famoso e relativamente recente que demonstra claramente as vantagens da adoção desse tipo de parâmetro. Trata-se de uma ação civil pública movida pelo Ministério Público Federal para incluir na tabela de procedimentos do SUS as cirurgias de mudança de sexo[466]. A decisão do TRF da 4ª Região julgou a demanda procedente, determinando que todas as cirurgias de redesignação sexual passassem a ser cobertas pelo Sistema Único de Saúde. Todavia, o inesperado impacto que aquela decisão traria nas finanças públicas e em outras políticas públicas de saúde em andamento naquele ano levou a União ao STF por meio de uma suspensão de tutela antecipada, com o intuito de suspender os efeitos do acórdão. No STF, em decisão monocrática da Ministra Ellen Gracie, acolheu-se o pedido da União. Apesar de não demonstrar discordância da fundamentação do acórdão do Tribunal Regional Federal, a Ministra firmou entendimento no sentido de que a criação de uma despesa dessa natureza não prevista pela programação orçamentária federal impactaria de forma severa e inesperada as finanças públicas[467].

---

465. Andreas Krell destaca a relevância da tutela coletiva, em especial ação civil pública, na implementação desses direito. Cf. KRELL, Andreas Joachim. **Direitos sociais e controle judicial no Brasil e na Alemanha: os (des)caminhos de um direito constitucional "comparado"**. Porto Alegre: Sergio Antonio Fabris Editor, 2002, p. 103-106.
466. EMENTA - Apelação Cível nº 2001.71.00.026279-9/RS DIREITO CONSTITUCIONAL. TRANSEXUALISMO. INCLUSÃO NA TABELA SUS DE PROCEDIMENTOS MÉDICOS DE TRANSGENITALIZAÇÃO. PRINCÍPIO DA IGUALDADE E PROIBIÇÃO DE DISCRIMINAÇÃO POR MOTIVO DE SEXO. DISCRIMINAÇÃO POR MOTIVO DE GÊNERO. DIREITOS FUNDAMENTAIS DE LIBERDADE, LIVRE DESENVOLVIMENTO DA PERSONALIDADE, PRIVACIDADE E RESPEITO À DIGNIDADE HUMANA. DIREITO À SAÚDE. FORÇA NORMATIVA DA CONSTITUIÇÃO. (...) Para um estudo sistemático sobre o tema, Cf. FERNANDES, Eric Baracho Dore. O transexual e a omissão da lei: Um estudo de casos paradigmáticos. **Caderno virtual (Instituto Brasiliense de Direito Público)**, v. 1, p. 1-34, 2010.
467. BRASIL. STF. STA 185. Rel. Min. Ellen Gracie. DJ 12/12/2007.

Diferente do que normalmente ocorre com os processos individuais, fica mais fácil para a Administração (e para o Judiciário) identificar o impacto "macro" da decisão nas políticas públicas de saúde como um todo e melhor planejar sobre a sua concretização. Com uma única decisão foi possível impedir um grau maior de desequilíbrio das finanças públicas e a organização administrativa, até que se tivesse condições de, efetivamente, implementar esse tipo de procedimento no SUS, o que ocorreu: em 29/09/2009: por meio da petição nº 137.005, o Procurador-Geral da República comunicou a edição da portaria do Ministério da Saúde de número 1.707/2008[468], que institui a cirurgia de mudança de sexo no SUS. Sendo assim, ocorreu a perda do interesse de agir da União e a perda superveniente do objeto. O que se observa é um típico exemplo bem sucedido de diálogo institucional e deferência recíproca entre os poderes.

Um segundo parâmetro processual diz respeito à legitimidade passiva para demandas do gênero, em especial em matéria de saúde. É que a despeito da existência de leis e atos normativos que especificam os entes da federação responsáveis por determinado medicamento ou tratamento, como as listas de medicamentos do SUS, as decisões judiciais e o próprio STF muitas vezes ignoram tais atos normativos, tendo como resultado um grande desequilíbrio entre os entes federativos, uma vez que vários deles acabam fornecendo o mesmo medicamento ou um acaba fornecendo medicamento de competência do outro. Para o Judiciário, a previsão de competência comum do art. 23 da Constituição se traduz na responsabilidade solidária entre os entes e na impossibilidade de chamar para integrar o polo passivo do feito o ente verdadeiramente responsável pela prestação. No Rio de Janeiro, por exemplo, este entendimento encontra-se pacificado na forma da Súmula nº 65 do Tribunal de Justiça local[469]. O Judiciário deve respeitar leis ou atos normativos que determinem qual ente seja responsável por prover determinado direito social. Trata-se não de negar o direito em

---

468. BRASIL. Ministério da Saúde. Portaria no 1707/2008. Disponível em <http://bvsms.saude.gov.br/bvs/saudelegis/gm/2008/prt1707_18_08_2008.htm>.
469. "Deriva-se dos mandamentos dos artigos 6. e 196 da Constituição Federal de 1988 e da Lei n. 6.080/90, a responsabilidade solidaria da União, Estados e Municípios, garantindo o fundamental direito a saúde e conseqüente antecipação da respectiva tutela." BRASIL. Tribunal de Justiça do Rio de Janeiro. **Súmula nº 65.**

si, mas respeitar a opção política do ente que se comprometeu com a sua realização[470]. Contudo, diante da máxima efetividade das normas definidoras de direitos fundamentais, é possível que, excepcionalmente, se considere como solidária a responsabilidade quando (i) mais de um ente for responsável pelo fornecimento daquele medicamento ou direito social; (ii) nenhum ente federativo seja responsável.

Tratemos, por fim, dos parâmetros *materiais*.

O primeiro deles considera que a atuação do Poder Judiciário deve se restringir, em regra, aos hipossuficientes, incapazes de, com recursos próprios, arcar com os elevados custos inerentes a determinada prestação social. Trata-se de um parâmetro fundamental para manutenção do equilíbrio do sistema como um todo, uma vez que, em diversos casos, o Judiciário acaba por deferir tratamentos ou medicamentos para indivíduos com condições de arcar com os respectivos cursos, em detrimento da utilização daqueles mesmos recursos em prol dos realmente necessitados.

Para ilustrar a tese, cite-se julgado extraído da jurisprudência do Tribunal de Justiça do Rio de Janeiro, no qual o magistrado em primeiro grau de jurisdição antecipou os efeitos da tutela jurisdicional para conceder um tratamento em prol de determinado indivíduo, supostamente hipossuficiente. A análise mais detalhada da declaração de imposto de renda, no entanto, revelou que a genitora do demandante arcava com os custos de uma lancha, em valor muito superior ao do tratamento pleiteado. Em agravo interposto por procurador do Município de Niterói, a decisão foi revogada, conforme se depreende da ementa colacionada abaixo:

AGRAVO DE INSTRUMENTO. ANTECIPAÇÃO DE TUTELA. LEITE. O AGRAVANTE TEM O DEVER DE PROMOVER POLÍTICAS PÚBLICAS, COM VERBAS ORÇAMENTÁRIAS PRÓPRIAS, DESTINADAS A GARANTIR A SAÚDE DOS CIDADÃOS CARENTES, QUE, POR FORÇA DESTA CONDIÇÃO, NÃO DISPÕEM DE RECURSOS PARA A AQUISIÇÃO DOS MEDICAMENTOS QUE NECESSITEM. A AUTORA NÃO

---

470. Posição de Luís Roberto Barroso. Cf. BARROSO, Luís Roberto. Da Falta de Efetividade à Judicialização Excessiva: Direito à Saúde, Fornecimento Gratuito de Medicamentos e Parâmetros para a Atuação Judicial. *Op. cit*, p. 875-904.

PODE SER CONSIDERADA HIPOSSUFICIENTE, TENDO EM VISTA QUE SUA GENITORA PAGA MENSALMENTE UMA PARCELA PELA AQUISIÇÃO DE UMA LANCHA, MARCA TECNOBOATS, CONFORME DECLARAÇÃO DE IMPOSTO DE RENDA. DE TAL SORTE, NÃO PODE COMPELIR OS COFRES PÚBLICOS A CUSTEAREM O TRATAMENTO DE SUA FILHA, QUE NÃO ULTRAPASSAVA O VALOR MENSAL DE CERCA DE R$ 2.500,00. DESSA FORMA, IMPÕE-SE A REFORMA DA DECISÃO, PARA QUE SEJA INDEFERIDO O REQUERIMENTO DE ANTECIPAÇÃO DE TUTELA. PROVIMENTO AO RECURSO, NA FORMA DO ARTIGO 557, §1-A DO CPC.[471]

Por fim, outro importante parâmetro material de atuação judicial diz respeito a um maior grau de contenção dos magistrados em face de critérios técnicos da Administração. Afinal, o Judiciário não possui conhecimentos técnicos capazes de, por exemplo, determinar se determinado medicamento experimental é realmente mais eficaz do que os medicamentos listados pela Administração para aquela patologia. Além disso, a partir do momento em que o Judiciário desrespeita critérios técnicos, impossibilita que a Administração utilize os recursos necessários da forma mais econômica possível. Além disso, caso não exista uma opção técnica prevista em lei, recomenda-se que o Judiciário opte pela opção mais econômica possível, como no caso de medicamentos genéricos.

2.6.8. O "estado de coisas inconstitucional" e o sistema carcerário brasileiro.

Não há qualquer novidade na afirmação de que o sistema carcerário brasileiro está aquém da promessa contida no art. 5º, XLIX que dispõe ser "assegurado aos presos o respeito à integridade física e moral". Especialmente elucidativo quanto ao tema é o comentário feito por Fabrício Dreyer de Ávila e Rodrigo Ghiringelli de Azevedo:

> "A despeito das disposições constitucionais e da LEP acerca das modalidades de assistência a serem prestadas aos presos, a CPI

---

471. BRASIL. TJRJ. Agravo de Instrumento n.º 0033464-64.2010.8.19.0000. Rel. Des. Helena Cândida Lisboa Gaede.

do sistema carcerário, cujo relatório final foi publicado em julho de 2008, verificou que a maioria dos estabelecimentos penais não oferece aos presos condições mínimas para que vivam adequadamente. A CPI constatou no ambiente carcerário de diferentes unidades da Federação uma realidade cruel, desumana, ilegal e inconstitucional. A CPI observou, em muitos estabelecimentos penais, tensão, medo, repressão, torturas e violência – ambiente que, em certa medida, atinge e se estende aos familiares do preso, quando das visitas nas unidades prisionais.

(...)

Muitos estabelecimentos não contêm instalações apropriadas à alocação individual de presos e, quando estes são alojados coletivamente, não lhes são propiciadas condições mínimas de acomodação.

Em muitos estabelecimentos penais inspecionados pela CPI, os presos não têm acesso à água e, quando o têm, é de má qualidade para o consumo. Em muitos estabelecimentos, os presos bebem em canos improvisados, sujos, por onde a água escorre. Em outros, os presos armazenam água em garrafas de refrigerantes, em face da falta constante de água corrente. Em vários presídios, presos em celas superlotadas passam dias sem tombar banho por falta de água. Em outros, a água é controlada e disponibilizada duas ou três vezes ao dia. Muitos estabelecimentos penais são desprovidos de sanitários e pias dentro das celas e dormitórios ou próximos a esse. Quando tais instalações existem, comprometem a privacidade do preso. Não raras vezes os sanitários estão localizados em outras áreas, e nem sempre os presos têm acesso ou permissão para utilizá-los.

(...)

A grande maioria das unidades prisionais é insalubre, com esgoto escorrendo pelos pátios, restos de comida amontoados, lixo por todos os lados, mau-cheiro, com a proliferação de roedores e insetos.[472]

Além da situação acima descrita, não é incomum que custodiados sejam vítima de violência física, moral ou sexual, sendo frequentes situações de tortura e/ou morte discutidas sob o prisma da respon-

---

472. In: CANOTILHO, José Joaquim; MENDES, Gilmar Ferreira; STRECK, Lênio. **Comentários à Constituição do Brasil**. São Paulo: Saraiva, Coimbra: Almedina, 2013, p. 415-416.

sabilidade civil do Estado[473] ou mesmo em pedidos de intervenção federal[474].

Em razão disso, o Partido Socialismo e Liberdade (PSOL) ajuizou ADPF para reconhecer a violação a direitos fundamentais e impor ao Estado medidas capazes de remediar tal situação. Na petição inicial, sustentou-se que tal estado de inconstitucionalidade constituiria um "estado de coisas inconstitucional", sustentando os pressupostos já debatidos para a adoção de tal teoria (2.5.5).

Na ADPF 347, ajuizada em 2015, requereu-se, cautelarmente:

a) Determine a todos os juízes e tribunais que, em cada caso de decretação manutenção de prisão provisória, motivem expressamente as razões que impossibilitam a aplicação das medidas cautelares alternativas à privação de liberdade, previstas no art. 319 do Código de Processo Penal.

b) Reconheça a aplicabilidade imediata dos arts. 9.3 do Pacto dos Direitos Civis e Políticos e 7.5 da Convenção Interamericana de Direitos Humanos, determinando a todos os juízes e tribunais que passem a realizar audiências de custódia, no prazo máximo de 90 dias, de modo a viabilizar o comparecimento do preso perante a autoridade judiciária em até 24 horas contadas do momento da prisão.

c) Determine aos juízes e tribunais brasileiros que passem a considerar fundamentadamente o dramático quadro fático do sistema penitenciário brasileiro no momento de concessão de cautelares penais, na aplicação da pena e durante o processo de execução penal.

d) Reconheça que como a pena é sistematicamente cumprida em condições muito mais severas do que as admitidas pela ordem jurídica, a preservação, na medida do possível, da proporcionalidade e humanidade da sanção impõe que os juízes brasileiros apliquem, sempre que for viável, penas alternativas à prisão.

e) Afirme que o juízo da execução penal tem o poder-dever de abrandar os requisitos temporais para a fruição de benefícios e direitos do preso, como a progressão de regime, o livramento

---

473. "Em caso de inobservância de seu dever específico de proteção previsto no art. 5º, inciso XLIX, da CF/88, o Estado é responsável pela morte de detento." BRASIL. STF. RE nº 841526/RS, Rel. Min. Luiz Fux, julgado em 30/3/2016 no regime da repercussão geral.
474. BRASIL. STF. IF. 114. Rel. Min. Néri da Silveira. J. 13/03/1991.

condicional e a suspensão condicional da pena, quando se evidenciar que as condições de efetivo cumprimento da pena são significativamente mais severas do que as previstas na ordem jurídica e impostas pela sentença condenatória, visando assim a preservar, na medida do possível, a proporcionalidade e humanidade da sanção.

f) Reconheça que o juízo da execução penal tem o poder-dever de abater tempo de prisão da pena a ser cumprida, quando se evidenciar que as condições de efetivo cumprimento da pena foram significativamente mais severas do que as previstas na ordem jurídica e impostas pela sentença condenatória, de forma a preservar, na medida do possível, a proporcionalidade e humanidade da sanção.

g) Determine ao Conselho Nacional de Justiça que coordene um ou mais mutirões carcerários, de modo a viabilizar a pronta revisão de todos os processos de execução penal em curso no país que envolvam a aplicação de pena privativa de liberdade, visando a adequá-los às medidas "e" e "f" acima.

h) Imponha o imediato descontingenciamento das verbas existentes no Fundo Penitenciário Nacional – FUNPEN, e vede à União Federal a realização de novos contingenciamentos, até que se reconheça a superação do estado de coisas inconstitucional do sistema prisional brasileiro.

No julgamento da medida cautelar, foram concedidos liminarmente apenas os pedidos "b" (realização das audiências de custódia) e "h" (liberação de verbas do Fundo Penitenciário Nacional). Apesar de reconhecer a violação a diversos dispositivos de natureza constitucional, legal e supralegal, o Supremo Tribunal Federal indeferiu os pedidos "e" e "f", por entender que o Judiciário não poderia se apropriar da função de definição do conteúdo próprio das políticas públicas carcerárias nem os meios a utilizar. Também acabou por entender desnecessário ordenar que juízes e tribunais promovessem as medidas "a", "c" e "d", tendo em vista que tais deveres já seriam inerentes à função jurisdicional e passíveis de correção pelas vias próprias.

Confira-se a ementa da decisão liminar:

CUSTODIADO – INTEGRIDADE FÍSICA E MORAL – SISTEMA PENITENCIÁRIO – ARGUIÇÃO DE DESCUMPRIMENTO DE

PRECEITO FUNDAMENTAL – ADEQUAÇÃO. Cabível é a arguição de descumprimento de preceito fundamental considerada a situação degradante das penitenciárias no Brasil. SISTEMA PENITENCIÁRIO NACIONAL – SUPERLOTAÇÃO CARCERÁRIA – CONDIÇÕES DESUMANAS DE CUSTÓDIA – VIOLAÇÃO MASSIVA DE DIREITOS FUNDAMENTAIS – FALHAS ESTRUTURAIS – ESTADO DE COISAS INCONSTITUCIONAL – CONFIGURAÇÃO. Presente quadro de violação massiva e persistente de direitos fundamentais, decorrente de falhas estruturais e falência de políticas públicas e cuja modificação depende de medidas abrangentes de natureza normativa, administrativa e orçamentária, deve o sistema penitenciário nacional ser caraterizado como "estado de coisas inconstitucional". FUNDO PENITENCIÁRIO NACIONAL – VERBAS – CONTINGENCIAMENTO. Ante a situação precária das penitenciárias, o interesse público direciona à liberação das verbas do Fundo Penitenciário Nacional. AUDIÊNCIA DE CUSTÓDIA – OBSERVÂNCIA OBRIGATÓRIA. Estão obrigados juízes e tribunais, observados os artigos 9.3 do Pacto dos Direitos Civis e Políticos e 7.5 da Convenção Interamericana de Direitos Humanos, a realizarem, em até noventa dias, audiências de custódia, viabilizando o comparecimento do preso perante a autoridade judiciária no prazo máximo de 24 horas, contado do momento da prisão.[475]

---

475. BRASIL. STF. ADPF 347 MC. Rel. Min. Marco Aurélio. J. 9/9/2015.

Capítulo 3

INSUFICIÊNCIAS DOS INSTRUMENTOS JURISDICIONAIS DE CONTROLE E PROPOSTAS DE APRIMORAMENTO INSTITUCIONAL

Já tendo sido trabalhado o fenômeno da inconstitucionalidade por omissão e todas as dificuldades inerentes ao desafio de delimitá-lo, o objetivo deste capítulo dirá respeito aos instrumentos de controle destinados a enfrentar tal modalidade de violação do texto constitucional. Conforme se perceberá, reconhecer as formas de manifestação da inconstitucionalidade por omissão e diferenciá-las dos instrumentos mais adequados para seu controle é um dos desafios mais importantes para que se possa lidar com o problema.

Em primeiro lugar, pretende-se identificar de forma mais precisa as hipóteses em que o controle de constitucionalidade da omissão é feito por meio de um controle *difuso, incidental e concreto*, sem que a questão esteja sendo enfrentada por meio de um Mandado de Injunção, Ação Direta de Inconstitucionalidade por Omissão ou Arguição de Descumprimento Fundamental. A partir da compreensão de que a omissão inconstitucional é um vício *mais amplo* que o objeto de quaisquer de seus instrumentos de controle individualmente considerados, torna-se possível identificar situações nas quais tais institutos se sobrepõem e coexistem de forma incongruente com o controle difuso. Conforme já mencionado de forma menos profunda em trechos anteriores desta dissertação, um juiz de primeiro grau é muitas vezes capaz de determinar que o Estado adote medidas concretas para sanar determinada omissão inconstitucional que figure como causa de pedir de um processo qualquer. Todavia, caso a mesma questão fosse enfrentada por meio de uma Ação Direta de Inconstitucionalidade por Omissão, de competência originária do STF ou TJ, com um rol muito mais restrito de legitimados, a decisão somente seria capaz de cientificar o órgão estatal omisso.

A seguir, pretende-se discutir a ausência de regulamentação legislativa adequada quanto aos aspectos processuais do Mandado de Injunção. A despeito da intensa reconstrução jurisprudencial do instituto em relação aos seus efeitos, observa-se que, mesmo após 20 anos de vigência da Constituição de 1988, diversos aspectos processuais do remédio mencionado encontram-se sem uma regulamentação apropriada à natureza do instituto, sendo aplicadas as normas relativas ao Mandado de Segurança pela vaga disposição do art. 24, parágrafo único da Lei 8.038/90. O objetivo será identificar e catalogar fontes das quais se possa extrair parâmetros constitucionalmente adequados de *lege ferenda*, somando-se aos esforços acadêmicos atualmente existentes. Serão debatidas as particularidades dos modelos estabelecidos pelas Constituições Estaduais, os aspectos centrais dos Projetos de Lei em tramitação e as propostas eventualmente existentes nas pesquisas mais recentes a respeito do tema. Uma vez identificadas e extraídas as melhores práticas das fontes mencionadas, os parâmetros serão condensados de forma didática na forma de um Projeto de Lei (Anexo I).

Considerando que não há lei que discipline de forma precisa o Mandado de Injunção, a análise descritiva dos aspectos processuais inerentes a esta ação constitucional (como legitimidade, efeitos da decisão, competência, etc.) será muito mais densa que a que se pretende realizar a respeito da ADO e da ADPF, instrumentos em relação aos quais se pretende debater tão somente os *efeitos* e o *cabimento*, respectivamente.

A respeito da Ação Direta de Inconstitucionalidade por Omissão, o problema central a ser enfrentado diz respeito aos efeitos da decisão que reconhece a existência da omissão. Se por um lado o modelo atual é extremamente ineficaz, limitando-se a cientificar o Legislativo ou Executivo da omissão inconstitucional, não se pode almejar que o Judiciário simplesmente se invista da função de legislador positivo ou desrespeite a liberdade de conformação do legislador a cada decisão proferida. Nesse sentido, as teses atualmente existentes para equacionar a questão serão debatidas e aprofundadas, sem prejuízo de acrescentar novas propostas ao debate. Da mesma forma que o que se pretende realizar quanto ao Mandado de Injunção, os parâmetros eventualmente identificados como mais adequados para enfrentar o problema serão condenados na forma de uma Proposta de Emenda à Constituição (Anexo II).

Por fim, cabe discutir se a Arguição de Descumprimento de Preceito Fundamental é, de fato, capaz de atuar como um sucedâneo da Ação Direta de Inconstitucionalidade por Omissão, legitimando decisões de natureza concretista no âmbito do controle concentrado e abstrato da inconstitucionalidade por omissão. Em outras palavras, *o cabimento da ADPF e os efeitos da respectiva decisão de mérito* em tais situações.

3.1 CONTROLE DIFUSO, CONCRETO E INCIDENTAL DA INCONSTITUCIONALIDADE POR OMISSÃO.

A partir do conjunto mais amplo de debates envolvendo a omissão inconstitucional, é possível identificar de forma mais precisa questão a ser aprofundada neste trabalho. Conforme já apontado, o debate sobre a inconstitucionalidade por omissão é *distinto* do debate sobre seus instrumentos de controle. Uma vez identificada determinada omissão estatal de natureza inconstitucional, torna-se possível optar pela via do Mandado de Injunção, da Ação Direta de Inconstitucionalidade por omissão ou, como ocorre na grande maioria dos casos, a utilização do procedimento ordinário. Nessa hipótese, a inconstitucionalidade por omissão surge como causa de pedir, questão *prejudicial* ao pedido de condenação à determinada prestação. Têm-se, portanto, um controle de constitucionalidade difuso, incidental e concreto. Disto decorrem debates e questionamentos relevantes, tais como a incidência da reserva de plenário (art. 97 da Constituição), a possibilidade de utilização da Súmula Vinculante (art. 103-A da Constituição) e Repercussão Geral (art. 102, § 3º) e a coexistência com os dois instrumentos típicos de controle da inconstitucionalidade por omissão. São estas as questões que serão debatidas a partir de agora.

O grande problema diz respeito aos inúmeros casos concretos nos quais o *controle de constitucionalidade por omissão* é difuso e pela via incidental, muito mais comum que a remota utilização do Mandado de Injunção ou Ação Direta de Inconstitucionalidade por Omissão. Nos casos em que um magistrado determina que um ente federativo qualquer forneça um medicamento, nada mais se está fazendo do que reconhecer uma inconstitucionalidade por omissão em relação a direitos fundamentais de natureza prestacional, questão *prejudicial* ao mérito.

No âmbito do próprio Supremo Tribunal Federal é possível colher um exemplo recente, em que se disse de forma expressa estar diante de uma omissão contrária ao texto constitucional e o instrumento processual utilizado foi uma Ação Civil Pública. No caso concreto, o Ministério Público do Paraná moveu Ação Civil Pública em face do respectivo ente da federação, de modo a obter tutela jurisdicional que condenasse o Estado a instituir e instalar a Defensoria Pública local. A decisão do Tribunal de Justiça do Paraná foi assim ementada:

"AÇÃO CIVIL PÚBLICA. DEFENSORIA PÚBLICA. IMPLANTAÇÃO POR DECISÃO JUDICIAL. AFRONTA AO PRINCÍPIO DA AUTONOMIA E INDEPENDÊNCIA DOS PODERES. O preceito constitucional que prevê a criação da Defensoria Pública, como meio de assegurar o amplo acesso à justiça, é norma de eficácia contida e depende de lei que o regulamente. Exigir que o Estado elabore uma lei e crie a defensoria na Comarca, através de decisão judicial afronta ao princípio da divisão e autonomia dos Poderes. RECURSO PROVIDO. REEXAME NECESSÁRIO PREJUDICADO." [1] (Grifo nosso)

Interposto Recurso Extraordinário, a questão chegou ao Supremo Tribunal Federal por meio do Agravo de Instrumento 598.212. Confira-se a ementa do julgado:

EMENTA: Defensoria Pública. Implantação. Omissão estatal que compromete e frustra direitos fundamentais de pessoas necessitadas. Situação constitucionalmente intolerável. O reconhecimento, em favor de populações carentes e desassistidas, postas à margem do sistema jurídico, do "direito a ter direitos" como pressuposto de acesso aos demais direitos, liberdades e garantias. Intervenção jurisdicional concretizadora de programa constitucional destinado a viabilizar o acesso dos necessitados à orientação jurídica integral

---

1. PARANÁ. TJPR. **Processo nº 180957-0**. Rel. Nilson Mizuta. 9ª Câmara Cível. J. 22/04/2003; DJ 6370 de 16/05/2003.

e à assistência judiciária gratuitas (CF, art. 5°, inciso LXXIV, e art. 134). Legitimidade dessa atuação dos Juízes e Tribunais. O papel do Poder Judiciário na implementação de políticas públicas instituídas pela Constituição e não efetivadas pelo Poder Público. A fórmula da reserva do possível na perspectiva da teoria dos custos dos direitos: impossibilidade de sua invocação para legitimar o injusto inadimplemento de deveres estatais de prestação constitucionalmente impostos ao Estado. A teoria da "restrição das restrições" (ou da "limitação das limitações"). Controle jurisdicional de legitimidade sobre a omissão do Estado: atividade de fiscalização judicial que se justifica pela necessidade de observância de certos parâmetros constitucionais (proibição de retrocesso social, proteção ao mínimo existencial, vedação da proteção insuficiente e proibição de excesso). Doutrina. Precedentes. A função constitucional da Defensoria Pública e a essencialidade dessa instituição da República. Recurso extraordinário conhecido e provido.[2] (grifos nossos)

Nesse sentido, não há como deixar de reconhecer que a análise da questão constitucional acima descrita envolveu um juízo de inconstitucionalidade por omissão e que resultou em uma prestação jurisdicional muito mais efetiva do que seria possível por meio de Mandado de Injunção ou Ação Direta de Inconstitucionalidade por Omissão. Aliás, é bom que se frise, no caso da ADO, estar-se-ia diante de processo tipicamente objetivo, com um rol extremamente restrito de legitimados aptos a discutirem a questão constitucional em abstrato, *em decisão cujos efeitos seriam, afinal, muito menos efetivos do que se fez por meio de processo de natureza subjetiva, capaz de ser apreciado por qualquer juízo e em qualquer grau de jurisdição.* Parece que mais não precisa ser dito para demonstrar a convivência incongruente entre os modelos de controle difuso e concentrado da inconstitucionalidade por omissão.

Seja como for, o controle difuso da inconstitucionalidade da omissão no âmbito dos direitos sociais existe e é exercido de forma frequente em todos os graus de jurisdição. Todavia, nos casos concretos em que isso ocorre não se tem observado a aplicação dos institutos típicos desse tipo de controle, conforme se passará a discutir em re-

---

2. BRASIL. STF. **AI 598.212**. Rel. Min. Celso de Mello. J. 20/06/2013.

lação a (i) reserva de plenário (art. 97 da Constituição); (ii) incidente de inconstitucionalidade (arts. 480 e seguintes do CPC/1973 e arts. 948 e seguintes do CPC/2015; (iii) súmula vinculante (art. 103-A da Constituição) e (iv) repercussão geral (art. 102, § 3º da Constituição).

Quanto à incidência da reserva de plenário, o art. 97 da Carta Magna menciona que "*somente pelo voto da maioria absoluta de seus membros ou dos membros do respectivo órgão especial poderão os Tribunais declarar a inconstitucionalidade de lei ou ato normativo do Poder Público*". Uma interpretação literal poderia conduzir ao entendimento de que como não há lei ou ato normativo para declarar inconstitucional, a reserva de plenário não deveria incidir. Todavia, a questão não é tão simples.

Em primeiro lugar, ainda que se possa defender a desnecessidade de observância ao art. 97 para o reconhecimento de inconstitucionalidade por omissão, nem sempre a fronteira com a inconstitucionalidade por ação é clara. Basta pensar nas hipóteses de inconstitucionalidade parcial relativa, já debatidas nesta dissertação, ou mesmo na tendência de o Supremo Tribunal Federal reconhecer a fungibilidade entre a ADI e a ADO[3].

Em segundo lugar, se a utilização de um quórum mais elevado para declarar a inconstitucionalidade por ação é deferente a princípio como a separação de poderes e a presunção de constitucionalidade de leis ou atos normativos, com mais razão o ônus argumentativo para reconhecer a inconstitucionalidade por omissão deverá ser igualmente elevado. Se o argumento da dificuldade contramajoritária justifica elementos de autocontenção para declarar inconstitucional um ato

---

3. "O atendimento insatisfatório ou incompleto de exigência constitucional de legislar configura, sem dúvida, afronta à Constituição. A afirmação de que o legislador não cumpriu integralmente dever constitucional de legislar contém implícita uma censura da própria disciplina positiva. A declaração de inconstitucionalidade da omissão parcial do legislador – mesmo nesses mecanismos especiais como o mandado de injunção e na ação direta de inconstitucionalidade por omissão – contém, portanto, a declaração da inconstitucionalidade da lei. A imprecisa distinção entre ofensa constitucional por ação ou por omissão leva a uma relativização do significado processual-constitucional desses instrumentos especiais destinados à defesa da ordem constitucional ou de direitos individuais contra a omissão legislativa." MENDES, Gilmar Ferreira. **Controle Abstrato de Constitucionalidade: ADI, ADC e ADO. Comentários à Lei n. 9.868/99**. São Paulo: Saraiva, 2012.p. 392. Vide também decisão noticiada no informativo 576 do Supremo Tribunal Federal.

originado da vontade de representantes eleitos pelos cidadãos, a dificuldade é ainda mais acentuada para que se reconheça a vinculação da atuação de tais agentes a um consenso político anterior.

Por fim, se a reserva de plenário é aplicável na hipótese de Ação Direta de Inconstitucionalidade por Omissão, cuja decisão de mérito não é capaz de impor prazo para a atuação do órgão omisso, com mais razão deve limitar decisões nas quais há imposição de prazo para o cumprimento da ordem judicial, conforme se destacou acima.

Um dos poucos autores a destacar a importância da reserva de plenário no controle difuso da inconstitucionalidade por omissão é André Puccinelli Júnior, em obra específica na qual discute a responsabilidade do Estado por omissão legislativa:

> "Uma vez caracterizada a inconstitucionalidade comissiva ou omissiva do órgão legislativo, o interessado não precisa aguardar seu prévio pronunciamento, em sede de ação direta de inconstitucionalidade, pelo Supremo Tribunal Federal. (...) Todavia, por força do art. 97 da Constituição Federal, os tribunais só podem declarar a inconstitucionalidade de lei ou ato normativo do Poder Público pelo voto da maioria absoluta de seus membros ou dos membros do órgão especial. Assim, embora o cidadão particular esteja desobrigado de aguardar o julgamento de ação direta pelo Supremo Tribunal Federal, certo é que a ação indenizatória movida na via difusa estará sujeita à reserva plenária prevista neste dispositivo quando a inconstitucionalidade for a causa petendi, ou seja, o fundamento da responsabilidade estatal pelo desempenho irregular da função legislativa."[4]

Na prática, contudo, observa-se que a maioria das decisões sobre temas como fornecimento de medicamentos não observa quer a regra constitucional do *full bench*, quer o procedimento do incidente de inconstitucionalidade, do art. 480 do CPC. Uma pesquisa na jurisprudência do Tribunal de Justiça do Estado do Rio de Janeiro demonstra que a tendência é não aplicar o art. 97 da Constituição, tendo em vista não existir inconstitucionalidade por ação. Confiram-

---

4. JUNIOR, André Puccinelli. **A omissão legislativa inconstitucional e a responsabilidade do estado legislador**. São Paulo: Saraiva, 2007, p. 243-244.

-se dois exemplos, extraídos da jurisprudência do Tribunal de Justiça do Rio de Janeiro:

APELAÇÃO CÍVEL. AÇÃO DE OBRIGAÇÃO DE FAZER. MEDICAMENTOS. PRELIMINAR DE COISA JULGADA. REJEIÇÃO. SUBSTITUIÇÃO TERAPÊUTICA QUE NECESSITA DE AUTORIZAÇÃO MÉDICA. MANUTENÇÃO DA SENTENÇA DE PROCEDÊNCIA. RECURSO A QUE SE NEGA SEGUIMENTO COM APLICAÇÃO DO DISPOSTO NO ARTIGO 557, CAPUT, DO CPC. 1. A pretensão deduzida encontra amparo constitucional, consoante o disposto no art. 196, da Constituição Federal. 2. As garantias constitucionais à saúde e à vida não podem restar mitigadas por lista de natureza administrativa. Assim, o dever dos réus subsiste, ainda que o medicamento ou insumo nela não esteja elencado. 3. A substituição terapêutica depende de autorização médica e a recusa ao fornecimento de medicamento sob a alegação de ausência de autorização pela ANVISA pode frustrar o objeto principal do contrato, que é a manutenção da saúde da autora. 4. Por fim, o pleito de declaração incidental de inconstitucionalidade de artigos da Lei nº 8.080/90, não merece acolhido, porque, ao contrário do alegado pelo apelante, a procedência do pedido autoral não nega aplicação aos dispositivos legais contidos na referida norma legal de modo a considerá-la inconstitucional. 5. Recurso ao qual se nega seguimento com aplicação do disposto no artigo 557, caput, do CPC.[5]

APELAÇÃO CÍVEL. OBRIGAÇÃO DE FAZER. FORNECIMENTO DE MEDICAMENTO. DIREITO FUNDAMENTAL À VIDA E À SAÚDE, GARANTIDO PELA CONSTITUIÇÃO FEDERAL. SUPREMACIA DA VIDA HUMANA ASSEGURADA PELO ARTIGO 196 DA CONSTITUIÇÃO FEDERAL. MATÉRIA PACIFICADA. ENUNCIADO Nº 65 DA SÚMULA DO TJ/RJ. AUSÊNCIA DOS PRESSUPOSTOS FÁTICOS A ENSEJAR A INCONSTITUCIONALIDADE DOS ARTIGOS DA LEI Nº 8.080, DE 1990 SUSCITADOS. A HIPÓTESE NÃO É, POIS, DE DECLARAÇÃO DE INCONSTITUCIONALIDADE DESSES DISPOSITIVOS, TAMPOUCO DO AFASTAMENTO DE SUA INCIDÊNCIA (ENUNCIADO Nº 10 DA SÚMULA VINCULANTE DO STF), MAS SIM DA SUA CORRETA INTERPRETAÇÃO, À LUZ

---

5. Rio de Janeiro. Tribunal de Justiça do Estado do Rio de Janeiro. Apelação 0088090-36.2008.8.19.0054. Rel. Des. Elton Leme. J. 29/01/2014.

DO DIREITO À SAÚDE CONSAGRADO NA CONSTITUIÇÃO FEDERAL. APELO MANIFESTAMENTE IMPROCEDENTE. MANUTENÇÃO DA SENTENÇA. NEGADO SEGUIMENTO AO RECURSO, NA FORMA DO ARTIGO 557, CAPUT, DO CÓDIGO DE PROCESSO CIVIL.[6]

Seriam tais decisões compatíveis com a Constituição Federal?

A primeira das ementas afasta a aplicação da reserva de plenário por não declarar a inconstitucionalidade por ação. Contudo, há certamente omissão inconstitucional do Poder Público quanto aos artigos 6º e 196, que deveria ter sido enfrentada no caso concreto para justificar a intervenção judicial. No segundo exemplo, fala-se em interpretação conforme a Constituição ("correta interpretação à luz do direito à saúde"), que, conforme a jurisprudência do Supremo Tribunal Federal, também demandaria aplicar a reserva de plenário (sendo até mesmo hipótese de procedência parcial do pedido, no caso em que a inconstitucionalidade é discutida por meio de ação direta).

Uma interpretação que parece razoável (e capaz de "salvar" aquilo que vem sendo consagrado pela prática) diz respeito ao art. 481, Parágrafo Único do CPC/73 (reproduzido como art. 948, Parágrafo Único, no CPC/2015). Prevê o dispositivo que o órgão fracionário pode deixar de submeter a questão ao órgão pleno ou especial quando exista precedente do Supremo Tribunal Federal sobre a questão. E, de fato, há decisão no âmbito do controle concentrado de constitucionalidade que analisou, em abstrato, a questão. Trata-se da ADPF nº 45, da relatoria do Ministro Celso de Mello, que consagrou, em abstrato, a possibilidade do controle judicial de políticas públicas[7].

Contudo, há quem negue total eficácia a este precedente judicial, como o professor Ricardo Lobo Torres[8]. Para o autor, mesmo com a

---

6. Rio de Janeiro. Tribunal de Justiça do Rio de Janeiro. Apelação 0088090-36.2008.8.19.0054. J. 24/01/2014. Rel. Des. Guaraci de Campos Vianna.
7. BRASIL. STF. ADPF 45 MC/DF. Rel. Min. Celso de Mello. DJU 04/05/2004.
8. Negando qualquer eficácia vinculante a tal precedente, ver a crítica de Ricardo Lobo Torres, para quem a decisão teria caráter de "despacho", e "de caráter doutrinário", pois a ADPF já estava prejudicada. TORRES, Ricardo Lobo. O Mínimo Existencial como Conteúdo Essencial dos Direitos Fundamentais. In: SOUZA NETO, Cláudio Pereira de (Org.); SARMENTO, Daniel (Org.). **Direitos Sociais. Fundamentos, Judicialização e Direitos Sociais em Espécie**. Rio de Janeiro: Lúmen Juris, 2010, p. 313-339 (p. 326-327).

longa fundamentação contida no voto do Ministro Celso de Mello, a ADPF já se encontrava prejudicada por perda do objeto, conforme reconhecido na parte dispositiva do acórdão.

Parece que a solução constitucionalmente mais adequada para o problema seria a edição de uma Súmula Vinculante sobre o controle jurisdicional de políticas públicas. Havendo efeito vinculante para o Judiciário e para a Administração Pública, passa-se a dispensar a aplicação da reserva de plenário. Parece que todos os requisitos para a edição da Súmula Vinculante estariam satisfeitos, havendo reiterados precedentes sobre a matéria constitucional, sobre controvérsia ainda atual e causadora da multiplicação de inúmeros processos.

Além disso, a principal sugestão de aprimoramento envolve uma mudança na práxis da jurisdição constitucional difusa, devendo o magistrado assumir o ônus argumentativo de enfrentar de forma motivada a existência de inconstitucionalidade por omissão no caso concreto. Afinal, a presunção de constitucionalidade das leis e atos normativos também impõe o reconhecimento de que a atuação de determinado agente público é presumidamente compatível com a Constituição, uma vez que a não atuação de determinado agente também é, em regra, uma escolha política legítima.

Partindo-se da sugestão anterior, os tribunais e órgãos colegiados devem atentar para a cláusula de reserva de plenário, prevista no art. 97 da Constituição. Mesmo que se esteja diante da hipótese de dispensa de remessa ao plenário, deve o órgão julgador fundamentar de forma adequada a referida dispensa – apontando, por exemplo, a existência do precedente específico a respeito do tema.

3.2 O MANDADO DE INJUNÇÃO E A LEI Nº 13.300/2016.

O objetivo, aqui, será discutir o aprimoramento institucional do Mandado de Injunção, um dos dois instrumentos típicos de controle da inconstitucionalidade por omissão. A despeito da valorização de tal ação constitucional na jurisprudência recente do Supremo Tribunal Federal, percebe-se que a regulamentação processual de tal remédio constitucional é bastante recente. Diante disso, questões significativas a respeito do instrumento em questão vinham sendo tratadas de forma casuística pela jurisprudência do STF, valendo-se da analogia ou outras técnicas de interpretação constitucional para tornar aplicável o instituto.

Neste capítulo, serão apresentados os elementos mais relevantes sobre o Mandado de Injunção já assentados pela jurisprudência do Supremo Tribunal Federal, bem como as inovações trazidas pela Lei 13.300/201. Serão também debatidas as tentativas de regulamentação legislativa por projetos de lei anteriores e os modelos de competência sistematizados Constituições dos Estados.

3.2.1 Aspectos gerais do Mandado de Injunção

O Mandado de Injunção encontra previsão no art. 5º, LXXI da Constituição Federal, que dispõe que "*conceder-se-á mandado de injunção sempre que a falta de norma regulamentadora torne inviável o exercício dos direitos e liberdades constitucionais e das prerrogativas inerentes à nacionalidade, à soberania e à cidadania*".

Do ponto de vista da teoria dos direitos fundamentais, o Mandado de Injunção costuma ser incluído pela doutrina tradicional no rol dos remédios constitucionais, categoria que configura espécie do gênero garantia. Tal categoria compreende um rol de meio postos à disposição dos indivíduos e cidadãos para provocar a intervenção das autoridades competentes para sanar ou corrigir ilegalidade e abuso de poder em prejuízo de direitos e interesses individuais[9]. No caso do Mandado de Injunção, em específico, a ilegalidade ou abuso de poder se manifesta através de uma omissão inconstitucional que torna inviável o exercício "dos direitos e liberdades constitucionais e das prerrogativas inerentes à nacionalidade, à soberania e à cidadania", na dicção do texto constitucional. Trata-se, ao lado da Ação Direta de Inconstitucionalidade por Omissão, de uma das duas grandes inovações trazidas pela Constituição de 1988 para enfrentar o que se tem convencionado chamar de "síndrome da inefetividade das normas constitucionais[10]".

---

9. SILVA, José Afonso da. **Curso de Direito Constitucional Positivo**. 32ª edição. São Paulo: Malheiros, 2009, p. 442.
10. BARROSO, Luís Roberto. **Controle de Constitucionalidade no Direito Brasileiro**. 5ª edição. Rio de Janeiro: Saraiva, 2011, p 153-154. BARROSO, Luís Roberto. **O Direito**

Do ponto de vista processual, o Mandado de Injunção pode ser compreendido didaticamente como uma *ação constitucional* ou instrumento do *direito processual constitucional*, na medida em que integra o conjunto de normas processuais que se encontram na Constituição para garantir a aplicação e supremacia hierárquica desta[11].

O objeto (ou seja, a situação de direito material tutelada pelo instrumento processual) do Mandado de Injunção é a ausência de norma regulamentadora que verse sobre direitos e liberdades constitucionais, além das prerrogativas inerentes à nacionalidade, soberania e cidadania[12]. Além dos pressupostos genéricos configuradores da inconstitucionalidade por omissão[13], a norma regulamentadora omissa deve versar sobre as normas definidoras de direitos enumeradas no art. 5º, LXXI. Por esse motivo, o objeto do Mandado de Injunção é consideravelmente mais restrito do que o da Ação Direta de Inconstitucionalidade por Omissão (que, dependendo da corrente que se adote, também pode ter por objeto a omissão em regulamentar as normas de organização e as normas programáticas).

Questionamento interessante é se a expressão "direitos e liberdades constitucionais" e "inerentes à nacionalidade, à soberania e à cidadania" restringiria o alcance do remédio aos direitos individuais do art. 5º e aos direitos políticos dos artigos 12 a 16, excluindo-se os direitos sociais. Duas correntes disputam o tema em doutrina. Entendendo que os direitos sociais estariam excluídos do âmbito de proteção do Mandado de Injunção se posicionam Manoel Gonçalves Ferreira Filho e Ricardo Lobo Torres. Parece mais sólido, contudo, o posicionamento majoritário, de professores como Luís Roberto Barroso, Ingo Wolfgang Sarlet e Lênio Streck. Luís Roberto Barroso destaca, com razão, que a visão restritiva do Mandado de Injunção reduziria consideravelmente a utilidade prática do remédio, eis que é

Constitucional e a Efetividade de suas Normas. Limites e possibilidades da Constituição Brasileira. 9ª Ed. Rio de Janeiro: Renovar, 2009, p. 252-256.

11. CÂMARA, Alexandre Freitas. **Lições de Direito Processual Civil. Vol. I.** 21ª edição. Rio de Janeiro: Lumen Juris, 2011, p. 16.
12. JUNIOR, Paulo Hamilton Siqueira. **Direito Processual Constitucional.** 5ª edição. São Paulo: Saraiva, 2011, p. 400.
13. Vide o item 2.4 desta dissertação.

no campo dos direitos sociais que o problema da inconstitucionalidade por omissão é mais comum[14]. Ingo Wolfgang Sarlet e Lênio Luiz Streck, por sua vez, ressaltam a tendência da tradição constitucional brasileira interpretar de forma extensiva as cláusulas de direitos e garantias fundamentais, apontando também que as expressões "direitos" e "prerrogativas" coincidiriam com a categoria mais ampla dos direitos fundamentais, em razão da abertura material prevista no art. 5º, § 2º da Constituição[15].

O objeto do Mandado de Injunção, como já dito, é a ausência de norma regulamentadora do exercício de um direito constitucionalmente previsto. Por esse motivo, o Supremo Tribunal Federal já decidiu não ser o Mandado de Injunção instrumento processual cabível para impugnar ato (comissivo) do Poder Executivo:

> "Mandado de Injunção (art. 5., inciso LXXI, da Constituição Federal). Não e o Mandado de Injunção o instrumento processual adequado a impugnação de ato do Poder Executivo, como o que aprovou o Plano de Defesa das Areas Indigenas Yanomami (Decreto

---

14. "Como não há cláusula restritiva, estão abrangidos todos os direitos constitucionais, sejam individuais, coletivos, difusos, políticos ou sociais. Aliás, é precisamente no campo dos direitos sociais que se registram os principais casos de omissão legislativa, como, v. g., o tema da participação dos trabalhadores nos lucros das empresas. Note-se que dificilmente ocorrerá um caso de impetração de Mandado de Injunção para asseguramento de liberdades constitucionais, haja vista que elas se traduzem, normalmente, numa abstenção do Poder Público, ou seja, em hipóteses em que a omissão é o comportamento devido. Semelhantemente se passa com as prerrogativas referidas, em sua grande parte regidas por normas de eficácia plena, que prescindem de regulamentação." BARROSO, Luís Roberto. **O Direito Constitucional e a Efetividade de suas Normas. Limites e possibilidades da Constituição Brasileira**. 9ª Ed. Rio de Janeiro: Renovar, 2009, p. 256.

15. "Considerando o contexto brasileira e a tendência de interpretar de forma inclusiva (extensiva) as cláusulas de direitos e garantias fundamentais, assim como o seu respectivo regime jurídico, também aqui não tem prevalecido diferença. Ainda que se pudesse sustentar a existência de substancial diferença entre direitos, liberdades e prerrogativas, a distinção, em termos práticos, acaba não sendo de maior relevância, visto que o tratamento dado pelo dispositivo é o mesmo, ou seja, cabível o mandado de injunção. Também parece correto afirmar que todas as figuras referidas no dispositivo (direitos, prerrogativas, etc.) acabam sendo abrangidas pela categoria mais ampla dos direitos e garantias fundamentais, que à luz da abertura material do catálogo consagrada pelo art. 5º, § 2º da CF, abrange inclusive direitos previstos em outras partes do texto constitucional, além das consagradas no título II." SARLET, Ingo Wolfgang; STRECK, Lênio Luiz. Art. 5º, LXXI. In: CANOTILHO, José Joaquim Gomes; MENDES, Gilmar Ferreira; STRECK, Lênio Luiz. **Comentários à Constituição do Brasil**. São Paulo: Saraiva/Almedina, 2013, p. 483.

n. 98.502, de 12.12.1989). Nem tem o impetrante legitimidade para impetra-lo. Mandado de Injunção não conhecido."[16]

Em algumas ocasiões, o Supremo Tribunal Federal também já ressaltou que o Mandado de Injunção não é remédio cabível para o exercício de direito previsto em Lei Complementar. Confira-se:

> "Mandado de Injunção. Pretensão do Estado de Rondonia no sentido de o Poder Executivo federal fazer incluir no projeto de lei do Plano Plurianual previsto no art. 165, I, e par-1., da Constituição Federal, "programa especial de desenvolvimento para o Estado" suplicante, com duração minima de cinco (5) anos, "a fim de que o Congresso Nacional faça inserir nessa lei o mencionado plano", com sua consequente inclusão na Lei de Diretrizes Orcamentarias (C.F., art. 165, II, e par-2.), como meta prioritaria a ser observada na elaboração da Lei Orcamentaria anual, até o final do programa. Lei Complementar n. 41/1981, art. 34 e paragrafo único. Não se trata de normas de nivel constitucional, nem lhes emprestou essa natureza o disposto no art. 14, par-2., do Ato das Disposições Transitorias da Constituição de 1988. Não cabe Mandado de Injunção, "ut" art. 5., LXXI, da Constituição, com alegações de falta de norma regulamentadora a tornar viavel o exercício de direitos previstos em lei complementar. Mandado de Injunção de que não se conhece, por ser dele carecedor o requerente."[17]

A despeito disso, há tese defendida por autores como José Carlos Barbosa Moreira e Nelson Nery Junior[18], segundo a qual o Mandado de Injunção poderia tutelar até mesmo lacunas no âmbito de normas infraconstitucionais. Confira-se a tese do professor Barbosa Moreira:

> "Refletindo sobre o ponto, ocorreu-me a ideia de que essa cláusula, em vez de ter sentido restritivo, na verdade o tem ampliativo. A primeira parte do texto refere-se aos "direitos e liberdades

---

16. BRASIL. STF. **Mandado de Injunção nº 204**. Rel. Min. Sidney Sanches. J. 16/05/1991. DJ 07/06/1991.
17. BRASIL. STF. **Mandado de Injunção nº 296**. Rel. Min. Néri da Silveira. J. 28/11/1991. DJ 28-02-1992.
18. SARLET, Ingo Wolfgang; STRECK, Lênio Luiz. Art. 5º, LXXI. In: CANOTILHO, José Joaquim Gomes; MENDES, Gilmar Ferreira; STRECK, Lênio Luiz. **Comentários à Constituição do Brasil**. São Paulo: Saraiva/Almedina, 2013, p. 483.

constitucionais", sem qualquer limitação: portanto, a todos os direitos e a todas as liberdades que tenham fundamento direto na Constituição; acrescenta-se alusão às prerrogativas inerentes à nacionalidade, à soberania e à cidadania, ainda que não diretamente contempladas no texto constitucional, e sim em alguma norma de nível hierárquico inferior ao da Constituição."[19]

Apesar de a interpretação do professor Barbosa Moreira ser coerente com uma interpretação semântica da Constituição, não parece ser esta a posição mais adequada, eis que não há como considerar que a norma infraconstitucional possa servir de parâmetro de controle de constitucionalidade por omissão. Sendo a omissão de natureza legal, a tutela por meio do Mandado de Segurança ou do procedimento ordinário parece adequada para amparar a pretensão do jurisdicionado.

3.2.1.1 Legitimidade.

Como se sabe, a teoria geral do direito processual compreende a ação como o direito que, se exercido de forma regular, levará o Estado-juiz a se pronunciar sobre o mérito. A regularidade do exercício do direito de ação é verificada a partir da presença das condições da ação: legitimidade, interesse e possibilidade jurídica, analisadas a partir de um juízo hipotético de veracidade das alegações feitas na inicial, conforme a técnica da teoria da asserção. Para o que interessa ao tópico em discussão, a legitimidade diz respeito à titularidade da relação jurídica de direito material, quando ordinária, ou a autorização legal para demandar em nome de outrem, no caso da legitimidade extraordinária. Confira-se, então, quem possui legitimidade ativa para a impetração do Mandado de Injunção e passiva para figurar como demandado neste tipo de ação.

Sendo um remédio constitucional, o Mandado de Injunção pode ser impetrado por qualquer titular de um direito fundamental violado pela omissão inconstitucional. Segundo José Afonso da Silva:

> "O interesse de agir mediante Mandado de Injunção decorre da titularidade do bem reclamado, para que a sentença que o confira

---

19. BARBOSA MOREIRA, José Carlos. Mandado de Injunção. **Arquivos dos Tribunais de Alçada**. Vol. 12 – abril/junho 1991, p. 13.

tenha direta utilidade para o demandante. Não pode, por exemplo, reclamar acesso ao ensino fundamental quem já o fez antes. Não pode pleitear a garantia de relação de emprego quem está desempregado. Não pode pretender uma decisão judicial sobre aviso prévio proporcional quem não está empregado."[20]

Essa é, portanto, a *legitimidade ativa ordinária* para impetração do Mandado de Injunção. É pertinente lembrar, aqui, do entendimento do Supremo Tribunal Federal acerca da titularidade dos direitos fundamentais previstos no art. 5º[21]. A despeito de uma interpretação semântica do *caput* do dispositivo em questão conduzir ao entendimento de que somente os brasileiros e os estrangeiros residentes no país são titulares de direitos fundamentais, o STF já entendeu que aos estrangeiros em trânsito também são titulares de direitos e garantias fundamentais, bem como dos remédios que os asseguram, o que inclui o Mandado de Injunção. Porém, deve-se observar que o objeto do *writ* inclui também prerrogativas relativas à nacionalidade e cidadania, as quais obviamente estão excluídas da esfera de fundamentalidade dos estrangeiros em trânsito.

Ainda quanto à legitimação ativa ordinária, questiona-se a possibilidade de *pessoa jurídica de direito público* impetrar Mandado de Injunção em nome próprio, tendo por fundamento a falta de norma constitucional para exercer direitos fundamentais dos quais seja titular. Há poucos precedentes sobre o tema. Em um primeiro momento, o STF não admitiu a legitimação ativa da pessoa jurídica de direito público para impetração do *writ*. O precedente é o MI 537. O relator, Min. Maurício Corrêa, entendeu que não se poderia ampliar o conceito de direitos fundamentais ao ponto de considerar como seus titulares pessoas jurídicas de direito público. Confira-se trecho da decisão que negou seguimento:

> "(...) Não se pode, contudo, incluir dentre os direitos fundamentais as prerrogativas de que gozam os Municípios na estrutura política em face dos Estados e da União, pois elas decorrem da opção

---

20. SILVA, José Afonso da. **Comentário Contextual à Constituição**. Op. Cit., p. 168.
21. "A teor do disposto na cabeça do art. 5º da CF, os estrangeiros residentes no País têm jus aos direitos e garantias fundamentais." BRASIL. STF. **HC nº 74.051**. Rel. Min. Marco Aurélio. J. 18/06/1996. DJ de 20/09/1996.

constitucional de descentralização vertical do Estado Brasileiro. Outorgar ao Município legitimidade ativa processual para impetrar Mandado de Injunção seria elastecer o conceito de direitos fundamentais além daquilo que a natureza jurídica do instituto permite. 9. Por essa razão, o interesse jurídico do Município na lei sobre a compensação entre os sistemas de previdência não consubstancia direito fundamental a ser tutelado pelo Mandado de Injunção, via processual inadequada para efetivar as prerrogativas da municipalidade. Diante de tais circunstâncias, com fundamento no § 1º do artigo 21 do RISTF, nego seguimento ao writ. Intime-se. Arquive-se."[22]

Esse entendimento parece ter sido parcialmente superado pelo Supremo Tribunal Federal no julgamento do Mandado de Injunção nº 725. Tratava-se de demanda na qual o município impetrante alegava não poder exercer um direito subjetivo relativo ao art. 18, § 4º da Constituição. O relator, Min. Gilmar Mendes, destacou que "não se deve negar aos Municípios, peremptoriamente, a titularidade de direitos fundamentais e a eventual possibilidade de impetração das ações constitucionais cabíveis para sua proteção". Defendeu que "pessoas jurídicas de direito público podem, sim, ser titulares de direitos fundamentais". Contudo, neste caso em específico, não seria possível vislumbrar um "direito ou prerrogativa fundamental do Município, em face da União e dos Estados, à modificação de seus limites territoriais com outro município". Da leitura do inteiro teor dos debates que se travaram, depreende-se que os Ministros entenderam que neste caso concreto não haveria legitimidade ativa, mas que isso não deveria ser considerado um precedente, pois existiria a possibilidade de, em outros casos, reconhecer-se a legitimidade ativa de pessoas jurídicas de direito público[23].

Há também a possibilidade de *legitimação ativa extraordinária* para a impetração do remédio. A legitimidade extraordinária é, em regra, a legitimidade atribuída por lei a quem não é sujeito da relação de direito material deduzida em juízo. Contudo, o Supremo Tribunal

---

22. BRASIL. STF. **Mandado de Injunção nº 537**. Rel. Min. Maurício Corrêa. DJ 11/09/2001.
23. BRASIL. STF. Mandado de Injunção nº 725. Rel. Min. Gilmar Mendes. J. 10/05/2007. DJ 21/09/2007. Inteiro teor disponível em: <http://redir.stf.jus.br/paginadorpub/paginador.jsp?docTP=AC&docID=487886>. Acesso em: 20/12/2013.

Federal reconhece a legitimidade extraordinária para propositura do Mandado de Injunção, mesmo não existindo previsão constitucional ou infraconstitucional para tanto. Confira-se julgado do período em que ainda se sedimentava, no Supremo Tribunal Federal, o entendimento no sentido da possibilidade da impetração de Mandado de Injunção coletivo (MI nº 20):

"EMENTA: MANDADO DE INJUNÇÃO COLETIVO - DIREITO DE GREVE DO SERVIDOR PÚBLICO CIVIL - EVOLUÇÃO DESSE DIREITO NO CONSTITUCIONALISMO BRASILEIRO - MODELOS NORMATIVOS NO DIREITO COMPARADO - PRERROGATIVA JURÍDICA ASSEGURADA PELA CONSTITUIÇÃO (ART. 37, VII) - IMPOSSIBILIDADE DE SEU EXERCÍCIO ANTES DA EDIÇÃO DE LEI COMPLEMENTAR - OMISSÃO LEGISLATIVA - HIPÓTESE DE SUA CONFIGURAÇÃO - RECONHECIMENTO DO ESTADO DE MORA DO CONGRESSO NACIONAL - IMPETRAÇÃO POR ENTIDADE DE CLASSE - ADMISSIBILIDADE - WRIT CONCEDIDO. DIREITO DE GREVE NO SERVIÇO PÚBLICO: O preceito constitucional que reconheceu o direito de greve ao servidor público civil constitui norma de eficácia meramente limitada, desprovida, em conseqüência, de auto-aplicabilidade, razão pela qual, para atuar plenamente, depende da edição da lei complementar exigida pelo próprio texto da Constituição. A mera outorga constitucional do direito de greve ao servidor público civil não basta - ante a ausência de auto- aplicabilidade da norma constante do art. 37, VII, da Constituição - para justificar o seu imediato exercício. O exercício do direito público subjetivo de greve outorgado aos servidores civis só se revelará possível depois da edição da lei complementar reclamada pela Carta Política. A lei complementar referida - que vai definir os termos e os limites do exercício do direito de greve no serviço público - constitui requisito de aplicabilidade e de operatividade da norma inscrita no art. 37, VII, do texto constitucional. Essa situação de lacuna técnica, precisamente por inviabilizar o exercício do direito de greve, justifica a utilização e o deferimento do Mandado de Injunção. A inércia estatal configura-se, objetivamente, quando o excessivo e irrazoável retardamento na efetivação da prestação legislativa - não obstante a ausência, na Constituição, de prazo pré-fixado para a edição da necessária norma regulamentadora - vem a comprometer e a nulificar a situação subjetiva de vantagem criada pelo texto constitucional em favor dos seus beneficiários. MANDADO DE INJUNÇÃO COLETIVO: A jurisprudência do Supremo Tribunal Federal firmou-se no sentido de admitir a utilização, pelos organismos sindicais e pelas entidades de classe, do Mandado de Injunção coletivo, com a finalidade de viabilizar, em favor dos membros ou associados dessas instituições, o exercício de direitos assegurados pela Constituição. Precedentes e doutrina."[24] (grifos nossos)

A figura do Mandado de Injunção coletivo é, portanto, de construção jurisprudencial. A legitimidade extraordinária para a propositura do Mandado de Injunção também encontra apoio por parte significativa da doutrina. Para o professor José Afonso da Silva[25], por exemplo, a possibilidade do Mandado de Injunção coletivo encontra previsão implícita no art. 8º, III[26] da Constituição Federal. É também a posição de autores como Gilmar Ferreira Mendes[27], Paulo Hamilton Siqueira Jr[28], Dirley da Cunha Júnior[29] e Luís Roberto Barroso[30].

Cabe também lembrar a legitimidade ativa extraordinária do Ministério Público, prevista expressamente em lei. No caso do Ministério Público da União, a previsão está no art. 6º, VIII da Lei Complementar nº 75/93, que prevê que compete à instituição *promover outras ações, nelas incluído o Mandado de Injunção sempre que a falta de norma regulamentadora torne inviável o exercício dos direitos e liberdades constitucionais e das prerrogativas inerentes à nacionali-*

---

24. BRASIL. STF. **Mandado de Injunção nº 20**. Rel. Min. Celso de Mello. J. 19/05/1994. DJ 22/11/1996.
25. SILVA, José Afonso da. **Comentário Contextual à Constituição**. *Op. Cit.*, p; 171.
26. Art. 8º É livre a associação profissional ou sindical, observado o seguinte: (...) III - ao sindicato cabe a defesa dos direitos e interesses coletivos ou individuais da categoria, inclusive em questões judiciais ou administrativas; (...) BRASIL. **Constituição Federal**. *Op. Cit.*
27. BRANCO, Paulo Gustavo Gonet; COELHO, Inocêncio Mártires; MENDES, Gilmar Ferreira. **Curso de Direito Constitucional**. 4ª Ed. Revisada e Atualizada. São Paulo: Saraiva, 2009, p. 1257-1273.
28. JUNIOR, Paulo Hamilton Siqueira. **Direito Processual Constitucional**. 5ª edição. São Paulo: Saraiva, 2011, p. 408-413.
29. CUNHA JÚNIOR, Dirley da. **Controle judicial das omissões do poder público: em busca de uma dogmática constitucional transformadora à luz do direito fundamental à efetivação da constituição**. São Paulo: Saraiva, 2008, p. 540.
30. BARROSO, Luís Roberto. **O controle de constitucionalidade no direito brasileiro**. 5ª edição revisada e atualizada. São Paulo: Saraiva, 2011, p. 156-158.

dade, à soberania e à cidadania, quando difusos os interesses a serem protegidos[31]. As Leis Orgânicas que dispõem sobre a organização do Ministério Público em cada Estado da federação também preveem a legitimidade do *Parquet* para impetração do remédio. Tome-se como exemplo a Lei Orgânica do Ministério Público do Estado do Rio de Janeiro, que prevê atribuição do Ministério Público para *promover outras ações, nelas incluído o Mandado de Injunção, sempre que a falta de norma regulamentadora torne inviável o exercício dos direitos e liberdades previstos na Constituição Estadual e das prerrogativas inerentes à cidadania, quando difusos, coletivos ou individuais indisponíveis os interesses a serem protegidos*[32].

Por fim, destaque-se que a Lei nº 13.300/2016 acabou por prever expressamente o Mandado de Injunção coletivo, nos seguintes termos:

> Art. 12. O mandado de injunção coletivo pode ser promovido:
>
> I - pelo Ministério Público, quando a tutela requerida for especialmente relevante para a defesa da ordem jurídica, do regime democrático ou dos interesses sociais ou individuais indisponíveis;
>
> II - por partido político com representação no Congresso Nacional, para assegurar o exercício de direitos, liberdades e prerrogativas de seus integrantes ou relacionados com a finalidade partidária;
>
> III - por organização sindical, entidade de classe ou associação legalmente constituída e em funcionamento há pelo menos 1 (um) ano, para assegurar o exercício de direitos, liberdades e prerrogativas em favor da totalidade ou de parte de seus membros ou

---

31. Art. 6º Compete ao Ministério Público da União: (...) VIII - promover outras ações, nelas incluído o Mandado de Injunção sempre que a falta de norma regulamentadora torne inviável o exercício dos direitos e liberdades constitucionais e das prerrogativas inerentes à nacionalidade, à soberania e à cidadania, quando difusos os interesses a serem protegidos; (...) BRASIL. Lei Complementar nº 75/93. Disponível em: <http://www.planalto.gov.br/ccivil/leis/LCP/Lcp75.htm>. Acesso em: 20/12/2013.

32. Art. 34 - Além das funções previstas nas Constituições da Federal e Estadual e em outras leis, incumbe, ainda, ao Ministério Público: (...) VII - promover outras ações, nelas incluído o Mandado de Injunção, sempre que a falta de norma regulamentadora torne inviável o exercício dos direitos e liberdades previstos na Constituição Estadual e das prerrogativas inerentes à cidadania, quando difusos, coletivos ou individuais indisponíveis os interesses a serem protegidos; (...) BRASIL. Rio de Janeiro. Lei Orgânica do Ministério Público do Estado do Rio de Janeiro. Lei Complementar Estadual nº 106/2003. Disponível em: <http://www.mp.rj.gov.br/portal/page/portal/Internet/Consulta_Juridica/Legislacao/Lei_Organica_Estadual>. Acesso em: 20/12/2013.

associados, na forma de seus estatutos e desde que pertinentes a suas finalidades, dispensada, para tanto, autorização especial;

IV - pela Defensoria Pública, quando a tutela requerida for especialmente relevante para a promoção dos direitos humanos e a defesa dos direitos individuais e coletivos dos necessitados, na forma do inciso LXXIV do art. 5º da Constituição Federal.

Parágrafo único. Os direitos, as liberdades e as prerrogativas protegidos por mandado de injunção coletivo são os pertencentes, indistintamente, a uma coletividade indeterminada de pessoas ou determinada por grupo, classe ou categoria.

Destaque-se o inciso IV, que não constava da redação original do projeto, tendo sido incluído por emenda parlamentar. Sem sombra de dúvidas, sua inclusão demonstra a influência da Emenda Constitucional nº 80/94, que valorizou o papel institucional da Defensoria Pública. Confira-se a fala do Senador Antônio Carlos Valadares a respeito:

Senador Antônio Carlos Valadares:

O projeto original, Sr. Presidente, oriundo da Câmara, previa que tinham competência para entrar com mandado de injunção o Ministério Público, partidos políticos, organizações sindicais e associações civis. Mas, por um lapso, houve um esquecimento e não incluíram naquele instrumento aquele órgão que defende os hipossuficientes, os mais pobres – esqueceram de incluir como possível autor de um mandado de injunção a Defensoria Pública. A Lei Orgânica da Defensoria Pública da União, com as inovações promovidas em 2009 – Lei Complementar nº 132 –, não deixa dúvida de que a instituição tem atribuição ampla para promover a defesa dos direitos das pessoas hipossuficientes, dos consumidores, da criança, do adolescente, do idoso, da pessoa com deficiência, da mulher vítima de violência doméstica e familiar e de outros grupos sociais vulneráveis. Para tanto, a Defensoria deve poder utilizar todo tipo de ação judicial ou medidas extrajudiciais capazes de propiciar adequada e efetiva defesa dos interesses desses grupos sociais. Felizmente, a Comissão de Justiça corrigiu esse equívoco de não incluir a Defensoria Pública como propositora de um mandado de injunção e aqui esse direito da Defensoria Pública foi confirmado pelo Relator Eunício Oliveira, o Líder do PMDB, o grande Líder do PMDB, cearense, comprometido com os direitos sociais do cidadão, a liberdade do cidadão brasileiro – não só do nosso Nordeste, que necessita tanto da Defensoria Pública, mas de todo o Brasil. Por isso, Sr. Presidente, eu queria enfatizar neste momento a importância da aprovação desta matéria. Recentemente, o Supremo Tribunal Federal reconheceu a validade constitucional da legitimidade conferida à Defensoria Pública para a propositura da ação civil pública. Esse julgamento, ocorrido em maio de 2015 no âmbito da ADI 3.943, é emblemático porque consolidou, por unanimidade, o entendimento de que a Defensoria Pública tem a função de defender direitos transindividuais e que é descabida a exigência de identificação e individualização prévia para comprovação da insuficiência de recursos de cada um dos beneficiários da ação coletiva movida pela Defensoria Pública. É suficiente para justificar a legitimidade da instituição a presunção de que, no rol dos afetados pelos resultados da ação coletiva, constem pessoas necessitadas. A decisão do Supremo nessa ADI é particularmente relevante para o presente projeto de lei porque revelou que as profundas inovações da Lei Complementar nº 132, que é a Lei Orgânica da Defensoria, não foram suficientes para pacificar o entendimento sobre a legitimidade da Defensoria Pública no manejo de um instrumento processual – neste caso, a ação civil pública. O tribunal considerou que o julgamento do mérito da ação seria necessário para resolver o conflito normativo que ainda existia entre a Lei da Ação Civil Pública e a Lei Orgânica da Defensoria Pública. O que se pretende, Sr. Presidente, com esse projeto e com a emenda incluída, sobre a Defensoria Pública, é evitar novo conflito dessa natureza, precisamente de uma lei específica de regulamentação de um instrumento processual, o mandado de injunção. Não pode restar dúvida, portanto, Sr. Presidente, sobre a legitimidade ativa da Defensoria Pública no manejo do mandado de injunção coletivo. Verifica-se que, na sua modalidade coletiva, essa ação diz respeito a direitos, liberdades, prerrogativas pertencentes, indistintamente, a uma coletividade indeterminada de pessoas ou determinados grupos, classes ou categorias. Afinal, Presidente, a inclusão expressa da Defensoria Pública no rol dos legitimados do art. 12 do projeto evitará qualquer questionamento ou interpretação que busque limitar o exercício pleno das funções institucionais da Defensoria Pública.[33]

---

33. BRASIL. Diário do Senado Federal nº 76. Publicado em Jun 2, 2016. Sessão de Jun 1, 2016, p. 79-80. Disponível em: http://legis.senado.leg.br/diarios/BuscaDiario?tipDiario=1&dat Diario=02/06/2016&paginaDireta=00076. Acesso em: 30 de junho de 2016.

Debate-se também de quem seria a legitimidade passiva no Mandado de Injunção. Na jurisprudência do Supremo Tribunal Federal predomina o entendimento no sentido de que a legitimidade passiva seria exclusivamente da autoridade ou órgão responsável pela expedição da norma regulamentadora, não admitindo litisconsórcio passivo entre tais autoridades e os órgãos ou particulares que vierem a ser obrigados ao cumprimento da norma regulamentadora. Confira-se:

> "Mandado de Injunção. Agravo regimental contra despacho que não admitiu litisconsorcio passivo e indeferiu liminar. - Ja se firmou o entendimento desta Corte, no sentido de que, em Mandado de Injunção, não cabe agravo regimental contra despacho que indefere pedido de concessão de liminar. - Por outro lado, na Sessão Plenaria do dia 8.8.91, ao julgar este Plenário agravo regimental interposto no Mandado de Injunção 335, decidiu ele, por maioria de votos, que, em face da natureza mandamental do Mandado de Injunção, como ja afirmado por este Tribunal, ele se dirige as autoridades ou órgãos publicos que se pretendem omissos quanto a regulamentação que viabilize o exercício dos direitos e liberdades constitucionais e das prerrogativas inerentes a nacionalidade, a soberania e a cidadania, não se configurando, assim, hipótese de cabimento de litisconsorcio passivo entre essas autoridades e órgãos publicos que deverao, se for o caso, elaborar a regulamentação necessaria, e particulares que, em favor do impetrante do Mandado de Injunção, vierem a ser obrigados ao cumprimento da norma regulamentadora, quando vier esta, em decorrência de sua elaboração, a entrar em vigor. Agravo que se conhece em parte, e nela se lhe nega provimento."[34]

A despeito da posição já sedimentada pelo Supremo, a doutrina diverge em três correntes. A primeira corrente, aparentemente majoritária e capitaneada pelo professor Clèmerson Merlin Clève[35], considera

---

34. BRASIL. STF. **Agravo Regimental no Mandado de Injunção nº 323**. Rel. Min. Moreira Alves. J. 31/10/1991. DJ 14-02-1992.
35. "Consentiu, entretanto, o Supremo Tribunal Federal, e esta igualmente é a posição do Superior Tribunal de Justiça, que o Mandado de Injunção deve ser impetrado contra o órgão público ou autoridade que, responsável pela regulamentação do direito constitucional plasmado em norma inexeqüível por si mesma, deixou de adimplir a obrigação. Inexistente lei dispondo sobre o assunto, este entendimento parece ser o mais acertado. No pólo passivo da relação processual residirá, sempre, uma pessoa, órgão ou entidade de

correta a posição do Supremo. Filia-se também a esta corrente, por exemplo, o professor Pedro Lenza[36].

Na segunda corrente, autores como Dirley da Cunha Junior[37] e Luís Roberto Barroso[38] se posicionam no sentido e que e a legitimidade passiva no Mandado de Injunção deve incidir sobre a pessoa física ou jurídica, de direito público ou privado, que virá a suportar os ônus da decisão. Identificamos um precedente interessante nesse sentido, o Mandado de Injunção nº 562[39]. O então relator, Min. Marco Aurélio, determinou que fosse providenciada a citação da União Federal, tendo em vista que se o pedido do impetrante fosse julgado procedente, haveria uma decisão condenatória contra o ente federa-

---

natureza pública. Jamais um particular, a menos que exercite, em virtude de lei ou de ato ou contrato administrativos, parcela de autoridade pública." CLEVE, Clemerson Merlin. **A Fiscalização Abstrata de Constitucionalidade no Direito Brasileiro**. 2ª edição revista, atualizada e ampliada. 2ª tiragem. São Paulo: Revista dos Tribunais, 2000, p. 373-374.

36. "No tocante ao pólo passivo da ação, somente a pessoa estatal poderá ser demanda e nunca o particular (que não tem o dever de regulamentar a CF). Ou seja, os entes estatais é que devem regulamentar as normas constitucionais de eficácia limitada, como o Congresso Nacional." LENZA, Pedro. **Direito Constitucional Esquematizado**. 15ª edição. São Paulo: Saraiva, 2011, p. 952.

37. "Efetivamente, não podemos concordar com essa posição da Excelsa Corte. Ora, se o Mandado de Injunção destina-se a tornar viável o exercício de um direito fundamental, pouco importando qual a autoridade ou o órgão público responsável pela elaboração da norma regulamentadora, coerentemente ele deve recair sobre a pessoa física ou jurídica, seja pública ou privada, encarregada de atuar para tornar exercitável tal direito. Assim, v. g. se o empregado quer reclamar um aviso prévio proporcional ao tempo de serviço maior do que o mínimo de 30 dias, ele impetra o writ em face de seu empregador e não em face do Congresso Nacional, que é o competente para a elaboração da norma regulamentadora em causa." CUNHA JÚNIOR, Dirley da. **Controle judicial das omissões do poder público: em busca de uma dogmática constitucional transformadora à luz do direito fundamental à efetivação da constituição**. São Paulo: Saraiva, 2008, p. 541.

38. "O Supremo Tribunal Federal, no entanto, afastando-se das duas correntes acima, firmou jurisprudência no sentido de que a legitimação passiva recai somente sobre a autoridade ou órgão omisso, sem incluir a parte privada ou pública devedora da prestação. Esse entendimento, naturalmente, não é compatível com aquele que aqui se está afirmando, no sentido de que o objeto do Mandado de Injunção é o suprimento da norma faltante na solução do caso concreto, vinculando tão somente as partes do processo. Por tal ponto de vista, é a parte privada (ou não) devedora da obrigação prevista na norma constitucional que deverá figurar no pólo passivo, e, quanto a ela, a decisão não terá caráter mandamental." BARROSO, Luís Roberto. **O controle de constitucionalidade no direito brasileiro**. 5ª edição revisada e atualizada. São Paulo: Saraiva, 2011, p. 158.

39. BRASIL. STF. **Mandado de Injunção nº 562**. Rel. Min. Carlos Velloso. Rel. para o acórdão Min. Ellen Gracie. J. 20/02/2003. DJ 20/06/2003.

tivo. Tratava-se na hipótese de Mandado de Injunção com o intuito de exercer a pretensão indenizatória a que se refere o art. 8º, § 3º do ADCT[40], não regulamentada pelo Congresso Nacional.

A terceira corrente, que pode ser apontada como intermediária entre as duas anteriores, entende que a legitimação passiva recairá tanto sobre a autoridade omissa quanto sobre a pessoa que suportará os ônus de eventual julgamento favorável, em *litisconsórcio passivo necessário*. O professor Rodrigo Mazzei aponta que se a posição quanto aos efeitos da decisão de mérito do Mandado de Injunção for a de natureza concretista intermediária far-se-ia preciso adotar tal posição. É que, inicialmente, o responsável pela omissão teria prazo para saná-la sem a interferência judicial. No entanto, se a mora não for sanada no prazo, o raciocínio da corrente anterior seria aplicável, sendo legitimadas as pessoas que sofreriam os efeitos da regulamentação. Por isso, para Rodrigo Mazzei, a análise de qual corrente deva ser adotada deve depender diretamente da teoria adotada quanto aos efeitos da decisão de mérito no Mandado de Injunção[41] (vide 3.2.1.4).

A Lei nº 13.300/2016 adotou a primeira das correntes acima descritas, filiando-se ao entendimento prevalente na jurisprudência do Supremo. Confira-se:

> Art. 3º São legitimados para o mandado de injunção, como impetrantes, as pessoas naturais ou jurídicas que se afirmam titulares dos direitos, das liberdades ou das prerrogativas referidos no art. 2º e, como impetrado, o Poder, o órgão ou a autoridade com atribuição para editar a norma regulamentadora.

3.2.1.2 Competência.

A competência para processo e julgamento do Mandado de Injunção pode ser verificada tanto nas competências estabelecida

---

40. Art. 8º (...) § 3º - Aos cidadãos que foram impedidos de exercer, na vida civil, atividade profissional específica, em decorrência das Portarias Reservadas do Ministério da Aeronáutica nº S-50-GM5, de 19 de junho de 1964, e nº S-285-GM5 será concedida reparação de natureza econômica, na forma que dispuser lei de iniciativa do Congresso Nacional e a entrar em vigor no prazo de doze meses a contar da promulgação da Constituição. BRASIL. **Constituição Federal.** *Op. Cit.*
41. MAZZEI, Rodrigo. Mandado de Injunção. In: DIDIER JR, Fredie. **Ações Constitucionais**. 5ª edição. Salvador: Jus Podium, 2011, p. 257.

pela Constituição Federal quanto por aquelas estabelecidas pelas Constituições Estaduais[42].

Segundo José Afonso da Silva[43], a competência para processar e julgar o Mandado de Injunção não ficou muito bem estruturada no texto constitucional, tendo previsões esparsas nos artigos 102, I, "q", e II, "a", e 105, I, "h". A competência para o julgamento do Mandado de Injunção tendo por objeto o exercício de direito previsto pela Constituição Federal pode ser do Supremo Tribunal Federal, Superior Tribunal de Justiça e da Justiça Eleitoral. Analisemos de forma mais detalhada as previsões constitucionais.

A competência será originária do STF quando *"a elaboração da norma regulamentadora for atribuição do Presidente da República, do Congresso Nacional, da Câmara dos Deputados, do Senado Federal, das Mesas de uma dessas Casas Legislativas, do Tribunal de Contas da União, de um dos Tribunais Superiores, ou do próprio Supremo Tribunal Federal*[44]". Similarmente, será recursal ordinária do STF nos casos de *"Mandados de Injunção decididos em única instância pelos Tribunais Superiores, se denegatória a decisão*[45]".

---

42. Apenas como nota terminológica, utilizaremos aqui o termo competência, a despeito de alguns processualistas como Alexandre Câmara e Ada Pellegrini Grinover entenderem que, na verdade, as previsões contidas na Constituição sobre competência tratam-se na verdade de *investidura de jurisdição*, eis que as normas constitucionais sobre atribuição dos órgãos jurisdicionais possuem especificidades que as diferenciam das normas infraconstitucionais sobre competência. Nossa preferência aqui se justifica pelo fato de que o termo "competência" normalmente é o mais utilizado pela jurisprudência dos tribunais superiores. Cf. CÂMARA, Alexandre Freitas. **Lições de Direito Processual Civil. Vol. I**. 21ª edição. Rio de Janeiro: Lumen Juris, 2011, p. 234 e ss.

43. SILVA, José Afonso da. **Comentário Contextual à Constituição**. São Paulo: Malheiros, 2010, p. 171. No mesmo sentido, CUNHA JÚNIOR, Dirley da. CUNHA JÚNIOR, Dirley da. **Controle judicial das omissões do poder público: em busca de uma dogmática constitucional transformadora à luz do direito fundamental à efetivação da constituição**. São Paulo: Saraiva, 2008, p. 542.

44. Art. 102. Compete ao Supremo Tribunal Federal, precipuamente, a guarda da Constituição, cabendo-lhe: I - processar e julgar, originariamente: (...) q) o Mandado de Injunção, quando a elaboração da norma regulamentadora for atribuição do Presidente da República, do Congresso Nacional, da Câmara dos Deputados, do Senado Federal, das Mesas de uma dessas Casas Legislativas, do Tribunal de Contas da União, de um dos Tribunais Superiores, ou do próprio Supremo Tribunal Federal; (...) BRASIL. **Constituição Federal**. Op. Cit.

45. Art. 102. Compete ao Supremo Tribunal Federal, precipuamente, a guarda da Constituição, cabendo-lhe: (...) II - julgar, em recurso ordinário: a) o "habeas-corpus", o mandado de

A competência para julgamento de mandados de injunção será originária do STJ quando *a elaboração da norma regulamentadora for atribuição de órgão, entidade ou autoridade federal, da administração direta ou indireta, excetuados os casos de competência do Supremo Tribunal Federal e dos órgãos da Justiça Militar, da Justiça Eleitoral, da Justiça do Trabalho e da Justiça Federal*[46].

Em relação à competência do Superior Tribunal de Justiça, cabem algumas considerações históricas. Segundo o professor José Afonso da Silva, a alínea "h" do inciso I do artigo 105 não existia no projeto de Constituição aprovado no primeiro turno das votações da Assembleia Nacional Constituinte. As regras para processar e julgar o Mandado de Injunção no projeto "B" (o projeto submetido ao segundo turno de votação) estabeleciam que a Justiça Federal de primeiro grau poderia conhecer e julgar o remédio (art. 115, VIII), com a possibilidade de recurso para os tribunais de segundo grau (art. 114, II) e para o STF (art. 108, II, "a"). Também se previa competência originária dos Tribunais Regionais Federais, contra atos do próprio Tribunal ou Juiz Federal (art. 114, I, "c"); Do Superior Tribunal de Justiça, contra ato de Ministro de Estado e do próprio STJ (art. 111, I, "b"); e do STF[47].

No processo de votação do projeto aprovado em primeiro turno foram apresentadas duas emendas, de número 1.842 e 1.843, com o seguinte teor, respectivamente:

"Para sanar a contradição entre o inciso LXXII do art. 5º e a alínea "d" do inciso LXXII do art. 5º e a alínea "d" do inciso I do art. 108 do Projeto B, ambos dispondo sobre o "Mandado de Injunção", propomos: primeiro, suprimir da alínea "d" do inciso I do art. 108 do Projeto B uma nova alínea ("r"), com a seguinte

---
segurança, o "habeas-data" e o Mandado de Injunção decididos em única instância pelos Tribunais Superiores, se denegatória a decisão; (...)BRASIL. **Constituição Federal**. *Op. Cit.*
46. Art. 105. Compete ao Superior Tribunal de Justiça: I - processar e julgar, originariamente: (...) h) o Mandado de Injunção, quando a elaboração da norma regulamentadora for atribuição de órgão, entidade ou autoridade federal, da administração direta ou indireta, excetuados os casos de competência do Supremo Tribunal Federal e dos órgãos da Justiça Militar, da Justiça Eleitoral, da Justiça do Trabalho e da Justiça Federal; (...) BRASIL. Constituição Federal. *Op. Cit.*
47. SILVA, José Afonso da. **Comentário Contextual à Constituição**. *Op. Cit.*, p. 580-582.

redação: "r) o Mandado de Injunção, quando a elaboração da norma regulamentadora for atribuição do presidente da República, do Congresso Nacional, da Câmara dos Deputados, do Senado Federal, das Mesas de uma dessas Casas Legislativas, dos Tribunais Superiores, ou do próprio Supremo Tribunal Federal."[48]

"Para sanar a contradição entre o inciso LXXII do art. 5º e a alínea "b" do inciso I do art. 111 do Projeto B, ambos dispondo sobre Mandado de Injunção. Primeiro: suprimir a expressão "Mandado de Injunção" dos seguintes dispositivos: art. 111, I, "b" (competência do STJ); art. 114, I, "c" (competência dos TRFs); art. 115, VIII (competência dos juízes federais e primeiro grau). Segundo: acrescentar ao inciso I do art. 111 do Projeto B, uma nova alínea ("i"), com a seguinte redação: "i) o Mandado de Injunção, quando a elaboração da norma regulamentadora for atribuição de órgão, entidade ou autoridade federal, da Administração direta ou indireta, excetuados os casos de competência do Supremo Tribunal Federal e ressalvada a competência exclusiva da Justiça Militar, da Justiça Eleitoral e da Justiça do Trabalho".[49]

Teriam se mantido somente a competência do STF e do STJ para processar e julgar o Mandado de Injunção. Segundo narra José Afonso da Silva, as Emendas 1.842 e 1.843 teriam sido objeto de acordo de liderança, com o apoio do Relator, Bernardo Cabral, que não percebeu que se estaria transformando substancialmente o instituto. O proponente das emendas, Maurício Nasser, representava o interesse das classes empresárias na Constituinte, que por sua vez tinham bastante receio do Mandado de Injunção, sob o argumento de que este poderia servir para reivindicação de direitos trabalhistas, em especial a participação nos lucros. Contudo, na discussão da redação final do Projeto aprovado em segundo turno, Bernardo Cabral percebeu a manobra política. Pediu então, ao final dos debates daquele dia, que os assessores da Comissão de Redação que conseguissem uma redação apropriada para ser encaminhada à aprovação. Eis alguns trechos dos debates que se seguiram, extraídos dos anais da constituinte:

---

48. Idem, p. 580.
49. Ibidem, p. 580-581.

O SR. CONSTITUINTE VIVALDO BARBOSA (...) O inciso LXXI é o Mandado de Injunção. Chamaria a atenção dos colegas que no Mandado de Injunção, essa conquista inovadora e extraordinária, festejada por muitos setores, deixamos muitas barreiras para o seu exercício. Nós não cuidamos da competência para o processo e julgamento do Mandado de Injunção. E essa competência ficou reunida em apenas duas instituições: o Supremo Tribunal Federal, no art. 103, e o Superior Tribunal de Justiça. Em todos os mandados de injunção, quando a ofensa ou a omissão pela norma partir de qualquer autoridade federal. Então, em matéria de ausência de norma na esfera federal, todos os mandados de injunção do País inteiro terão que desembocar no Superior Tribunal de Justiça ou, se for do Presidente da República, Presidente da Mesa do Congresso etc., no Supremo Tribunal Federal. Nós vamos dificultar o exercício desse procedimento, que é uma conquista extraordinária. Queria trazer essa reflexão. Deveríamos explicitar para não deixar essa confusão que os juízes de primeira instância conhecerão e processarão no Mandado de Injunção, exceto aquelas autoridades cuja competência para apreciar a matéria já está nos Tribunais Superiores. Esta é a minha sugestão concreta. Não sei se a idéia tem aceitação. Essa questão foi levantada num recente congresso de Direito Internacional em São Paulo e, se V. Ex[a] achar de bom alvitre, eu pediria a opinião do nosso assessor Dr. José Afonso da Silva. (...) Fiz a referência, porque o Prof. José Afonso participou desse congresso e tem muito na memória e na compreensão o debate que lá se travou. Os nossos constitucionalistas do País estranharam essa omissão da ausência de referência a que os juízes poderão conhecer o Mandado de Injunção. Proponho uma adição para explicitar, ao inciso LXXI, que cuida do Mandado de Injunção, o qual poderá ser impetrado na primeira instância no juiz competente, sem prejuízo das competências privativas já nos arts. 103 e 106.

(...)

O SR. CONSTITUINTE VIVALDO BARBOSA: –Sr. Presidente, essa formulação já está nos arts. 103 e 106. Seria sem prejuízo dessa competência, que já é matéria decidida. (...) Proporia, então, uma fórmula que possa ser estudada no sentido de acrescei ao Inciso LXXI, que cuida do mandato de injunção, o qual poderá ser impetrado na primeira instância da Justiça competente sem prejuízo das competências originárias dos tribunais, nos termos da Constituição (arts. 103 e 106).

O SR. PRESIDENTE (Ulysses Guimarães): – A Presidência gostaria de dizer que vamos deixar para examinar esse assunto no final da sessão de hoje porque é grave e sério. Se há uma omissão ou uma inércia em se consubstanciarem direitos através de uma lei complementar, aquilo que já está na Constituição é uma missão do Congresso Nacional. Se há omissão como regra – e regra é excelência – é do Congresso Nacional. Ora, a regra tem sido que, dada a circunstância, o Congresso Nacional, quando se trata do Presidente, de julgamento de Deputado, Mandado de Segurança, qualquer ação popular, tem sempre o foro privilegiado, o Supremo Tribunal Federal. E muito sério. Não estou entrando no mérito, estou ponderando que num caso como esse um juiz qualquer do Acre, ou não sei de onde, possa decidir sobre esses assuntos envolvendo até uma posição difícil para o Congresso Nacional, no caso. Lembre-me do assunto no final. Até lá, meditemos.

O SR. CONSTITUINTE VIVALDO BARBOSA: – Sr. Presidente, lembraria a V. Exª, porque trouxe uma preocupação muito profunda, o art. 106.

O SR. CONSTITUINTE INOCÊNCIO OLIVEIRA: – Sr. Presidente, esta é uma matéria nova.

O SR. CONSTITUINTE ROBERTO FREIRE: – Essa matéria é nova e não vamos aceitar isso.

O SR. CONSTITUINTE PLÍNIO ARRUDA SAMPAIO: – É melhor não mexer.

O SR. CONSTITUINTE INOCÊNCIO OLIVEIRA: – Resolva logo isso, Sr. Presidente. Matéria nova nós não vamos aceitar.

O SR. PRESIDENTE (Ulysses Guimarães): – É um meio de se pressionar o Congresso, de fazer lobby.

O SR. CONSTITUINTE VIVALDO BARBOSA: – Sr. Presidente, o art. 106 previa uma hipótese: "Compete ao Superior Tribunal de Justiça processar e julgar originariamente: a alínea "h" – o Mandado de Injunção, quando a elaboração da norma regulamentadora for atribuição de órgão, entidade ou autoridade federal, da administração direta ou indireta, excetuados os casos de competência (...)." Prevê-se a ausência de norma regulamentadora nas diversas instâncias da administração pública espalhadas pelo País inteiro, inclusive na administração indireta. A impressão que dá é de que vamos deixar apenas ao Tribunal Superior conhecer essa matéria. Aí realmente sugeriria a V. Exª dentro da sua orientação, que solicitasse ao Prof. José Afonso da Silva que nos oferecesse, no final da reunião, alguma idéia sobre isso.

O SR. PRESIDENTE (Ulysses Guimarães): – Está bem. Vamos adiante.

O SR. CONSTITUINTE INOCÊNCIO OLIVEIRA: – Sr. Presidente, não vamos aceitar porque se trata de matéria nova. Esse assunto está resolvido."[50]

Como resultado, José Afonso da Silva narra que a solução obtida foi a seguinte:

"Naquela altura, nada havia que se pudesse fazer para consertar o remendo. Juntos com o Prof. Carlos Roberto Siqueira Castro, procuramos um caminho, mas não o encontramos. Contudo, propusemos uma modificação pequena naquela alínea "i" do inciso I do então art. 111 que correspondia à alínea "h" do inciso I do vigente art. 105, ou seja, mudando a cláusula "ressalvada a competência dos órgãos da Justiça Militar, da Justiça Eleitoral e da Justiça do Trabalho", para "ressalvada a competência dos órgãos da Justiça Militar, da Justiça Eleitoral, da Justiça do Trabalho e da Justiça Federal" – falando-se em "órgãos" dessas Justiças para abranger tanto os de primeiro grau como o de segundo, em consonância com o que dispõem os caputs dos arts. 106, 111, 118 e 112, todos da redação final, que integraram a Constituição, na esperança de que a lei reguladora do processo do Mandado de Injunção pudesse aproveitar a deixa e melhorar as regras de competência, estendo-a aos juízes de primeiro grau. Mas não surtiu efeito, porque, lamentavelmente, falta à doutrina e à jurisprudência capacidade de construir a partir de normas constitucionais de princípios. Restaram, contudo, as competências originárias do STF e do STJ e a competência recursal dos TREs (art. 121, § 4, V), de sorte que havia condições jurídicas de aplicação do remédio nos termos propostos pela Constituição. E tais condições continuam presentes para eventual mudança de jurisprudência sobre ele."[51]

Dessa forma, são previstas hoje na Constituição Federal as competências do STF, STJ e Justiça Eleitoral, existindo, contudo, a

---

50. BRASIL. Senado Federal. **Anais da Constituinte de 1988. Comissão de redação**. Disponível em: <http://www.senado.gov.br/publicacoes/anais/constituinte/redacao.pdf>. Acesso em: 20/12/2013, p. 91-92.
51. SILVA, José Afonso da. **Comentário Contextual à Constituição**. *Op. Cit.*, p. 581-582.

possibilidade de regulamentar, por lei, a competência da Justiça Militar e do Trabalho. Infelizmente, ainda não há uma lei que regulamente de forma apropriada o instituto, aplicando-se, subsidiariamente, as normas do Mandado de Segurança, que nada dispõem sobre a competência.

Entre as tentativas de regulamentação do Mandado de Injunção, o Projeto de Lei nº 6002/1990 da Câmara foi um dos poucos a tentar instituir uma divisão de competência mais elaborada para o julgamento do *writ*. Contudo, ainda assim se omitia quanto à Justiça Especializada, repetindo a fórmula vaga da Constituição Federal:

> Art. 2º A competência para o processo e julgamento do Mandado de Injunção é:
>
> I – do Supremo Tribunal Federal, quando a elaboração da norma regulamentadora for atribuição do Presidente da República, do Congresso Nacional, da Câmara dos Deputados, do Senado Federal, das Mesas de uma dessas Casas Legislativas, do Tribunal de Contas da União, de um dos Tribunais Superiores, ou do próprio Supremo Tribunal Federal;
>
> II – do Superior Tribunal de Justiça, quando a elaboração da norma regulamentadora for atribuição de órgão, entidade ou autoridade federal, da administração direta ou indireta, excetuados os casos de competência do Supremo Tribunal Federal e dos órgãos da Justiça Militar, da Justiça Eleitoral, da Justiça do Trabalho e da Justiça Federal;
>
> III – do Tribunal de Justiça dos estados e do Distrito Federal, quando a elaboração da norma regulamentadora for atribuição de Governador, de Assembleia Legislativa, de Tribunal de Contas local, de tribunais estaduais inferiores, do próprio Tribunal de Justiça, de órgão, entidade ou autoridade estadual ou distrital, da administração direta ou indireta;
>
> IV – da Justiça estadual de primeira instância, quando a elaboração da norma regulamentadora for atribuição do prefeito, da Câmara de vereadores, do Tribunal de Contas, órgão, entidade ou autoridade municipal, da administração direta ou indireta.[52]

---

52. BRASIL. Câmara dos Deputados. PL nº 6002/1990. Disponível em: <http://www.camara.gov.br/sileg/Prop_Detalhe.asp?id=21268>. Acesso em: 20/12/2013.

Pois bem. Estas foram as considerações pertinentes a respeito da competência para julgamento de Mandado de Injunção tendo por objeto a omissão das autoridades enumeradas pela Constituição Federal. Já a competência para julgamento de Mandado de Injunção tendo por objeto as omissões das demais autoridades deverá obedecer ao que dispõem as Constituições Estaduais, em caráter remanescente em relação à Constituição Federal.

Destaque-se que o PL citado se propunha também a disciplinar a competência para o julgamento do Mandado de Injunção em relação às omissões das autoridades estaduais. Contudo, surge aqui um problema. Todas as Constituições Estaduais já dispuseram sobre Mandado de Injunção tendo por objeto o exercício de um direito previsto nas mesmas, incluindo a competência para julgamento. Parece que a matéria encontra-se abrangida pela capacidade de auto-organização dos Estados, tendo em vista previsões de Constituições Estaduais sobre competências originárias dos Tribunais de Justiça e o disposto na parte final do art. 44 do Código de Processo Civil em vigor.

O que desde já se pode registrar em relação a esse ponto, é que parecia menos problemática a proposta apresentada pelo PL 998[53]. É que diferentemente do PL 6002, o PL 998 estabelecia que a competência para julgamento do MI relativo à Constituição Estadual será estabelecida pelas mesmas, devendo-se observar as disposições do projeto somente até que todos os Estados regulamentassem tal competência[54]. O PL 998 era muito antigo, datando de 1988, de modo que hoje todos os Estados já possuem previsão a esse respeito. Por

---

53. BRASIL. Câmara dos Deputados. PL nº 998/1988. Inteiro teor disponível em: <http://imagem.camara.gov.br/dc_20.asp?selCodColecaoCsv=D&Datain=14/10/1988&txpagina=3553&altura=650&largura=800>. Acesso em: 20/12/2013.
54. Art. 5º Os estados disporão, nas respectivas Constituições e leis de organização judiciária, sobre a competência para processar e julgar Mandado de Injunção. Art. 6º Até a entrada em vigor das normas previstas no artigo anterior, compete processar e julgar Mandado de Injunção: I – aos Tribunais de Justiça: originariamente, quando a elaboração da norma regulamentadora for atribuição do governador do estado, da Assembléia Legislativa, da Mesa da Assembléia Legislativa, do Tribunal de Contas do Estado, dos secretários de estado, do procurador-geral da justiça, do prefeito da capital, da Câmara Municipal da capital, da Mesa da Câmara Municipal da capital, do tribunal de alçada, e dos juízes de Direito; b) em recurso ordinário, contra decisão dos tribunais de alçada e dos juízes de Direito; II – aos juízes de Direito, nos demais casos.

conseguinte, a competência seria regulamentada de acordo com o que dispõem as Constituições dos Estados.

A Lei nº 13.300/2016 nada dispõe quanto à competência para julgamento do Mandado de Injunção.

3.2.1.3 Procedimento.

Antes da vigência da Lei nº 13.300/2016, observava-se o procedimento do Mandado de Segurança, nos termos do artigo 24, parágrafo único, da Lei nº 8.038/90 que prevê que *"no Mandado de Injunção e no habeas data, serão observadas, no que couber, as normas do Mandado de Segurança, enquanto não editada legislação específica"*[55].

Sendo a Lei nº 8.038 do ano de 1990, ao tempo de sua entrada em vigor a lei que disciplinava o procedimento do Mandado de Segurança era a de nº 1.533/1951[56]. Com o posterior advento da nova legislação regente do Mandado de Segurança, Lei nº 12.016/2009[57], esta passou também a disciplinar o procedimento do Mandado de Injunção.

Contudo, observava-se que a aplicação da Lei 12.016/2009 ao Mandado de Injunção não era de todo adequado, levando o Supremo Tribunal Federal a, casuisticamente, delimitar quais aspectos da legislação do Mandado de Segurança seriam aplicáveis. Um exemplo dizia respeito ao deferimento de tutela de urgência, prevista para o Mandado de Segurança, mas que não tem sido aplicado ao Mandado de Injunção, segundo a posição que predomina no Supremo Tribunal Federal[58].

Confira-se:

"MANDADO DE INJUNÇÃO. AGRAVO REGIMENTAL INTERPOSTO CONTRA DESPACHO QUE INDEFERIU PEDIDO

---

55. BRASIL. Lei nº 8.038 de 20 de maio de 1990. Disponível em: <http://www.planalto.gov.br/ccivil/leis/L8038.htm>. Acesso em: 20/12/2013.
56. BRASIL. Lei nº 1.533 de 31 de dezembro de 1951. Disponível em: <http://www.planalto.gov.br/ccivil/LEIS/L1533.htm>. Acesso em: 20/12/2013.
57. BRASIL. **Lei nº 12.069 de 27 de outubro de 2009**. Disponível em: <http://www.planalto.gov.br/ccivil_03/_Ato2007-2010/2009/Lei/L12063.htm>. Acesso em: 20/12/2013.
58. É o que destaca Rodrigo Mazzei. Cf: MAZZEI, Rodrigo. Mandado de Injunção. In: DIDIER JR, Fredie. **Ações Constitucionais**. 5ª edição. Salvador: Jus Podium, 2011, p. 218.

DE LIMINAR. - JA SE FIRMOU A JURISPRUDÊNCIA DESTA CORTE NO SENTIDO DE QUE NÃO E CABIVEL AGRAVO REGIMENTAL CONTRA DESPACHO QUE INDEFERE LIMINAR REQUERIDA EM MANDADO DE INJUNÇÃO. AGRAVO REGIMENTAL NÃO CONHECIDO."[59]

Da mesma forma, não cabendo a concessão de medida liminar, não caberá também a suspensão de segurança prevista no art. 15 da Lei nº 12.016/2009.

Da mesma forma, não cabendo concessão de medida liminar, não cabia a suspensão de segurança prevista no art. 15 da Lei nº 12.016/2009. A despeito das peculiaridades, adotava-se uma via procedimental mais ágil, como é a do Mandado de Segurança[60]. Após a impetração, o relator mandaria comunicar a autoridade omissa para que apresente informações no prazo previsto em lei, comunicando-se à pessoa jurídica que ela deverá apresentar defesa. Nesse caso, figuraria no polo passivo a pessoa jurídica de direito público responsável pela elaboração da norma omissa, conforme o entendimento já pacificado pelo Supremo. Após, seria intimado o Ministério Público para que interviesse como fiscal da ordem jurídica. Por fim, seria prolatada a decisão de mérito.

Por aplicação da Lei 12.016/2009, também era dispensada fase probatória. Toda a prova era documental e pré-constituída, devendo acompanhar desde logo a inicial ou a resposta apresentada pela autoridade que figura no polo passivo, da mesma forma que no procedimento do Mandado de Segurança[61]. É importante, contudo, distinguir prova documental e prova documentada. Ainda que se entenda em doutrina que ambas podem ser carreadas ao Mandado

---

59. BRASIL. STF. **Agravo Regimental no Mandado de Injunção nº 342**. Rel. Min. Moreira Alves. J. 31/10/1991. DJ 06/12/1991.

60. A propósito, é de se notar que com o intuito de atribuir celeridade ao procedimento do Mandado de Injunção, diversas Constituições Estaduais prevêem a prioridade de tramitação do *writ*, como Rio de Janeiro, Mato Grosso e Acre. Em alguns tribunais, também há previsão regimental, como é o caso do STJ, no art. 173, II.

61. Art. 6º A petição inicial, que deverá preencher os requisitos estabelecidos pela lei processual, será apresentada em 2 (duas) vias com os documentos que instruírem a primeira reproduzidos na segunda e indicará, além da autoridade coatora, a pessoa jurídica que esta integra, à qual se acha vinculada ou da qual exerce atribuições. BRASIL. **Lei nº 12.069 de 27 de outubro de 2009**. *Op. Cit.*

de Injunção sem que ocorra a perda da celeridade pretendida ao procedimento[62], as expressões guardam entre si distinções. Nem todo documento (prova documentada) constitui prova documental, uma vez que no processo todos os meios de prova são documentados, desde os termos de depoimento de testemunhas ao laudo pericial[63]. Daí ser possível eventual controvérsia quanto à prova que se pode produzir no procedimento do Mandado de Injunção.

Por fim, é importante salientar que o Mandado de Injunção não é gratuito, ao contrário do procedimento do *habeas corpus* e do *habeas data*, em relação aos quais há previsão constitucional expressa[64]. Há no Senado Federal proposta de Emenda à Constituição Federal com o intuito de estender o benefício ao Mandado de Injunção e Mandado de Segurança. A proposta tem o seguinte teor:

> Art. 1º O inciso LXXVII do art. 5º da Constituição passa a vigorar com a seguinte redação: (...)
>
> LXXVII – são gratuitos os atos necessários ao exercício da cidadania, na forma da lei, e as ações de habeas corpus, habeas data, Mandado de Segurança e Mandado de Injunção, salvo, no que concerne a essas duas últimas ações, em caso de má-fé; (...)[65]

Serão apresentadas, a seguir, as alterações promovidas no procedimento pela Lei 13.300/2016.

O art. 4º da Lei 13.300/2016 dispõe que a petição inicial do MI deverá preencher os requisitos estabelecidos pela lei processual (art.

---

62. MAZZEI, Rodrigo. Mandado de Injunção. *Op. Cit*, p. 220.
63. "(...) pode-se, desde logo formular a advertência de que nem todo "documento" (prova documentada) constitui, *ipso facto*, prova documental. Essa conclusão pode ser atingida, com certa facilidade, quando se observa que, no processo, todo o ato é documentado. As declarações prestadas por testemunhas são documentadas, porque reduzidas a termo (art. 417 do CPC; a prova pericial é documentada através do laudo (art. 433 do CPC), etc. (...)" MARINONI, Luiz Guilherme; ARENHART, Sérgio Cruz. **Manual do processo de conhecimento**. 3ª ed. São Paulo: Revista dos Tribunais, 2004, p. 393-394, apud MAZZEI, Rodrigo. *Op. Cit.*, p. 220.
64. Art. 5º (...) LXXVII - são gratuitas as ações de "habeas-corpus" e "habeas-data", e, na forma da lei, os atos necessários ao exercício da cidadania. BRASIL. **Constituição Federal**. *Op. Cit.*
65. BRASIL. Senado Federal. Proposta de Emenda à Constituição nº 84/2007. Disponível em: <http://www.senado.gov.br/atividade/materia/detalhes.asp?p_cod_mate=82301>.

319 do CPC/2015) e também indicará, além do órgão impetrado, a pessoa jurídica que ele integra ou a que esteja vinculado. Percebe-se aqui nítida influência do modelo do Mandado de Segurança, que distingue as figuras da "autoridade coatora" e "legitimado passivo".

O § 1º do art. 4º da referida lei exige que a petição inicial e os documentos que a instruem serão acompanhados de tantas vias quantos forem os impetrados. Isto é especialmente relevante quando eventual inconstitucionalidade por omissão possa ser imputável a mais de um órgão.

O § 2º do art. 4º prevê que quando documento necessário à prova do alegado encontrar-se em poder de autoridade ou de terceiro o juiz poderá ordenar a exibição do documento no prazo de 10 (dez) dias. A previsão parece ter se inspirado na previsão análoga contida no art. 6º, § 1º da Lei nº 12.016/2009.

O art. 5º da Lei nº 13.300/2016 prevê que, uma vez recebida a petição inicial, seja ordenada a notificação do impetrado para prestar informações e cientificado o órgão de representação judicial da pessoa jurídica interessada. Trabalha-se com uma lógica similar ao art. 7º Lei 12.016/2009, que distingue a figura da autoridade coatora (cuja função é de prestar informações ao órgão julgador, atuando como meio de prova) e da pessoa jurídica que, querendo, poderá ingressar no feito e apresentar impugnação.

O art. 6º da Lei nº 13.300/2016 prevê a possibilidade de indeferimento liminar da petição inicial quando a impetração for manifestamente incabível ou manifestamente improcedente.

Caso a decisão acima mencionada seja tomada monocraticamente por relator em órgão colegiado, caberá agravo interno em 5 (cinco) dias para o referido órgão, na forma do parágrafo único do art. 6º. Destaque-se aqui a previsão de prazo distinto do previsto no art. 1.021, § 2º do Código de Processo Civil.

Por fim, prevê o art. 7º que após o prazo para apresentação das informações, será ouvido o Ministério Público, que opinará em 10 (dez) dias. Após o prazo, com ou sem parecer, os autos serão conclusos para decisão. O prazo em questão excepciona a regra geral do art. 178 do Código de Processo Civil, que prevê 30 (trinta) dias para a manifestação do Ministério Público nos processos em que atue como fiscal da ordem jurídica.

3.2.1.4 Efeitos da decisão.

Sem dúvida, os efeitos da decisão de mérito proferida no Mandado de Injunção constituem um dos pontos mais relevantes da análise do tema. A esse respeito, o professor Alexandre de Moraes[66] elaborou uma classificação doutrinária sobre as diversas correntes adotadas pelo Supremo Tribunal Federal ao longo de sua história quanto aos efeitos de tais decisões, classificação da qual nos valeremos no presente trabalho. São elas: (i) não concretista, e (ii) concretista, subdividindo-se esta última hipótese em (iii) geral e (iv) individual, esta podendo ser (v) direta ou (vi) intermediária.

As posições iniciais existentes acerca do tema foram sintetizadas de forma bastante clara em pronunciamento do Ministro Néri da Silveira em 1995, cujo teor parcial se transcreve a seguir:

> "Há, como sabemos, na Corte, no julgamento dos mandados de injunção, três correntes: a majoritária, que se formou a partir do Mandado de Injunção nº 107, que entende deva o Supremo Tribunal Federal, em reconhecendo a existência da mora do Congresso Nacional, comunicar a existência dessa omissão, para que o Poder Legislativo elabore a lei. Outra corrente, minoritária, reconhecendo também a mora do Congresso Nacional, decide, desde logo, o pedido do requerente do Mandado de Injunção e provê sobre o exercício do direito constitucionalmente previsto. Por último, registro minha posição, que é isolada: partilho entendimento de que o Congresso Nacional é que deve elaborar a lei, mas também tenho presente que a Constituição, por via do Mandado de Injunção, quer assegurar aos cidadãos o exercício de direitos e liberdades, contemplados na Carta Política, mas dependentes de regulamentação. Adoto posição que considero intermediária. Entendendo que se deva, também, em primeiro lugar, comunicar ao Congresso Nacional a omissão inconstitucional, para que ele, exercitando sua competência, faça a lei indispensável ao exercício do direito constitucionalmente assegurado aos cidadãos. Compreendo, entretanto, que, se o Congresso

---

66. MORAES, Alexandre de. **Direito Constitucional**. 27ª edição. São Paulo: Atlas, 2011, p. 186-192. Optou-se por adotar a classificação do professor Alexandre de Moraes pela sua excepcional clareza e crescente aceitação pela doutrina. Confira-se por exemplo o professor Pedro Lenza. LENZA, Pedro. Direito **Constitucional Esquematizado**. 5ª edição. São Paulo: Saraiva, 2011, p. 952-955.

Nacional não fizer a lei, em certo prazo que se estabeleceria na decisão, o Supremo Tribunal Federal pode tomar conhecimento de reclamação da parte, quanto ao prosseguimento da omissão, e, a seguir, dispor a respeito do direito in concreto. É, por isso mesmo, uma posição que me parece concilia a prerrogativa do Poder Legislativo de fazer a lei, como o órgão competente para a criação da norma, e a possibilidade de o Poder Judiciário garantir aos cidadãos, assim como quer a Constituição, o efetivo exercício de direito na Constituição assegurado, mesmo se não houver a elaboração da lei. Esse tem sido o sentido de meus votos, em tal matéria. De qualquer maneira, porque voto isolado e vencido, não poderia representar uma ordem ao Congresso Nacional, eis que ineficaz. De outra parte, em se cuidando de voto, no julgamento de processo judicial, é o exercício, precisamente, da competência e independência que cada membro do Supremo Tribunal Federal tem, e necessariamente há de ter, decorrente da Constituição, de interpretar o sistema da Lei Maior e decidir os pleitos que lhe sejam submetidos, nos limites da autoridade conferida à Corte Suprema pela Constituição."[67]

Dessa forma, destaca Alexandre de Moraes que a doutrina e a jurisprudência do STF passaram, inicialmente, a classificar as diversas posições em relação aos efeitos do Mandado de Injunção a partir de dois grandes grupos: concretistas e não concretistas.

Muitos apontam que a posição não concretista foi adotada por muito tempo pela jurisprudência do Supremo Tribunal Federal, ao menos até o julgamento dos mandados de injunção nº 670, 708 e 712, relativos ao direito de greve do servidor público[68]. Todavia, em verdade, o precedente responsável pela superação da tese foi o Mandado de Injunção nº 721, em que se deferiu a aplicação analógica do art. 57 da Lei 8.213/91 na hipótese de inconstitucionalidade por omissão quanto ao disposto no art. 40, § 4º da Constituição[69].

---

67. Ata da 7ª sessão extraordinária do Supremo Tribunal Federal, realizada em 16 de março de 1995 e publicada no Diário da Justiça de 4 de abril de 1995, Seção I, p. 8.625. Cf. MORAES, Alexandre de. *Op. Cit.*, p. 127.
68. BRASIL. STF. **Mandado de Injunção nº 670**. Rel. Min. Gilmar Mendes. J. 25/10/2007; BRASIL. STF. **Mandado de Injunção nº 708**. Rel. Min. Gilmar Mendes. J. 25/10/2007; BRASIL. STF. **Mandado de Injunção nº 712**. Rel. Min. Eros Grau. J. 25/10/2007. Cf. Informativo nº 485 do STF.
69. BRASIL. STF. **Mandado de Injunção nº 721**. Rel. Min. Marco Aurélio. J. 30/08/2007.

Para a já superada corrente não concretista, a finalidade do Mandado de Injunção seria simplesmente o reconhecimento formal da inércia do Poder Público em suprir a lacuna normativa em questão. Aqui não há de se falar em quaisquer medidas jurisdicionais que estabeleçam condições viabilizadoras do exercício do direito do impetrante, devendo a decisão que julga o pedido do impetrante procedente apenas o efeito de cientificar o poder ou órgão omisso para que edite a norma em questão.

Confira-se, por exemplo, julgados em que se discutia o exercício do direito de greve dos funcionários públicos, em 1994:

> "MANDADO DE INJUNÇÃO. DIREITO DE GREVE - CONSTITUIÇÃO, ART. 37, VII. 2. LEGITIMADO ESTE SINDICATO A REQUERER MANDADO DE INJUNÇÃO, COM VISTAS A SER POSSIBILITADO O EXERCÍCIO NÃO SÓ DE DIREITO CONSTITUCIONAL PRÓPRIO, COMO DOS INTEGRANTES DA CATEGORIA QUE REPRESENTA, INVIABILIZADO POR FALTA DE NORMA REGULAMENTADORA. PRECEDENTE NO MANDADO DE INJUNÇÃO N. 347-5-SC. 3. SINDICATO DA ÁREA DE EDUCAÇÃO DE ESTADO-MEMBRO. LEGITIMIDADE ATIVA. 4. RECONHECIMENTO DE MORA DO CONGRESSO NACIONAL, QUANTO A ELABORAÇÃO DA LEI COMPLEMENTARA QUE SE REFERE O ART. 37, VII, DA CONSTITUIÇÃO. COMUNICAÇÃO AO CONGRESSO NACIONAL E AO PRESIDENTE DA REPUBLICA. 5. NÃO E ADMISSIVEL, TODAVIA, O MANDADO DE INJUNÇÃO COMO SUCEDANEO DO MANDADO DE SEGURANÇA, EM ORDEM A ANULAÇÃO DE ATO JUDICIAL OU ADMINISTRATIVO QUE RESPEITE AO DIREITO CONSTITUCIONAL CUJO EXERCÍCIO PENDE DE REGULAMENTAÇÃO. NESSE SENTIDO, NÃO CABE MANDADO DE INJUNÇÃO PARA IMPUGNAR ATO JUDICIAL QUE HAJA DECLARADO A ILEGALIDADE DE GREVE NO SERVIÇO PÚBLICO, NEM POR ESSA MESMA VIA E DE SER RECONHECIDA A LEGITIMIDADE DA GREVE. CONSTITUIÇÃO, ART. 5., LXXI. 6. MANDADO DE INJUNÇÃO CONHECIDO, EM PARTE, E, NESSA PARTE, DEFERIDO, PARA O FIM ACIMA INDICADO."[70] (grifo nosso)

---

70. BRASIL. STF. **Mandado de Injunção nº 438**. Rel. Min. Neri da Silveira. J. 11/11/1994. DJ 16/06/1995.

Essa posição sempre foi e ainda é bastante criticada pela doutrina. Tecendo uma das críticas mais severas e contundentes feitas à corrente não concretista, o professor Luís Roberto Barroso defendeu a tese de que caso se entendesse que o Mandado de Injunção tivesse somente o condão de cientificar a autoridade omissa, seria um remédio dispensável no ordenamento brasileiro[71]. Afinal, todos os magistrados já deveriam pautar sua atividade pelo pressuposto da máxima efetividade da Constituição, bastando que, no caso concreto, o julgador integrasse as lacunas no ordenamento quando estas se configurassem como óbices ao exercício do direito deduzido na demanda, conforme já prevê genericamente o art. 4º da Lei de Introdução às Normas do Direito Brasileiro (antiga Lei de Introdução ao Código Civil)[72]. Tendo por fundamento esta crítica quanto à questionável utilidade do instituto sob o viés não-concretista, o professor Barroso apresenta a seguinte sugestão de Emenda à Constituição:

> "*Dá nova redação ao § 1º, do art. 5º da Constituição, e extingue o Mandado de Injunção.*
>
> Art. 1º. O § 1º do art. 5º, da Constituição Federal, passa a vigorar com a seguinte redação:
>
> "*§ 1º. As normas definidoras de direitos subjetivos constitucionais têm aplicação direta e imediata. Na falta de norma regulamentadora necessária ao seu pleno exercício, formulará o juiz competente a regra que regerá o caso concreto submetido à sua apreciação, com base na analogia, nos costumes e nos princípios gerais do direito.*"
>
> Art. 2º. Fica revogado o inciso LXXI, do art. 5º, da Constituição Federal, bem como suprimida a referência a Mandado de Injunção nos seguintes dispositivos: art. 102, I, *q*, e II, *a*; art. 105, I, *h*; art. 121, § 4º, V."[73]

---

71. BARROSO, Luís Roberto. Mandado de Injunção: o que foi sem nunca ter sido. Uma proposta de reformulação. In: BARROSO, Luís Roberto (org.). **Temas de Direito Constitucional.** Vol. I. Rio de Janeiro: Renovar, 2006, p. 189-198.

72. Art. 4º Quando a lei for omissa, o juiz decidirá o caso de acordo com a analogia, os costumes e os princípios gerais de direito. BRASIL. Lei de Introdução às Normas do Direito Brasileiro. Disponível em: <http://www.planalto.gov.br/ccivil/Decreto-Lei/Del4657.htm>. Acesso em: 20/12/2013.

73. BARROSO, Luís Roberto. Mandado de Injunção: o que foi sem nunca ter sido. Uma proposta de reformulação, *op. cit.*, p. 198.

Ainda que de natureza bastante radical e questionável sob o prisma dos limites materiais ao poder de reforma, é de se considerar que a proposta acima foi apresentada em um contexto anterior à virada jurisprudencial do Supremo quanto aos efeitos do Mandado de Injunção. De toda sorte, ainda que as razões do professor Barroso para afastar a teoria não concretista tenham fundamento, parecem ainda incompletas do ponto de vista da hermenêutica constitucional. É que toda a interpretação jurídica, incluindo-se evidentemente a interpretação da Constituição, deve considerar elementos gramaticais (ou literais), históricos, sistemáticos e teleológicos[74].

Ainda que irrepreensível do ponto de vista sistemático e teleológico, é possível complementar a interpretação do professor Barroso do ponto de vista histórico com a breve consideração de que, nos trabalhos da Assembleia Nacional Constituinte, consignou-se claramente a posição de que a finalidade precípua do Mandado de Injunção seria satisfazer, no caso concreto, o direito que a omissão inconstitucional impede de ser exercido. É o que se depreende, por exemplo, da fala do Ministro Jobim em um dos debates ocorridos durante a 4ª reunião ordinária em 14 de setembro de 1988, na qual se discutia a regulamentação do instituto:

> "O SR. CONSTITUINTE NELSON JOBIM: – Sr. Presidente, nós aprovamos no texto que o Mandado de Injunção caberia a qualquer indivíduo sempre que a falta de norma regulamentadora tornasse inviável o exercício dos direitos e liberdades constitucionais e das prerrogativas inerentes à nacionalidade. O que se assegurou? Assegurou-se que o Poder Judiciário pudesse, no caso concreto, não emitir a norma, mas satisfazer o direito que a norma faltante não satisfaz. Este foi o objetivo."[75] (grifo nosso)

Parece não restar dúvidas quanto à intenção do Constituinte naquele momento. Em um trecho curioso e até mesmo engraçado da ata de 14 de setembro de 1988, Adolfo Oliveira deixou consignado

---

74. BARROSO, Luís Roberto. **Interpretação e Aplicação da Constituição**. 7ª Edição. Rio de Janeiro: Saraiva, 2009, p. 128-146.
75. BRASIL. Senado Federal. Anais da Constituinte de 1988. Comissão de redação. Disponível em: <http://www.senado.gov.br/publicacoes/anais/constituinte/redacao.pdf>. Acesso em: 20/12/2013. Cf. p. 93.

que "*se o novo texto constitucional já estivesse em vigor – e é pena que não esteja – certamente procuraria valer-me da figura do Mandado de Injunção para pleitear vantagens concedidas aos que têm seis horas de turno ininterruptos de trabalho.*[76]" Fazia aqui o Constituinte um comentário em tom jocoso em relação aos extenuantes períodos de trabalhos na elaboração da Carta. Ainda que em tom de brincadeira e sem nenhuma pretensão jurídica real em suas palavras, claramente se percebe aí a compreensão que os constituintes tinham do instituto ao tempo dos trabalhos: um instrumento de realização concreta de direitos subjetivos. A mesma conclusão se extrai de diversas outras atas, dando-se a entender que os constituintes viam no instituto, por exemplo, a potencialidade de se pleitear benefícios previdenciários[77], ou "*a garantia do cumprimento das normas constitucionais*[78]".

Destaque-se que entre os processualistas, a teoria não concretista é chamada de *teoria da subsidiariedade*. A nomenclatura é adotada a partir do entendimento de que segundo esta corrente, o Mandado de Injunção equivaleria a uma via subsidiária, com características semelhantes à da Ação Direta de Inconstitucionalidade por Omissão, diferindo desta tão somente em relação à legitimidade[79].

Para a posição concretista, se presentes os requisitos constitucionais exigidos para o Mandado de Injunção, o órgão competente do Poder Judiciário deverá proferir decisão de natureza *constitutiva*, através da qual implementará o exercício do direito constitucional

---

76. "O SR. CONSTITUINTE ADOLFO OLIVEIRA: – Sr. Presidente, se o novo texto constitucional já estivesse em vigor – e é pena que não esteja – certamente procuraria valer-me da figura do Mandado de Injunção para pleitear vantagens concedidas aos que têm seis horas de turno ininterruptos de trabalho. Estamos completando sete horas de turno ininterrupto. Mas vou procurar compensar a não vigência da Constituição, procurando ser breve. Reduzi para três as quatorze sugestões que tinha a fazer. Procurarei ser breve." BRASIL. Senado Federal. Anais da Constituinte de 1988. Disponível em: <http://www.senado.gov.br/publicacoes/anais/constituinte/redacao.pdf>. Acesso em: 20/12/2013. Cf. p. 114.
77. "O SR. RELATOR (Bernardo Cabral): – Apenas a interrogação que fica é que esses "já concedidos", quem recebesse o benefício há dez anos pode querer, agora, através, inclusive, de um Mandado de Injunção, revisá-lo." BRASIL. Senado Federal. **Anais da Constituinte de 1988**. Op. cit., p. 227.
78. Trecho de discurso do Constituinte José Yunes, representante do PMDB: "Surge o Mandado de Injunção, para garantir o cumprimento dos dispositivos constitucionais." BRASIL. Senado Federal. Anais da Constituinte de 1988. Disponível em: <http://www.senado.gov.br/publicacoes/anais/constituinte/N025.pdf >. Acesso em: 20/12/2013. Cf. p. 23.
79. MAZZEI, Rodrigo. *Op. Cit.*, p. 227.

em questão, e também *declaratória*, reconhecendo a existência da omissão legislativa ou administrativa inconstitucional. Conforme já tivemos a oportunidade de expor no tópico imediatamente anterior, esta é a posição que hoje parece mais adequada para a doutrina e jurisprudência dominantes.

A posição concretista se subdivide em duas espécies: concretista geral e concretista individual.

Para a *posição concretista individual*, o Judiciário decidirá apenas com efeitos para os impetrantes, que poderão exercitar plenamente o direito, liberdade ou prerrogativa nos termos da decisão prolatada. A posição concretista individual se subdivide, na jurisprudência do STF, em duas: direta e intermediária. Pela posição *concretista individual direta* o Judiciário imediatamente concede a plena eficácia da norma constitucional ao impetrante. Pela *concretista individual intermediária*, o Judiciário primeiro fixaria prazo ao órgão omisso, e, ao término desse prazo, se a inércia permanecesse, o Poder Judiciário fixaria as condições necessárias ao exercício do direito do impetrante.

Confira-se exemplos da posição concretista individual extraídos da jurisprudência do Supremo:

> "MANDADO DE INJUNÇÃO - NATUREZA. Conforme disposto no inciso LXXI do artigo 5º da Constituição Federal, conceder-se-á Mandado de Injunção quando necessário ao exercício dos direitos e liberdades constitucionais e das prerrogativas inerentes à nacionalidade, à soberania e à cidadania. Há ação mandamental e não simplesmente declaratória de omissão. A carga de declaração não é objeto da impetração, mas premissa da ordem a ser formalizada. MANDADO DE INJUNÇÃO - DECISÃO - BALIZAS. **Tratando-se de processo subjetivo, a decisão possui eficácia considerada a relação jurídica nele revelada**. APOSENTADORIA - TRABALHO EM CONDIÇÕES ESPECIAIS - PREJUÍZO À SAÚDE DO SERVIDOR - INEXISTÊNCIA DE LEI COMPLEMENTAR - ARTIGO 40, § 4º, DA CONSTITUIÇÃO FEDERAL. Inexistente a disciplina específica da aposentadoria especial do servidor, impõe-se a adoção, via pronunciamento judicial, daquela própria aos trabalhadores em geral - artigo 57, § 1º, da Lei nº 8.213/91."[80] (grifo nosso)

---

80. BRASIL. STF. **Mandado de Injunção nº 758**. Rel. Min. Marco Aurélio. DJE 26/09/2008.

> "EMENTA: MANDADO DE INJUNÇÃO. APOSENTADORIA ESPECIAL DO SERVIDOR PÚBLICO. ARTIGO 40, § 4º, DA CONSTITUIÇÃO DA REPÚBLICA. AUSÊNCIA DE LEI COMPLEMENTAR A DISCIPLINAR A MATÉRIA. NECESSIDADE DE INTEGRAÇÃO LEGISLATIVA. 1. Servidor público. Investigador da polícia civil do Estado de São Paulo. Alegado exercício de atividade sob condições de periculosidade e insalubridade. 2. Reconhecida a omissão legislativa em razão da ausência de lei complementar a definir as condições para o implemento da aposentadoria especial. 3. Mandado de Injunção conhecido e concedido para comunicar a mora à autoridade competente e determinar a aplicação, no que couber, do art. 57 da Lei n. 8.213/91."[81]

Há também um precedente bastante conhecido da jurisprudência do Tribunal de Justiça do Rio de Janeiro, da relatoria de Barbosa Moreira:

> "Mandado de injuncao requerido contra Secretario de Estado: competencia do Grupo de Camaras Civeis. E' admissivel mandado de injuncao seja qual for o texto constitucional, federal ou estadual, que preveja o direito cujo exercicio depende de norma regulamentadora ainda nao editada. Nao conflita com a Carta da Republica a disposicao do art. 84, paragrafo unico, da Constituicao do Estado do Rio de Janeiro, que trata de "licenca sindical" para os servidores publicos civis eleitos para cargos de direcao em federacoes ou sindicatos da categoria, durante o exercicio do mandato. A servidores nessa situacao reconhece-se o direito, ate' a entrada em vigor da lei regulamentadora, ao gozo de licenca nao remunerada, determinando-se `a autoridade impetrada que os afaste de suas funcoes, sem prejuizo dos direitos e vantagens `a carreira. (DP) Votos vencidos."[82]

A análise da jurisprudência recente do Supremo Tribunal Federal leva a crer que a posição concretista individual é a que hoje tem predominado no Tribunal, adotando-se, excepcionalmente a teoria concretista geral. Recentemente, por exemplo, o Supremo Tribunal Federal reconheceu o direito de aposentadoria especial com efeitos

---

81. BRASIL. STF. **Mandado de Injunção nº 795**. Rel. Min. Cármen Lúcia. DJE 22/05/2009.
82. BRASIL. TJRJ. **Mandado de Injunção nº 6**. Rel. Des. Barbosa Moreira. J. 06/02/1991.

apenas para o impetrante[83] e para os representados por entidade de classe[84].

A posição concretista individual é conhecida entre os processualistas como *teoria da resolutividade*, incluindo-se em tal classificação a posição concretista individual direta e a individual intermediária. Sob a nomenclatura de *teoria da resolutividade*, esta parece ser a corrente adotada por boa parte dos doutrinadores do Direito Processual, como Paulo Medina, Barbosa Moreira, Calmon de Passos e Rodrigo Mazzei[85]. Entre os constitucionalistas, também parece obter significativa aceitação, por não suscitar grandes controvérsias em relação ao princípio da separação de poderes. Filiam-se a esta posição, por exemplo, Alexandre de Moraes[86] e José Joaquim Gomes Canotilho[87].

Destaque-se que projetos em tramitação na Câmara dos Deputados parecem aceitar, como regra, a posição concretista individual e, excepcionalmente, a posição concretista geral. Confira-se:

> Art. 9º A decisão terá eficácia subjetiva limitada às partes e produzirá efeitos até o advento da norma regulamentadora.

---

83. "(...) concedo a ordem injuncional, para, reconhecido o estado de mora legislativa, garantir, ao ora impetrante, o direito de ter o seu pedido administrativo de aposentadoria especial concretamente analisado pela autoridade administrativa competente (...). BRASIL. STF. **Mandado de Injunção nº 1916**. Rel. Min. Celso de Mello. J. 24/05/2011.

84. "Sendo assim, em face das razões expostas, concedo, em parte, a ordem injuncional, para, reconhecido o estado de mora legislativa, garantir, a cada integrante do grupo, classe ou categoria, cuja atividade esteja abrangida pelas finalidades institucionais da entidade impetrante (Lei nº 8.038/90, art. 24, parágrafo único, c/c o art. 22 da Lei nº 12.016/2009), o direito de ter o seu pedido administrativo de aposentadoria especial concretamente analisado pela autoridade administrativa competente (...)" BRASIL. STF. Mandado de Injunção nº 3222. Rel. Min. Celso de Mello. J. 02/06/2011. Inteiro teor disponível em: <http://www.stf.jus.br/arquivo/cms/noticiaNoticiaStf/anexo/MI_3.322DF_Decisao.pdf>. Acesso em: 03/06/2011.

85. MAZZEI, Rodrigo. *Op. Cit*, p. 228-230.

86. "Parece-nos que inexiste incompatibilidade entre a adoção da posição concretista individual e a teoria da separação de poderes consagrada expressamente pelo art. 2º da Constituição Federal." MORAES, Alexandre de. *Op. Cit.*, p. 191.

87. "o Mandado de Injunção não tem por objeto uma pretensão a uma emanação, a cargo do juiz, de uma regulação legal complementadora com eficácia erga omnes. O Mandado de Injunção apenas viabiliza, num caso concreto, o exercício de um direito ou liberdade constitucional perturbado pela falta parcial de lei regulamentadora." CANOTILHO, José Joaquim Gomes *apud* MORAES, Alexandre de. *Op. Cit.*, p. 190.

§1º Poderá ser conferida eficácia ultra partes ou erga omnes à decisão, quando isso for inerente ou indispensável ao exercício do direito, liberdade ou prerrogativa objeto da impetração.

§2º Transitada em julgado a decisão, os seus efeitos poderão ser estendidos aos casos análogos por decisão monocrática do relator.[88]

Para a posição concretista geral, a decisão proferida pelo órgão competente do Poder Judiciário terá efeitos *erga omnes*, garantindo o exercício efetivo do direito em questão através de uma decisão com normatividade geral, até que a omissão inconstitucional seja suprida pelo poder competente. A posição concretista geral, inicialmente, encontrou pouco amparo doutrinário e jurisprudencial, seja pela evidente dificuldade de conciliar tal posição com o princípio da harmonia e separação dos poderes constituídos, seja pela possibilidade de esvaziamento das finalidades da Ação Direta de Inconstitucionalidade por Omissão. É o que se depreende da análise de trecho inspirado de voto do Ministro Moreira Alves, que consagrou a posição vencedora no julgamento de questão de ordem no Mandado de Injunção nº 107, o primeiro a ser julgado pelo STF sob a égide da Constituição de 1988:

> "Também a outra variante dessa segunda corrente – a que entende que a regulamentação decorrente do Mandado de Injunção tem eficácia erga omnes – encontro óbices intransponíveis. Com efeito, por ela, o que, expressamente, a Constituição não permite na Ação Direta de Inconstitucionalidade por Omissão, que é abstrata e que se destina a ter eficácia erga omnes por sua própria natureza, seria permitido a qualquer do povo: a regulamentação de texto constitucional feita pelo Poder Judiciário e aplicável a todos os casos análogos. O que não se permite seja obtido pelos legitimados ativamente para a propositura da ação direta de inconstitucionalidade, que é processo objetivo em que não há a defesa de interesses particulares e que se destina ao interesse público maior que é a defesa da Constituição, seria lícito alcançar por qualquer pessoa na defesa de interesse individual, o que levaria ao absurdo de o Mandado de Injunção esvaziar a Ação Direta de Inconstitucionalidade por Omissão. Sim. Pelo menos, seria inexplicável que a regulamentação do texto constitucional

---

88. BRASIL. Senado Federal. Projeto de Lei nº 6128/2009. Inteiro teor disponível em: <http://www.camara.gov.br/sileg/MostrarIntegra.asp?CodTeor=697234>. Acesso em: 20/12/2013.

objeto de ação direta proposta por uma entidade de classe de âmbito nacional não pudesse ser por ela alcançada, limitando-se o Supremo Tribunal Federal a dar ciência, ao Poder omisso, de sua omissão, e este mesmo Supremo Tribunal Federal, ao julgar, imediatamente após, um Mandado de Injunção impetrado por uma pessoa filiada a essa mesma entidade de classe de âmbito nacional, pudesse regulamentar o mesmo texto constitucional objeto daquela ação direta, e regulamentá-lo com eficácia erga omnes. E mais. Se a omissão fosse relativa a ato normativo a ser editado por órgão, entidade ou autoridade que desse margem à competência de Juiz ou de Tribunal inferior para o processamento e julgamento de Mandado de Injunção, o filiado da entidade de classe que, no exemplo acima, em ação direta só obtivera do Supremo Tribunal Federal a ciência ao Poder omisso para que este adotasse as providências necessárias, poderia obter do Juiz ou do Tribunal inferior, por meio do Mandado de Injunção, a regulamentação visada com eficácia erga omnes, só restando ao Supremo Tribunal Federal, se, afinal, houvesse recursos extraordinário para ele, o exame da constitucionalidade dessa regulamentação, e não do mérito dela. Aliás, do exame da evolução dos trabalhos da Constituinte, verifica-se, claramente, que não se deu ao Supremo Tribunal Federal – e o mesmo motivo é bastante para não dá-lo a quaisquer Juízes e Tribunais em Mandado de Injunção que visasse a regulamentação extensível aos casos análogos – o poder de legislar, ainda que provisoriamente, na Ação Direta de Inconstitucionalidade por Omissão em respeito ao princípio da separação dos Poderes, que, na Constituição atual, foi incluído ente os princípios imunes ao poder de revisão." (...)[89]

Essa foi a posição predominante na jurisprudência do Supremo Tribunal Federal até o final do ano de 2007, o que tomou maior notoriedade a partir do julgamento dos mandados de injunção nº 708/DF, 670/ES e 712/PA, passou-se a adotar a posição concretista geral. A decisão histórica, da relatoria do Ministro Gilmar Mendes, apresentou a "evolução jurisprudencial" do STF em ementa cujos trechos mais relevantes toma-se a liberdade de transcrever abaixo:

---

89. Voto do ministro Moreira Alves em Questão de Ordem no MI nº 107. Cf. BRASIL. STF. MI nº 107 QO. Rel. Min. Moreira Alves. DJ 21/09/1990. Inteiro teor disponível em: <http://redir.stf.jus.br/paginadorpub/paginador.jsp?docTP=AC&docID=81908>. Acesso em: 20/12/2013.

1.1. No julgamento do MI no 107/DF, Rel. Min. Moreira Alves, DJ 21.9.1990, o Plenário do STF consolidou entendimento que conferiu ao Mandado de Injunção os seguintes elementos operacionais: i) os direitos constitucionalmente garantidos por meio de Mandado de Injunção apresentam-se como direitos à expedição de um ato normativo, os quais, via de regra, não poderiam ser diretamente satisfeitos por meio de provimento jurisdicional do STF; ii) a decisão judicial que declara a existência de uma omissão inconstitucional constata, igualmente, a mora do órgão ou poder legiferante, insta-o a editar a norma requerida; iii) a omissão inconstitucional tanto pode referir-se a uma omissão total do legislador quanto a uma omissão parcial; iv) a decisão proferida em sede do controle abstrato de normas acerca da existência, ou não, de omissão é dotada de eficácia erga omnes, e não apresenta diferença significativa em relação a atos decisórios proferidos no contexto de Mandado de Injunção; iv) o STF possui competência constitucional para, na ação de Mandado de Injunção, determinar a suspensão de processos administrativos ou judiciais, com o intuito de assegurar ao interessado a possibilidade de ser contemplado por norma mais benéfica, ou que lhe assegure o direito constitucional invocado; v) por fim, esse plexo de poderes institucionais legitima que o STF determine a edição de outras medidas que garantam a posição do impetrante até a oportuna expedição de normas pelo legislador.

(...)

1.2. Apesar dos avanços proporcionados por essa construção jurisprudencial inicial, o STF flexibilizou a interpretação constitucional primeiramente fixada para conferir uma compreensão mais abrangente à garantia fundamental do Mandado de Injunção. A partir de uma série de precedentes, o Tribunal passou a admitir soluções "normativas" para a decisão judicial como alternativa legítima de tornar a proteção judicial efetiva (CF, art. 5º, XXXV). Precedentes: MI no 283, Rel. Min. Sepúlveda Pertence, DJ 14.11.1991; MI no 232/RJ, Rel. Min. Moreira Alves, DJ 27.3.1992; MI nº 284, Rel. Min. Marco Aurélio, Red. para o acórdão Min. Celso de Mello, DJ 26.6.1992; MI no 543/DF, Rel. Min. Octavio Gallotti, DJ 24.5.2002; MI no 679/DF, Rel. Min. Celso de Mello, DJ 17.12.2002; e MI no 562/DF, Rel. Min. Ellen Gracie, DJ 20.6.2003.

(...)

3.3. Tendo em vista as imperiosas balizas jurídico-políticas que demandam a concretização do direito de greve a todos os trabalhadores, o STF não pode se abster de reconhecer que, assim como o controle judicial deve incidir sobre a atividade do legislador, é possível que a Corte Constitucional atue também nos casos de inatividade ou omissão do Legislativo.

(...)

6.7. Mandado de Injunção conhecido e, no mérito, deferido para, nos termos acima especificados, determinar a aplicação das Leis nos 7.701/1988 e 7.783/1989 aos conflitos e às ações judiciais que envolvam a interpretação do direito de greve dos servidores públicos civis.

Ainda que esta tenha sido uma posição apontada por muitos como revolucionária, é de se considerar que recebe intensas críticas do ponto de vista do princípio democrático e da separação de poderes. Por tais motivos, o STF vem adotando, como regra, a teoria concretista individual e, excepcionalmente, geral.

A teoría concretista geral é conhecida entre os processualistas como *teoria da independência jurisdicional*[90].

A Lei nº 13.300/2016 parece ter se filiado à concepção predominante no Supremo Tribunal Federal. Tanto no Mandado de Injunção individual quanto no coletivo adota-se, como regra, a *corrente concretista individual intermediária*. Ou seja, o órgão julgador deverá determinar prazo razoável para que o impetrado promova a edição da norma regulamentadora e, no caso de desrespeito a tal prazo, estabelecer as condições concretas para o exercício do direito fundamental pelo legitimado (ou categoria, no caso do MI coletivo) ou para que este promova ação própria. Confira-se os artigos 8º, 9º e 13 da referida lei:

> Art. 8º Reconhecido o estado de mora legislativa, será deferida a injunção para:
>
> I - determinar prazo razoável para que o impetrado promova a edição da norma regulamentadora;

---

90. "Pela teoria da independência jurisdicional, a natureza da sentença proferida em Mandado de Injunção deve possuir caráter constitutivo erga omnes, pelo qual caberia ao órgão judiciário editar uma norma geral, escapando à regulamentação do caso concreto". MAZZEI, Rodrigo. *Op. Cit.*, p. 228.

II - estabelecer as condições em que se dará o exercício dos direitos, das liberdades ou das prerrogativas reclamados ou, se for o caso, as condições em que poderá o interessado promover ação própria visando a exercê-los, caso não seja suprida a mora legislativa no prazo determinado.

Parágrafo único. Será dispensada a determinação a que se refere o inciso I do caput quando comprovado que o impetrado deixou de atender, em mandado de injunção anterior, ao prazo estabelecido para a edição da norma.

(...)

Art. 9º A decisão terá eficácia subjetiva limitada às partes e produzirá efeitos até o advento da norma regulamentadora.

(...)

Art. 13. No mandado de injunção coletivo, a sentença fará coisa julgada limitadamente às pessoas integrantes da coletividade, do grupo, da classe ou da categoria substituídos pelo impetrante, sem prejuízo do disposto nos §§ 1º e 2º do art. 9º.

Filiando-se também ao entendimento do Supremo Tribunal Federal, a nova legislação admite, excepcionalmente, a adoção da teoria concretista geral, nos termos do § 1º do art. 9º da norma em questão:

§ 1º Poderá ser conferida eficácia ultra partes ou erga omnes à decisão, quando isso for inerente ou indispensável ao exercício do direito, da liberdade ou da prerrogativa objeto da impetração.

Parece haver aqui uma boa saída para conciliar a eterna tensão entre a necessidade de concretização da força normativa da Constituição e o princípio da separação de poderes. Permite-se aqui que o Judiciário supra as lacunas com eficácia erga omnes, mas a) apenas em caráter excepcional, e b) com a legitimidade democrática concedida pelo devido processo legislativo.

O § 2º do art. 9º também adota prática já familiar à jurisprudência do Supremo Tribunal Federal, que permite que o relator aplique o mesmo entendimento a casos análogos. Confira-se:

§ 2º Transitada em julgado a decisão, seus efeitos poderão ser estendidos aos casos análogos por decisão monocrática do relator.

O § 3º do art. 9º, por sua vez, incorpora ao Mandado de Injunção a lógica de coisas julgadas em ações coletivas.

> § 3º O indeferimento do pedido por insuficiência de prova não impede a renovação da impetração fundada em outros elementos probatórios.

Também há previsão de ação revisional da decisão proferida:

> Art. 10. Sem prejuízo dos efeitos já produzidos, a decisão poderá ser revista, a pedido de qualquer interessado, quando sobrevierem relevantes modificações das circunstâncias de fato ou de direito.
>
> Parágrafo único. A ação de revisão observará, no que couber, o procedimento estabelecido nesta Lei.

A nova legislação também cuidou das consequências da edição da norma regulamentadora em relação às partes já beneficiadas por decisão tomada em Mandado de Injunção. Em respeito ao disposto no art. 5º, XXXVI da Constituição Federal, a norma regulamentadora superveniente não retroagirá de modo a afetar direitos exercidos nos termos da decisão judicial. Confira-se:

> Art. 11. A norma regulamentadora superveniente produzirá efeitos ex nunc em relação aos beneficiados por decisão transitada em julgado, salvo se a aplicação da norma editada lhes for mais favorável.
>
> Parágrafo único. Estará prejudicada a impetração se a norma regulamentadora for editada antes da decisão, caso em que o processo será extinto sem resolução de mérito.

3.2.2 Modelos estaduais e experiências locais

Antes de uma análise crítica a respeito dos parâmetros adotados pelas Constituições Estaduais, faz-se inevitável uma breve exposição da previsão normativa em cada modelo local.

Inicialmente, quanto aos Estados da Região Sudeste. A Constituição do Estado do Rio de Janeiro traz essa previsão no art. 161, IV, "g"[91], instituindo a competência do Tribunal de Justiça para processar e julgar originariamente o Mandado de Injunção, "*quando a elaboração da norma regulamentadora for atribuição de órgão, entidade ou autoridade estadual, da administração direta ou indireta*", além de prever a prioridade de tramitação do remédio no art. 17. A Constituição do Estado de São Paulo prevê a competência para julgamento do Tribunal de Justiça Estadual no art. 74, V[92], nos casos em que "*inexistência de norma regulamentadora estadual ou municipal, de qualquer dos Poderes, inclusive da Administração indireta, torne inviável o exercício de direitos assegurados nesta Constituição*". A Constituição Estadual do Espírito Santo prevê a competência originária do Tribunal de Justiça do Espírito Santo, no art. 109, I, "d"[93], quando "*a elaboração da norma regulamentadora for atribuição do Governador do Estado, da Assembléia Legislativa, de sua Mesa, do Tribunal de Contas, do próprio Tribunal, de órgão, entidade ou autoridade estadual da administração direta ou indireta, ressalvados os casos de competência dos tribunais federais e dos órgãos da justiça militar, da justiça eleitoral, da justiça do trabalho e da justiça federal*". A Constituição de Minas Gerais, por fim, prevê a competência do Tribunal Estadual no art. 106, I, "f"[94], quando "*a*

---

91. Art. 161 - Compete ao Tribunal de Justiça: (...) IV - processar e julgar originariamente: g) o Mandado de Injunção, quando a elaboração da norma regulamentadora for atribuição de órgão, entidade ou autoridade estadual, da administração direta ou indireta. (...) BRASIL. Rio de Janeiro. Constituição do Estado do Rio de Janeiro. Disponível em: <http://www.camara.gov.br/internet/interacao/constituicoes/>. Acesso em: 20/12/2013.

92. Artigo 74 - Compete ao Tribunal de Justiça, além das atribuições previstas nesta Constituição, processar e julgar originariamente: (...)V - os mandados de injunção, quando a inexistência de norma regulamentadora estadual ou municipal, de qualquer dos Poderes, inclusive da Administração indireta, torne inviável o exercício de direitos assegurados nesta Constituição; (...) BRASIL. São Paulo. Constituição do Estado de São Paulo. Disponível em: <http://www.camara.gov.br/internet/interacao/constituicoes/. Acesso em: 20/12/2013.

93. Art. 109. Compete, ainda, ao Tribunal de Justiça: I - processar e julgar, originariamente: (...) d) os mandados de injunção, quando a elaboração da norma regulamentadora for atribuição do Governador do Estado, da Assembléia Legislativa, de sua Mesa, do Tribunal de Contas, do próprio Tribunal, de órgão, entidade ou autoridade estadual da administração direta ou indireta, ressalvados os casos de competência dos tribunais federais e dos órgãos da justiça militar, da justiça eleitoral, da justiça do trabalho e da justiça federal; BRASIL. Espírito Santo. Constituição do Estado do Espírito Santo. Disponível em: <http://www.camara.gov.br/internet/interacao/constituicoes/. Acesso em: 20/12/2013.

94. Art. 106 - Compete ao Tribunal de Justiça, além das atribuições previstas nesta Constituição: I - processar e julgar originariamente, ressalvada a competência das justiças especializadas: (...) f) Mandado de Injunção, quando a elaboração da norma regulamentadora for atribuição de órgão, de entidade ou de autoridade estadual da administração direta ou indireta;

elaboração da norma regulamentadora for atribuição de órgão, de entidade ou de autoridade estadual da administração direta ou indireta".
Quando aos Estados da Região Nordeste. A Constituição da Bahia prevê a competência originária do Tribunal de Justiça no art. 123, I, "g"[95]. A Constituição do Ceará o faz no art. 108, VII, "c" [96], embora a leitura desta alínea deva ser conjugada com a alínea "b", que enumera as autoridades em face das quais o Mandado de Injunção pode ser impetrado. Na Constituição do Piauí, a previsão é no art. 123, III, "g"[97], quando "*a elaboração da norma regulamentadora for atribuição de órgão, entidade ou autoridade estadual, da administração direta ou indireta*". Na Constituição do Maranhão, a previsão é do art. 81, VII[98], quando "*a elaboração da norma reguladora for atribuição*

BRASIL. Minas Gerais. Constituição do Estado de Minas Gerais. Disponível em: <http://www.camara.gov.br/internet/interacao/constituicoes/>. Acesso em: 20/12/2013.

95. Art. 123 - Compete ao Tribunal de Justiça, além das atribuições previstas nesta Constituição: I - processar e julgar, originariamente: (...) g) os mandados de injunção, quando a elaboração da norma regulamentadora for atribuição do governador do Estado, da Assembléia Legislativa, de sua Mesa, dos Tribunais de Contas, do prefeito da Capital ou do próprio Tribunal de Justiça, bem como de autarquia e fundação pública estadual; (...) BRASIL. Bahia. Constituição do Estado da Bahia. Disponível em: Disponível em: <http://www.camara.gov.br/internet/interacao/constituicoes/>. Acesso em: 20/12/2013.

96. Art. 108. Compete ao Tribunal de Justiça: (...) VII - processar e julgar, originariamente: (...) b) os mandados de segurança e os habeas data contra atos do Governador do Estado, da Mesa e Presidência da Assembléia Legislativa, do próprio Tribunal ou de algum de seus órgãos, do Tribunal de Alçada ou de algum de seus órgãos, dos Secretários de Estado, do Tribunal de Contas do Estado ou de algum de seus órgãos, do Tribunal de Contas dos Municípios ou de algum de seus órgãos, do Procurador Geral de Justiça, do Procurador Geral do Estado, do Chefe da Casa Militar, do Chefe do Gabinete do Governador, do Ouvidor Geral do Estado, do Defensor Público Geral do Estado, e de quaisquer outras autoridades a estas equiparadas, na forma da Lei; c) os mandados de injunção contra omissão das autoridades referidas na alínea anterior; (...) BRASIL. Ceará. Constituição do Estado do Ceará. Disponível em: Disponível em: <http://www.camara.gov.br/internet/interacao/constituicoes/>. Acesso em: 20/12/2013.

97. . Art. 123 – Compete ao Tribunal de Justiça: (...) III – processar e julgar, originariamente: g) o Mandado de Injunção, quando a elaboração da norma regulamentadora for atribuição de órgão, entidade ou autoridade estadual, da administração direta ou indireta; (...) BRASIL. Piauí. Constituição do Estado do Piauí. Disponível em: <http://www.camara.gov.br/internet/interacao/constituicoes/>. Acesso em: 20/12/2013.

98. Art. 81 – Compete ao Tribunal de Justiça processar e julgar, originariamente: (...) VII – o Mandado de Injunção, quando a elaboração da norma reguladora for atribuição de órgão ou entidade ou autoridade estadual, da administração direta e indireta, ou do próprio Tribunal; (...) BRASIL. Maranhão. Constituição do Estado do Maranhão. Disponível em: <http://www.cge.ma.gov.br/pagina.php?IdPagina=2315>. Acesso em: 20/12/2013.

de órgão ou entidade ou autoridade estadual, da administração direta e indireta, ou do próprio Tribunal". A Constituição do Rio Grande do Norte também prevê a competência originária do Tribunal no art. 71, I, "g" [99], quando *"a elaboração da norma regulamentadora competir à Assembléia Legislativa, sua Mesa ou Comissão ao Governador do Estado, ao próprio Tribunal, ao Tribunal de Contas ou a órgão, entidade ou autoridade estadual, da administração direta ou indireta".* Na Constituição do Sergipe, a previsão é no art. 106, I, "f"[100], quando *"a elaboração da norma regulamentadora for atribuição do Governador do Estado, da Assembléia Legislativa ou de sua Mesa, do Tribunal de Contas do Estado, do próprio Tribunal de Justiça ou de órgão, entidade ou autoridade da administração direta ou indireta do Estado ou dos Municípios".* Na Constituição da Paraíba, a previsão consta do art. 104, XIII, "e"[101], quando *"a elaboração da norma regulamentadora for atribuição do Governador do Estado, da Mesa ou da própria Assembléia Legislativa, do Tribunal de Contas do Estado, do Tribunal de Contas dos Municípios, dos Prefeitos, da Mesa da Câmara de Vereadores, de órgãos, entidades ou autoridades das administrações direta ou indireta*

---

99. Art. 71. O Tribunal de Justiça tem sede na Capital e jurisdição em todo o território estadual, competindo-lhe, precipuamente, a guarda desta Constituição, com observância da Constituição Federal, e: I - processar e julgar, originariamente: (...) g) o Mandado de Injunção, quando a elaboração da norma regulamentadora competir à Assembléia Legislativa, sua Mesa ou Comissão ao Governador do Estado, ao próprio Tribunal, ao Tribunal de Contas ou a órgão, entidade ou autoridade estadual, da administração direta ou indireta; (...) BRASIL. Rio Grande do Norte. Constituição do Estado do Rio Grande do Norte. Disponível em: <http://www.camara.gov.br/internet/interacao/constituicoes/. Acesso em: 20/12/2013.

100. Art. 106. Compete, ainda, ao Tribunal de Justiça: I - processar e julgar originariamente: (...) f) o Mandado de Injunção, nos termos da Constituição Federal e desta Constituição, quando a elaboração da norma regulamentadora for atribuição do Governador do Estado, da Assembléia Legislativa ou de sua Mesa, do Tribunal de Contas do Estado, do próprio Tribunal de Justiça ou de órgão, entidade ou autoridade da administração direta ou indireta do Estado ou dos Municípios; (...) BRASIL. Sergipe. Constituição do Estado de Sergipe. Disponível em: <http://www.camara.gov.br/internet/interacao/constituicoes/. Acesso em: 20/12/2013.

101. Art. 104. Compete ao Tribunal de Justiça: (...) XIII - processar e julgar: (...) e) o Mandado de Injunção, quando a elaboração da norma regulamentadora for atribuição do Governador do Estado, da Mesa ou da própria Assembléia Legislativa, do Tribunal de Contas do Estado, do Tribunal de Contas dos Municípios, dos Prefeitos, da Mesa da Câmara de Vereadores, de órgãos, entidades ou autoridades das administrações direta ou indireta estaduais ou municipais ou do próprio Tribunal de Justiça do Estado; (...)BRASIL. Paraíba. Constituição do Estado da Paraíba. Disponível em: <http://www.camara.gov.br/internet/interacao/constituicoes/. Acesso em: 20/12/2013.

estaduais ou municipais ou do próprio Tribunal de Justiça do Estado". Na Constituição de Alagoas, art. 133, IX, "f" [102], sempre que "*a elaboração da norma regulamentadora for atribuição do Governador, da Assembléia Legislativa ou respectiva Mesa, do Tribunal de Contas ou do próprio Tribunal de Justiça.*" Por fim, em Pernambuco, a previsão consta do art. 61, I, "h"[103], quando "*a elaboração de norma regulamentadora for atribuição do Poder Legislativo ou Executivo, estadual ou municipal, do Tribunal de Contas ou do próprio Tribunal de Justiça, desde que a falta dessa norma torne inviável o exercício dos direitos e liberdades constitucionais e das prerrogativas inerentes à nacionalidade e à cidadania".*

Sobre a região Sul. A Constituição do Estado do Paraná prevê a competência originária do Tribunal de Justiça em no art. 101, VII, "c"[104], sem, contudo, delimitar as autoridades que podem figurar no pólo passivo da demanda. Por sua vez, a Constituição do Estado do Rio Grande do Sul traz a previsão no art. 93, V, "c"[105], determinando a competência dos Tribunais de segunda instância para julgamento dos Mandado de Injunção "contra atos do próprio Tribunal, de seu

---

102. Art. 133. Compete ao Tribunal de Justiça, precipuamente, a guarda da Constituição do Estado de Alagoas, cabendo-lhe, privativamente: (...) IX – processar e julgar, originariamente: (...) f) o Mandado de Injunção, quando a elaboração da norma regulamentadora for atribuição do Governador, da Assembléia Legislativa ou respectiva Mesa, do Tribunal de Contas ou do próprio Tribunal de Justiça; (...) BRASIL. Alagoas. Constituição do Estado de Alagoas. Disponível em: <http://www.gabinetecivil.al.gov.br/legislacao/Constituicao%20do%20 Estado%20de%20Alagoas.pdf>. Acesso em: 20/12/2013.

103. Art. 61. Compete ao Tribunal de Justiça: I – processar e julgar originariamente: (...) h) o Mandado de Injunção, quando a elaboração de norma regulamentadora for atribuição do Poder Legislativo ou Executivo, estadual ou municipal, do Tribunal de Contas ou do próprio Tribunal de Justiça, desde que a falta dessa norma torne inviável o exercício dos direitos e liberdades constitucionais e das prerrogativas inerentes à nacionalidade e à cidadania; BRASIL. Pernambuco. **Constituição do Estado de Pernambuco**. Disponível em: <http://www. alepe.pe.gov.br/downloads/legislativo/ConstituicaoEstadual.pdf>. Acesso em: 20/12/2013.

104. Art. 101. Compete privativamente ao Tribunal de Justiça, através de seus órgãos: (...) VII - processar e julgar, originariamente (...) c) os mandados de injunção e os "habeas-data"; (...) BRASIL. Paraná. Constituição do Estado do Paraná. Disponível em: <http://www.camara. gov.br/internet/interacao/constituicoes/>. Acesso em: 20/12/2013.

105. Art. 93 - Compete aos Tribunais de segunda instância, além do que lhes for conferido em lei: (...) V - processar e julgar: (...) c) os mandados de segurança, mandados de injunção e "habeas data" contra atos do próprio Tribunal, de seu Presidente e de suas Câmaras ou Juízes; (...) BRASIL. Constituição do Estado do Rio Grande do Sul. Disponível em: <http:// www.camara.gov.br/internet/interacao/constituicoes/>. Acesso em: 20/12/2013.

Presidente e de suas Câmaras ou Juízes" e no art. 95, XII, "b" "*contra atos ou omissões do Governador do Estado, da Assembléia Legislativa e seus órgãos, dos Secretários de Estado, do Tribunal de Contas do Estado e seus órgãos, dos Juízes de primeira instância, dos membros do Ministério Público e do Procurador-Geral do Estado*". É evidente que, com a extinção dos Tribunais de Alçada, o disposto no art. 93 deve se restringir ao Tribunal de Justiça. Por fim, a Constituição de Santa Catarina traz a previsão no art. 83, XI, "c"[106], "*contra atos e omissões do Governador do Estado, da Mesa e da Presidência da Assembléia Legislativa, do próprio Tribunal ou de algum de seus órgãos, dos Secretários de Estado, do Presidente do Tribunal de Contas, do procurador-geral de Justiça e dos juizes de primeiro grau*".

Confira-se o que dispõem as Constituições dos entes da região Norte. A Constituição a Estado do Acre traz a previsão genérica em seu art. 95, I, "e"[107]. A Constituição do Amazonas prevê a prioridade de tramitação do Mandado de Injunção no art. 3º, § 3º, bem como a previsão da competência do Tribunal de Justiça no artigo 72, I, "e", que deve ser lido em conjunto com a alínea "c" do mesmo inciso[108]. A

---

106. Art. 83 - Compete privativamente ao Tribunal de Justiça: (...) XI - processar e julgar, originariamente: (...) c) os mandados de segurança e de injunção e os "habeas-data" contra atos e omissões do Governador do Estado, da Mesa e da Presidência da Assembléia Legislativa, do próprio Tribunal ou de algum de seus órgãos, dos Secretários de Estado, do Presidente do Tribunal de Contas, do procurador-geral de Justiça e dos juizes de primeiro grau; (...) BRASIL. Santa Catarina. Constituição do Estado de Santa Catarina. Disponível em: <http://www.camara.gov.br/internet/interacao/constituicoes/. Acesso em: 20/12/2013.

107. Art. 95. Em matéria judiciária, compete ao Tribunal de Justiça do Estado, funcionado em plenário: I. processar e julgar, originariamente: (...) e) os mandatos de injunção, nos termos da Constituição Federal; (...) BRASIL. Acre. Constituição do Estado do Acre. Disponível em: Disponível em: <http://www.camara.gov.br/internet/interacao/constituicoes/. Acesso em: 20/12/2013.

108. Art. 3º (...) § 3º. O julgamento da ação de inconstitucionalidade, do habeas corpus, do mandado de segurança individual ou coletivo, do habeas-data, do Mandado de Injunção, da ação popular, da ação indenizatória por erro do judiciário, das ações de alimentos e da ação relativa aos atos de lesa -natureza terá preferência absoluta sobre quaisquer outros. Art. 72. Compete, ainda, ao Tribunal de Justiça: I - processar e julgar, originariamente: (...) e) o Mandado de Injunção, quando a elaboração da norma regulamentadora for atribuída a qualquer das pessoas mencionadas na alínea "c", ou a Órgãos e entidades da administração estadual, direta ou indireta; (...) c) o habeas data e o mandado de segurança contra os atos do Governador do Estado, do Vice - Governador, dos Prefeitos Municipais, do Presidente e Membros da Mesa Diretora da Assembléia Legislativa do Estado, do Presidente da Câmara Municipal e de sua Mesa Diretora, do Presidente e dos Conselheiros do Tribunal de Contas do Estado, do Procurador-Geral da Justiça, do Corregedor-Geral do Ministério Público,

Constituição do Amapá prevê a competência originária do Tribunal de Justiça do Amapá no art. 133, II, "f"[109], quando "*a elaboração da norma regulamentadora for atribuição do Governador do Estado, de Secretário de Estado, da Assembléia Legislativa, do Tribunal de Contas do Estado ou do próprio Tribunal de Justiça e seus órgãos diretivos*". A Constituição do Pará prevê a competência originária para julgamento pelo Tribunal de Justiça no art. 161, I, "f"[110], quando "*a elaboração da norma regulamentadora for atribuição do Governador, da Assembléia Legislativa, do Tribunal de Contas do Estado, do Tribunal de Contas dos Municípios ou do próprio Tribunal de Justiça*". Por sua vez, a Constituição de Rondônia prevê, no art. 161, I, "f"[111], a competência originária do Tribunal quando "*a elaboração da norma regulamentadora for atribuição do Governador, da Assembléia Legislativa, do Tribunal de Contas do Estado, do Tribunal de Contas dos Municípios ou do próprio Tribunal de Justiça*". No Estado do Tocantins, a Constituição prevê, no art. 48, § 1º, XII[112], a competência do Tribunal de Justiça quando

---

do Procurador-Geral do Estado, do Chefe da Defensoria Pública, de Secretários de Estado e do próprio Tribunal, do seu Presidente, do seu Vice-Presidente e do Corregedor-Geral de Justiça; (...) BRASIL. Amazonas. Constituição do Estado do Amazonas. Disponível em: Disponível em: <http://www.camara.gov.br/internet/interacao/constituicoes/. Acesso em: 20/12/2013.

109. Art. 133. Compete privativamente ao Tribunal de Justiça: (...) II - processar e julgar, originariamente: (...) f) o Mandado de Injunção, quando a elaboração da norma regulamentadora for atribuição do Governador do Estado, de Secretário de Estado, da Assembléia Legislativa, do Tribunal de Contas do Estado ou do próprio Tribunal de Justiça e seus órgãos diretivos; (...) BRASIL. Constituição do Estado do Amapá. Disponível em: <http://www.camara.gov. br/internet/interacao/constituicoes/. Acesso em: 20/12/2013.

110. Art. 161. Além das outras atribuições previstas nesta Constituição, compete ao Tribunal de Justiça: I - processar e julgar, originariamente: (...) f) o Mandado de Injunção, quando a elaboração da norma regulamentadora for atribuição do Governador, da Assembléia Legislativa, do Tribunal de Contas do Estado, do Tribunal de Contas dos Municípios ou do próprio Tribunal de Justiça; (...) BRASIL. Pará. Constituição do Estado do Pará. Disponível em: <http://www.camara.gov.br/internet/interacao/constituicoes/. Acesso em: 20/12/2013.

111. Art. 87 - Compete ao Tribunal de Justiça: (...) IV - processar e julgar originariamente: (...) h) o Mandado de Injunção, quando a elaboração da norma regulamentadora for atribuição do Governador, da Mesa da Assembléia Legislativa, do Tribunal de Contas do Estado, dos Prefeitos e da Mesa da Câmara de Vereadores, bem como de órgão, entidade ou autoridade das administrações direta ou indireta, estaduais ou municipais; (...) BRASIL. Rondônia. Constituição do Estado de Rondônia. Disponível em: <http://www.camara.gov.br/internet/ interacao/constituicoes/. Acesso em: 20/12/2013.

112. Art. 48. Compete privativamente ao Tribunal de Justiça: (...) § 1º. Compete ao Tribunal de Justiça, além de outras atribuições previstas nesta Constituição, processar e julgar, originariamente: (...) XIII - o Mandado de Injunção, quando a elaboração da norma for atribuição do Governador do Estado, da Assembléia Legislativa ou de sua Mesa, do Tribunal de Contas

a "*elaboração da norma for atribuição do Governador do Estado, da Assembléia Legislativa ou de sua Mesa, do Tribunal de Contas ou do próprio Tribunal de Justiça*". Por fim, a Constituição de Roraima prevê, no art. 77, X, "m"[113] a competência para julgamento pelo Tribunal de Justiça em face de "*omissões do Governador do Estado, da Mesa e da Presidência da Assembleia Legislativa, dos Secretários de Estado, do Presidente do Tribunal de Contas, do Procurador-Geral de Justiça, do Procurador-Geral do Estado, do Corregedor-Geral de Justiça, do titular da Defensoria Pública, do Conselho da Magistratura, dos Juízes de Direito e Juízes Substitutos, do próprio Tribunal, inclusive seu Presidente*".

Quanto aos Estados da Região Centro-Oeste.

A Constituição do Estado de Goiás prevê a competência originária do Tribunal de Justiça no art. 46, VIII, "l"[114], quando "*a elaboração da norma for atribuição do Governador, da Assembléia Legislativa ou de sua Mesa, do Tribunal de Contas do Estado ou do Tribunal de Contas dos Municípios ou do próprio Tribunal*". A Constituição do Estado do Mato Grosso, por sua vez, além de prever a prioridade de tramitação para o Mandado de Injunção no art. 10, XIX, prevê a competência originária do Tribunal de Justiça no art. 96, I, "h"[115]. Por fim, a Constituição do Estado do Mato Grosso

---

ou do próprio Tribunal de Justiça; (...) BRASIL. Tocantins. Constituição do Estado do Tocantins. Disponível em: <http://www.camara.gov.br/internet/interacao/constituicoes/. Acesso em: 20/12/2013.

113. Art. 77. Compete ao Tribunal de Justiça do Estado: (...) X - processar e julgar originariamente; m) mandados de segurança e de injunção e os "habeas-data" contra atos e omissões do Governador do Estado, da Mesa e da Presidência da Assembleia Legislativa, dos Secretários de Estado, do Presidente do Tribunal de Contas, do Procurador-Geral de Justiça, do Procurador-Geral do Estado, do Corregedor-Geral de Justiça, do titular da Defensoria Pública, do Conselho da Magistratura, dos Juízes de Direito e Juízes Substitutos, do próprio Tribunal, inclusive seu Presidente; BRASIL. Roraima. Constituição do Estado de Roraima. Disponível em: <http://www.al.rr.gov.br/M001/M0011000.asp?txtID_PRINCIPAL=2>. Acesso em: 20/12/2013.

114. Art. 46 - Compete privativamente ao Tribunal de Justiça: (...) VIII - processar e julgar originariamente: (...) l) o Mandado de Injunção, quando a elaboração da norma for atribuição do Governador, da Assembléia Legislativa ou de sua Mesa, do Tribunal de Contas do Estado ou do Tribunal de Contas dos Municípios ou do próprio Tribunal; (...) BRASIL. Goiás. Constituição do Estado de Goiás. Disponível em: Disponível em: <http://www.camara.gov.br/internet/interacao/constituicoes/. Acesso em: 20/12/2013.

115. Art. 10 (...) XIX - ao jurisdicionado é assegura a preferência no julgamento de ação de inconstitucionalidade, do habeas-corpus, do mandado de segurança individual ou coletivo, do habeas-data, do Mandado de Injunção, da ação popular e da ação indenizatória por erro

do Sul traz a previsão no art. 114, II, "j"[116], quando "*a ausência de norma regulamentadora de competência do Governador ou da Mesa da Assembléia Legislativa tornar inviável o exercício dos direitos e das liberdades constitucionais e das prerrogativas inerentes à nacionalidade, à soberania e à cidadania*".

Por fim, analisemos o que dispõe a Lei Orgânica do Distrito Federal.

Não há, na Lei Orgânica do Distrito Federal, previsão expressa de competência originária do Tribunal de Justiça para o julgamento do Mandado de Injunção [117]. Há previsão de competência originária do Tribunal, entretanto, no art. 8º, I, "e"[118] da Lei de Organização Judiciária do Distrito Federal e dos Territórios, quando "*a elaboração da norma regulamentadora for atribuição de órgão, entidade ou autoridade do Distrito Federal, quer da administração direta, quer da indireta*".

De toda a exaustiva análise legislativa empreendida acima, é possível extrair as seguintes conclusões:

(i) Todos os Estados da Federação e o Distrito Federal possuem previsão de competência originária do Tribunal de Justiça local para o julgamento do Mandado de Injunção em nível estadual;

(ii) Além da previsão acima, alguns poucos Estados preveem, também, a prioridade na tramitação do Mandado de Injunção, sendo estes o Mato Grosso, Rio de Janeiro e o Acre;

---

judiciário; (...) Art. 96. Compete privativamente ao Tribunal de Justiça: I - processar e julgar, originariamente (...) h) o habeas-data e o Mandado de Injunção nos casos de sua jurisdição; BRASIL. Mato Grosso. Constituição do Estado do Mato Grosso. Disponível em: <http://www.al.mt.gov.br/v2007/doc/constituicao_estadual_mt.pdf>. Acesso em: 20/12/2013.

116. Art. 114. Compete ao Tribunal de Justiça: (...) II - processar e julgar, originariamente: (...) j) os mandados de injunção, quando a ausência de norma regulamentadora de competência do Governador ou da Mesa da Assembléia Legislativa tornar inviável o exercício dos direitos e das liberdades constitucionais e das prerrogativas inerentes à nacionalidade, à soberania e à cidadania; (...) BRASIL. Mato Grosso do Sul. Constituição do Estado do Mato Grosso do Sul. Disponível em: <http://www2.senado.gov.br/bdsf/item/id/70445>. Acesso em: 20/12/2013.

117. BRASIL. Distrito Federal. Lei Orgânica do Distrito Federal. Disponível em: <http://www.cl.df.gov.br/cldf/legislacao/lei-organica-1/>. Acesso em: 20/12/2013.

118. Art. 8º Compete ao Tribunal de Justiça: I – processar e julgar originariamente: (...) e) os mandados de injunção, quando a elaboração da norma regulamentadora for atribuição de órgão, entidade ou autoridade do Distrito Federal, quer da administração direta, quer da indireta; (...) BRASIL. Lei nº 11.697 de 13 de junho de 2008. Disponível em: <http://www.planalto.gov.br/ccivil_03/_Ato2007-2010/2008/Lei/L11697.htm>.

(iii) Na redação dos artigos que preveem a competência dos Tribunais de Justiça, alguns poucos Estados apenas previram genericamente a competência do Tribunal de Justiça (Acre, Mato Grosso, Paraná, São Paulo), enquanto os demais procuram descrever, exaustivamente, os casos de competência do Tribunal.

(iv) Algumas Constituições Estaduais preveem competência originária do Tribunal de Justiça para julgamento do *writ* apenas em face de autoridades estaduais, enquanto outros preveem tanto para autoridades municipais quanto para estaduais.

Em relação a terceira e quarta conclusões, cabem algumas considerações.

A competência da Justiça Estadual para julgamento do Mandado de Injunção é de natureza *residual*. Vale dizer, só poderá haver competência da Justiça Estadual quando a hipótese não for de competência do Supremo Tribunal Federal (quando a elaboração da norma regulamentadora omissa for atribuição do Presidente da República, do Congresso Nacional, da Câmara dos Deputados, do Senado Federal, das Mesas de uma dessas Casas Legislativas, do Tribunal de Contas da União, de um dos Tribunais Superiores, ou do próprio Supremo Tribunal Federal), Superior Tribunal de Justiça (quando a elaboração da norma regulamentadora for atribuição de órgão, entidade ou autoridade federal, da administração direta ou indireta, excetuados os casos de competência do Supremo Tribunal Federal e dos órgãos da Justiça Militar, da Justiça Eleitoral, da Justiça do Trabalho e da Justiça Federal) ou da Justiça Especializada (como no caso do artigo 121, § 4, V). Logo, por exclusão, as demais hipóteses seriam de competência da Justiça Estadual, como, por exemplo, nos casos em que a elaboração da norma regulamentadora omissa for de atribuição do Governador do Estado, Assembleia Legislativa, entes da Administração Pública direta ou indireta em nível estadual, etc.

O problema surge quando nos perguntamos se as hipóteses de competência originária previstas pelas Constituições Estaduais são exaustivas ou comportam interpretação extensiva, o que normalmente não se admite. Se considerarmos que cada Constituição Estadual dispõe de forma exaustiva sobre essa competência, poderia se pensar em um primeiro momento que caso determinada autoridade não esteja prevista dentro do rol de cada Constituição Estadual, não haverá remédio cabível para sanar a omissão inconstitucional em questão. Isso porque a hipótese não estaria prevista quer pela Constituição Federal, quer pela Constituição Estadual. Tomemos como exemplo ato omissivo do Procurador-Geral de Justiça. Se considerarmos as hipóteses previstas pelas Constituições Estaduais como exaustivas, significa dizer que no Estado de Roraima o Mandado de Injunção seria conhecido pelo Tribunal, enquanto no Estado do Tocantins, não, por ausência de previsão expressa.

Vejamos típico exemplo em que o Tribunal de Justiça se considerou incompetente, em Mandado de Injunção julgado em 28/04/2011 pelo Tribunal de Justiça do Rio de Janeiro, onde se entendeu que a competência originária para julgamento do writ não incluiria aqueles cujo objeto seja o exercício de um direito a ser regulamentado pelo Prefeito. Confira-se:

> "MANDADO DE INJUNÇÃO. TAXISTAS. NORMA DA ALÇADA MUNICIPAL. 1. Mandado de Injunção ajuizado diretamente neste Tribunal de Justiça em face dos Srs. Prefeito e Secretário de Transportes, ambos do Município do Rio de Janeiro. 2. A competência originária do Tribunal, em se tratando de Mandado de Injunção, somente se configura quando a norma regulamentadora que se alega faltante for da competência estadual, conforme previsto no art. 161, inciso IV, alínea "g" da Constituição do Estado do Rio de Janeiro. Indeferimento da inicial que se impõe, com fulcro no art. 267, inc. IV, do CPC."[119]

Todavia, após uma rápida pesquisa na jurisprudência do Tribunal de Justiça, percebe-se que a o Mandado de Injunção em face de norma da Constituição Estadual pode ser conhecido por juízes de primeiro grau quando a autoridade coatora é municipal. Com isso, afasta-se, sem dúvida alguma, o possível problema apontado de que inexistiria autoridade competente para julgamento do *writ*. De fato, o entendimento de que nos casos de autoridades *municipais*, a competência para julgamento seja do juízo de primeiro grau é inclusive o parâmetro previsto genericamente, por um dos projetos de lei em tramitação, conforme já exposto:

---

119. BRASIL. TJRJ. **Mandado de Injunção nº 0007074-23.2011.8.19.000**. Rel. Des. Antônio Iloizio B. Bastos. Julgado em 28/04/2011.

Capítulo 3 • INSUFICIÊNCIAS DOS INSTRUMENTOS JURISDICIONAIS DE CONTROLE...

(...) III – do Tribunal de Justiça dos estados e do Distrito Federal, quando a elaboração da norma regulamentadora for atribuição de Governador, de Assembléia Legislativa, de Tribunal de Contas local, de tribunais estaduais inferiores, do próprio Tribunal de Justiça, de órgão, entidade ou autoridade estadual ou distrital, da administração direta ou indireta;

IV – da Justiça estadual de primeira instância, quando a elaboração da norma regulamentadora for atribuição do prefeito, da Câmara de vereadores, do Tribunal de Contas, órgão, entidade ou autoridade municipal, da administração direta ou indireta.[120] (grifo nosso)

Contudo, há um possível problema de ordem democrática que não pode ser ignorado. Conforme o entendimento atual da jurisprudência do Supremo Tribunal Federal, a decisão no Mandado de Injunção pode ser proferida com eficácia *erga omnes*, suprindo-se a omissão inconstitucional para todos os titulares do direito fundamental violado pela omissão inconstitucional. Em última análise, trata-se de hipótese de abstrativização de um controle de constitucionalidade originariamente em concreto, com efeitos somente entre as partes. E aí, pergunta-se: seria possível que um magistrado estadual de primeiro grau, adotando a posição concretista geral do Supremo Tribunal Federal, atribuísse efeitos gerais à sua decisão[121]? Caso a resposta seja positiva, admitir-se-ia que um controle da inconstitucionalidade por omissão, realizado por juízo de primeiro grau, produzisse efeitos gerais, preenchendo a lacuna através de normatividade geral até que a omissão fosse suprida. Se a possibilidade do próprio Supremo Tribunal Federal – frise-se, órgão colegiado – proferir esse tipo de decisão em sede de Mandado de Injunção sofre diversas críticas sob o prisma da

---

120. BRASIL. Câmara dos Deputados. PL n° 6002/1990. Disponível em: <http://www.camara.gov.br/sileg/Prop_Detalhe.asp?id=21268>. Acesso em: 20/12/2013.
121. Frise-se que dentre os projetos de lei que tratam sobre o tema, há propostas que abraçam a corrente concretista geral do STF, entendendo ser possível a prolação de decisões com eficácia erga omnes qualquer que seja o órgão jurisdicional. Confira-se: "§1° Poderá ser conferida eficácia ultra partes ou erga omnes à decisão, quando isso for inerente ou indispensável ao exercício do direito, liberdade ou prerrogativa objeto da impetração." BRASIL. Senado Federal. Projeto de Lei n° 6128/2009. Inteiro teor disponível em: <http://www.camara.gov.br/sileg/MostrarIntegra.asp?CodTeor=697234>. Acesso em: 20/12/2013.

separação de poderes e do princípio democrático, não parece razoável que um juiz de primeiro grau possa fazê-lo.

Há uma hipótese bastante parecida com a tratada aqui, já enfrentada em doutrina e jurisprudência. Diz respeito à controversa possibilidade de controle de constitucionalidade incidental em ação civil pública. É que a despeito da competência de todo e qualquer órgão jurisdicional para declaração de inconstitucionalidade incidentalmente, na ação civil pública há uma grande aproximação com os efeitos da decisão proferida em sede de controle concentrado perante o Supremo Tribunal Federal ou Tribunal de Justiça, pois a decisão produz efeitos *erga omnes*. Logo, ainda que o controle seja exercido incidentalmente, afastar-se-ia a aplicação da lei com efeitos *erga omnes*. Nesse sentido, destacamos a crítica de Gilmar Ferreira Mendes:

> "Já o entendimento do Supremo Tribunal Federal no sentido de que essa espécie de controle genérico da constitucionalidade das leis constituiria atividade política de determinadas Cortes realça a impossibilidade de utilização da ação civil pública com esse objetivo. (...) Deve-se acrescentar que o julgamento desse tipo de questão pela jurisdição ordinária de primeiro grau suscita outro problema, igualmente grave, no âmbito da sistemático de controle de constitucionalidade adotada no Brasil. Diferentemente da decisão *incider tantum* proferida nos casos concretos, inclusive pelo Supremo Tribunal Federal, cuja eficácia fica adstrita às partes do processo, a decisão sobre a constitucionalidade de lei proferida pelo juiz de primeiro grau haveria de ser dotada de eficácia geral e abstrata. (...)"[122-123]

---

122. MENDES, Gilmar Ferreira; BRANCO, Paulo Gustavo Gonet; COELHO, Inocêncio Mártires. **Curso de Direito Constitucional**. Op. Cit., p. 1144-1145. Em sentido contrário, BARROSO, Luís Roberto. **O Direito Constitucional e a Efetividade de suas Normas. Limites e possibilidades da Constituição Brasileira**. 9ª Ed. Rio de Janeiro: Renovar, 2009, p. 245-252.
123. Vale lembrar que, em uma posição intermediária, o Supremo Tribunal Federal já entendeu que nos casos em que a declaração de inconstitucionalidade seja mera questão prejudicial, não haverá usurpação de competência por meio da ACP. Cf. **Reclamação 2.224**, Rel. Sepúlveda Pertence. Contudo, entendemos que no caso do Mandado de Injunção com efeitos erga omnes, o que se está fazendo é suprir a lacuna inconstitucional em abstrato, com efeitos gerais.

A mesma crítica aplicável à controvérsia da ação civil pública pode ser transposta, analogicamente, para a discussão atual. É que, da mesma forma, aos juízes de primeiro grau se estaria reconhecendo a possibilidade de proferir decisões sobre a inconstitucionalidade por omissão com efeitos erga omnes, prerrogativa somente das cortes que exerçam o papel de guardiãs da Constituição no controle concentrado de constitucionalidade (Supremo Tribunal Federal, em relação à Constituição Federal, e Tribunais de Justiça, no caso das Constituições Estaduais). Parece mais razoável que eventual decisão sobre a inconstitucionalidade por omissão fosse proferida com efeitos erga omnes por órgão cuja competência para fazê-lo não seja questionada, como é o caso dos Tribunais de Justiça.

Assim, parece mais razoável que a competência para julgamento do Mandado de Injunção tendo por objeto o exercício de direitos previstos pela Constituição Estadual deva ser sempre do Tribunal de Justiça, não do juiz de primeiro grau. Nesse sentido, parece uma boa fórmula a adotada pela Constituição do Estado de São Paulo, cuja redação novamente reproduzimos, abaixo:

> Artigo 74 - Compete ao Tribunal de Justiça, além das atribuições previstas nesta Constituição, processar e julgar originariamente:
> (...)
> V - os mandados de injunção, quando a inexistência de norma regulamentadora estadual ou municipal, de qualquer dos Poderes, inclusive da Administração indireta, torne inviável o exercício de direitos assegurados nesta Constituição; (...)[124]

3.2.3 Projetos de lei e tentativas anteriores de regulamentação.

Antes da novidade trazida pela Lei nº 13.300/2016, o estudo do Mandado de Injunção era empreendido por meio de fontes predominantemente jurisprudenciais, não havendo grande interesse acadêmico sobre os de projetos de lei em andamento. Todavia, nos últimos anos já era possível perceber um interesse crescente da doutrina nos debates

---

124. BRASIL. São Paulo. Constituição do Estado de São Paulo. Disponível em: <http://www.camara.gov.br/internet/interacao/constituicoes/>. Acesso em: 20/12/2013.

sobre a regulamentação do Mandado de Injunção. No ano de 2013 foi publicada coletânea organizada por Gilmar Ferreira Mendes, André Rufino do Vale e Fábio Limas Quintas, tendo por objetivo debater tais propostas legislativas[125]. Pouco antes, o autor da presente dissertação também teve a oportunidade de publicar um estudo sobre tais projetos de lei na Revista da Seção Judiciária do Rio de Janeiro[126]. Mais recentemente, no ano de 2015, foi aprovado pela Câmara dos Deputados o PL nº 6128/2009, renumerado para PLC nº 15/2015 no Senado Federal, onde fora aprovado em maio de 2016 e sancionado pelo Vice-Presidente em exercício em junho de 2016.

Ao pesquisar os projetos em tramitação nas casas legislativas é possível identificar algumas tentativas de regulamentar a disciplina processual do instituto. No Senado, há o PLS nº 76 de 1988, que se encontra arquivado em definitivo desde 12/02/2007. Já na Câmara dos Deputados, foi possível identificar um número maior de tentativas de regulamentação do Mandado de Injunção. Com a aprovação do PL 6.128/2009, ora mencionado, os seguintes projetos perderam o objeto em razão da tramitação conjunta com o anterior: PL 6839/2006, PL 3153/2000, PL 4679/1990, PL 6002/1990 e PL 998/1988.

Já o PL nº 6839/2006, por sua vez, não parecia um projeto tão promissor, pois se omitia em relação à possibilidade de MI coletivo ou efeitos *erga omnes* das decisões, seja para permitir ou vedar de forma expressa. Um mérito apontável no projeto era prever que a impetração do MI seria gratuita[127]. É importante salientar que o Mandado de Injunção *não é gratuito*, ao contrário do procedimento do *habeas corpus* e do *habeas data*, em relação aos quais há previsão constitucional expressa[128]. Curiosamente, há no Senado Federal Proposta de Emenda à Constituição Federal com o intuito de estender

---

125. MENDES, Gilmar Ferreira; VALE, André Rufino do, QUINTAS, Fábio Lima (Orgs.). **Mandado de Injunção. Estudos sobre sua regulamentação**. São Paulo: Saraiva, 2013.
126. FERNANDES, Eric Baracho Dore. O Mandado de Injunção no Direito Constitucional brasileiro: análise dos projetos de lei em tramitação e modelos de competência nas Constituições Estaduais. **Revista da Seção Judiciária do Rio de Janeiro**. V. 19. N. 35. Dez. 2012, p. 117-145.
127. "É gratuita a ação do Mandado de Injunção, mas responderá o autor pelos ônus se litigante de má-fé."
128. Constituição Federal. Art. 5º (...) LXXVII - são gratuitas as ações de "habeas-corpus" e "habeas-data", e, na forma da lei, os atos necessários ao exercício da cidadania.

o benefício ao Mandado de Injunção e Mandado de Segurança[129]. A ideia parece boa, não parecendo razoável exigir do jurisdicionado que arque com os custos de um processo judicial para exercer um direito constitucionalmente previsto, mas impossível de ser exercido única e exclusivamente devido a inércia estatal.

Passível de muitas críticas, o PL 3153/2000 também não parecia bom projeto Não previa a legitimidade extraordinária para impetração do MI, dispondo também sobre efeitos questionáveis do ponto de vista da separação de poderes, uma vez que, nos casos de descumprimento da decisão, facultar-se-ia ao magistrado afastar a autoridade responsável pela omissão e nomear, em caráter temporário, um substituto[130]. Ainda que em uma análise superficial, parecia haver flagrante violação do art. 2º da Constituição Federal, possibilitando que o Judiciário apontasse um substituto que exerceria a função legislativa ou administrativa no lugar dos representantes democraticamente eleitos dos demais poderes constituídos. Destaque-se que a única hipótese remotamente similar no direito brasileiro é a intervenção federal, e mesmo esta encontra assento constitucional como norma originária, sendo também submetida a requisitos extremamente rígidos.

O PL 4679/1990, por sua vez, inovava ao prever a possibilidade de impetração em face de ato omissivo de autoridade particular, o que deve ser analisado com cuidado. Havia previsão também do Mandado de Injunção coletivo, no art. 3º[131]. Dentre todos os projetos

---

129. Confira-se a PEC nº 84/2007 do Senado Federal: Art. 1º O inciso LXXVII do art. 5º da Constituição passa a vigorar com a seguinte redação: (...) LXXVII – são gratuitos os atos necessários ao exercício da cidadania, na forma da lei, e as ações de habeas corpus, habeas data, mandado de segurança e Mandado de Injunção, salvo, no que concerne a essas duas últimas ações, em caso de má-fé; (...)

130. "Parágrafo único – À falta de cumprimento do mandamento judicial que não envolva prestação de natureza pecuniária, o juiz, conforme o caso, poderá suprir o ato administrativo necessário à execução, afastar simplesmente o responsável pela sua prática, ou afastá-lo e designar outra pessoa que desempenhe suas funções durante o tempo necessário à execução."

131. Art. 3º (...) Parágrafo único. Quando o direito ao Mandado de Injunção pertencer indistintamente a todos e a qualquer um dos membros de uma coletividade e o bem constitucionalmente tutelado for indivisível entre eles, o seu exercício competirá: I – ao titular do direito ao Mandado de Injunção; II – ao Ministério Público; III – à pessoa jurídica que inclua entre os seus fins a defesa da coletividade interessada, observadas as seguintes normas: a) que esteja constituída há mais de um ano e congregue um expressivo número de membros da coletividade interessada; b) que a deliberação de impetrar o Mandado de Injunção tenha

de lei, era também aquele que disciplinava de forma mais minuciosa um sistema de recursos específicos aplicáveis às decisões de mérito no Mandado de Injunção, bem como considerações mais profundas sobre os efeitos de tais decisões.

Outro aspecto interessante era a previsão expressa de improcedência nos casos em que o prazo para que o legislador regulamente a norma constitucional ainda esteja em curso, em decisão que terá eficácia vinculante. De fato, na Constituição de 1988 estão presentes diversas hipóteses de prazo certo para a regulamentação de norma constitucional, antes do qual não se poderá reconhecer uma eventual omissão inconstitucional. Tome-se como exemplo os seguintes artigos do Ato das Disposições Constitucionais Transitórias: $2°^{132}$, 11 e parágrafo único[133], 12, §§ 1° e $2°^{134}$, 48^{135}, etc.

O PL 6002/1990 se notabilizava por prever uma divisão mais precisa de competências para julgamento do Mandado de Injunção

---

sido aprovada em assembléia geral por, pelo menos, dois terços dos titulares do direito de voto, comprovados pela subscrição da ata da assembléia.

132. Constituição Federal. Art. 2°. No dia 7 de setembro de 1993 o eleitorado definirá, através de plebiscito, a forma (república ou monarquia constitucional) e o sistema de governo (parlamentarismo ou presidencialismo) que devem vigorar no País. (Vide emenda Constitucional n° 2, de 1992).

133. ADCT. Art. 11. Cada Assembléia Legislativa, com poderes constituintes, elaborará a Constituição do Estado, no prazo de um ano, contado da promulgação da Constituição Federal, obedecidos os princípios desta. Parágrafo único. Promulgada a Constituição do Estado, caberá à Câmara Municipal, no prazo de seis meses, votar a Lei Orgânica respectiva, em dois turnos de discussão e votação, respeitado o disposto na Constituição Federal e na Constituição Estadual.

134. ADCT. Art. 12. Será criada, dentro de noventa dias da promulgação da Constituição, Comissão de Estudos Territoriais, com dez membros indicados pelo Congresso Nacional e cinco pelo Poder Executivo, com a finalidade de apresentar estudos sobre o território nacional e anteprojetos relativos a novas unidades territoriais, notadamente na Amazônia Legal e em áreas pendentes de solução. § 1° - No prazo de um ano, a Comissão submeterá ao Congresso Nacional os resultados de seus estudos para, nos termos da Constituição, serem apreciados nos doze meses subseqüentes, extinguindo-se logo após. § 2° - Os Estados e os Municípios deverão, no prazo de três anos, a contar da promulgação da Constituição, promover, mediante acordo ou arbitramento, a demarcação de suas linhas divisórias atualmente litigiosas, podendo para isso fazer alterações e compensações de área que atendam aos acidentes naturais, critérios históricos, conveniências administrativas e comodidade das populações limítrofes.

135. Art. 48 (ADCT). O Congresso Nacional, dentro de cento e vinte dias da promulgação da Constituição, elaborará código de defesa do consumidor.

em nível estadual e municipal[136] (ainda que se omita em relação à Justiça Especializada). Contudo, surgiria aqui um problema. Todas as Constituições Estaduais já dispuseram sobre Mandado de Injunção tendo por objeto o exercício de um direito previsto nas mesmas, incluindo a competência para julgamento.

Por fim, o PL 998/1988. O projeto em questão também previa a legitimidade ativa extraordinária, no art. 2º, parágrafo único[137]. Em relação à competência para julgamento do *writ*, havia tanto previsão quanto a Justiça Comum quanto Especializada, em nível federal e estadual. Contudo, em relação a essa última, havia uma diferença em relação ao PL anterior. É que diferentemente do PL 6002, o PL 998 estabelecia que a competência para julgamento do MI relativo à Constituição Estadual seria estabelecida pelas mesmas, devendo-se observar as disposições do projeto somente até que todos os Estados regulamentem tal competência[138]. O PL 998 é muito antigo, datando

---

136. Art. 2º A competência para o processo e julgamento do Mandado de Injunção é: I – do Supremo Tribunal Federal, quando a elaboração da norma regulamentadora for atribuição do Presidente da República, do Congresso Nacional, da Câmara dos Deputados, do Senado Federal, das Mesas de uma dessas Casas Legislativas, do Tribunal de Contas da União, de um dos Tribunais Superiores, ou do próprio Supremo Tribunal Federal; II – do Superior Tribunal de Justiça, quando a elaboração da norma regulamentadora for atribuição de órgão, entidade ou autoridade federal, da administração direta ou indireta, excetuados os casos de competência do Supremo Tribunal Federal e dos órgãos da Justiça Militar, da Justiça Eleitoral, da Justiça do Trabalho e da Justiça Federal; III – do Tribunal de Justiça dos estados e do Distrito Federal, quando a elaboração da norma regulamentadora for atribuição de Governador, de Assembléia Legislativa, de Tribunal de Contas local, de tribunais estaduais inferiores, do próprio Tribunal de Justiça, de órgão, entidade ou autoridade estadual ou distrital, da administração direta ou indireta; IV – da Justiça estadual de primeira instância, quando a elaboração da norma regulamentadora for atribuição do prefeito, da Câmara de vereadores, do Tribunal de Contas, órgão, entidade ou autoridade municipal, da administração direta ou indireta.
137. Art. 2º (...) Parágrafo único. O Mandado de Injunção coletivo pode ser impetrado: a) por partido político com representação no Congresso Nacional; b) Por organização sindical, entidade de classe ou associação legalmente constituída e em funcionamento há pelo menos um ano, em defesa dos interesses de seus membros associados; c) pelo Ministério Público, para a proteção do patrimônio público e social, do meio ambiente e de outros interesses difusos e coletivos, bem como na defesa dos direitos e interesses das populações indígenas; d) pela Defensoria Pública, em benefício dos carentes de recursos.
138. Art. 5º Os estados disporão, nas respectivas Constituições e leis de organização judiciária, sobre a competência para processar e julgar Mandado de Injunção. Art. 6º Até a entrada em vigor das normas previstas no artigo anterior, compete processar e julgar Mandado de Injunção: I – aos Tribunais de Justiça: originariamente, quando a elaboração da norma regulamentadora for atribuição do governador do estado, da Assembléia Legislativa, da

de 1988, de modo que hoje todos os Estados já possuem previsão a esse respeito. Por conseguinte, a competência seria regulamentada de acordo com o que dispõem as Constituições dos Estados. Quanto aos efeitos da decisão, o art. 15 prevê que a decisão final deverá conter todos os elementos necessários ao efetivo exercício dos direitos fundamentais, sem, contudo, determinar a amplitude dos efeitos[139]. Em um tema marcado por intensas críticas ao sentido e alcance atribuído aos institutos pela jurisprudência, vagueza não parecia a melhor das fórmulas.

3.2.4 Críticas à Lei nº 13.300/2016 e sugestões de aprimoramento.

A aprovação da Lei nº 13.300/2016 representa um importante avanço para o controle jurisdicional das omissões inconstitucionais. Não obstante, é importante enumerar críticas e sugestões de aprimoramento institucional extraídas do debate empreendido neste trabalho.

3.2.4.1 Quanto à legitimidade

Sobre a legitimidade passiva, há uma questão sensível. A construção da jurisprudência atribui legitimidade passiva à autoridade ou órgão responsável pela edição da norma, conforme já debatido. Todavia, também surge de forma contundente o argumento (tecnicamente preciso) de que o legitimado passivo seria a pessoa natural ou jurídica que venha a sofrer consequências de eventual decisão de mérito.

A segunda alternativa também não é imune a críticas. Se, por um lado, é fácil determinar que determinado ente federativo seria

---

Mesa da Assembléia Legislativa, do Tribunal de Contas do Estado, dos secretários de estado, do procurador-geral da justiça, do prefeito da capital, da Câmara Municipal da capital, da Mesa da Câmara Municipal da capital, do tribunal de alçada, e dos juízes de Direito; b) em recurso ordinário, contra decisão dos tribunais de alçada e dos juízes de Direito; II – aos juízes de Direito, nos demais casos.

139. Art. 15. O Mandado de Injunção, concedido liminarmente, ou mediante acórdão ou sentença final, conterá todos os elementos necessários ao efetivo exercício dos direitos, liberdades ou prerrogativas constitucionais reclamados, bem como a determinação dos atos a serem cumpridos ou omitidos pelo impetrado.

atingido pelos efeitos de decisão de mérito, por exemplo, no caso de um Mandado de Injunção a respeito do art. 40, § 4º da Constituição (aposentadoria especial), por outro lado não há como mensurar quem seria atingido por uma decisão a respeito do art. 7º, XXI da Constituição (aviso prévio).

A solução que parece capaz de melhor conciliar os interesses em conflito parece ser a previsão, como parte necessária do procedimento, da participação de *amicus curiae* – com todos os cuidados para evitar os eufemismos comumente reproduzidos a respeito da atuação de tais sujeitos na jurisdição constitucional. Como se sabe, a figura em questão foi introduzida na práxis da jurisdição constitucional brasileira como uma das formas para superar o déficit de legitimidade da jurisdição constitucional, diante da dita "dificuldade contramajoritária". O grande problema está em tratar a participação do *amicus curiaee* como um "colaborador informal" ou "terceiro desinteressado" no processo.

Apesar de não se poder falar em "interesse de agir" do ponto de vista das categorias do direito processual[140], é certo que a participação desses sujeitos no processo judicial tem por objetivo influenciar o entendimento do órgão julgador para que decida de acordo com o que melhor lhes aproveite. Neste sentido, Damares Medina menciona que *"Nos EUA a linha interpretativa predominante parte do pressuposto de que a ideia do amicus curiaee neutro e imparcial não reflete as evidencias empíricas acumuladas em dois séculos naquele país."*[141]. Diante disto, o autor menciona, quanto ao Brasil, a existência de um "amigo da parte" e não um "um amigo da corte:

> No STF, o *amicus curiae* ingressa no processo para apoiar um dos lados da disputa, o que confere a ele um perfil partidário: amigo

---

140. O professor Alexandre Câmara, por exemplo, concebe o Amicus Curiae como um colaborador informal do juízo, sem interesse jurídico na causa, diferentemente, por exemplo, das modalidades de intervenção de terceiros do Código de Processo Civil. Todavia, o próprio autor destaca que *"ainda que por trás do comportamento altruísta se possa encontrar uma razão egoísta. Afinal, é evidente que só se intervém como amicus curiaee quem tenha razões para preferir que a matéria de direito seja resolvida num determinado sentido, e não em outro."* CÂMARA, Alexandre Freitas. Lições de Direito Processual Civil. Vol. I. 21ª edição. Rio de Janeiro: Lúmen Juris, 2011, p. 217-218.
141. MEDINA, Damares. **Amigo da corte ou amigo da parte?** São Paulo: Saraiva, 2010, p. 1

da parte. Constatou-se que o ingresso polarizado do *amicus curiae* aumenta as chances de êxito do lado por ele apoiado, o que confere ao instrumento um viés adicional de efetiva ferramenta de defesa da parte do processo.[142]

O ingresso do amigo da corte apenas em um dos "lados" do processo gera uma distribuição assimétrica de informação entre as partes envolvidas. A conclusão do autor parece correta, defendendo-se que o interesse na causa *não deslegitima* a atuação do amigo da corte, uma vez que as informações por ele apresentadas permite maior compreensão do tema, com um consequente aperfeiçoamento e maior pluralização das decisões.

Contudo, se um dos fundamentos da figura do *amicus curiae* no controle de constitucionalidade é lidar com o déficit de legitimidade da jurisdição constitucional, parece um caminho mais coerente admitir que a participação deles viste defender interesses institucionais. A pluralização das decisões e sua legitimação democrática também depende de *terceiros parciais*, capazes de ver seus argumentos devidamente representados na tomada de decisões que sejam capazes de afetar sua esfera jurídica – como normalmente ocorre em Mandados de Injunção que possam projetar seus efeitos para além das partes no processo.

Seja como for, ainda que ausente previsão sobre a participação do Amicus Curiae como etapa necessária do procedimento em tais casos, o art. 138 do CPC de 2015 prevê o instituto como regra geral, aplicável a todos os procedimentos.

3.2.4.2 Quanto ao procedimento

Parece haver uma tendência de aplicar um rito procedimental semelhante ao Mandado de Segurança, quer no direito vigente (Lei nº 8.038/1990), quer nos projetos. Contudo, na linha do que se está defendendo nesta dissertação, parece que oportunizar um momento processual para o ingresso de sujeitos na relação processual como *amici curiae* seja uma boa ideia.

---

142. Idem. p. 180

3.2.4.3 Quanto à competência para julgamento

Além das hipóteses já disciplinadas pela Constituição, parece que há necessidade de limitar a competência de juízes de primeiro grau para processar e julgar o Mandado de Injunção. Nesse sentido, o que dispõe o art. 74, V da Constituição do Estado de São Paulo parece um bom parâmetro.

3.2.4.4 Quanto aos efeitos da decisão

Os artigos 8º e 9º da Lei nº 13.300/2016 parecem reunir ótimos parâmetros quanto ao tema. Adota-se, como regra, a corrente concretista individual, de modo que os efeitos do Mandado de Injunção abrangerão somente os impetrantes (ou os substituídos processuais, no caso de legitimidade ordinária). Excepcionalmente, adota-se a corrente concretista geral, conforme a previsão do art. 9º, § 1º, quando "indispensável para o exercício do direito objeto da impetração". Todavia, parece que parâmetros de maior cooperação com os poderes constituídos sejam uma opção melhor do que critérios que consideram tão somente um juízo de valor realizado pelo Judiciário.

Primeiramente, parece que a possibilidade de proferir decisões com eficácia erga omnes deva pressupor, necessariamente, a existência de decisão anterior estabelecendo prazo para que a omissão inconstitucional seja sanada. Conforme já se discutiu nesta dissertação, a adoção de prazos para a atuação do poder omisso é uma atuação de deferência e autocontenção do Poder Judiciário.

Além disso, considerando que uma decisão do tipo constitui uma hipótese de abstrativização de um controle de constitucionalidade em concreto, parece que um quórum qualificado seja recomendado. Nesse sentido, a maioria de 2/3 exigida pelo art. 103-A da Constituição para a edição de Súmulas Vinculantes parece um parâmetro adequado, na medida em que também se discute uma hipótese, ainda que distinta, de abstrativização do controle em concreto.

Por fim, considerando que uma decisão com eficácia erga omnes deva gerar efeitos que se projetarão para além das partes em juízo, parece que a abertura de prazo para a manifestação de Amicus Curiae deva ser uma providência obrigatória, possibilitando ampla participação dos setores interessados da sociedade. Afinal, ainda que o impetrante seja, por exemplo, um sindicato, inegável que as entidades representativas das classes empresárias também tenham interesse em participar da formação do convencimento do órgão jurisdicional. Basta lembrar da profunda controvérsia existente acerca da legitimidade passiva do Mandado de Injunção.

3.3 AÇÃO DIRETA DE INCONSTITUCIONALIDADE POR OMISSÃO E O DESAFIO DE CONCILIAR DEMOCRACIA E NORMATIVIDADE CONSTITUCIONAL.

Ao contrário do Mandado de Injunção, os aspectos processuais da Ação Direta de Inconstitucionalidade por Omissão estão disciplinados por lei específica, desde o ano de 2009, quando entrou em vigor a Lei nº 12.063/2009. Antes disso, o procedimento da ADO sempre foi aquele consagrado pela prática da jurisprudência do Supremo Tribunal Federal. Tarefa um pouco menos complexa que a de delimitar parâmetros para o Mandado de Injunção, eis que, em linhas gerais, a disciplina processual das ações do controle abstrato de constitucionalidade poderia ser aplicada ao procedimento da ADO (art. 103 e § 2º da Constituição, bem como as leis nº 9.868/99 e 9.882/99). Com a Lei nº 12.063/2009, acrescentou-se o Capítulo II-A ao texto da Lei nº 9.868/99. A norma em questão resultou do Projeto de Lei 2.227/2007, da autoria do Deputado Flávio Dino, a partir de anteprojeto da autoria do Ministro Gilmar Mendes[143].

A principal questão ainda em debate diz respeito aos efeitos da decisão de mérito na Ação Direta de Inconstitucionalidade por omissão. Em linhas gerais, a Constituição somente menciona, no art. 103, § 2º, que *"Declarada a inconstitucionalidade por omissão de medida para tornar efetiva norma constitucional, será dada ciência ao Poder competente para a adoção das providências necessárias e, em se tratando de órgão administrativo, para fazê-lo em trinta dias".* Diante disso, os debates acadêmicos quanto ao tema normalmente se dividem em propostas igualmente problemáticas, embora por razões distintas. De um lado, a tese até então aceita pelo Supremo Tribunal Federal,

---

143. MENDES, Gilmar Ferreira. **Controle Abstrato de Constitucionalidade: ADI, ADC e ADO. Comentários à Lei n. 9.868/99**. São Paulo: Saraiva, 2012, p. 403-404.

no sentido de que reconhecida a omissão, o órgão ou poder omisso somente deverá ser cientificado para sanar o problema. Em outro sentido, defende-se que o Judiciário poderia simplesmente preencher judicialmente a lacuna legislativa ou administrativa faltante.

A primeira das soluções é difícil de sustentar diante de uma interpretação sistemática da Constituição e do ordenamento como um todo. Por meio do Mandado de Injunção, qualquer legitimado ordinário titular do direito fundamental cujo exercício seja obstado pela omissão poderá obter uma decisão dita "concretista". Em algumas situações, tal decisão poderá ter efeitos erga omnes, como na hipótese do direito de greve e do aviso prévio proporcional. Por meio da Ação Direta de Inconstitucionalidade por Omissão, com um rol de legitimados *muito mais restrito*, em um processo dito "objetivo", com a possibilidade expressa de participação de *amicus curiae*, a decisão terá efeitos muito mais singelos. Da mesma forma, por meio do procedimento ordinário ou de um Mandado de Segurança, poderia o demandante solucionar eventual omissão administrativa inconstitucional, enquanto um legitimado extraordinário não conseguiria fazê-lo por meio da Ação Direta de Inconstitucionalidade por Omissão.

Por outro lado, sustentar que em toda e qualquer situação de omissão o Judiciário possa se substituir ao Legislativo ou Executivo esbarra em questões igualmente relevantes. Em primeiro lugar, a natureza contramajoritária da jurisdição constitucional e a separação de poderes recomendam cautela em propostas "maximalistas" de atuação judicial. Da mesma forma, sustentar que a ADO seja capaz de produzir outros efeitos além de cientificar o poder omisso e estabelecer um termo *a quo* para a mora impõe o elevadíssimo ônus argumentativo de superar a interpretação literal do art. 103, § 2º da Constituição.

3.3.1 Modelos estaduais e experiências locais

Da mesma forma que no caso do Mandado de Injunção, entende-se que a previsão da Ação Direta de Inconstitucionalidade por Omissão pode ser reproduzida nas Constituições Estaduais, com fundamento no art. 125, § 2º da Constituição Federal. Todavia, quanto aos efeitos da decisão, não foram identificadas experiências locais dignas de nota.

3.3.2 Parâmetros e propostas doutrinárias sobre os efeitos da decisão na ADO

O debate sobre os efeitos da decisão de mérito na Ação Direta de Inconstitucionalidade por omissão sempre surge como questão de grande interesse acadêmico entre os constitucionalistas. Por tal motivo, não são poucas as propostas existentes. Abaixo, as mais conhecidas serão debatidas e criticadas.

3.3.2.1 Aplicação analógica do trancamento de pauta

Tal proposta parece ter sido sugerida pela primeira vez pelo professor Pedro Lenza, ainda que sem maiores aprofundamentos. Ao comentar a decisão proferida na ADI 3.682, o autor sustentou, que:

> "não elaborando a lei, dado o caráter mandamental, consequências processuais podem decorrer e, ainda, parece-nos que se possa aplicar, por analogia, o art. 64 e seus parágrafos, com a ideia de travamento de pauta (...)."[144]

Mais recentemente, também foi possível identificar sugestão similar, da autoria do professor Luís Roberto Barroso, que sugere:

> "fixar a obrigatoriedade de inclusão, sucessivamente, na ordem do dia, do projeto desta natureza que se encontre em tramitação no órgão legislativo. Se no final de determinado número de sessões não houver sido apreciado, nenhum outro projeto poderá ser votado antes que sobre ele se delibere."[145]

Parece que tal proposta seria eficaz como um instrumento capaz de aprimorar a efetividade do sistema de controle das omissões inconstitucionais. Todavia, sem a existência de norma constitucional a respeito, torna-se consideravelmente difícil sustentar a possibilidade

---

144. LENZA, Pedro. Direito **Constitucional Esquematizado**. 15ª edição. São Paulo: Saraiva, 2011, p. 342-343.
145. BARROSO, Luís Roberto. **O Novo Direito Constitucional Brasileiro. Contribuições para a construção teórica e prática da jurisdição constitucional no Brasil**. Belo Horizonte: Fórum, 2013, p. 95.

de aplicação analógica do trancamento de pauta, previsto no art. 62, § 6º da Constituição.

O primeiro motivo para considerar a proposta problemática é que considerar que a inconstitucionalidade por omissão seja capaz de trancar a pauta da Casa Legislativa compromete a coerência da jurisprudência do Supremo Tribunal Federal, na medida em o STF tem construído uma concepção restritiva do art. 62, § 6º. Em razão da quantidade de Medidas Provisórias após a EC 32/01, o trancamento de pauta tornava-se uma realidade frequente, o que levou o (à época) Presidente da Câmara dos Deputados, Michel Temer, a sustentar que a interpretação até então vigente disposi**ção do parágrafo 6º inviabilizaria a própria autonomia do Legislativo.**

No julgamento de Medida Cautelar no Mandado de Segurança nº 27.931, há decisão monocrática do Ministro Celso de Mello no sentido de que o trancamento de pauta deve ser interpretado restritivamente, abrangendo somente o processo legislativo "ordinário", não sendo capaz de obstar a apreciação de, por exemplo, uma Emenda à Constituição. É claro que o pronunciamento cautelar, por decisão monocrática e ainda pendente de julgamento não autoriza dizer que seja esse um entendimento consolidado no Supremo. Todavia, caso o colegiado do Supremo confirme o que se decidiu monocraticamente, não será coerente sustentar que o Judiciário possa, discricionariamente, decidir que em alguns casos o trancamento de pauta não deva incidir, ainda que previsto expressamente, e outras em que deva ser aplicado, a despeito de previsão constitucional. Vale dizer, utilizar critérios mais rígidos quando o conflito político se dê com o Judiciário, sendo mais deferente ao Paramento quando o conflito seja com o Executivo.

3.3.2.2 Omissão no dever de legislar como crime de responsabilidade

A Constituição do Piauí prevê que o não cumprimento da solicitação para suprir a lacuna normativa dentro do prazo assinalado pelo Tribunal de Justiça resulta na perda do cargo[146] e, além disso,

---

146. Art. 5º (...) § 1º Incorre na penalidade de destituição de mandato administrativo, de cargo ou função de direção, em órgão da Administração direta ou indireta, o agente público que, dentro de noventa dias do requerimento do interessado, deixar, injustificadamente, de sanar omissão inviabilizadora do exercício de direito constitucional.

configura *crime de responsabilidade* da autoridade competente para editar a norma[147]. Antes mesmo que se possa debater o mérito da proposta, não se pode ignorar o teor do enunciado nº 722 da Súmula da Jurisprudência do Supremo (hoje convertido na Súmula Vinculante nº 46), que veicula entendimento no sentido de que "*são da competência legislativa da união a definição dos crimes de responsabilidade e o estabelecimento das respectivas normas de processo e julgamento.*" Tal previsão, portanto, seria formalmente inconstitucional.

Entretanto, pergunta-se: seria uma alternativa viável para que a União, dentro de sua competência, possa prever tal hipótese como crime de responsabilidade?

A Lei 1.079/1950 dispõe sobre os crimes de responsabilidade do Presidente, Ministros de Estado, Ministros do STF, Procurador Geral da República e Governadores dos Estados. Todo cidadão, em todas as infrações, teria legitimidade para oferecer denúncia a ser encaminhada aos órgãos de jurisdição política competente. No caso do Presidente e Ministros de Estado (quando conexos os crimes destes aos praticados pelo primeiro), Procurador Geral da República, Ministros do STF, membros do CNJ, CNMP e o AGU, a competência é do Senado Federal (art. 52, I e II da CF). Em relação ao Presidente e Ministros de Estado, a Câmara dos deputados deve admitir e formalizar a acusação (art. 51, I e art. 86 da Constituição e art. 20 e seguintes da Lei 1.079/50). No caso dos Governadores e Secretários, a competência é da Assembleia Legislativa (art. 75 da Lei 1.079/50). No plano municipal, o DL 201/67 autoriza qualquer eleitor a propor ação de cassação do prefeito, em denúncia encaminhada para a Câmara de Vereadores, em razão das práticas do art. 4º do DL 201/67.

Como se sabe, critica-se a nomenclatura "crimes de responsabilidade", na medida em que tais tipos seriam, na verdade, sanções de natureza político-administrativa. Em todas as situações o que há é jurisdição política – ainda quando órgãos do Judiciário julguem. Parece ser a posição predominante entre os autores dedicados ao

---

147. Art. 124. (...) § 3º Declarada a inconstitucionalidade por omissão de medida para tornar efetiva norma desta Constituição, a decisão será comunicada ao poder competente para a adoção das providências necessárias à prática do ato ou início do processo legislativo e, em se tratando de órgão administrativo, para fazê-lo em trinta dias, sob pena de crime de responsabilidade, em qualquer dos casos.

estudo do Direito Penal e Processual Penal[148]. Todavia, há construção na jurisprudência do Supremo Tribunal Federal que considera que os crimes de responsabilidade podem ser considerados "crimes" no sentido penal. Como consequência de tal entendimento, incidiriam as garantias tipicamente penais e processuais penais do art. 5º, a competência legislativa do art. 22, I e até mesmo a persecução privativa pelo Ministério Público, conforme o art. 129, I da Constituição[149].

Assentadas tais premissas, parece bastante complexo pensar na tipificação de crimes de responsabilidade para lidar com a inconstitucionalidade por omissão. No caso do Legislativo, a quem seria imputável a inconstitucionalidade por omissão?

Caso se impute o crime de responsabilidade ao Presidente da respectiva Casa Legislativa, deveria este responder pela inércia dos pares? Parece que não, na medida em que tal agente não pode ser considerado como o único ator responsável pela complexidade do processo legislativo.

Seria possível imputar a omissão a todos os agentes do órgão legislativo como um todo? Considerando a natureza penal dos crimes de responsabilidade para fins de incidência dos direitos fundamentais desta natureza, tal opção inevitavelmente acabaria por responsabilizar objetivamente todos os parlamentares, a despeito da participação de cada um no processo legislativo.

Todavia, nos casos em que exista a iniciativa reservada de um único agente para deflagrar o projeto de lei respectivo, parece que a tipificação de crimes de responsabilidade possa ser uma alternativa viável. É o que defende, por exemplo, Anna Cândida da Cunha Ferraz[150]. É evidente que cuidados devem ser tomados. Não se poderia

---

148. Sobre as posições existentes, confira-se PACELLI, Eugênio. **Curso de Processo Penal**. 16ª edição. São Paulo: Atlas, 2012, p. 118-121.
149. BRASIL. STF. Pet. 1.954. Rel. Min. Maurício Corrêa. J. 11/09/2002. BRASIL. STF. Pet. 1.656. Rel. Min. Maurício Corrêa. J. 11/09/2002. BRASIL. STF. Informativo nº 281 do STF. Disponível em: <http://www.stf.jus.br/arquivo/informativo/documento/informativo281.htm>. Acesso em: 10/12/2013.
150. "*Nada obstacularia, contudo, que o Constituinte sujeitasse a prazo a legislação complementar ou integrativa da Constituição e cominasse a inobservância desse prazo com sanções políticas ou de outra natureza. Assim, por exemplo, nos casos de iniciativa legislativa do Executivo, poder-se-ia tipificar a inércia deste como crime de responsabilidade*." FERRAZ, Ana Cândida da Cunha. Inconstitucionalidade por omissão: uma proposta para a constituinte. **Revista**

considerar que alguém que acaba de assumir a chefia do Poder Executivo possa ser responsabilizado por um prazo judicial em curso, descumprido pelo ocupante anterior da cadeira. Deve-se considerar a posse do agente como termo inicial para a fluência de eventual prazo para o exercício da iniciativa do projeto de lei.

Além disso, parece que prever crimes de responsabilidade por omissão implique em, necessariamente, reconhecer que o Judiciário deva fixar um prazo para a atuação do agente omisso, sem o qual não se poderia falar em omissão. Sem que se estabeleça formalmente a mora da autoridade competente, a configuração do tempo razoável para que se responsabilize o agente seria matéria de ampla discricionariedade judicial – o que não se deseja em qualquer tipo de sanção penal. Além disso, sugere-se que a autoridade competente deva sempre ser notificada pessoalmente, não sendo válida a responsabilização do agente público por omissão notificada ao titular do mandato eletivo anterior.

3.3.2.3 Responsabilidade civil do Estado por omissão legislativa[151]

A responsabilidade civil do Estado por omissão legislativa é uma questão que surge com frequência nos debates acadêmicos sobre o tema. **Há quem debata** a matéria tanto no contexto geral da responsabilidade civil do Estado por omissão, a exemplo da professora Helena Elias Pinto[152], quanto em obras específicas sobre a responsabilidade por omissão legislativa, a exemplo de André Puccinelli Júnior[153]. Justamente pela questão ser complexa o suficiente para ser objeto de obras específicas é que a abordagem deste tópico não se pretende profunda do ponto de vista teórico, discutindo com maior destaque os aspectos práticos que podem contribuir como uma das soluções possíveis para o problema da inconstitucionalidade por omissão.

---

de **Informação Legislativa**, a. 23, n. 89. Brasília, Senado Federal, jan./mar. 1986, p. 49-62, p. 56.

151. Confira-se também MOURA, Emerson Affonso da Costa; FERNANDES, Eric Baracho Dore. Omissão legislativa e responsabilidade do Estado: avanços, retrocessos e perspectivas. **Fórum Administrativo**, v. 13, n. 151. Belo Horizonte: Fórum, 2013, p. 9 e ss.
152. PINTO, Helena Elias. **Responsabilidade Civil do Estado por Omissão na Jurisprudência do Supremo Tribunal Federal**. Rio de Janeiro: Lumen Juris, 2008, 186-197.
153. JUNIOR, André Puccinelli. **A omissão legislativa inconstitucional e a responsabilidade do estado legislador**. São Paulo: Saraiva, 2007, p. 211-257.

André Puccinelli Júnior sustenta que a responsabilização do Estado por atos legislativos representaria a última etapa de desenvolvimento na tradicional evolução histórica da responsabilidade do Estado. O autor identifica como possíveis fundamentos para a responsabilização (i) proibição do enriquecimento sem causa; (ii) indenização por atos legislativos construtivos; (iii) teoria do sacrifício especial; (iv) teoria da expropriação; (v) princípios da igualdade e supremacia da Constituição.

A primeira teoria defende que o ato legislativo do qual resulte enriquecimento sem causa do Estado em detrimento do bolso do particular deveria ser indenizado. A segunda teoria distingue atos legislativos normativos (impõem regras de conduta) e construtivos (que constituiriam formas particulares de organização estatal), sendo estes últimos indenizáveis. A terceira teoria sustenta que quando a lei impõe um dano especial a um indivíduo ou grupo social, todos deveriam suportar uma fração do prejuízo. A quarta teoria propõe uma analogia entre o processo expropriatório e leis que retirariam atividades econômicas do particular para transformá-las em serviços públicos em regime de monopólio, sendo cabível a indenização[154].

A quinta teoria, em verdade, parte da proposta do autor em identificar princípios constitucionais que possam servir de fundamento para a responsabilidade civil do Estado por atos legislativos (mais especificamente, por atos omissivos). Segundo o autor, o princípio da proporcionalidade surge como um instrumento útil para delimitar os limites da atividade legislativa sobre direitos fundamentais que, uma vez superados, dariam ensejo à responsabilização estatal. No caso da responsabilidade por omissão, o princípio da proporcionalidade seria um critério capaz de fixar o momento em que se dá por consumada a omissão legislativa[155].

O grande problema é que o princípio (ou postulado[156]) da proporcionalidade, longe de aumentar o ônus argumentativo do julgador, muitas vezes o reduz. A proporcionalidade foi um dos principais motivos para a inclusão, no novo **Código de Processo**

---

154. Idem, p. 225-228.
155. Idem, p. 229-231.
156. ÁVILA, Humberto. **Teoria dos Princípios. Da definição à aplicação dos princípios jurídicos**. 12ª edição, ampliada. São Paulo: Malheiros, 2011, p. 173 e ss.

Civil, de dispositivo segundo o qual "*não se considera fundamentada qualquer decisão judicial, seja ela interlocutória, sentença ou acórdão, que (...) empregar conceitos jurídicos indeterminados, sem explicar o motivo concreto de sua incidência no caso*[157]". Não se quer negar que o princípio da proporcionalidade já tenha se incorporado a nossa tradição ou não seja um instrumento útil de aplicação das normas constitucionais[158]. Apenas se faz necessário o alerta de que critérios mais precisos talvez sejam necessários para melhor delimitar um espaço de discricionariedade ampla do intérprete.

Seja como for, a responsabilidade por omissão legislativa pressupõe, primeiro, o reconhecimento da inconstitucionalidade por omissão. Ao lado de todas as dificuldades já debatidas na parte teórica desta dissertação (com especial destaque para o aspecto temporal da inconstitucionalidade por omissão, vide 2.4.4), surge a primeira questão: antes da demanda individual ou coletiva, seria necessário pronunciamento no controle abstrato de constitucionalidade pelo Supremo Tribunal Federal ou Tribunal de Justiça? Conforme já se discutiu no estudo de casos relativo a revisão geral anual (2.6.6.3), tem prevalecido na jurisprudência do Supremo o entendimento de que seria preciso reconhecer a mora legislativa no controle abstrato de constitucionalidade, estabelecendo-se o termo inicial a partir do qual a omissão seria inconstitucional. Também se criticou o fato de que o Supremo, ao se decidir sobre o tema em ADI, não se pronunciou sobre a questão.

Se, por um lado, procura-se evitar decisões contraditórias, parece que o entendimento atual do Supremo Tribunal Federal desconsidera algumas questões fundamentais. Quando a causa de pedir de determinada demanda individual contra uma pessoa de direito público é a inconstitucionalidade por ação de lei ou ato normativo, não se exige pronunciamento anterior do juiz singular para que o Supremo

---

157. Trata-se do art. 489, § 1º, II do CPC de 2015. STRECK, Lênio Luiz. **Por que agora dá para apostar no projeto do novo CPC!** Disponível em: <http://www.conjur.com.br/2013-out-21/lenio-streck-agora-apostar-projeto-cpc>. Acesso em: 20/12/2013.
158. MENDES, Gilmar Ferreira. **Estado de Direito e Jurisdição Constitucional (2002-2010)**. São Paulo: Saraiva, 2011, p. 25-28; BRASIL. STF. **IF 2.915**. Rel. Min. Gilmar Mendes. J. 03/02/2003. DJ 28/11/2003; BRASIL. STF. **ADI 855**. Rel. Min. Sepúlveda Pertence. J. 06/03/2008. DJ 26/03/2009; BRASIL. STF. **ADI 3.112**. Rel. Min. Ricardo Lewandowski. J. 02/05/2007. DJ. 26/10/2007.

decida. Afinal, o modelo de controle difuso de constitucionalidade atribui a qualquer órgão judicial a competência para se pronunciar incidentalmente sobre a matéria.

Um exemplo tornará a crítica mais clara. Imagine-se que determinado servidor público considera que lei do respectivo ente federativo teria reduzido seus vencimentos de forma inconstitucional. Ao submeter a questão ao Judiciário, um juiz de primeiro grau poderia decidir sobre a questão constitucional e julgar a demanda de acordo. No segundo grau de jurisdição o mesmo ocorreria. Se a questão envolvesse a inconstitucionalidade por omissão decorrente da ausência de revisão geral anual (art. 37, X da Constituição), não parece haver motivo para que o tratamento seja diferenciado.

Ainda que se possa argumentar o risco de decisões contraditórias ao permitir que cada juiz ou tribunal decida sobre a existência ou não de omissão inconstitucional, é de se destacar que o ordenamento já previu remédios adequados para a questão. O art. 475-J, § 1º CPC/1973 (equivalente ao art. 525, § 12 do CPC/2015), por exemplo, que eventual decisão de mérito no controle concentrado possa repercutir na exigibilidade do título judicial. Também não parece haver óbice para a utilização da Súmula Vinculante (art. 103-A da Constituição). O que não parece haver é justificativa teórica ou prática para uma distinção entre inconstitucionalidade por ação ou omissão no controle difuso de constitucionalidade.

É evidente, aqui, que se deve compreender a responsabilidade civil do Estado à luz de cada caso concreto, de modo que as questões acima debatidas objetivam debater as vias adequadas para fazê-lo do ponto de vista processual.

Por fim, conforme já se destacou quando do debate sobre um controle difuso da inconstitucionalidade por omissão, é preciso insistir na incidência da reserva de plenário na hipótese de julgamento de demanda que envolva omissão legislativa. É o que lembra André Puccinelli Júnior, em entendimento que parece o mais adequado:

> "Uma vez caracterizada a inconstitucionalidade comissiva ou omissiva do órgão legislativo, o interessado não precisa aguardar seu prévio pronunciamento, em sede de ação direta de inconstitucionalidade, pelo Supremo Tribunal Federal. (...) Todavia, por

força do art. 97 da Constituição Federal, os tribunais só podem declarar a inconstitucionalidade de lei ou ato normativo do Poder Público pelo voto da maioria absoluta de seus membros ou dos membros do órgão especial. Assim, embora o cidadão particular esteja desobrigado de aguardar o julgamento de ação direta pelo Supremo Tribunal Federal, certo é que a ação indenizatória movida na via difusa estará sujeita à reserva plenária prevista neste dispositivo quando a inconstitucionalidade for a causa petendi, ou seja, o fundamento da responsabilidade estatal pelo desempenho irregular da função legislativa."[159]

3.3.2.4 Parâmetros para decisões de caráter aditivo

Partindo da premissa de que seja possível suprir judicialmente a omissão até o advento da norma regulamentadora (o que, eventualmente, pode vir a ser o entendimento do Supremo Tribunal Federal ou objeto de reformas constitucionais e legislativas), é certo que parâmetros podem ser utilizados para atenuar a tensão existente entre o Judiciário, Legislativo e Executivo.

Densidade normativa. Sendo a norma invocada como parâmetro de controle uma norma da espécie regra, o ônus argumentativo deve ser reduzido. Sendo a norma invocada como parâmetro de controle um princípio, deve o intérprete ser mais contido quanto ao controle dos meios de realização dos objetivos contidos na norma.

Este parâmetro, de sugestão do professor Rodrigo Brandão, pode ser melhor compreendido no capítulo 2.4.1.1 deste trabalho.

Fundamentalidade material. Sendo a norma invocada como parâmetro de controle uma norma definidora de direitos fundamentais, o ônus argumentativo para uma decisão aditiva deve ser reduzido.

A ideia é simples. Quando a norma invocada como parâmetro de controle for um direito fundamental, a questão também poderia ser discutida por meio de um Mandado de Injunção. Como se sabe, a decisão de mérito poderia gerar efeitos *concretistas individuais* ou mesmo *gerais*, conforme já debatido nesta dissertação. Com mais razão

---

159. JUNIOR, André Puccinelli. **A omissão legislativa inconstitucional e a responsabilidade do estado legislador**. São Paulo: Saraiva, 2007, p. 243-244.

o mesmo deveria ser admissível pela via da ADO, na medida em que esta possui um rol de legitimados muito mais restrito (e compatível com a ideia de um processo objetivo) e aspectos procedimentais capazes de lidar muito melhor com o déficit de legitimidade da jurisdição constitucional, como *amicus curiae*[160].

Tempo. Tratando-se de decisão de caráter aditivo, deve o Judiciário modular os efeitos da decisão, de modo que esta só produza efeitos após o prazo estabelecido para que o agente político competente supra a omissão.

Conforme já se discutiu em 2.1.5, a determinação de um *prazo* para a atuação do Legislativo parece ser uma forma interessante de cooperação entre os poderes constituídos. Não se quer sugerir a ideia de prazo associada a ideias como preclusão para a atuação legislativa ou sanção caso não se delibere dentro de determinado prazo, mas tão somente para que o Judiciário se valha do prazo como um parâmetro de autocontenção, evitando proferir decisões de natureza concretista antes de seu termo final. A ideia é similar ao que se compreende como "corrente concretista intermediária", no Mandado de Injunção. No caso da Ação Direta de Inconstitucionalidade por Omissão, bastaria a utilização do instituto da modulação de efeitos, estabelecendo que a decisão só produza efeitos após certo prazo. Assim, o agente político competente teria a chance exercer sua função típica, o que sempre será preferível se comparado a uma decisão judicial.

O que seria uma tarefa extremamente complexa diz respeito a determinar qual seria o prazo ideal. Apesar de não ser possível apresentar uma resposta final a tal problema, diversos autores enfrentam a questão. Como um exemplo de muitos, confira-se o que defende a professora Flávia Piovesan:

"A título de proposição, sustenta-se que mais conveniente e eficaz seria se o Supremo Tribunal Federal declarasse inconstitucional a omissão e fixasse prazo para que o legislador omisso suprisse

---

160. Na doutrina comparada, Victor Bazán também utiliza a fundamentalidade material como um parâmetro válido de identificação da inconstitucionalidade por omissão. BAZAN, Víctor. ***Control de las Omisiones Inconstitucionalies e Inconvencionales. Recorrido por el derecho y la jurisprudencia americanos y europeos***. Bogotá: Fundação Konrad Adenauer, 2014, p. 135 e ss.

a omissão inconstitucional, no sentido de conferir efetividade à norma constitucional. O prazo poderia corresponder ao prazo da apreciação em "regime de urgência" que, nos termos do art. 64, parágrafo 2º, do texto, é de quarenta e cinco dias".[161]

Decisões reiteradas. A existência de decisões anteriores nas quais foi reconhecida a inconstitucionalidade por omissão reduz o ônus argumentativo para justificar a decisão de efeitos aditivos. Da mesma forma, diante da ausência de decisões anteriores, o ônus argumentativo deve ser mais elevado.

Tendo o Judiciário reconhecido a inconstitucionalidade por omissão em precedentes anteriores, cientificando o poder omisso e/ou estabelecendo prazo para sua atuação, parece razoável presumir que a opção política tenha sido pela inércia. Considerando que a Constituição seja um consenso político que limite a opção dos poderes constituídos quanto à inércia total na concretização das tarefas que impõe, a opção clara pela inércia legislativa pode ser capaz de justificar uma postura mais ativista. Da mesma forma, não parece adequado que o Judiciário profira decisão com efeitos aditivos na primeira ocasião em que reconheça a inconstitucionalidade por omissão.

Quando existem medidas concretas (escolha de meios de atuação) para afastar a omissão, deve o Judiciário ser mais autocontido.

A questão já foi trabalhada no capítulo 2.4.3 da dissertação. Em síntese, caso o Legislativo e o Executivo tenham efetivamente escolhido os meios e atuado de forma concreta para afastar a omissão, deve o Judiciário ser mais deferente às opções feitas pelos agentes políticos competentes. O reconhecimento da inconstitucionalidade por omissão (muito provavelmente de natureza *parcial*) deveria ser acompanhado somente da notificação do poder omisso quanto a eventual insuficiência dos meios utilizados para a realização do comando constitucional.

Analogia. Reconhecida a omissão e o cabimento de decisão de caráter aditivo, o Judiciário deve privilegiar o uso da analogia.

A questão é bem trabalhada pelo professor Rodrigo Brandão, ao discutir a criação de normas infraconstitucionais na hipótese de inconstitucionalidade por omissão. Ao utilizar uma situação idealizada

---

161. PIOVESAN, Flávia. *Op. Cit*, p. 126.

para uma situação semelhante pelo poder competente, o Judiciário acaba mantendo-se (tanto quanto possível) fiel à valoração feita tanto pelo constituinte (quanto ao parâmetro de controle da inconstitucionalidade por omissão) quanto pelo legislador ordinário[162].

3.3.2.5 O caminho participativo: instrumentos políticos, democracia direta e federalismo de cooperação.

Já se discutiu na parte teórica da dissertação a concepção segundo a qual a inconstitucionalidade por omissão e a inefetividade do texto constitucional são problemas que podem ser enfrentados não somente pela via jurídica, mas por um caminho "participativo", conforme apontado por Luís Roberto Barroso[163] (vide capítulo 2.1.3). Se as soluções jurisdicionais para a inconstitucionalidade por omissão normalmente enfrentam críticas quanto à falta de legitimidade do Judiciário diante das opções políticas de poderes eleitos, parece inevitável concluir que ampliar o papel do cidadão na concretização da Constituição é um caminho promissor. Do ponto de vista prático, tal participação pode se dar tanto no processo legislativo quanto no âmbito do controle de constitucionalidade.

Confirme já se criticou, há grave ineficiência dos mecanismos formais de participação direta no sistema político brasileiro: plebiscito, referendo e iniciativa popular (art. 14, I, II e III da Constituição). Competindo ao Congresso Nacional convocar plebiscito ou autorizar referendo, a democracia direta necessariamente se submete ao crivo da representativa para que se manifeste. E mais. A exigência do art. 61, § 2º de *"um por cento do eleitorado nacional, distribuído pelo menos por cinco Estados, com não menos de três décimos por cento dos eleitores de cada um deles"* para deflagrar o processo legislativo pela via da iniciativa popular é demasiadamente difícil de ser satisfeita.

Vive-se em um sistema onde é muito mais fácil propor uma Ação Direta de Constitucionalidade para fazer triunfar determinada interpretação da Constituição. Afinal, parece muito mais fácil mobilizar

---

162. BRANDÃO, Rodrigo. **Supremacia...** Op. Cit., p. 153-155.
163. BARROSO, Luís Roberto. **O Novo Direito Constitucional Brasileiro. Contribuições para a construção teórica e prática da jurisdição constitucional no Brasil**. Belo Horizonte: Fórum, 2013, p. 77-78.

a criação de uma entidade de classe em nove Estados e satisfazer ao requisito do art. 103, IX, do que alcançar a representação exigida pelo art. 61, § 2º. Isso indica que, se há um protagonismo do Judiciário na tomada de decisões de natureza política em determinadas questões, é certo que boa parte disso se deve a disfunções do próprio sistema representativo.

Justamente por isso, há autores que discutem soluções para a inconstitucionalidade por omissão que envolvam a abertura e valorização da participação direta no processo legislativo. André Puccinelli Júnior, por exemplo, defende a redução do número de assinaturas necessárias para a iniciativa popular a partir da seguinte constatação. Há notícia de que no sistema proporcional, já houve candidato paulista eleito Deputado Federal com apenas 275 votos. Teria o parlamentar mais representatividade que 1% do eleitorado nacional? A resposta só pode ser negativa. O autor também sustenta que não basta reduzir o número mínimo de assinaturas, mas definir prazo improrrogável para a apreciação de projetos de iniciativa popular[164]. As propostas do autor são sintetizadas através de uma proposta de emenda à Constituição, que alteraria a redação do § 2º do art. 61, incluindo também um terceiro parágrafo:

> Art. 61. A iniciativa das leis complementares e ordinárias cabe a qualquer membro ou Comissão da Câmara dos Deputados, do Senado Federal ou do Congresso Nacional, ao Presidente da República, ao Supremo Tribunal Federal, aos Tribunais Superiores, ao Procurador-Geral da República e aos cidadãos, na forma e nos casos previstos nesta Constituição.
>
> (...)
>
> § 2º Os projetos de lei de iniciativa popular, subscritos por, no mínimo, cinquenta mil eleitores, serão apreciados em regime de urgência, nos termos do § 2º do art. 64, sobrestando-se as demais deliberações e o período de recesso parlamentar, depois de escoado o prazo máximo de cem dias, até ser ultimada a votação.
>
> § 3º Nos casos de iniciativa reservada, se os órgãos ou as autoridades competentes não submeterem o projeto de lei ao Congresso

---

164. JUNIOR, André Puccinelli. **A omissão legislativa inconstitucional e a responsabilidade do estado legislador**. São Paulo: Saraiva, 2007, p. 205-207.

Nacional, dentro do prazo constitucionalmente previsto ou no decorrer da sessão legislativa anual, os órgãos e agentes indicados no caput deste artigo poderão apresenta-lo, correndo sua apreciação nos termos estabelecidos no parágrafo anterior.[165]

Havendo vontade política para uma reforma como a sugerida pelo autor, o resultado seria um aprimoramento sensível na busca pela efetividade da Constituição.

Em artigo bastante referenciado[166], Anna Cândida da Cunha Ferraz também apresenta sugestões para enfrentar a questão[167]. Vale lembrar que a autora foi uma das primeiras a debater o tema no Brasil, antes mesmo da Constituição de 1988. Assim, as soluções apresentadas podem guardar maior ou menor grau de coerência com as instituições vigentes na atual Constituição. As propostas da autora que se poderia trazer ao debate são as seguintes:

> "I) A fixação de prazos em matérias de maior relevância, de natureza legislativa ou não, com o estabelecimento de sanções específicas pelo descumprimento do prazo. Em se tratando, por exemplo, de atos dependentes de outro poder, a fórmula adotada poderá ser a de edição do ato ad referendum do poder competente para revê-lo, atribuindo-se à rejeição efeitos ex tunc ou ex nunc, conforme a hipótese. Nesses casos, tanto a fixação de prazos como a atribuição de competência para editar atos referendáveis devem ser cercadas de cautelas, para evitar que o instrumento se torne veículo propício à predominância de um poder sobre outro, deturpando-se, desse modo, a finalidade objetivada."
>
> "II) Nos casos de omissão de iniciativa legislativa reservada – caso se mantenha tal reserva, poder-se-ia fixar, na Constituição, prazo razoável para o exercício dessa iniciativa (por exemplo, uma sessão

---

165. Idem, p. 207.
166. BARROSO, Luís Roberto. **O Novo Direito Constitucional Brasileiro. Contribuições para a construção teórica e prática da jurisdição constitucional no Brasil**. Belo Horizonte: Fórum, 2013, p. 95; JUNIOR, André Puccinelli. **A omissão legislativa inconstitucional e a responsabilidade do estado legislador**. São Paulo: Saraiva, 2007, p. 208-209.
167. FERRAZ, Ana Cândida da Cunha. Inconstitucionalidade por omissão: uma proposta para a constituinte. **Revista de Informação Legislativa**, a. 23, n. 89. Brasília, Senado Federal, jan./mar. 1986, p. 49-62.

legislativa anual). Após o decurso desse prazo, in albis, reverter-se-ia a competência da iniciativa, que poderia ser atribuída a outro poder. Assim, exemplificando, a iniciativa reservada ao Executivo, não exercitada no curso da sessão legislativa seguinte poderia ser assumida pelo Poder Legislativo."

"IIII) Por outro lado, poder-se-ia fixar, na Constituição, prazo razoável para expedição de leis complementares, integrativas, etc. (por exemplo, a duração de uma Legislatura). Decorrido in albis esse prazo, atribuir-se-ia ao Executivo competência para expedir "regulamento de execução da norma constitucional" que teria força de lei até que o Poder Legislativo disciplinasse, por lei formal, a matéria."[168]

No caso do controle da omissão Legislativo pelo Executivo, o chefe deste poder já é capaz de fazer uso de Medidas Provisórias, salvo nas hipóteses em que a edição destas seja vedada pela Constituição. Todavia, como diversos casos de inconstitucionalidade por omissão demandam lei complementar, a vedação da edição de Medidas Provisórias matérias reservadas a leis complementares impede que seja esta a solução na grande maioria dos casos. Já no caso do controle jurisdicional da inconstitucionalidade por omissão legislativa, a ideia pode adquirir contornos interessantes. Basta pensar, por exemplo, na possibilidade de o Judiciário proferir uma decisão capaz de suprir a inconstitucionalidade por omissão, com efeitos erga omnes. Poder-se-ia cogitar em um instrumento que permitisse ao Congresso Nacional suspender os efeitos da decisão judicial por um prazo razoável (30 a 90 dias), após o qual a decisão produziria todos os seus efeitos, até a superveniência da norma regulamentadora.

Trata-se, aqui, de uma visão um pouco diferenciada da corrente "concretista intermediária" do Mandado de Injunção. Em vez de ser ônus do Poder Judiciário estabelecer prazo para que a omissão fosse suprida, passaria a ser do Legislativo a faculdade de adiar os efeitos da decisão, de modo a ter uma última oportunidade de disciplinar o tema sem a intervenção de outro órgão. Se após o prazo em questão a omissão ainda persistisse, tem-se então uma solução provisória para

---

168. FERRAZ, Ana Cândida da Cunha, op. Cit., p. 60-61.

o problema da inconstitucionalidade por omissão, até uma resposta efetiva do Legislativo. Percebe-se que tal possibilidade atenuaria consideravelmente a crítica quanto a decisões judiciais com efeitos concretistas gerais, seja na Ação Direta de Inconstitucionalidade por Omissão, seja no Mandado de Injunção.

Quanto aos casos de iniciativa reservada, parece que tal sugestão foi aprimorada no trabalho de André Puccinelli Júnior, acima mencionado, na medida em que há uma atribuição a um número maior de agentes para deflagrar o processo legislativo, com especial destaque para a inciativa popular.

> "IV) Ainda no tocante a inércia dos poderes constituídos, relativamente ao exercício da função legislativa, poder-se-ia cogitar da: (...) b) participação dos poderes estaduais, mediante a iniciativa legislativa, no tocante às leis de aplicação constitucional especialmente voltadas para os interesses peculiares do Estado-membro." [169]

A sugestão de *lege ferenda* faz sentido, considerando que o modelo brasileiro de federação ainda enfrenta hipóteses de inconstitucionalidade por omissão que impedem o exercício pleno da autonomia dos entes locais. O principal exemplo diz respeito à inconstitucionalidade por omissão quanto ao art. 18, § 4º da Constituição. O único problema nessa proposta é que ao menos formalmente, cada ente federativo possui três representantes no Senado, que, em tese, deveriam atender aos interesses do respectivo ente federativo, deflagrando o processo legislativo respectivo.

Talvez por isso o problema não esteja propriamente na iniciativa do projeto de lei, mas de uma reformulação de algumas competências do modelo federal brasileiro, reconhecidamente centralizador. **É de se pensar que matérias como a constante do art. 18, § 4º poderiam ser da competência dos Estados nos quais se localizam os Municípios que tenham interesse em fusão, incorporação ou divisão. Da mesma forma, talvez fosse prudente que cada ente federativo pudesse dispor sobre o exercício de greve de seus próprios servidores, conforme o art. 37, VII da Constituição.**

---

169. Idem, p. 61.

3.3.3 Conclusões parciais

No caso da Ação Direta de Inconstitucionalidade por Omissão, o problema central diz respeito aos efeitos da decisão de mérito. Contudo, os debates de aprimoramento institucional são muito mais complexos que a simples discussão sobre a possibilidade ou não de o Judiciário suprir a omissão legislativa inconstitucional até a superveniência de norma regulamentadora.

Há quem defenda o trancamento de pauta como uma alternativa viável, seja por interpretação analógica pelo Supremo, seja por meio de reformas ao texto constitucional. Não parece uma alternativa válida se construída judicialmente, seja por não haver situação similar que justifique o uso da analogia (limites interpretativos), seja por coerência com entendimentos do próprio STF que limitam o trancamento de pauta. Todavia, é uma proposta que pode representar um aprimoramento do sistema atual se (i) prevista expressamente pela Constituição; (ii) combinada com outras ideias existentes (por exemplo, aplicação do trancamento de pauta diante da não apreciação de projetos de lei de iniciativa popular).

A tipificação como crime de responsabilidade é uma alternativa que deve ser vista com parcimônia. Primeiramente, é de se rejeitar as propostas de Constituições Estaduais que preveem crimes de responsabilidade para autoridades que não preencham a lacuna inconstitucional no prazo estabelecido pelo Judiciário. Em segundo lugar, parece que a responsabilização político-administrativa em questão não parece adequada para os representantes do Legislativo, eis que a individualização da conduta omissiva é praticamente inviável dentro do parlamento. Por fim, ainda que possa ser uma ideia aplicável ao Chefe do Executivo, não se pode ignorar que critérios cuidadosos devem ser delimitados para evitar, por exemplo, a responsabilização do agente público por uma omissão pré-existente a sua posse no cargo.

A responsabilidade estatal por omissão legislativa é um tema bastante complexo. Para o que interessa ao trabalho, o principal problema para efetivamente tornar indenizável a omissão inconstitucional diz respeito ao entendimento hoje vigente no Supremo, que impõe como condição necessária para a responsabilização do Estado o prévio reconhecimento da omissão no controle abstrato de constitucionalidade, bem como a delimitação do termo inicial da mora legislativa. Tal construção jurisprudencial não parece coerente com a tradição do controle difuso de constitucionalidade, na medida em que compete a qualquer juiz ou tribunal declarar incidentalmente a inconstitucionalidade, seja por ação ou omissão. Nada obsta que os efeitos de decisões do Supremo sejam aplicáveis a casos individuais, a partir de instrumentos como a Súmula Vinculante ou o art. 475-J, § 1º do Código de Processo Civil.

O debate sobre uma postura mais ativista do Supremo quanto aos efeitos da decisão na Ação Direta de Inconstitucionalidade por Omissão é inevitável. Partindo da premissa de que essa possa vir a ser uma orientação jurisprudencial eventualmente adotada, parece construtivo sugerir parâmetros de atuação judicial capazes de melhor conciliar a tensão entre os poderes. Foram sugeridos como parâmetros: (i) a densidade normativa (sendo a norma invocada como parâmetro de controle uma regra, o ônus argumentativo deve ser menos elevado; sendo um princípio, deve o intérprete ser mais autocontido quanto ao controle dos meios de realização da norma); (ii) a fundamentalidade material (Sendo a norma invocada como parâmetro de controle uma norma definidora de direitos fundamentais, o ônus argumentativo para uma decisão aditiva deve ser reduzido); (iii) tempo (Tratando-se de decisão de caráter aditivo, deve o Judiciário modular os efeitos da decisão, de modo que esta só produza efeitos após o prazo estabelecido para que o agente político competente supra a omissão); (iv) reiteração de decisões (A existência de decisões anteriores nas quais foi reconhecida a inconstitucionalidade por omissão reduz o ônus argumentativo para justificar a decisão de efeitos aditivos. Da mesma forma, diante da ausência de decisões anteriores, o ônus argumentativo deve ser mais elevado); (v) quando existem medidas concretas (escolha de meios de atuação) para afastar a omissão, deve o Judiciário ser mais deferente ao poder competente; (vi) analogia (reconhecida a omissão e o cabimento de decisão de caráter aditivo, o Judiciário deve privilegiar o uso da analogia, se possível).

Não se pode ignorar que um caminho participativo para a efetividade das normas constitucionais pode ser uma alternativa eficiente. A valorização da iniciativa popular (com a redução do número mínimo de assinaturas e trancamento de pauta para constranger o Parlamento a apreciar a matéria) parece uma boa proposta. Além disso, delimitar prazos para o exercício da iniciativa reservada parece uma boa ideia, permitindo que outros sujeitos se substituam ao agente público omisso, uma vez transcorrido o prazo. Por fim, defendeu-se que uma boa forma de diálogo constitucional entre os poderes poderia ser permitir que decisões aditivas ou concretistas fossem proferidas pelo Supremo, permitindo que o Legislativo suspenda a decisão por um prazo razoável (de 30 a 90 dias), após o qual a decisão produziria todos os seus efeitos, se ausente a norma regulamentadora. Permite-se, portanto, uma última oportunidade para que o órgão competente delibere sobre a matéria, sem que outro agente a ele substitua. Deve-se lembrar, afinal, que o Legislativo é a via mais adequada para realização dos programas constitucionais.

3.4 ARGUIÇÃO DE DESCUMPRIMENTO DE PRECEITO FUNDAMENTAL: UMA PANACEIA PARA O MAL DA INEFETIVIDADE?

Seria a Arguição de Descumprimento de Preceito Fundamental uma ação constitucional capaz de preencher lacunas inconstitucionais? Em outras palavras, é possível afirmar que a ADPF não estaria sujeita às restrições que o atual entendimento do Supremo Tribunal Federal impõe à ADO? A questão não é trabalhada com frequência pela doutrina. Dois autores exploram o tema com maior profundidade, respondendo afirmativamente a tal questionamento: os professores Gilmar Ferreira Mendes e Dirley da Cunha Júnior. Gilmar Mendes o faz em obras específicas sobre controle de constitucionalidade[170], bem como em capítulo de seu manual[171]. Dirley da Cunha Júnior, por sua vez, defende a ideia em tese de doutorado[172]. O objetivo, aqui, será debater o cabimento da ADPF para a finalidade pretendida, discutindo também se de fato é possível atribuir tais efeitos para a decisão de mérito.

---

170. MENDES, Gilmar Ferreira. **Arguição de Descumprimento de Preceito Fundamental**. 2ª edição. São Paulo: Saraiva, 2011, p. 136-138 e 365-367.
171. MENDES, Gilmar Ferreira; BRANCO, Paulo Gustavo Gonet. **Curso de Direito Constitucional**. 8ª edição. São Paulo: Saraiva, 2013, p. 1238-1239.
172. CUNHA JÚNIOR, Dirley da. **Controle judicial das omissões do poder público: em busca de uma dogmática constitucional transformadora à luz do direito fundamental à efetivação da constituição**. São Paulo: Saraiva, 2008, p. 644-648.

O que há de comum entre os autores é a referência ao que foi decidido no julgamento da ADPF nº 04, cuja ementa é a que se segue:

"ARGÜIÇÃO DE DESCUMPRIMENTO DE PRECEITO FUNDAMENTAL. MEDIDA PROVISÓRIA Nº 2.019-1 QUE "DISPÕE SOBRE O SALÁRIO MÍNIMO A VIGORAR A PARTIR DE 3 DE ABRIL DE 2000". Com a edição de normas posteriores alterando o valor do salário mínimo, julga-se prejudicada a argüição ante a perda de seu objeto."[173]

Tratava-se de ADPF visando a declaração de inconstitucionalidade por omissão da Medida Provisória nº 2.019-1, que dispunha sobre o valor do salário mínimo que vigorou a partir de 3 de abril de 2000. O pedido foi julgado prejudicado, por superveniência de outra norma que alterou o valor do salário mínimo novamente. Mais importante que o desfecho final (a perda de objeto), foi o Supremo Tribunal Federal ter considerado a ADPF cabível para a finalidade pretendida.

O arguente, Partido Democrático Trabalhista (PDT) sustentou que a inconstitucionalidade por omissão relativa ao art. 7º, IV teria causado lesão a diversos preceitos fundamentais: art. 1º e parágrafo único, art. 2º, I, art. 3º, art. 5º e parágrafos 1º e 2º, dentre outros. Quanto ao requisito da *subsidiariedade*, destacou que não haveria outro meio eficiente para sanar a omissão como se procurava fazer naquela ADPF, já que nas ações diretas de inconstitucionalidade por omissão jamais de admitia pedido de liminar e, além disso, nos efeitos da decisão de mérito só se admitia a declaração de mora da autoridade, não produzindo quaisquer efeitos em relação ao suprimento da lacuna. O pedido era de que o STF, nos termos do art. 10 da lei nº 9882/99[174], fixasse as condições e o modo de interpretação e aplicação do preceito fundamental em questão. Em outras palavras, que se manifestasse quanto ao valor do salário mínimo constitucionalmente adequado.

---

173. BRASIL. STF. **ADPF nº 04**. Rel. Min. Ellen Gracie. J. 02/08/2006. DJ 22/09/2006.
174. Art. 10. Julgada a ação, far-se-á comunicação às autoridades ou órgãos responsáveis pela prática dos atos questionados, fixando-se as condições e o modo de interpretação e aplicação do preceito fundamental. BRASIL. **Lei nº 9.882 de 3 de dezembro de 1999**. Disponível em: <http://www.planalto.gov.br/ccivil_03/Leis/L9882.htm>. Acesso em: 20/12/2013.

O STF se dividiu quanto a admissibilidade da ADPF. Cinco Ministros votaram pela admissibilidade (Sepúlveda Pertence, Celso de Mello, Marco Aurélio, Ilmar Galvão e Carlos Velloso) e cinco consideraram-na inadmissível (Octavio Gallotti, Nelson Jobim, Maurício Corrêa, Sydney Sanches e Moreira Alves). O voto de desempate coube ao Ministro Néri da Silveira, que entendeu ser cabível a ADPF para se obter o fim desejado em relação a aquele ato normativo[175].

Com base nesse precedente, Gilmar Ferreira Mendes e Dirley da Cunha Júnior discutem acerca da utilização da ADPF no controle abstrato da omissão inconstitucional.

O professor Gilmar Ferreira Mendes parece ter uma visão um pouco mais cautelosa, sustentando entender cabível a ADPF como um instrumento apto a superar de forma mais eficiente a *inconstitucionalidade por omissão parcial*. O raciocínio parece correto. Conforme já discutido (em 2.5.2.2), a inconstitucionalidade por omissão parcial é, ao mesmo tempo, inconstitucionalidade por *ação*. Confira-se o raciocínio desenvolvido:

> "Embora a omissão do legislador não possa, enquanto tal, ser objeto do controle abstrato de normas, não se deve excluir a possibilidade de que, especialmente a omissão parcial, venha a ser examinada no processo. Dado que no caso de uma omissão parcial há uma conduta positiva, não há como deixar de reconhecer a admissibilidade, em princípio, da aferição da legitimidade do ato defeituoso ou incompleto no processo de controle de normas, ainda que abstrato. Tem-se, pois, aqui, uma relativa mas inequívoca fungibilidade entre a ação de inconstitucionalidade – direta ou no contexto da arguição de descumprimento – e o processo de

---

175. Confira-se também o informativo nº 264 do STF: "Concluído o julgamento de preliminar sobre a admissibilidade da arguição de descumprimento de preceito fundamental, ajuizada pelo Partido Democrático Trabalhista-PDT, contra a MP 2.019/2000, que fixa o valor do salário-mínimo (v. Informativo 195). O Tribunal, colhido o voto de desempate do Min. Néri da Silveira, conheceu da arguição por entender que a medida judicial existente - Ação Direta de Inconstitucionalidade por Omissão - não seria, em princípio, eficaz para sanar a alegada lesividade, não se aplicando à espécie o §1º do art. 4º da Lei 9.882/99 ("Não se admitirá arguição de descumprimento de preceito fundamental quando houver outro meio eficaz de sanar a lesividade."). Vencidos os Ministros Octavio Gallotti, relator, Nelson Jobim, Maurício Corrêa, Sydney Sanches e Moreira Alves, que não conheciam da ação. Em seguida, suspendeu-se a conclusão do julgamento para que os autos sejam encaminhados, por sucessão, à Ministra Ellen Gracie."

controle abstrato da omissão, uma vez que as duas espécies – o controle de normas e o controle da omissão – acabam por ter, formal e substancialmente, o mesmo objeto, isto é, a inconstitucionalidade da norma em razão de sua incompletude."

A utilidade de se examinar a hipótese de inconstitucionalidade por omissão parcial a partir da ADPF (e não por meio da ADO) residiria na previsão do art. 10 da Lei 9.882/99, que dispõe quanto aos efeitos da decisão que *"julgada a ação, far-se-á comunicação às autoridades ou órgãos responsáveis pela prática dos atos questionados, fixando-se as condições e o modo de interpretação e aplicação do preceito fundamental"*. Assim, sustenta Gilmar Mendes haver um instrumento que permita dar à inconstitucionalidade por omissão parcial uma solução distinta da tradicional declaração de inconstitucionalidade sem pronúncia de nulidade, que é a técnica tradicionalmente utilizada em tais casos (vide 2.2.1.1 e 2.5.2.2).

Ainda que se possa debater o alcance da referida disposição legal, certo é que a redação do art. 10 da Lei 9.882/99 é aberta o suficiente para comportar a interpretação defendida por Gilmar Mendes. É claro que considerações de ordem histórica (teria tal sentido sido abraçado ou afastado expressamente nos debates legislativos?), sistemática (a coexistência harmônica entre essa forma de superação da inconstitucionalidade por omissão parcial e outros instrumentos de controle) e teleológica (se tal interpretação é compatível a proteção da categoria denominada "preceitos fundamentais") ainda são necessárias para uma conclusão definitiva.

Além disso, a solução de omissões parciais inevitavelmente esbarra na ausência de expertise técnica do Judiciário para mensurar o impacto de decisões que estendam determinado benefício a outras pessoas, ou aumentem benefícios, como no caso do salário mínimo. Assim, ainda que se possa debater a viabilidade de novas técnicas de decisão para a inconstitucionalidade por omissão parcial, é certo que cada caso concreto exigirá considerações sobre elementos como reserva do possível, separação de poderes e os limites legítimos da atuação jurisdicional.

Dirley da Cunha Júnior, por sua vez, parece compreender a possibilidade de utilização da ADPF por omissão por um viés que se pode dizer "maximalista" quanto aos resultados pretendidos. Confira-se:

"A arguição de descumprimento de preceito fundamental, como já asseverado, pode ter por objeto as omissões do poder público, quer totais ou parciais, normativas ou não normativas, nas mesmas circunstâncias em que ela é cabível contra os atos em geral do poder público, desde que tais omissões afigurem-se lesivas a preceito fundamental, a ponto de obstar a efetividade de norma constitucional que o consagra. (...) Nesse passo, a regra constante do caput do art. 10 da Lei n. 9.882/99, bem pode ser útil e proveitosamente utilizada como supedâneo técnico-legal a subsidiar o Supremo Tribunal Federal, a atividade de suprimento das omissões lesivas a preceito fundamental, posto que, em face dela, a Corte poderá fixar as condições e o modo de interpretação e aplicação do preceito fundamental violado. Assim, cumprirá ao Supremo Tribunal Federal, ao julgar procedente a arguição por omissão, assinalar um prazo razoável – que se propõe, seja de no máximo 100 dias, por aplicação analógica dos §§ 1º, 2º e 3º do art. 64 da Constituição Federal, para o órgão político suprir a omissão, sendo certo que, se este não o fizer nesse prazo, poderá a própria Corte fazê-lo, com base nos instrumentos de integração previstos no art. 4º da LICC, formulando a regra adequada para a hipótese, que terá eficácia geral e vigerá provisoriamente até que o órgão inerte resolver atuar."[176]

Ao contrário da tese defendida por Gilmar Mendes, não parece uma posição com a qual se possa concordar. A despeito disso, é importante que se diga que a concepção de Dirley da Cunha Júnior a respeito do art. 10 da Lei 9.882/99 guarda coerência com as demais posições defendidas na tese de doutorado, eis que o autor sustenta a possibilidade de decisões concretistas ou aditivas através da Ação Direta de Inconstitucionalidade por Omissão – o que parece uma boa proposta de *lege ferenda*, mas não tão fácil de defender como aplicável à luz do art. 103, § 2º da Constituição. A própria possibilidade de se estabelecer prazo para a atuação legislativa é bastante controversa se concebida como uma limitação ao Legislativo, conforme se pode depreender dos anais da constituinte (vide o capítulo 2.1.5 desta dissertação). Assim, não parece também ter sido a intenção do legislador infraconstitucional, em princípio, estabelecer tal possibilidade por outra via.

---

176. CUNHA JÚNIOR, Dirley da. **Controle judicial das omissões** (...), op. Cit., p. 644-646.

Caso se entenda (por eventual construção da jurisprudência ou por Emenda à Constituição) que a ADO pode ter o efeito de suprir temporariamente a lacuna, uma interpretação sistemática poderia estender o mesmo tratamento para a ADPF. Afinal, o parâmetro de validade é o mesmo, sendo certo que não há hierarquia entre normas constitucionais originárias. Pode-se considerar também que o objeto mais restrito da ADPF tutelaria normas ainda mais relevantes do ponto de vista axiológico ("preceitos fundamentais"), justificando-se ainda mais tratamento idêntico. Mas não parece possível entender que a ADPF seja hoje capaz de tutelar, da forma descrita, toda e qualquer omissão inconstitucional violadora de preceitos fundamentais, como defende o autor.

Alguns exemplos demonstram o problema de se conceber um tratamento distinto para a ADPF. Imagine-se que exista inconstitucionalidade por omissão legislativa municipal. Tal hipótese de inconstitucionalidade por omissão, como se sabe, só poderia ser submetida a controle concentrado (tendo por parâmetro de controle a Constituição Federal) por meio da ADPF. Se for correto o entendimento de que hoje o art. 10 da Lei 9.882/99 pode suprir a omissão temporariamente, haveria um tratamento discriminatório entre os entes da federação, na medida em que se a omissão fosse de Estado ou da União, os efeitos da decisão seriam consideravelmente mais restritos.

Repita-se que a proposta é coerente dentro do conjunto de ideias desenvolvidas pelo autor, que compreende também a ADO como instrumento capaz de suprir temporariamente as lacunas inconstitucionais. O que não parece possível é defender que hoje só a ADPF seja capaz de enfrentar todo e qualquer tipo de inconstitucionalidade por omissão, enquanto a ADO permaneceria amarrada ao entendimento tradicional do Supremo Tribunal Federal. O próprio precedente invocado pelo autor, a ADPF nº 4, é exemplo de inconstitucionalidade por omissão parcial, sendo seguro dizer que o Supremo consagrou algo muito mais próximo da tese de Gilmar Ferreira Mendes e não o que defende Dirley da Cunha Júnior.

Gilmar Mendes sustenta que também o conhecido precedente da ADPF nº 45 poderia ser discutida como um exemplo de controle de constitucionalidade por omissão pela via da ADPF[177]. Na ocasião, impugnou-se veto do Presidente da República em projeto de lei a respeito de políticas públicas, admitindo-se o controle jurisdicional destas. Contudo, alguns temperamentos se fazem necessários. Primeiro, há a crítica do professor Ricardo Lobo Torres quanto ao alcance do precedente, eis que ocorreu a perda superveniente do objeto da ADPF[178]. Em segundo lugar, o controle em questão não é propriamente de omissão de natureza legislativa, mas de políticas públicas tipicamente realizadas pelo Executivo. Não parece, portanto, que a menção de Gilmar Mendes ao precedente tenha sido feita com referência a omissões de natureza legislativa.

De fato, os casos concretos nos quais o STF sinaliza positivamente acerca da admissibilidade da ADPF para sindicar a inconstitucionalidade por omissão dizem respeito a omissões parciais e/ou de natureza administrativa. Confira-se, por exemplo, o que afirmou o Ministro Teori Zavascki no julgamento da ADPF nº 311, corroborando exatamente com o que se defendeu acima. A ADPF 311 foi ajuizada pela Associação Nacional dos Magistrados da Justiça do Trabalho (ANAMATRA), Associação dos Magistrados Brasileiros (AMB) e a Associação dos Juízes Federais do Brasil (AJUFE). Na inicial, os requerentes sustentavam que o prazo de 20 dias previsto no art. 94, Parágrafo Único da Constituição para o quinto constitucional deve ser aplicado também às hipóteses de listra tríplice ou promoção por antiguidade. Eis a parte significativa da decisão proferida:

> "2. É manifestamente inadmissível a presente ação. Não há dúvida de que o instrumento constitucional da ADPF, tal como disciplinado no sistema brasileiro, tem recebido da jurisprudência do STF uma interpretação que dá limites elásticos ao âmbito de seu cabimento, inclusive, em certas circunstâncias, para permitir, por

---

177. MENDES, Gilmar Ferreira. **Arguição de Descumprimento de Preceito Fundamental**. 2ª edição. São Paulo: Saraiva, 2011, p. 138.
178. Negando qualquer eficácia vinculante a tal precedente, ver a crítica de Ricardo Lobo Torres, para quem a decisão teria caráter de "despacho", e "de caráter doutrinário", pois a ADPF já estava prejudicada. TORRES, Ricardo Lobo. O Mínimo Existencial como Conteúdo Essencial dos Direitos Fundamentais. In: SOUZA NETO, Cláudio Pereira de (Org.); SARMENTO, Daniel (Org.). **Direitos Sociais. Fundamentos, Judicialização e Direitos Sociais em Espécie**. Rio de Janeiro: Lúmen Juris, 2010, p. 313-339 (p. 326-327).

seu intermédio, o ataque a omissões do poder público. Isso ocorreu, v.g., na ADPF 307, por meio da qual a Associação Nacional de Defensores Públicos questionou a não consolidação, no projeto de lei orçamentária de 2014 encaminhado pelo Governador do Estado da Paraíba à Assembleia Legislativa, da proposta orçamentária da Defensoria Pública do Estado e que recebeu, do Ministro Celso de Mello, relator, decisão monocrática de admissibilidade (DJe de 13.12.13)."

(...)

"A despeito, porém, da amplitude dos domínios da ADPF, neles não se comporta a possibilidade de deduzir pretensões que, sob a justificativa de "omissão" ou "demora" ou "atraso" na indicação ou nomeação, busquem obter provimento de caráter tipicamente normativo, consistente em fixar prazo para o exercício da atribuição que a Constituição confere ao Presidente da República de indicar ou nomear membros do Poder Judiciário e, mais ainda, criar consequências sancionatórias para o seu descumprimento (que seria a própria destituição da competência, que passaria a outra autoridade). O atendimento de postulação dessa natureza equivaleria, como se percebe, à introdução, por via pretoriana, de novo preceito constitucional, resultado que sequer seria viável, nesses termos, por ação de inconstitucionalidade por omissão (art. 103, § 2º, da CF: "Declarada a inconstitucionalidade por omissão de medida para tornar efetiva norma constitucional, será dada ciência ao Poder competente para a adoção das providências necessárias e, em se tratando de órgão administrativo, para fazê-lo em trinta dias")"[179]

O mesmo raciocínio pode ser aplicado à decisão na ADPF 307, que concedeu medida liminar para impugnar ato do Governador do Estado da Paraíba, que reduziu, na proposta de lei orçamentária, a despesa da Defensoria Pública em cerca de R$ 16.000.000 (dezesseis milhões). Na parte final de seu voto, verifica-se certa parcimônia do Ministro Dias Toffoli em sindicar o ato legislativo uma vez aprovado:

"Por fim, também resta configurado o periculum in mora, tendo em vista que o PLOA 2014 do Estado da Paraíba está em vias de ser aprovado, havendo notícia de que se encerrou o prazo de

---

179. BRASIL. STF. **ADPF 311**. Rel. Min. Teori Zavascki. J. 12/02/2014.

envio de emendas, devendo o projeto ser analisado até o dia 20 de dezembro próximo. Assim, caso aprovado o orçamento da Defensoria Pública, nos moldes propostos pelo Poder Executivo, sem análise da proposta original da Defensoria, restará prejudicada a presente arguição e consumada situação de inconstitucionalidade no ordenamento jurídico do Estado da Paraíba."[180]

Parece, então, que nas hipóteses de inconstitucionalidade por omissão parcial exista uma zona cinzenta capaz de justificar que o art. 10 da Lei 9.882/99 constitua técnica de decisão capaz de enfrentar o problema. Não parece que tal dispositivo deva consagrar uma panaceia capaz de resolver hipóteses de inconstitucionalidade por omissão legislativa total, como um atalho hermenêutico ao que a teoria constitucional ainda não consegue extrair da Ação Direta de Inconstitucionalidade por Omissão.

---

180. BRASIL. STF. **ADPF 307/MC**. Rel. Min. Dias Toffoli. Decisão de 13/12/2013.

Capítulo 4

CONCLUSÕES

A proposta com a qual se pretendeu trabalhar na dissertação que agora se encerra compreendeu um objetivo geral e alguns objetivos específicos. O *objetivo geral* almejado foi investigar quais seriam os elementos teóricos próprios do controle de constitucionalidade por omissão em nosso ordenamento e de que forma o estudo autônomo dessa modalidade de controle pode contribuir para o seu aprimoramento institucional e para melhor equacionar as tensões entre os poderes constituídos. Os objetivos específicos disseram respeito a problemas pontuais dos instrumentos de controle em espécie. No caso da ADO, questionou-se a possibilidade de soluções práticas capazes de, a um só tempo, garantir a efetividade da Constituição e preservar o espaço legítimo de atuação dos poderes constituídos. No caso do Mandado de Injunção, a proposta foi investigar de que maneira a jurisprudência do Supremo Tribunal Federal supriu a lacuna normativa do remédio durante quase três décadas, a recente regulamentação legislativa dos seus aspectos processuais, a evolução do debate no âmbito do Legislativo e os modelos estaduais de competência. Quanto a ADPF, tentou-se questionar sobre seu cabimento como instrumento apto a ensejar soluções de normatividade supletiva para o problema da inconstitucionalidade por omissão.

Com o intuito de pautar as premissas fundamentais a partir das quais o objeto do trabalho seria enfrentado, foram escolhidos e debatidos cinco marcos teóricos capazes de contribuir para a o debate sobre inconstitucionalidade por omissão: (i) a ideia tradicional de *força normativa da Constituição*; (ii) o *constitucionalismo dirigente* ou *Constituição dirigente* enquanto tipologia apta ou não a descrever a realidade brasileira; (iii) as releituras impostas por concepções doutrinárias contemporâneas, como o *neoconstitucionalismo* e a *doutrina da efetividade*; (iv) a influência do processo de ascensão institucional do Poder Judiciário sobre o controle de constitucionalidade por omissão; e, por fim, (v) uma perspectiva de *diálogos constitucionais* enquanto postura de enfrentamento dos problemas teóricos e práticos no âmbito da jurisdição constitucional.

A ideia de *força normativa* impõe concluir que a Constituição não deve se limitar a descrever a realidade, convertendo-se em força realizadora dos projetos políticos nela contidos. Todavia, a máxima realização dessa força normativa pressupõe condições ideais ou pressupostos de eficácia que tornem factíveis as tarefas impostas pelo poder constituinte. Significa dizer que a mera previsão de um sistema eficiente de controle de constitucionalidade por omissão será incapaz de, por si só, garantir a concretização da programaticidade constitucional tal qual abstratamente prevista pela Constituição. Percebe-se que tais ideias podem ser apropriadas tanto por concepções conservadoras a respeito do papel do Judiciário no controle por omissão quanto por teorias justificadoras de uma postura mais ativa da jurisdição constitucional a esse respeito.

O principal teorizador da ideia de Constituição dirigente, José Joaquim Gomes Canotilho, possui uma visão comumente identificada como cética ou conservadora a respeito da tipologia em questão, não atribuindo ao Judiciário a função de concretizar tarefas obstadas pela inércia dos demais poderes. A despeito disso, a tradição jurídica brasileira pós-1988 parece ter se apropriado de uma visão normativa da teorização portuguesa de dirigismo constitucional, atribuindo um papel mais significativo para a jurisdição constitucional nesse processo. Não se deve condenar a experiência constitucional brasileira pela construção de uma visão própria da ideia de Constituição dirigente, sendo inviável que as instituições políticas e jurídicas nacionais permaneçam presas, em absoluto, a concepções doutrinárias pensadas para uma realidade distinta.

O debate sobre força normativa da Constituição tem sido travado no Brasil como parte de uma discussão maior, sobretudo nos escritos do professor Luís Roberto Barroso a respeito do *neoconstitucionalismo* enquanto conjunto de marcos históricos, teóricos e filosóficos aptos a descrever a experiência constitucional brasileira contemporânea. Ainda que se possa discordar sobre a escolha dos marcos propostos e a precisão dos mesmos para ilustrar de forma absolutamente exauriente o atual estágio do constitucionalismo brasileiro e mundial, o estudo da ideia de força normativa da Constituição sob o prisma da *efetividade* das normas constitucionais parece contribuir para aprofundar o debate acerca dos limites e possibilidades reais das instituições político--jurídicas na realização dos projetos constitucionais, incluindo-se aí o controle de constitucionalidade por omissão.

A ascensão da jurisdição constitucional no Brasil surge como um fenômeno relevante para que seja possível compreender as condições político-institucionais do Judiciário na concretização da Constituição por meio do controle de constitucionalidade por omissão. Três recortes temporais foram utilizados para melhor ilustrar tal processo. No primeiro momento, a "Corte Victor Nunes Leal", observa-se período anterior a 1988, durante o qual a função de guarda da Constituição pelo Supremo Tribunal Federal encontrava-se obstada pela hipertrofia do Executivo em um momento de crise das instituições democráticas. Na "Corte Moreira Alves", superados os obstáculos políticos, começa a se delinear de forma definitiva a lógica de um processo objetivo e o desenvolvimento técnico dos instrumentos de controle de constitucionalidade por omissão. Nesse período, a interpretação do STF quanto aos efeitos do Mandado de Injunção e ADI por Omissão foi extremamente parcimoniosa e autocontida em postura de deferência aos demais poderes constituídos. No terceiro momento, a "Corte Gilmar Mendes", superados os obstáculos políticos e técnicos na construção de um controle de constitucionalidade por omissão, percebe-se maior ativismo e protagonismo do Poder Judiciário, especialmente no que diz respeito ao Mandado de Injunção. A partir desse momento também se acentuam as críticas e se aprofundam os debates a respeito da legitimidade democrática do Supremo e os limites de sua função contramajoritária.

Ainda que não seja possível uma resposta definitiva a respeito de quem deve dar a última palavra sobre a interpretação da Constituição, desenhos institucionais que possibilitem a convergência de esforços entre os Poderes são capazes de contribuir de forma mais efetiva para uma realização otimizada da força normativa da Constituição, reduzindo-se, assim, o abismo entre *norma* e *realidade*. Esta foi a premissa fundamental a partir da qual se tentou confirmar a hipótese levantada na introdução e apresentar propostas de aprimoramento das instituições.

Quanto ao objetivo geral, foi possível *confirmar a hipótese levantada na introdução*. Há uma coexistência pouco harmoniosa entre o controle de constitucionalidade por ação e o controle por omissão no Brasil. Há uma tendência de se compreender a inconstitucionalidade por omissão como algo necessariamente associado aos seus instrumentos típicos de controle (Mandado de Injunção e Ação Direta de Inconstitucionalidade por Omissão), ignorando que, diariamente, juízes e tribunais exercem o controle de constitucionalidade por omissão por meio do controle difuso. Ignorar tal distinção pode gerar graves distorções, sendo possível mencionar ao menos dois exemplos: a) o controle difuso da inconstitucionalidade por omissão é acompanhado de decisões de alcance muito mais amplo do que por meio de seus instrumentos típicos de controle, de modo que se tem permitido um controle muito mais incisivo por meio de processos subjetivos; b) não compreender a existência do vício da inconstitucionalidade por omissão de forma autônoma de seus instrumentos de controle faz com que se ignore, por exemplo, a cláusula de reserva de plenário;

Do ponto de vista dos instrumentos típicos de controle, foi possível perceber que não há uma organização sistemática do controle de constitucionalidade por omissão no Brasil. Por meio de um Mandado de Injunção, qualquer titular de um direito fundamental pode obter uma decisão de natureza concretista, que, por vezes, pode ter efeitos erga omnes. Já na Ação Direta de Inconstitucionalidade por Omissão, um processo objetivo e com um rol muito mais restrito de legitimados, não é possível obter providência similar. Seja como for, os objetivos específicos da dissertação envolveram a análise dos problemas centrais do Mandado de Injunção, Ação Direta de Inconstitucionalidade por Omissão e Arguição de Descumprimento de Preceito Fundamental.

No caso do Mandado de Injunção, foi possível discutir de forma profunda como o Supremo construiu os aspectos processuais do instituto, diante da lacuna legislativa existente até 2016. A despeito da inovação trazida pela Lei 13.300/2016, não se pode ignorar a necessidade de debates para o aprimoramento institucional. Diante disso, modelos estaduais de Mandado de Injunção (tendo por parâmetro do controle a Constituição Estadual) e os projetos de lei já existentes foram apresentados e debatidos, criticando-se, também, a regulamentação trazida pela nova lei.

No plano estadual, foi possível concluir que (i) Todos os Estados da Federação e o Distrito Federal possuem previsão de competência originária do Tribunal de Justiça local para o julgamento do Mandado de Injunção em nível estadual; (ii) alguns poucos Estados preveem, também, a prioridade na tramitação do Mandado de Injunção; (iii) Na redação dos artigos que preveem a competência dos Tribunais de Justiça, alguns poucos Estados apenas previram genericamente a competência do Tribunal de Justiça, enquanto os demais procuram descrever, exaustivamente, os casos de competência do Tribunal; (iv) algumas Constituições Estaduais preveem competência originária do Tribunal de Justiça para julgamento do *writ* apenas em face de autoridades estaduais, enquanto outros preveem tanto para autoridades municipais quanto para estaduais. Quanto aos dois últimos critérios, foi ressaltada a problemática de se permitir que um magistrado de primeiro grau seja competente para julgar o Mandado de Injunção, tendo sido defendida como a melhor fórmula a da Constituição do Estado de São Paulo, que prevê somente a competência do Tribunal de Justiça.

Como sugestões de aprimoramento do modelo trazido pela Lei nº 13.300/2016, sugeriu-se uma utilização mais efetiva de Amicus Curiae, de modo a permitir a participação de pessoas eventualmente afetadas pelos efeitos da decisão judicial; a competência para julgamento do MI estadual ser restrita aos Tribunais de Justiça; e a observância da maioria de 2/3 dos membros do tribunal ou órgão especial na hipótese de decisões com efeitos erga omnes, visto tratar-se de abstrativização de controle concreto de constitucionalidade.

Sobre a Ação Direta de Inconstitucionalidade por Omissão, o problema central diz respeito ao equilíbrio entre dois extremos. De um lado, a tese até então aceita pelo Supremo Tribunal Federal, no sentido de que reconhecida a omissão, o órgão ou poder omisso somente deverá ser cientificado para suprir a lacuna Em outro sentido, defende-se que o Judiciário poderia simplesmente preencher judicialmente a lacuna legislativa ou administrativa faltante. A despeito de argumentos favoráveis existirem em favor de ambas as teses, existem alternativas capazes de aprimorar a ADO e seu potencial de efetivação da Constituição.

Há quem defenda o trancamento de pauta como uma alternativa viável, seja por interpretação analógica pelo Supremo, seja por meio de reformas ao texto constitucional. Não parece uma alternativa válida se construída judicialmente, seja por não haver situação similar que justifique o uso da analogia (limites interpretativos), seja por coerência com entendimentos do próprio STF que limitam o trancamento de pauta. Todavia, é uma proposta que pode representar um aprimoramento do sistema atual se (i) prevista expressamente pela Constituição; (ii) combinada com outras ideias existentes (por exemplo, aplicação do trancamento de pauta diante da não apreciação de projetos de lei de iniciativa popular).

A tipificação como crime de responsabilidade é uma alternativa que deve ser vista com parcimônia. Primeiramente, é de se rejeitar as propostas de Constituições Estaduais que preveem crimes de responsabilidade para autoridades que não preencham a lacuna inconstitucional no prazo estabelecido pelo Judiciário. Em segundo lugar, parece que a responsabilização político-administrativa em questão não parece adequada para os representantes do Legislativo, eis que a individualização da conduta omissiva é praticamente inviável dentro do parlamento. Por fim, ainda que possa ser uma ideia aplicável ao Chefe do Executivo, não se pode ignorar que critérios cuidadosos devem ser delimitados para evitar, por exemplo, a responsabilização do agente público por uma omissão pré-existente a sua posse no cargo.

A responsabilidade estatal por omissão legislativa é um tema bastante complexo. Para o que interessa ao trabalho, o principal problema para efetivamente tornar indenizável a omissão inconstitucional diz respeito ao entendimento hoje vigente no Supremo, que impõe como condição necessária para a responsabilização do Estado o prévio reconhecimento da omissão no controle abstrato de constitucionalidade, bem como a delimitação do termo inicial da mora legislativa. Tal construção jurisprudencial não parece coerente com a tradição do controle difuso de constitucionalidade, na medida em que compete a qualquer juiz ou tribunal declarar incidentalmente a inconstitucionalidade, seja por ação ou omissão. Nada obsta que os efeitos de decisões do Supremo sejam aplicáveis a casos individuais, a partir de instrumentos como a Súmula Vinculante ou o art. 475-J, § 1º do Código de Processo Civil.

O debate sobre uma postura mais ativista do Supremo quanto aos efeitos da decisão na Ação Direta de Inconstitucionalidade por Omissão é inevitável. Partindo da premissa de que essa possa vir a ser uma orientação jurisprudencial eventualmente adotada, parece construtivo sugerir parâmetros de atuação judicial capazes de melhor conciliar a tensão entre os poderes. Foram sugeridos como parâmetros: (i) a fundamentalidade material (Sendo a norma invocada como parâmetro de controle uma norma definidora de direitos fundamentais, o ônus argumentativo para uma decisão aditiva deve ser reduzido); (ii) tempo (Tratando-se de decisão de caráter aditivo, deve o Judiciário modular os efeitos da decisão, de modo que esta só produza efeitos após o prazo estabelecido para que o agente político competente supra a omissão); (iii) reiteração de decisões (a existência de decisões anteriores nas quais foi reconhecida a inconstitucionalidade por omissão reduz o ônus argumentativo para justificar a decisão de efeitos aditivos. Da mesma forma, diante da ausência de decisões anteriores, o ônus argumentativo deve ser mais elevado); (iv) quando existem medidas concretas (escolha de meios de atuação) para afastar a omissão, deve o Judiciário ser mais deferente ao poder competente; (v) analogia (reconhecida a omissão e o cabimento de decisão de caráter aditivo, o Judiciário deve privilegiar o uso da analogia, se possível).

Não se pode ignorar que um caminho participativo para a efetividade das normas constitucionais pode ser uma alternativa eficiente. A valorização da iniciativa popular (com a redução do número mínimo de assinaturas e trancamento de pauta para constranger o Parlamento a apreciar a matéria) parece uma boa proposta. Além disso, delimitar prazos para o exercício da iniciativa reservada parece uma boa ideia, permitindo que outros sujeitos se substituam ao agente público omisso, uma vez transcorrido o prazo. Por fim, defendeu-se que uma boa forma de diálogo constitucional entre os poderes poderia ser permitir que decisões aditivas ou concretistas fossem proferidas pelo Supremo, permitindo que o Legislativo suspenda a decisão por um prazo razoável (de 30 a 90 dias), após o qual a decisão produziria todos os seus efeitos, se ausente a norma regulamentadora. Permite-se, portanto, uma última oportunidade para que o órgão competente delibere sobre a matéria, sem que outro agente a ele substitua.

Sobre a ADPF, parece correta a tese que compreende o art. 10 da Lei 9.882/99 como um instrumento que possibilite técnicas de decisões distintas da inconstitucionalidade sem pronúncia de nulidade, mas tão somente diante da inconstitucionalidade por omissão parcial, que pode ser objeto da ADPF por se equiparar a um caso de inconstitucionalidade por ação. Não parece que tal dispositivo tenha consagrado panaceia capaz de resolver hipóteses de inconstitucionalidade por omissão legislativa total, como um atalho hermenêutico ao que a teoria constitucional ainda não consegue extrair da Ação Direta de Inconstitucionalidade por Omissão. É importante lembrar que os precedentes jurisprudenciais normalmente invocados para amparar a tese de que a ADPF seja capaz de lidar efetivamente com a omissão legislativa total envolveram somente a omissão parcial ou de natureza administrativa.

Como mensagem final da dissertação, três parecem ser as questões mais relevantes para uma Constituição verdadeiramente efetiva e transformadora. Primeiro, a inconstitucionalidade por omissão está além da capacidade institucionais de qualquer dos três poderes, individualmente. Somente a cooperação é capaz de realizar os programas constitucionais em sua máxima extensão. Em segundo lugar, é preciso imbuir na jurisdição constitucional a consciência e a práxis de que a inconstitucionalidade por omissão é algo distinto de seus instrumentos típicos de controle, não se eximindo do ônus argumentativo de enfrentar tal problema como questão incidental. Por fim, construções teóricas ou legislativas devem primar pela coerência de um sistema de controle da inconstitucionalidade por omissão, evitando-se o casuísmo e primando por uma coexistência harmônica dos institutos.

REFERÊNCIAS

Alemanha. Tribunal Constitucional Alemão. Problems of Legislative Omission in the Federal Constitutional Court's Case-Law. **Conference of European Constitutional Courts**. Disponível em: <www.confcoconsteu.org>. Acesso em: 20/12/2013.

ALEXY, Robert. **Teoria dos Direitos Fundamentais** (trad. Virgílio Afonso da Silva). São Paulo: Malheiros, 2008.

ANASTÁCIO, Rachel Bruno. **Mandado de Injunção. Em Busca da Efetividade da Constituição**. Rio de Janeiro: Lumen Juris, 2003.

ARANGO, Rodolfo. O Direito à Saúde na Jurisprudência Constitucional Colombiana. In: SOUZA NETO, Cláudio Pereira de (Org.); SARMENTO, Daniel (Org.). **Direitos Sociais. Fundamentos, Judicialização e Direitos Sociais em Espécie**. 2ª Tiragem. Rio de Janeiro: Lumen Juris, 2010, p. 721-754.

ÁVILA, Humberto. **Teoria dos Princípios. Da definição à aplicação dos princípios jurídicos**. 12ª edição, ampliada. São Paulo: Malheiros, 2011.

BARBOSA MOREIRA, José Carlos. Mandado de Injunção. **Arquivos dos Tribunais de Alçada**. Vol. 12 – abril/junho 1991, p. 12-20.

BARBOSA, Renata Athayde. **Mandados Constitucionais de Criminalização e o caso do Terrorismo**. Dissertação de Mestrado. Programa de Pós-Graduação em Direito Constitucional da UFF, 2013.

BARCELOS, Ana Paula de. **A eficácia jurídica dos princípios constitucionais**. 2ª Edição. Rio de Janeiro: Renovar, 2008.

_____. **Ponderação, Racionalidade e Atividade Jurisdicional**. Rio de Janeiro: Renovar, 2005.

BARROS, Clemilton da Silva. **Aposentadoria Especial do Servidor Público e o Mandado de Injunção. Análise da Jurisprudência** do STF, acerca do Artigo 40, parágrafo 4º da CF. Campinas: Servanda Editora, 2012.

BARROSO, Luís Roberto. **Curso de Direito Constitucional Contemporâneo**. Rio de Janeiro: Saraiva, 2009.

_____. **Interpretação e Aplicação da Constituição**. 7ª Edição. Rio de Janeiro: Saraiva, 2009.

_____. **O Controle de Constitucionalidade no Direito Brasileiro**. 5ª edição. Rio de Janeiro: Saraiva, 2011.

_____. **O Direito Constitucional e a Efetividade de suas Normas. Limites e possibilidades da Constituição Brasileira**. 9ª Ed. Rio de Janeiro: Renovar, 2009.

_____. Mandado de Injunção: o que foi sem nunca ter sido. Uma proposta de reformulação. In: BARROSO, Luís Roberto (org.). **Temas de Direito Constitucional. Vol. I**. Rio de Janeiro: Renovar, 2006, p. 189-198.

_____. O Mandado de Injunção como novo Remédio Jurídico Constitucional. Revista de Direito da Procuradoria Geral do Estado do Rio de Janeiro. N. 43, 1991, p. 100-108

_____. Mandado de Injunção. Perfil Doutrinário e Evolução Jurisprudencial. **Revista de Direito Administrativo**, n. 191. Rio de Janeiro: Renovar, Jan-Mar 1993, p. 1-13.

_____. **Curso de Direito Constitucional Contemporâneo**. Rio de Janeiro: Saraiva, 2009.

_____. Da Falta de Efetividade à Judicialização Excessiva: Direito à Saúde, Fornecimento Gratuito de Medicamentos e Parâmetros para a Atuação Judicial. In: SARMENTO, Daniel; SOUZA NETO, Cláudio Pereira de (orgs). **Direitos Sociais. Fundamentos, Judicialização e Direitos Sociais em Espécie**. Rio de Janeiro: Lumen Juris, 2010.

_____. **O Novo Direito Constitucional Brasileiro. Contribuições para a construção teórica e prática da jurisdição constitucional no Brasil**. Belo Horizonte: Fórum, 2013.

BAZAN, Víctor. **Control de las Omisiones Inconstitucionalies e Inconvencionales. Recorrido por el derecho y la jurisprudencia americanos y europeos**. Bogotá: Fundação Konrad Adenauer, 2014.

BELLO, Enzo. **A cidadania no constitucionalismo latino-americano.** Caxias do Sul: EDUCS, 2012.

_____.; VERONESE, Alexandre; VAL, Eduardo Manuel. Notas Introdutórias sobre as Recentes Reformas no Controle de Constitucionalidade no Chile, Argentina e no Brasil. In: Felipe Dutra Asensi; Daniel Gioti. (Org.). **Tratado de Direito Constitucional.** 1ª Ed. Rio de Janeiro: Editora FGV, 2012.

BERNARDES, Juliano Taveira. **Novas perspectivas de controle da omissão constitucional no direito brasileiro.** Disponível em: <http://jus.com.br/revista/texto/6126>. Acesso em: 20/04/2012.

_____. Ação Direta de Inconstitucionalidade por Omissão (ADINO). In: DIDIER, Fredie (Org.). **Ações Constitucionais.** 5ª edição. Salvador: JusPodivm, 2011, p. 525-564.

BICKEL, Alexander. **The least dangerous branch. The Supreme Court at the bar of politics.** Second edition. Yale University Press.

BRANDÃO, Rodrigo. **Supremacia Judicial versus Diálogos Constitucionais. A quem cabe a última palavra sobre o sentido da Constituição?** Rio de Janeiro: Lúmen Juris, 2012.

CÂMARA, Alexandre Freitas. **Lições de Direito Processual Civil. Vol. I.** 21ª edição. Rio de Janeiro: Lumen Juris, 2011.

_____. **Lições de Direito Processual Civil.** Vol. II. 19ª edição. Rio de Janeiro: Lúmen Juris, 2011.

CAMPOS, Carlos Alexandre de Azevedo. **Da inconstitucionalidade por omissão ao "Estado de coisas inconstitucional".** Tese de doutorado. Universidade do Estado do Rio de Janeiro, 2015.

_____. **O Estado de Coisas Inconstitucional e o litígio estrutural.** Disponível em: <http://www.conjur.com.br/2015-set-01/carlos-campos-estado-coisas-inconstitucional-litigio-estrutural>. Acesso em: 1º de setembro de 2015.

_____. **Devemos temer o estado de coisas inconstitucional?** Disponível em: <http://www.conjur.com.br/2015-out-15/carlos-campos-devemos-temer-estado-coisas-inconstitucional>. Acesso em: 15 de outubro de 2015.

CAMPOS MELLO, Patrícia Perrone. **Precedentes. O Desenvolvimento Judicial do Direito no Constitucionalismo Contemporâneo**. Rio de Janeiro: Renovar, 2009.

CANOSA, Eduardo Andrés Velandia. **El principio de Supremacía y la inconstitucionalidad por omisión legislativa: ¿nueva tendencia del constitucionalismo latinoamericano o es una garantía del derecho procesal constitucional?** Trabalho apresentado no Congresso Mundial de Direito constitucional, 2010. Disponível em: < http://www.juridicas.unam.mx/wccl/ponencias/13/359.pdf> Acesso em: 07.07.2012.

CANOTILHO, José Joaquim Gomes. **Direito Constitucional e Teoria da Constituição**. 7ª edição. Coimbra: Almedina, 2003.

_____. **Constituição Dirigente e Vinculação do Legislador. Contributo para a compreensão das normas constitucionais programáticas**. 2ª edição. Coimbra: Coimbra editora, 2001.

_____. O direito constitucional como ciência de direcção – o núcleo essencial das prestações sociais ou a localização incerta da socialidade (contributo para a realização da força normativa da "constituição social"). In: CANOTILHO, José Joaquim Gomes; CORREIA, Marcus Orione Gonçalves; CORREIA, Érica Paula Barcha. **Direitos Fundamentais Sociais**. São Paulo: Saraiva, 2010.

CAPPELLETTI, Mauro; GARTH, Bryant. **Acesso à Justiça (Trad. Ellen Gracie Northfleet)**. Porto Alegre: Sergio Antonio Fabris, 2002.

CASADO, Iván Vila. **Fundamentos del derecho constitucional contemporáneo**. Bogotá: legis información e soluciones, 2012.

CAUBET, Yannick. **Controle de Constitucionalidade por Omissão. Institutos e Óbices à sua Eficácia**. Curitiba: Juruá, 2008.

CLEVE, Clemerson Merlin. **A Fiscalização Abstrata da Constitucionalidade no Direito Brasileiro**. 2ª edição revista, atualizada e ampliada. 2ª tiragem. São Paulo: Revista dos Tribunais, 2000.

_____.; SARLET, Ingo Wolfgang; COUTINHO, Jacinto Nelson de Miranda, STRECK,, Lenio Luiz; PANSIERI, Flávio. Senso Incomum. **Perigo da criminalização judicial e quebra do Estado Democrático de Direito**. Disponível em: <http://www.conjur.com.

br/2014-ago-21/senso-incomum-criminalizacao-judicial-quebra-estado-democratico-direito>. Acesso em: 10/09/2014

CLEVES, Gonzalo Ramírez. **El control de constitucionalidad sobre las omisiones legislativas en Colombia**. p.26. Disponível em: <http://icr.uexternado.edu.co/Documentos/ponencia1.pdf > Acesso em: 14.07.2012.

COELHO, Inocêncio Mártires. Sobre a aplicabilidade da norma constitucional que instituiu o Mandado de Injunção. Revista de Informação Legislativa. Ano 26, n. 104. Brasília, Senado Federal, out./dez. 1989, p. 43-58.

CONSTANTINESCO, Leontin-Jean. **Tratado de direito comparado: introdução ao direito comparado**. Rio de Janeiro, 1998

CORWIN, Edward. **A Constituição Norte-Americana e seu significado atual**. Prefácio, tradução e notas de Lêda Boechat Rodrigues. Rio de Janeiro: Zahar Editores, 1986.

COSTA, Aline Matias; LEGALE FERREIRA, Siddharta. Núcleos de Assessoria Técnica e Judicialização da Saúde: Constitucionais ou Inconstitucionais? **Revista da Seção Judiciária do Rio de Janeiro**, Vol. 20, n. 36, p. 219-240, abril de 2013. Disponível em: <http://www4.jfrj.jus.br/seer/index.php/revista_sjrj/article/view/371>. Acesso em: 20/06/2013.

COUTINHO, Jacinto Nelson de Miranda (org.). **Canotilho e a Constituição Dirigente**. Rio de Janeiro: Renovar, 2005.

CUNHA, Maria Conceição Ferreira da. **Constituição e Crime: uma perspectiva da criminalização e da descriminalização**. Imprenta: Porto, Universidade Católica Portuguesa, 1995.

CUNHA JÚNIOR, Dirley da. **Controle judicial das omissões do poder público: em busca de uma dogmática constitucional transformadora à luz do direito fundamental à efetivação da constituição**. São Paulo: Saraiva, 2008.

DALMAU, Rubens Martinez. **¿se pude hablar de un nuevo constitucionalismo latinoamericano como corriente doctrinal sistematizada?** Trabalho apresentado no Congresso Mundial de Direito constitucional, 2010. Disponível em: <http://www.juridicas.unam.mx/wccl/ponencias/13/245.pdf> Acesso em: 10/07/2012.

_____. Asembleas constituintes e novo constitucionalismo em América Latina. **Tempo exterior: Revista de análise e estudos internacionais.** N. 17, 2008. Disponível em: <http://www.igadi.org/te/pdf/te_se17/te29_17_005_ruben_martinez_dalmau.pdf> Acesso em: 10.07.2012.

_____. ; PASTOR, Roberto Viciano. ¿Ganar o perder? La propuesta de reforma constitucional em Venezuela y el referendo de 2007. 2008. <http://www.ceps.es/webantigua/investigacion/informes/ptalsxxi/1-julio2008.pdf> Acesso em: 11.07.2012.

DWORKIN, Ronald. **O império do Direito**. São Paulo: Martins Fontes, 2007

ESCOBAR, Jacobo Pérez. **Derecho constitucional colombiano**. Bogotá: Colombia, 2010.

ESPANHA. **The problems of legislative omission in constitutional jurisprudence. Paper from the Constitutional Court of Spain**. Conference of European Constitutional Courts. Disponível em: <www.confcoconsteu.org>. Acesso em: 20/12/2013.

ESTÔNIA. **Problems of Legislative Omission in Constitutional Jurisprudence. Replies to the Questionnaire for the XIVth Congress of the Conference of European Constitutional Courts drawn up by the Constitutional Court of the Republic of Lithuania**. Conference of European Constitutional Courts. Disponível em: <www.confcoconsteu.org>. Acesso em: 20/12/2013.

FARIA, Luiz Alberto Gurgel. **Controle de Constitucionalidade na Omissão Legislativa. Instrumentos de Proteção Judicial e seus Efeitos**. Curitiba: Juruá, 2004.

FERNANDES, Eric Baracho Dore. O Mandado de Injunção no Direito Constitucional brasileiro: análise dos projetos de lei em tramitação e modelos de competência nas Constituições Estaduais. **Revista da Seção Judiciária do Rio de Janeiro**. V. 19. N. 35. Dez. 2012, p. 117-145.

_____. O controle jurisdicional das omissões inconstitucionais no Direito Financeiro e Tributário. **Revista Brasileira de Direito Tributário e Finanças Públicas,** V. 7, n. 38. São Paulo: Lex Magister, 2013, p. 38 e ss.

_____. O Estado Social de Direito no Brasil: o desafio de equacionar Democracia de Judicialização das Políticas Públicas. v. 8, n. 42, Porto Alegre: IOB editora, 2012, p. 84-102.

_____. A Normatividade do Direito ao Desenvolvimento: Elementos para a Exigibilidade Judicial. **Revista Direito Público (Porto Alegre)**, v. 8, n. 41, p. 2011, p. 14-40.

_____. O papel do Poder Judiciário na concretização de um modelo social de desenvolvimento. In: Ana Maria Aparecida de Freitas; Fábio Túlio Barroso; Sergio Torres Teixeira. (Org.). **Acesso à Justiça e Trabalho Decente: Dimensões Tutelares e suas Múltiplas Manifestações**. 1ª edição. Recife: ESMATRA da 6ª Região, 2012, p. 139-198.

_____. O Legado de Victor Nunes Leal: Defesa e Construção de uma Corte Suprema Democrática. Monografia vencedora do I Prêmio Victor Nunes Leal. Brasília: 2010. Disponível em: <http://www.ivnl.com.br/download/monografia_eric_baracho.pdf>. Acesso em: 10/01/2013.

_____. A Contribuição do Ministro Victor Nunes Leal na Construção de uma Corte Suprema Democrática. In: **Vladmir Passos de Freitas. (Org.). Juízes e Judiciário: Histórias, Casos, Vidas**. 1ª ed. Curitiba: Edição por Demanda, 2012, v. 1, p. 221-229.

_____. LEGALE FERREIRA, Siddharta. O Controle Jurisdicional das Omissões Legislativas no Novo Constitucionalismo Latino-americano. Um estudo comparado entre Brasil e Colômbia. In: FERREIRA, Gustavo Sampaio Telles; XIMENES, Júlia Maurmann. (Orgs.). **Instituições Políticas, Administração Pública e Jurisdição Constitucional**. 1ª ed. Florianópolis: FUNJAB, 2013, v. 1, p. 182-212.

_____. Aspectos processuais do Mandado de Injunção e a sua ausência de regulamentação: análise crítica dos projetos de lei existentes 2012. **REDAP – Revista do Curso de Especialização em Direito da Administração Pública**, V. I, nº 1, Agosto – Dezembro de 2012. p. 34-49

FERRAZ, Ana Cândida da Cunha. Inconstitucionalidade por omissão: uma proposta para a constituinte. **Revista de Informação Legislativa**, a. 23, n. 89. Brasília, Senado Federal, jan./mar. 1986, p. 49-62.

FERRAZ, Luciano de Araújo. Art. 37, X. In: CANOTILHO, José Joaquim Gomes; MENDES, Gilmar Ferreira; STRECK, Lênio Luiz. **Comentários à Constituição do Brasil**. São Paulo: Saraiva/ Almedina, 2013, p. 859.

FERREIRA FILHO, Manoel Gonçalves. **Do Processo Legislativo**. São Paulo: Saraiva, 2007.

FERREIRA, Gustavo Sampaio Telles. **Federalismo Constitucional e Reforma Federativa. Poder Local e Cidade-Estado**. Rio de Janeiro: Lúmen Juris, 2012.

FLOREZ MUNOZ, Daniel Eduardo. La acción pública de inconstitucionalidad como garantia del Estado constitucional en Colombia. **Opin. jurid.**, Medellín, v. 9, n. 18, July 2010. Disponível em: .<http://www.scielo.org.co/scielo.php?pid=S1692- -25302010000200006&script=sci_arttext> Acesso em: 13/07/2012.

GARCIA, Maria. O Direito Costitucional Norte-Americano: Uma Concepção Circular do Direito Constitucional e o Juspositivismo Contemporâneo. In: GARCIA, Maria; AMORIM, José Roberto Neves. **Estudos de Direito Constitucional Comparado**, p.27-33.

GLENN, Patrick. **Legal traditions of the World**. Oxford: Oxford University Press, 2004.

GONZÁLEZ, David Mendieta. **La acción pública de inconstitucionalidad: a propósito de los 100 años de su vigencia en Colombia**. Vniversitas, Bogotá, n. 120, Jan. 2010. Disponível em: <http://www.scielo.org.co/scielo.php?pid=S0041- -90602010000100003&script=sci_arttext> Acesso em: 13/07/2012.

GRZYBOWSKI, Marian. *Legislative Omission in Practical Jurisprudence of the Polish Constitutional Tribunal*. **Observatório de Jurisdição Constitucional**. Disponível em: <http://www.portaldeperiodicos. idp.edu.br/index.php/observatorio/article/viewFile/165/136>. Acesso em: 13/06/2013.

HÄBERLE, Peter. **El estado constitucional**. México: Universidad Nacional Autónoma de México, 2003.

_____. **Hermenêutica Constitucional. A Sociedade Aberta dos Intérpretes da Constituição: Contribuição para a Interpretação

Pluralista e "Procedimental" da Constituição (Trad. Gilmar Ferreira Mendes). Porto Alegre: Sérgio Antônio Fabris, 1997.

HACHEM, Daniel Wunder. **Mandado de Injunção e Direitos Fundamentais**. Belo Horizonte: Fórum, 2012.

HESSE, Konrad. **A Força Normativa da Constituição** (trad. Gilmar Ferreira Mendes). In: ALMEIDA, Carlos dos Santos; MENDES, Gilmar Ferreira; COELHO, Inocêncio Mártires. **Temas Fundamentais do Direito Constitucional**. São Paulo: Saraiva, 2009.

IBRAHIM, Fábio Zambite. **Curso de Direito Previdenciário**. 17ª edição, revista, ampliada e atualizada. Niterói: Ímpetus, 2012.

IRONS, Peter. *A People's History of the Supreme Court*. New York: Penguin Books, 2006.

JUNIOR, André Puccinelli. **A omissão legislativa inconstitucional e a responsabilidade do estado legislador**. São Paulo: Saraiva, 2007.

JUNIOR, Paulo Hamilton Siqueira. **Direito Processual Constitucional**. 5ª edição. São Paulo: Saraiva, 2011.

KELSEN, Hans. **Teoria Geral do Direito e do Estado**. 2ª edição. São Paulo: Martins Fontes, 1990.

KRELL, Andreas Joachim. **Direitos sociais e controle judicial no Brasil e na Alemanha: os (des)caminhos de um direito constitucional "comparado"**. Porto Alegre: Sergio Antonio Fabris Editor, 2002, p. 103-106.

LACERDA, Galeno. Revisão do conceito de federação. Sistema de recursos e de ações constitucionais. Abolição do Mandado de Injunção. **Cadernos de Direito Constitucional e Ciência Política**, n. 3. São Paulo: Revista dos Tribunais, abril-junho de 1993, p. 246-253.

LASSALE, Ferdinand Johann Gottlieb. **O que é uma constituição? (trad. Ricardo Rodrigues Gama)**. Campinas: Russel Editores, 2009.

LEGALE FERREIRA, Siddharta. A Constituição reinventada pelas crises: Do Neoconstitucionalismo ao constitucionalismo internacionalizado. **Direito Público** (Porto Alegre), v. 32, p. 158-174, 2010.

_____. ; MIRANDA NETTO, Fernando Gama de ; BASTOS, Thiago Guerreiro. Actuación del Supremo Tribunal Federal brasileño bajo la Presidencia del Ministro Gilmar Ferreira Mendes (2008-2010). In: Eduardo Andrés Velandia Canosa. (Org.). **Derecho Procesal constitucional**. III ed. Bogotá Colômbia: VC Editora LTDA, 2012, v. III, p. 346-358.

_____. ; MACEDO, Marco Antônio F. . **A Corte Moreira Alves (1975-2003): a judicatura de um civilista e o controle de constitucionalidade**. In: Seminário Internacional de História e Direito, 2012. SEMINÁRIO INTERNACIONAL DE HISTÓRIA E DIREITO: INSTITUIÇÕES POLÍTICAS, PODER E JUSTIÇA, 2012. v. 2.

_____. ; MACEDO, Marco Antônio Ferreira; VAL, Eduardo Manuel. *La Corte Moreira Alves (1975-2003): la judicatura de un civilista en el Supremo Tribunal Federal y el control de constitucionalidad*. **Derecho sin Fronteiras**. Julio-Diciembre 2012, p. 5-16.

_____. LEGALE FERREIRA, Siddharta; BASTOS, Thiago Guerreiro. A Corte Gilmar Mendes: Breve história da jurisprudência do Supremo Tribunal Federal. In: **III SEMINÁRIO DE DIREITO PROCESSUAL DO LABORATÓRIO FLUMINENSE DE ESTUDOS PROCESSUAIS (LAFEP), 2011. 3º Seminário do Laboratório Fluminense de Estudos Processuais**, 2011.

_____.; Standards: O que são e como criá-los? **THEMIS- Revista da ESMEC**, v. 7, 2009. p. 15-56.

_____. ; FERNANDES, Eric Baracho Dore. **O STF nas Cortes Victor Nunes Leal, Moreira Alves e Gilmar Mendes**. *Mimeo*. Aceito para publicação na Revista Direito GV, 2013.

LEITE, Carlos Henrique Bezerra. Art. 37, VII. In: CANOTILHO, José Joaquim Gomes; MENDES, Gilmar Ferreira; STRECK, Lênio Luiz. **Comentários à Constituição do Brasil**. São Paulo: Saraiva/Almedina, 2013, p. 840-850.

LENZA, Pedro. **Direito Constitucional Esquematizado**. 15ª edição. São Paulo: Saraiva, 2011.

LEONCY, Léo Ferreira. **Controle de Constitucionalidade Estadual. As normas de observância obrigatória e defesa abstrata da Constituição do Estado-membro**. São Paulo: Saraiva, 2007.

LOUREIRO, Lair da Silva; FILHO, Lair da Silva Loureiro. Mandado de Segurança e Mandado de Injunção. **Jurisprudência do Órgão Es-**

pecial do Tribunal de Justiça do Estado de São Paulo 1985/1995. São Paulo: Saraiva, 1996.

MACHADO, Carlos Augusto Alcântara. **Mandado de Injunção. Um Instrumento de Efetividade da Constituição**. 2ª Edição. São Paulo: Atlas, 2004.

MACHADO, Hugo de Brito. **Curso de Direito Tributário**. 32ª edição, revista, atualizada e ampliada. São Paulo: Malheiros, 2010.

MAZZEI, Rodrigo. Mandado de Injunção. In: DIDIER JR, Fredie. **Ações Constitucionais**. 5ª edição. Salvador: Jus Podium, 2011, p. 215-281.

MAZZUOLI, Valério de Oliveira. **O controle jurisdicional de convencionalidade das leis**. 3ª edição revista, atualizada e ampliada. São Paulo: Revista dos Tribunais, 2013.

MEDINA, Damares. **Amigo da corte ou amigo da parte?** São Paulo: Saraiva, 2010.

MEIRELLES, Hely Lopes; WALD, Arnoldo; MENDES, Gilmar Ferreira. **Mandado de Segurança** e Ações Constitucionais. 34ª edição. São Paulo: Malheiros, 2012.

MENDES, Gilmar Ferreira. **Estado de Direito e Jurisdição Constitucional (2002-2010)**. São Paulo: Saraiva, 2011.

_____. **Jurisdição Constitucional. O Controle Abstrato de Normas no Brasil e na Alemanha**. São Paulo: Saraiva, 2009.

_____. **Controle Abstrato de Constitucionalidade: ADI, ADC e ADO**. Comentários à Lei n. 9.868/99. São Paulo: Saraiva, 2012.

_____. **Arguição de Descumprimento de Preceito Fundamental**. 2ª edição. São Paulo: Saraiva, 2011.

_____. O apelo ao legislador – *appellellentscheidung* – na

práxis da Corte Constitucional Federal Alemã. In: **Revista de Direito Público n 99**, p. 32-53.

_____. O Mandado de Injunção e a necessidade de sua regulamentação efetiva. **Observatório da Jurisdição Constitucional**. Brasília: IDP, Ano 2, 2008/2009.

_____. **Jurisdição Constitucional no Brasil: o problema da omissão legislativa inconstitucional**. Disponível em:<http://www.gilmarmendes.com.br/>.

_____.; BRANCO, Paulo Gustavo Gonet. **Curso de direito constitucional**. 8ª edição. São Paulo: Saraiva, 2013.

_____.; BRANCO, Paulo Gustavo Gonet; COELHO, Inocêncio Mártires. **Curso de direito constitucional**. 4ª edição. São Paulo: Saraiva, 2010.

_____. **Moreira Alves e o Controle de Constitucionalidade**. São Paulo: Saraiva, 2004.

_____. Mandado de Injunção. **Direito Público**, v. 4, n. 13. Porto Alegre: Síntese, jul./set. 2003, p. 5-23.

_____. Mandado de Injunção. **Direito Público**, v. 5, n. 19. Porto Alegre: Síntese, Jan.-Fev. 2008, p. 126-148.

_____.; VALE, André Rufino do, QUINTAS, Fábio Lima (Orgs.). **Mandado de Injunção. Estudos sobre sua regulamentação**. São Paulo: Saraiva, 2013.

Sato, Miyuki. Judicial review in Brazil: nominal and real. **Global Jurist Advances**. Berkeley Electronic Press, Vol. 03 (1), 2003. Disponível no Portal de Periódicos CAPES, em: <periodicos.capes.gov.br>. Acesso em: 03/08/2013.

MORAES, Alexandre de. **Direito Constitucional**. 27ª edição. São Paulo: Atlas, 2011.

MORAIS, Carlos Blanco. O controlo de inconstitucionalidade por omissão no ordenamento brasileiro e a tutela de dos direitos sociais: um mero ciclo activista ou uma evolução para o paradigma neoconstitucionalista? **Revista de Direito Constitucional e Internacional**, ano 20, n. 78. São Paulo: Revista dos Tribunais, jan.-mar. 2012, p. 153-226.

_____. Direitos sociais e controle de inconstitucionalidade por omissão no ordenamento brasileiro: activismo judicial momentâneo ou um novo paradigma? **Revista Brasileira de Estudos Constitucionais – RBEC**. Ano 5, n. 20 – outubro/dezembro de 2011, p. 211-244.

MOREIRA ALVES, José Carlos. **Curso de Direito Romano**. 14ª edição, revista, corrigida e aumentada. Rio de Janeiro: GEN – Forense, 2008.

MOURA, Emerson Affonso da Costa; FERNANDES, Eric Baracho Dore. Omissão legislativa e responsabilidade do Estado: avanços, retrocessos e perspectivas. **Fórum Administrativo**, v. 13, n. 151. Belo Horizonte: Fórum, 2013, p. 9 e ss.

NETO, Eurico Bitencourt. Mandado de Injunção **na Tutela de Direitos Sociais**. Salvador: *Juspodivm*, 2009.

NEVES, Marcelo. **Tranconstitucionalismo**. 1ª edição. 2ª Tiragem. São Paulo: Martins Fontes, 2012.

OLIVEIRA, Adriana Vidal de. **A Constituição da Mulher Brasileira: uma análise dos estereótipos de gênero na Assembleia Constituinte de 1987-1988 e suas consequências no texto constitucional**. Tese de Doutorado defendida perante a PUC-RJ, 2012.

OLIVEIRA, Fábio Corrêa Souza de. **Morte e Vida da Constituição Dirigente**. Rio de Janeiro: Lúmen Juris, 2010.

_____.; GOMES, Camila Beatriz Sardo. O novo constitucionalismo latino-americano. In: CARVALHO, Flávia Martins de; VIEIRA, José Ribas (Orgs.) **Desafios da Constituição: Democracia e Estado no século XXI**. Rio de Janeiro: UFRJ-FAPERJ, 2011, p.334 e ss.

PACELLI, Eugênio. **Curso de Processo Penal**. 16ª edição. São Paulo: Atlas, 2012.

PAULSEN, Leandro. **Constituição e Código Tributário à Luz da Doutrina e Jurisprudência**. 13ª edição. Porto Alegre: Livraria do Advogado, 2011.

PEÑA DE MORAES, Guilherme. **Justiça constitucional: limites e possibilidades da atividade normativa dos tribunais superiores**. São Paulo: Atlas, 2012.

PINTO, Helena Elias. **Responsabilidade Civil do Estado por Omissão na Jurisprudência do Supremo Tribunal Federal**. Rio de Janeiro: Lumen Juris, 2008.

PIOVESAN, Flávia. **Proteção judicial contra omissões legislativas: Ação Direta de Inconstitucionalidade por Omissão e Mandado de Injunção**. 2ª edição. São Paulo: Revista dos Tribunais, 2003.

_____. **Direitos Humanos e o Direito Constitucional Internacional**. 13ª edição, revista e atualizada. São Paulo: Saraiva, 2012, p. 107-145.

PORTUGAL. **Problems of Legislative Omission in Constitutional Jurisprudence. Portuguese Report for the IVth Congress of the Conference of European Constitutional Courts.** Disponível em: <www.confcoconsteu.org>. Acesso em: 20/12/2013.

REIS, José Carlos Vasconcellos dos. **As Normas Constitucionais Programáticas e o Controle do Estado.** Rio de Janeiro: Renovar, 2003.

REGUERA, Emilia Girón. **El control de constitucionalidad en Colombia.** Trabalho Apresentado no VIII Congresso Iberoamericano de 2003. Disponível em: <http://congreso.us.es/cidc/Ponencias/justicia/EmiliaGiron.pdf>. Acesso em: 14/07/2012.

RIBEIRO, Ilana Aló Cardoso. **"O Novo Constitucionalismo Latino-Americano. Democracia: Da promessa teórica e dogmática à experiência do poder no Equador".** Dissertação de Mestrado. Programa de Pós-Graduação em Direito Constitucional da Universidade Federal Fluminense, 2013.

ROSA, André Vicente Pires. ***Las Omisiones Legislativas & su Control Constitucional.*** Rio de Janeiro: Renovar, 2006.

SAGÜES, Néstor Pedro. La Jurisdicción Constitucional en Costa Rica. **Revista de Estudios Políticos (Nueva Época)**, Núm. 74. Madrid: Nueva Época, Octubre-Diciembre 1991, p. 471-495.

SAMPAIO, José Adércio Leite. **A Constituição Reinventada pela Jurisdição Constitucional.** Belo Horizonte: Del Rey, 2002.

SARLET, Ingo Wolfgang. **A Eficácia dos Direitos Fundamentais.** 10ª edição. Porto Alegre: Livraria do Advogado, 2009.

_____.; STRECK, Lênio Luiz. Art. 5º, LXXI. In: CANOTILHO, José Joaquim Gomes; MENDES, Gilmar Ferreira; STRECK, Lênio Luiz. **Comentários à Constituição do Brasil.** São Paulo: Saraiva/Almedina, 2013.

_____.; MARINONI, Luiz Guilherme; MITIDIERO, Daniel. **Curso de Direito Constitucional.** 2ª edição. São Paulo: Revista dos Tribunais, 2013.

SCHWABE, Jurgen. **Cinqüenta Anos de Jurisprudência do Tribunal Constitucional Federal Alemão.** Berlin, Ed. Konrad-Adenauer--Stiftung E.V., 2005.

SGARBOSSA, Luís Fernando. **Direitos e garantias fundamentais extravagantes**. Por Alegre: Sergio Antonio Fabris Editor, 2008, p.54-55.

SILVA, José Afonso da. **Curso de Direito Constitucional Positivo**. São Paulo: Malheiros, 2009.

_____. **Aplicabilidade das normas constitucionais**. São Paulo: Malheiros, 2003.

_____. **Comentário Contextual à Constituição**. São Paulo: Malheiros, 2010.

_____. **Um pouco de Direito Constitucional Comparado**. São Paulo: Malheiros, 2009.

SOUZA, Adriano Corrêa de. **"O novo constitucionalismo latino-americano: um estudo comparado entre o bem viver e a dignidade da pessoa humana nas culturas jurídico-constitucionais da Bolívia e do Brasil"**. Dissertação de Mestrado. Programa de Pós-Graduação em Direito Constitucional da Universidade Federal Fluminense, 2013.

SOUZA NETO, Cláudio Pereira de. **Jurisdição Constitucional, Democracia e Racionalidade Prática**. Rio de Janeiro: Renovar, 2002.

_____. **Teoria Constitucional e Democracia Deliberativa**. Rio de Janeiro: Renovar, 2006.

_____. A Legitimação Democrática do Controle de Constitucionalidade das Omissões Legislativas: Notas Acerca do Instituto do Mandado de Injunção. In: ARRUDA, Paula (org.). **Os Atuais Desafios da Jurisdição Constitucional**. Rio de Janeiro: Lúmen Juris, 2009, p. 199-216.

_____. A Justiciabilidade dos Direitos Sociais: Críticas e Parâmetros. In: SARMENTO, Daniel; SOUZA NETO, Cláudio Pereira de (orgs). **Direitos Sociais**. Fundamentos, Judicialização e Direitos Sociais em Espécie. Rio de Janeiro: Lumen Juris, 2010, p. 515-551.

_____. ; SARMENTO, Daniel. Notas sobre Jurisdição Constitucional e Democracia: A Questão da "Última Palavra" e Alguns Parâmetros de Autocontenção Judicial. In: NOVELINO, Marcelo (Org.).

Constitucionalismo e Democracia. Salvador: JusPodvm, 2013, p. 125-160.

_____. SARMENTO, Daniel. **Direito Constitucional – Teoria, História e Métodos de Trabalho**. Belo Horizonte: Fórum, 2012.

_____. Fundamentação e Normatividade dos Direitos Fundamentais: uma Reconstrução Teórica à Luz do princípio Democrático. In: SOUZA NETO, Cláudio Pereira de (org.). **Constitucionalismo Democrático e Governo das Razões**. Rio de Janeiro: Lúmen Juris, 2011, p. 193-220.

STRECK, Lênio Luiz. **Estado de Coisas Inconstitucional é uma nova forma de ativismo**. Disponível em: <http://www.conjur.com.br/2015-out-24/observatorio-constitucional-estado-coisas--inconstitucional-forma-ativismo>. Acesso em: 24 de outubro de 2015.

_____. **Jurisdição Constitucional e Decisão Jurídica**. 3ª Edição. São Paulo: Revista dos Tribunais, 2013.

_____. A dupla face do princípio da proporcionalidade: da proibição de excesso (übermassverbot) à proibição de proteção deficiente (untermassverbot) ou de como não há blindagem contra normas penais inconstitucionais. **Revista da Ajuris**, Porto Alegre/RS, v. 32, p. 171-202, 2005.

_____. **O dever de proteção do estado (schutzpflicht): o lado esquecido dos direitos fundamentais ou "qual a semelhança entre os crimes de furto privilegiado e o tráfico de entorpecentes"?** Disponível em: <www.leniostreck.com.br>. Acesso em: 10/10/2013.

_____. **Por que agora dá para apostar no projeto do novo CPC!** Disponível em: <http://www.conjur.com.br/2013-out-21/lenio--streck-agora-apostar-projeto-cpc>. Acesso em: 20/12/2013.

SUNDFELD, Carlos Ari. Mandado de Injunção. Revista de Direito Público, n. 94, ano 23, abril-junho de 1990, p. 146-151.

TEMER, Michel. **Elementos de Direito Constitucional**. 23ª edição. São Paulo: Malheiros, 2010.

_____. Limites do Mandado de Injunção. **Revista do Advogado**, n. 35, Out. 1991, p. 84-88.

TORRES, Ricardo Lobo. O Mandado de Injunção e a Legalidade Financeira. **Revista de Direito Administrativo**, n. 187. Rio de Janeiro: Renovar, jan./mar. 1992, p. 94-110.

_____. **Tratado de Direito Constitucional Financeiro e Tributário – Volume II. Valores e Princípios Constitucionais Tributários.** Rio de Janeiro: Renovar, 2006.

_____. **Tratado de Direito Constitucional Financeiro e Tributário – Volume III. Os Direitos Humanos e a Tributação. Imunidades e Isonomia.** 3ª edição. Rio de Janeiro: Renovar, 2005

_____. A Constitucionalização do Direito Financeiro. In: SOUZA NETO, Cláudio Pereira de; SARMENTO, Daniel (orgs.). **A Constitucionalização do Direito. Fundamentos Teóricos e Aplicações Específicas.** Rio de Janeiro: Lumen Juris, 2007, p. 961-989

UPRIMNY, Rodrigo. **Las transformaciones recientes em America Latina: tendências e desafios.** Trabalho apresentado no Congresso Mundial de Direito constitucional, 2010. Disponível em: <http://www.juridicas.unam.mx/wccl/ponencias/13/242.pdf > Acesso em: 10/07/2012.

VAL, Eduardo Manuel; VERONESE, Alexandre Krigier. A Reforma do Judiciário na América Latina: O Conselho de Justiça Brasileiro na Perspectiva Comparada com a Argentina. In: GUEDES, Marco Aurelio; BALERDI, Juan Carlos. (Org.). **Teoría do Estado e do Direito: Novo Dialogo Brasil - Argentina.** 1ed.São Paulo: ALL PRINT, 2012, v. 1, p. 33-53.

VALLE, Vanice Regina Lírio do. **Sindicar a Omissão Legislativa. Real Desafio à Harmonia Entre os Poderes.** Belo Horizonte: Fórum, 2007.

VECCHIATTI, Paulo Roberto Iotti. **O Mandado de Injunção e a criminalização de condutas.** Disponível em: <http://www.conjur.com.br/2014-ago-26/paulo-iotti-mandado-injuncao-criminalizacao-condutas>. Acesso em: 10/09/2014

VELLOSO, Carlos Mário da Silva. Da jurisdição constitucional ou do controle de constitucionalidade. In: MARTINS, Ives Gandra; MENDES, Gilmar Ferreira;

NASCIMENTO, Carlos Valder. **Tratado de Direito Constitucional.** Vol. I. 2ª edição. São Paulo: Saraiva, 2012, p. 437-455.

WOLLKMER, Antonio Carlos e FAGUNDES, Lucas Machado. Tendências contemporâneas do constitucionalismo latino-americano: Estado plurinacional e pluralismo jurídico. **Pensar – Revista de Ciências jurídicas v. 16, n. 2 de jul./dez., 2011.**

ZAFFARONI, Eugenio Raúl. **La pachamama y el humano**. Buenos Aires: Ediciones Madres de Plaza de Mayo, 2012.

Legislação citada:

ACRE. **Constituição do Estado do Acre.** Promulgada em 3 out. 1989. Disponível em: <http://www.camara.gov.br/internet/interacao/constituicoes/. Acesso em: 10 abr. 2012.

ALAGOAS. **Constituição do Estado de Alagoas.** Promulgada em 5 out. 1989. Disponível em: <http://www.gabinetecivil.al.gov.br/legislacao/Constituicao%20do%20Estado%20de%20Alagoas.pdf>. Acesso em: 10 abr. 2012.

AMAPÁ. **Constituição do Estado do Amapá**. Promulgada em 20 dez 1991. Disponível em: <http://www.camara.gov.br/internet/interacao/constituicoes/. Acesso em: 10 abr. 2012.

AMAZONAS. **Constituição do Estado do Amazonas**. Promulgada em 5 out. 1989. Disponível em: <http://www.camara.gov.br/internet/interacao/constituicoes/. Acesso em: 10 abr. 2012.

BRASIL. Senado Federal. **Anais da Constituinte de 1988**. Comissão de redação. Disponível em: <http://www.senado.gov.br/publicacoes/anais/constituinte/redacao.pdf>. Acesso em: 10 fev. 2012.

BRASIL. **Diário do Senado Federal nº 76**. Publicado em Jun 2, 2016. Sessão de Jun 1, 2016, p. 79-80. Disponível em: http://legis.senado.leg.br/diarios/BuscaDiario?tipDiario=1&datDiario=02/06/2016&paginaDireta=00076. Acesso em: 30 de junho de 2016.

BRASIL. STF. **RE nº 841526/RS**, Rel. Min. Luiz Fux

BRASIL. **Lei nº 13.300 de 23 de junho de 2016**. Disponível em: <http://www.planalto.gov.br/ccivil_03/_Ato2015-2018/2016/Lei/L13300.htm>. Acesso em: 1 de julho de 2016.

_____. Câmara dos Deputados. **Projeto de Lei nº 998/1988**. Inteiro teor disponível em: <http://imagem.camara.gov.br/dc_20.asp?sel

CodColecaoCsv=D&Datain=14/10/1988&txpagina=3553&altura=650&largura=800>. Acesso em: 10 abr. 2013.

_____. Câmara dos Deputados. **Projeto de Lei n° 1.469/1996**. Disponível em: <http://www.camara.gov.br/sileg/Prop_Detalhe.asp?id=192525>. Acesso em: 10 abr. 2013.

_____. Câmara dos Deputados. **Projeto de Lei n° 3.153/2000**. Inteiro teor disponível em: <http://www.camara.gov.br/sileg/MostrarIntegra.asp?CodTeor=26401>. Acesso em: 10 abr. 2013.

_____. Câmara dos Deputados. **Projeto de Lei n° 4.679/1990**. Inteiro teor disponível em: <http://www.camara.gov.br/sileg/MostrarIntegra.asp?CodTeor=15900>. Acesso em: 10 abr. 2013.

_____. Câmara dos Deputados. **Projeto de Lei n° 6.002/1990**. Disponível em: <http://www.camara.gov.br/sileg/Prop_Detalhe.asp?id=21268>. Acesso em: 10 abr. 2013.

_____. Câmara dos Deputados. **Projeto de Lei n° 6.128/2009**. Disponível em: <http://www.camara.gov.br/sileg/MostrarIntegra.asp?CodTeor=697234>. Acesso em: 10 abr. 2013.

_____. Câmara dos Deputados. **Projeto de Lei n° 6.839/2006**. Disponível em: <http://www.camara.gov.br/sileg/MostrarIntegra.asp?CodTeor=384540>. Acesso em: 10 abr. 2013.

_____. **Constituição Federal, 1988**. Disponível em: <http://www.planalto.gov.br/ccivil_03/constituicao/constitui%C3%A7ao.htm>. Acesso em: 20 fev. 2013.

_____. **Lei Complementar n° 75/93**. Disponível em: <http://www.planalto.gov.br/ccivil_03/leis/LCP/Lcp75.htm>. Acesso em: 10 fev. 2013.

_____. **Lei Complementar n° 75/93**. Disponível em: <http://www.planalto.gov.br/ccivil/leis/LCP/Lcp75.htm>. Acesso em: 10 abr. 2013.

_____. **Lei Complementar n° 80/94**. Disponível em: <http://www.planalto.gov.br/ccivil_03/leis/LCP/Lcp80.htm>. Acesso em: 10 fev. 2013.

_____. **Lei n° 1.533/1951**. Disponível em: <http://www.planalto.gov.br/ccivil/LEIS/L1533.htm>. Acesso em: 10 abr. 2013.

_____. **Lei nº 8.038/1990**. Disponível em: <http://www.planalto.gov.br/ccivil_03/leis/L8038.htm>. Acesso em: 24 fev. 2013.

_____. **Lei nº 11.697/2008**. Disponível em: <http://www.planalto.gov.br/ccivil_03/_Ato2007-2010/2008/Lei/L11697.htm>. Acesso em: 10 fev. 2013.

_____. **Lei nº 12.016/2009**. Disponível em: <http://www.planalto.gov.br/ccivil/_Ato2007-2010/2009/Lei/L12016.htm>. Acesso em: 10 abr. 2013.

_____. **Lei nº 13.105/2015. Novo Código de Processo Civil**. Disponível em: <http://www.planalto.gov.br/ccivil_03/_Ato2015-2018/2015/Lei/L13105.htm>. Acesso em: maio de 2015.

_____. Senado Federal. **Projeto de Lei do Senado nº 76/1988**. Disponível em: <http://www.senado.gov.br/atividade/materia/detalhes.asp?p_cod_mate=1255>. Acesso em: 10 abr. 2013.

_____. Senado Federal. **Proposta de Emenda à Constituição nº 84/2007**. Disponível em: <http://www.senado.gov.br/atividade/materia/detalhes.asp?p_cod_mate=82301>. Acesso em: 10 abr. 2013.

_____. **Emenda Constitucional nº 19 de 04 de junho de 1998**. Disponível em: <http://www.planalto.gov.br/ccivil_03/constituicao/Emendas/Emc/emc19.htm>. Acesso em: 03/07/2013.

BAHIA. **Constituição do Estado da Bahia**. Promulgada em 5 out. 1989. Disponível em: <http://www.camara.gov.br/internet/interacao/constituicoes/>. Acesso em: 10 abr. 2013.

CEARÁ. **Constituição do Estado do Ceará**. Promulgada em 5 out. 1989. Disponível em: <http://www.camara.gov.br/internet/interacao/constituicoes/>. Acesso em: 10 abr. 2013.

DISTRITO FEDERAL. **Lei Orgânica do Distrito Federal**. Promulgada em 8 jun. 1993. Disponível em: <http://www.cl.df.gov.br/cldf/legislacao/lei-organica-1/>. Acesso em: 10 abr. 2013.

ESPÍRITO SANTO. **Constituição do Estado do Espírito Santo**. Promulgada em 5 out. 1989. Disponível em: <http://www.camara.gov.br/internet/interacao/constituicoes/>. Acesso em: 10 abr. 2013.

GOIÁS. **Constituição do Estado de Goiás**. Promulgada em 5 out. 1989. Disponível em: <http://www.camara.gov.br/internet/interacao/constituicoes/>. Acesso em: 10 abr. 2013.

MARANHÃO. **Constituição do Estado do Maranhão**. Promulgada em 5 out. 1989. Disponível em: <http://www.cge.ma.gov.br/pagina.php?IdPagina=2315>. Acesso em: 10 abr. 2013.

MATO GROSSO. **Constituição do Estado do Mato Grosso**. Promulgada em 5 out. 1989. Disponível em: <http://www.al.mt.gov.br/v2007/doc/constituicao_estadual_mt.pdf>. Acesso em: 10 abr. 2013.

MATO GROSSO DO SUL. **Constituição do Estado do Mato Grosso do Sul**. Promulgada em 5 out. 1989. Disponível em: <http://www2.senado.gov.br/bdsf/item/id/70445>. Acesso em: 10 abr. 2013.

MINAS GERAIS. *Constituição do Estado de Minas Gerais*. Promulgada em 21 set. 1989. Disponível em: <http://www.camara.gov.br/internet/interacao/constituicoes/>. Acesso em: 10 abr. 2013.

PARÁ. **Constituição do Estado do Pará**. Promulgada em 5 out. 1989. Disponível em: <http://www.camara.gov.br/internet/interacao/constituicoes/>. Acesso em: 10 abr. 2013.

PARAÍBA. **Constituição do Estado da Paraíba**. Promulgada em 5 out. 1989. Disponível em: <http://www.camara.gov.br/internet/interacao/constituicoes/>. Acesso em: 10 abr. 2013.

PARANÁ. **Constituição do Estado do Paraná**. Promulgada em 5 out. 1989. Disponível em: <http://www.camara.gov.br/internet/interacao/constituicoes/>. Acesso em: 10 abr. 2013.

PERNAMBUCO. **Constituição do Estado de Pernambuco**. Promulgada em 5 out. 1989. Disponível em: <http://www.alepe.pe.gov.br/downloads/legislativo/ConstituicaoEstadual.pdf>. Acesso em: 10 abr. 2013.

PIAUÍ. **Constituição do Estado do Piauí**. Disponível em: <http://www.camara.gov.br/internet/interacao/constituicoes/>. Acesso em: 10 abr. 2013. Promulgada em 5 out. 1989.

RIO DE JANEIRO. **Constituição do Estado do Rio de Janeiro**. Promulgada em 5 out. 1989. Disponível em: <http://www.camara.gov.br/internet/interacao/constituicoes/>. Acesso em: 10 abr. 2013.

RIO GRANDE DO NORTE. **Constituição do Estado do Rio Grande do Norte**. Promulgada em 3 out. 1989. Disponível em: <http://www.camara.gov.br/internet/interacao/constituicoes/>. Acesso em: 10 abr. 2013.

RIO GRANDE DO SUL. **Constituição do Estado do Rio Grande do Sul.** Promulgada em 3 out. 1989. Disponível em: <http://www.camara.gov.br/internet/interacao/constituicoes/. Acesso em: 10 abr. 2013.

RONDÔNIA. **Constituição do Estado de Rondônia.** Promulgada em 28 set. 1989. Disponível em: <http://www.camara.gov.br/internet/interacao/constituicoes/. Acesso em: 10 abr. 2013.

RORAIMA. **Constituição do Estado de Roraima.** Promulgada em 31 dez. 1991. Disponível em: <http://www.al.rr.gov.br/M001/M0011000.asp?txtID_PRINCIPAL=2>. Acesso em: 10 abr. 2013.

SANTA CATARINA. **Constituição do Estado de Santa Catarina.** Promulgada em 05 out. 1989. Disponível em: <http://www.camara.gov.br/internet/interacao/constituicoes/>. Acesso em: 10 abr. 2013.

SÃO PAULO. **Constituição do Estado de São Paulo.** Promulgada em 5 out. 1989. Disponível em: <http://www.camara.gov.br/internet/interacao/constituicoes/>. Acesso em: 10 abr. 2013.

SERGIPE. **Constituição do Estado de Sergipe.** Promulgada em 5 out. 1989. Disponível em: <http://www.camara.gov.br/internet/interacao/constituicoes/. Acesso em: 10 abr. 2011.

TOCANTINS. **Constituição do Estado do Tocantins.** Promulgada em 5 out. 1989. Disponível em: <http://www.camara.gov.br/internet/interacao/constituicoes/. Acesso em: 10 abr. 2011.

Jurisprudência citada:

BRASIL. STF. **ADI nº 526.** Rel. Min. Sepúlveda Pertence. J. 12/02/1991. DJ 05/03/1993.

_____. **ADI 855.** Rel. Min. Sepúlveda Pertence. J. 06/03/2008. DJ 26/03/2009;

_____. **ADI nº 939-DF.** Rel. Min. Sydney Sanches, DJU 18/03/1994.

_____. **ADI 1458 MC.** Rel. Min. Celso de Mello. J. 23/05/1996. DJ 20/09/1996.

_____. **ADI nº 492 / DF.** Rel. Min. Carlos Velloso. J. 12/11/1992.

_____. **ADI 1.439-MC.** Rel. Min. Celso de Mello. J. em 22-5-1996, DJ 30/05/2003.

_____. **ADI nº 1.698**. Rel. Min. Carmen Lúcia. DJE 16/04/2010.

_____. **ADI nº 2.061**. Rel. Min. Ilmar Galvão. J. 25/04/2001.

_____. **ADI nº 2.135-MC**, Rel. p/ o ac. Min. Ellen Gracie, julgamento em 2-8-2007, Plenário, DJE de 7-3-2008.

_____. **ADI 3.112**. Rel. Min. Ricardo Lewandowski. J. 02/05/2007. DJ. 26/10/2007.

_____. **ADI nº 3276/CE**. Rel. Min. Eros Grau. J. 02/06//2005.

_____. **ADI nº 3.510**. Rel. Min. Carlos Ayres Britto. DJ 23/04/2007.

_____. **ADI nº 3.682**. Rel. Min. Gilmar Mendes. DJ. 06/09/2007.

_____. **ADI 3.671-MC**, Rel. Min. Cezar Peluso, julgamento em 28-8-2008, Plenário, DJE de 28-11-2008.

_____. **ADI nº 3892/SC**. Rel. Min. Joaquim Barbosa. J. 14/03/2012.

_____. **ADI nº 4.071 AGR**. Rel. Min. Menezes Direito. J. 22/04/2009. DJE 16/10/2009.

_____. **ADI nº 4.270/SC**. Rel. Min. Joaquim Barbosa. J. 14/03/2012.

_____. **ADO nº 09**. Rel. Min. Ellen Gracie. Pendente de julgamento.

_____. **ADPF nº 04**. Rel. Min. Ellen Gracie. J. 02/08/2006. DJ 22/09/2006.

_____. **ADPF nº 54**. Rel. Min. Marco Aurélio. Pendente de julgamento.

_____. **ADPF nº 130**. Rel. Min. Ayres Britto. DJE 06/11/2009.

_____. **ADPF 307/MC**. Rel. Min. Dias Toffoli. Decisão de 13/12/2013.

_____. **ADPF nº 311**. Rel. Min. Theori Zavascki. J. 12/02/2014.

_____. **Agravo Regimental no Mandado de Injunção** nº 342. Rel. Min. Moreira Alves. J. 31/10/1991. DJ 06/12/1991.

_____. **HC nº 74.051**. Rel. Min. Marco Aurélio. J. 18/06/1996. DJ de 20/09/1996.

_____. **HC nº 70.514**. Rel. Min. Sidney Sanches. J. 23/03/1994. DJ 27/06/1997.

_____. **AI 598.212**. Rel. Min. Celso de Mello. J. 20/06/2013.

_____. **Agravo Regimental no Mandado de Injunção** n° 323. Rel.: Min. Moreira Alves. J. 31/10/1991. DJ 14/2/1992.

_____. **Agravo Regimental no Mandado de Injunção** n° 342. Rel.: Min. Moreira Alves. J. 31/10/1991. DJ 6/12/1991.

_____. **Hábeas Corpus n° 74.051**. Rel.: Min. Marco Aurélio. J. 18/6/1996. DJ de 20/9/1996.

_____. **IF 2.915**. Rel. Min. Gilmar Mendes. J. 03/02/2003. DJ 28/11/2003;

_____. **Mandado de Injunção** n° 0007074-23.2011.8.19.000. Rel.: Des. Antônio Iloizio B. Bastos. Julgado em 28/4/2011.

_____. **Mandado de Injunção** n° 20. Rel.: Min. Celso de Mello. J. 19/5/1994. DJ 22/11/1996.

_____. **MI 96/RR**. Rel. Min. Carlos Velloso. Rel. para o acórdão Min. Sepúlveda Pertence.

_____. **Mandado de Injunção n° 102**. Rel. Min. Carlos Velloso. Relator para o acórdão Min. Marco Aurélio. J. 12/02/1998.

_____. **Mandado de Injunção n° 107 QO**. Rel. Min. Moreira Alves. J 23/11/1989. DJ 21/09/1990.

_____. **Mandado de Injunção n° 204**. Rel. Min. Sidney Sanches. J. 16/05/1991. DJ 07/06/1991.

_____. **MI 278/MG**. Rel. Min. Carlos Velloso. Relator para o Acórdão Min. Ellen Gracie. J. 03/10/2001.

_____. **Mandado de Injunção n° 283**. Rel. Min. Sepúlveda Pertence. J. 20/03/1991. DJ 14/11/1991.

_____. **Mandado de Injunção n° 296**. Rel. Min. Néri da Silveira. J. 28/11/1991. DJ 28/02/1992.

_____. **MI 369/DF**. Rel. Min. Néri da Silveira. Rel. para o acórdão Min. Francisco Rezek. J. 19/08/1992.

_____. **Mandado de Injunção n° 426/PR**. Rel. Min. Ilmar Galvão. J. 19/10/1995.

_____. **Mandado de Injunção n° 438**. Rel. Min. Neri da Silveira. J. 11/11/1994. DJ 16/06/1995.

_____. **Mandado de Injunção nº 444 QO / MG**. Rel. Min. Sydney Sanches. J. 29/09/1994.

_____. **Mandado de Injunção nº 462 / MG**. Rel. Min. Moreira Alves. J. 06/09/1995.

_____. **Mandado de Injunção nº 537**. Rel. Min. Maurício Corrêa. DJ 11/09/2001.

_____. **Mandado de Injunção** nº 562. Rel.: Min. Carlos Velloso. Rel. para o acórdão: Min. Ellen Gracie. J. 20/02/2003. DJ 20/6/2003.

_____. **Mandado de Injunção** nº 670. Rel.: Min. Gilmar Mendes. J. 25/10/2007.

_____. **Mandado de Injunção** nº 708. Rel.: Min. Gilmar Mendes. J. 25/10/2007.

_____. **Mandado de Injunção** nº 712. Rel.: Min. Eros Grau. J. 25/10/2007.

_____. **Mandado de Injunção nº 715**. Rel. Min. Celso de Mello. J. 25/02/2005.

_____. **Mandado de Injunção nº 721**. Rel. Min. Marco Aurélio. J. 30/08/2007.

_____. **Mandado de Injunção** nº 725. Rel. Min. Gilmar Mendes. J. 10/05/2007. DJ 21/09/2007.

_____. **Mandado de Injunção** nº 758. Rel. Min. Marco Aurélio. DJE 26/09/2008.

_____. **MI 788/DF**. Rel. Min. Carlos Britto. J. 15/04/2009.

_____. **Mandado de Injunção** nº 795. Rel. Min. Cármen Lúcia. DJE 22/05/2009.

_____. **Mandado de Injunção nº 943**. Rel. Min. Gilmar Mendes.

_____. **Mandado de Injunção nº 1286**. Rel. Min. Cármen Lucia. Julgamento: 18/12/2009.

_____. **Mandado de Injunção nº 1697**. Rel. Min. Celso de Mello. DJ 27/05/2011.

_____. **Mandado de Injunção** nº 1916. Rel. Min. Celso de Mello. J. 24/05/2011.

_____. **Mandado de Injunção** nº 3222. Rel. Min. Celso de Mello. J. 02/06/2011.

_____. **Mandado de Segurança** nº 27.931. Rel. Min. Celso de Mello. Pendente de julgamento.

_____. **Reclamação nº 2.224**. Rel.: Sepúlveda Pertence. Julgamento: 26/10/2005. DJ 10-02-2006.

_____. **Reclamação nº 16.034**. Rel. Min. Celso de Mello. Pendente de julgamento.

_____. **RE nº 135.328**. Rel. Min. Marco Aurélio. J. 29/06/2004. DJ 20/04/2001.

_____. RE nº **161.243-6/DF**, Rel. Min. Carlos Velloso, DJU 19. dez. 1997

_____. **RE nº 158215/RS**, Rel. Min. Marco Aurélio, DJU 16. Jun.1996

_____. **RE nº 160.222**, Rel. Min. Sepúlveda Pertence, DJ 01/09/1995

_____. **RE 204193 / RS**. Relator Min. CARLOS VELLOSO. Julgamento em 30/05/2001. Órgão Julgador: Segunda Turma. DJ 31-10-2002.

_____. **RE 271.286-8/RS**. Rel. Min. Celso de Mello. DJU 24/11/2000

_____. **424584/MG**. Rel. orig. Min. Carlos Velloso, red. p/ o acórdão Min. Joaquim Barbosa. J. 17.11.2009.

_____. **RE nº 488.208**. Rel. Min. Celso de Mello. J. 01/07/2013.

_____. **RE 554810 AgR / PR**. Rel. Min. Celso de Mello. J. 13/11/2007. BRASIL. STF. RE

_____. **STA 175 AgR/CE**, rel. Min. Gilmar Mendes, J. 17/03/2010.

_____. **STA 185**. Rel. Min. Ellen Gracie. J. 12/12/2007.

Paraná. Tribunal de Justiça do Paraná. **Processo nº 180957-0**. Rel. Nilson Mizuta. 9ª Câmara Cível. J. 22/04/2003; DJ 6370 de 16/05/2003.

Rio de Janeiro. Tribunal de Justiça do Estado do Rio de Janeiro. **Mandado de Injunção** nº 0007074-23.2011.8.19.000. 12ª Câmara Cível. Rel. Des. Antonio Iloizio Barros Bastos. Julgado em 28/4/2011. Publicado em 4/5/2011.

_____. Tribunal de Justiça do Estado do Rio de Janeiro. **Mandado de Injunção** nº 0063575-60.2012.8.19.000. 19ª Câmara Civel. Decisão Monocrática. Des. Paulo Sergio Prestes - Julgamento: 8/11/2012. Publicação: 5/12/2012.

_____. **Mandado de Injunção** nº 6. Rel. Des. Barbosa Moreira. J. 06/02/1991.

_____. **Agravo de Instrumento n.º 0033464-64.2010.8.19.0000**. Rel. Des. Helena Cândida Lisboa Gaede.

BRASIL. TRF da 4ª região. Apelação Cível nº 2001.71.00.026279-9/RS. Rel. Roger Raupp Rios.

Legislação estrangeira:

Bolívia. **Constituição da Bolívia**.

Costa Rica.

Equador. **Constituição do Equador**.

Espanha. **Constituição da Espanha**.

Venezuela. **Constituição da Venezuela**.

Julgados estrangeiros:

Alemanha. Tribunal Constitucional Federal Alemão. *BVerfGE 6, 257*.

Alemanha. Tribunal Constitucional Federal Alemão. *BVerfGE 8, 1 (28)*.

Alemanha. Tribunal Constitucional Federal Alemão. *BVerfGE, 1, 97 (100)*

Colômbia. *Sentencia C-470/97*. Disponível em:<http://www.cortesuprema.gov.co/>. Acesso em: 20/03/2014.

Colômbia. *Sentencia C-018/93*. Disponível em:<http://www.cortesuprema.gov.co/>. Acesso em: 20/03/2014.

Colômbia. *Sentencia C-038/06*. Disponível em:<http://www.cortesuprema.gov.co/>. Acesso em: 20/03/2014.

Estados Unidos. Caso *Brown v. Board of Education of Topeka*, 347 U.S. 483 (1954).

Estados Unidos. Caso *Roe v. Wade*, 410 U.S. 113 (1973).

Estados Unidos. Caso **Griswold v. Connecticut**, 381 U.S. 479 (1965)..

Estados Unidos. Caso **Doe v. Bolton**, 410 U.S. 179 (1973).

Espanha. Tribunal Constitucional. **Sentença 15/1982**, de 23 de abril.

Espanha. Tribunal Consitucional. **Sentença 103/1983**, de 22 de novembro.

Índia. Suprema Corte. **Vishaka and others V. State of Rajasthan and others**. AIR 1997 SUPREME COURT 3011. Inteiro teor disponível em: <http://www.iiap.res.in/files/VisakaVsRajasthan_1997.pdf>. Acesso em: 10/04/2011.

Notícias:

BRASIL. STF. **President of the Supreme Court participates in meeting for constitutional courts in Lithuania**. Notícia disponível em: <http://www2.stf.jus.br/portalStfInternacional/cms/verConteudo.php?sigla=portalStfCooperacao_en_us&idConteudo=198855&modo=cms>. Acesso em: 20/12/2013.

BRASIL. STJ. **"STJ nega recursos baseados na antiga Lei de Imprensa"**. Notícia disponível em: <http://www.stj.jus.br/portal_stj/publicacao/engine.wsp?tmp.area=398&tmp.texto=95289>. Acesso em: 07/06/2013.

BRASIL. STF. **Fenaj e Fitert questionam no STF ausência de legislação sobre direito de resposta**. Notícia disponível em: <http://www.stf.jus.br/portal/cms/verNoticiaDetalhe.asp?idConteudo=164335> . Acesso em: 07/06/2013.

BRASIL. TJRJ. Notícia sobre o Núcleo de Assessoria Técnica (NAT). Disponível em: <http://portaltj.tjrj.jus.br/web/guest/home?p_p_id=portletnoticias_WAR_portletnoticias&p_p_lifecycle=1&p_p_state=maximized&p_p_mode=view&_portletnoticias_WAR_portletnoticias_acao=noticia-visualizar&_portletnoticias_WAR_portletnoticias_metodo=carregar&noticiaId=5101>. Acesso em: 06/08/2011.

ESTADÃO. **Notícia do Jornal O Estadão de 04 de Julho de 2013**. Disponível em: <http://www.estadao.com.br/noticias/nacional,camara-aprovou-seis-projetos-em-duas-semanas,1050237,0.htm>. Acesso em: 04/07/2013.

Anexo I

PROPOSTA DE EMENDA À CONSTITUIÇÃO*

*As alterações ao art. 61 e §§ 2º e 3º correspondem integralmente ao proposto por André Puccinelli Júnior.

Emenda Constitucional Nº...

Altera a redação dos art. 103, § 2º e 61, § 2º da Constituição Federal e acrescenta o § 3º ao art. 61 da Constituição.

As Mesas da Câmara dos Deputados e do Senado Federal, nos termos do § 3º do art. 60 da Constituição Federal, promulgam a seguinte Emenda ao texto constitucional:

Art. 1º. Os artigos 61, § 2º, 97 e 103, § 2º da Constituição Federal passam a vigorar com a seguinte redação:

Art. 61..

....

§ 2º Os projetos de lei de iniciativa popular, subscritos por, no mínimo, cinquenta mil eleitores, serão apreciados em regime de urgência, nos termos do § 2º do art. 64, sobrestando-se as demais deliberações e o período de recesso parlamentar, depois de escoado o prazo máximo de cem dias, até ser ultimada a votação.

Art. 103..

....

§ 2º - Declarada a inconstitucionalidade por omissão de medida para tornar efetiva norma constitucional, será dada ciência ao Poder competente para a adoção das providências necessárias, estabelecendo prazo não inferior a 30 (trinta) dias para que a omissão seja sanada. Não sendo sanada, poderá o Tribunal:

I – Havendo inércia de agente com iniciativa reservada para deflagrar o processo legislativo, notifica-lo para efeito das medidas previstas nos parágrafos 3º e 4º do art. 61 desta Constituição, estabelecendo prazo para a deflagração do processo legislativo;

II – Havendo projeto de lei em tramitação cuja apreciação seja obstada, determinar que sejam sobrestadas, até que se ultime a votação, todas as demais deliberações legislativas da Casa em que estiver tramitando;

III – Não sendo aplicáveis ou efetivas as medidas previstas nos incisos anteriores, expedir decisão que discipline a lacuna normativa em questão, que produzirá efeitos, no mínimo, 45 (quarenta e cinco) dias depois de publicada, vigendo até que seja revista ou modificada a qualquer tempo, a requerimento dos legitimados previstos no caput, ou até que seja suspensa pela superveniência do ato normativo editado pelo poder competente.

Art. 97. Somente pelo voto da maioria absoluta de seus membros ou dos membros do respectivo órgão especial poderão os tribunais declarar a inconstitucionalidade de lei, ato normativo ou omissão do Poder Público.

Art. 2º. O art. 61 da Constituição Federal passa a vigorar acrescido do § 3º.

Art. 61...

....

§ 3º Nos casos de iniciativa reservada, se os órgãos ou as autoridades competentes não submeterem o projeto de lei ao Congresso Nacional, dentro do prazo constitucionalmente previsto ou no decorrer da sessão legislativa anual, os órgãos e agentes indicados no caput deste artigo poderão apresenta-lo, correndo sua apreciação nos termos estabelecidos no parágrafo anterior.

§ 4º Constitui crime de responsabilidade do Chefe do Executivo o descumprimento do prazo estabelecido no art. 103, § 2º da Constituição.

Art. 3º. O art. 37 da Constituição Federal passa a vigorar acrescido do § 6º-A.

Art. 37...

....

§ 6º-A. No caso do parágrafo anterior, sendo o dano causado em razão de omissão legislativa contrária a esta Constituição, deverá o juiz ou tribunal fixar o termo inicial da mora legislativa para fins de fixação do quantum debeatur.

Art. 4º. Esta Emenda entra em vigor na data de sua publicação.

www.editorajuspodivm.com.br

Impressão e Acabamento